"十二五"国家重点图书出版规划项目

中国社会科学院创新工程学术出版资助项目

总主编：金　碚

U0957766

经济管理学科前沿研究报告系列丛书

THE FRONTIER RESEARCH REPORT ON DISCIPLINE OF HUMAN RESOURCE MANAGEMENT

吴冬梅　王默凡　主编

人力资源管理学学科前沿研究报告

经济管理出版社
ECONOMY & MANAGEMENT PUBLISHING HOUSE

《经济管理学科前沿研究报告》
专家委员会

《经济管理学科前沿研究报告》编辑委员会

序 言

为了落实中国社会科学院哲学社会科学创新工程的实施，加快建设哲学社会科学创新体系，实现中国社会科学院成为马克思主义的坚强阵地、党中央国务院的思想库和智囊团、哲学社会科学的最高殿堂的定位要求，提升中国社会科学院在国际、国内哲学社会科学领域的话语权和影响力，加快中国社会科学院哲学社会科学学科建设，推进哲学社会科学的繁荣发展具有重大意义。

旨在准确把握经济和管理学科前沿发展状况，评估各学科发展近况，及时跟踪国内外学科发展的最新动态，准确把握学科前沿，引领学科发展方向，积极推进学科建设，特组织院内外专家研究撰写《经济管理学科前沿研究报告》。本系列报告的研究和出版得到了国家新闻出版广播电影电视总局的支持和肯定，特将本系列报告丛书列为“十二五”国家重点图书出版项目。

《经济管理学科前沿研究报告》包括经济学和管理学两大学科。经济学包括能源经济学、旅游经济学、服务经济学、农业经济学、国际经济合作、世界经济学、资源与环境经济学、区域经济学、财政学、金融学、产业经济学、国际贸易学、劳动经济学、数量经济学、统计学。管理学包括管理学、创新管理学、战略管理学、技术管理与技术创新、公司治理学、会计（审计）学、财务管理学、市场营销学、人力资源管理学、组织行为学、企业信息管理学、公共政策与政府管理、物流供应链管理、创业与中小企业管理、管理科学与工程。

《经济管理学科前沿研究报告》依托中国社会科学院独特的学术地位和超前的研究优势，撰写出具有一流水准的哲学社会科学前沿报告，致力于体现以下特点：

（1）前沿性。本系列报告要体现国内外学科发展的最新前沿动态，包括各学术领域内的最新理论观点和方法、热点问题及重大理论创新。

（2）系统性。本系列报告将囊括学科发展的所有范畴和领域。一方面，学科覆盖具有全面性，包括不同学科的科研成果、理论发展、科研队伍的建设，以及某学科发展过程中具有的优势和存在的问题。另一方面，就各学科而言，还将涉及该学科下的各个二级学科，既包括学科的传统范畴，也包括新兴领域。

（3）权威性。本系列报告将由各个学科内长期从事理论研究的专家、学者主编，组织本领域内一流的专家、学者进行撰写，无疑将是各学科内的权威学术研究。

（4）资料性。本系列报告不仅系统总结和评价了每年各个学科的发展历程，还提炼了各学科学术发展进程中的重大问题、重大事件及重要学术成果，因此具有工具书式的资料性，为哲学社会科学研究的进一步发展奠定了新的基础。

《经济管理学科前沿研究报告》全面体现了经济、管理学科及其分支学科国内外的发展状况、最新动态、重要理论观点、前沿问题、热点问题等。该系列报告包括经济学和管理学一级学科和二级学科，其中经济学科 15 个，管理学科 15 个。将按年度撰写出版 30 个学科前沿报告，成为系统研究的年度连续出版物。这项工作虽然是学术研究的一项基础工作，但意义十分重大。要想做好这项工作，需要大量的组织、协调、研究工作，更需要专家学者付出大量的时间和艰苦的努力，在此，特向参与本研究的院内外专家、学者和参与出版工作的同仁表示由衷的敬意和感谢。相信在大家的齐心努力下，将会进一步推动中国对经济学和管理学学科建设的研究，同时，也希望本报告的连续出版将推动我国经济和管理学科研究水平有较大提高。

金　碚

2013 年 3 月

前 言

经过半年多的努力，《人力资源管理学学科前沿研究报告》终于与读者见面了。作为《管理学科前沿研究报告》系列丛书的人力资源管理分报告，本书对国内外人力资源管理领域的研究成果进行了汇集和综述，包括学术论文、学术专著、学术会议、重大事件等内容。本报告具有以下特点：

1. 前沿性

本报告体现了国内外人力资源管理学科发展的最新前沿动态，包括本学术领域的最新理论观点与方法以及热点问题、重大理论创新等成果。

2. 系统性

本报告囊括了人力资源管理学科发展的所有情况。一方面，报告内容涉及人力资源学科下的各个二级学科，既包括学科的传统范畴，也包括新兴领域。另一方面，本报告的内容形式涉及包括学术论文、学术专著、学术会议、重大事件、文献索引等众多方面。

3. 资料性

本报告不仅系统总结和评价了人力资源管理学科的发展历程，还提炼出了国内外人力资源管理学术会议、重大事件及其相关的重要学术成果，因此具有工具书式的资料性，为后人进行人力资源管理学术研究提供了基础性研究史料。

本书具有广泛的适应面。首先，作为一本学术报告，本书主要适合人力资源管理领域的学者——包括教师、研究所人员、硕士生、博士生等——作为学术研究参考。另一方面，因为人力资源管理学科的实践性强，本书也适合企业部门人力资源管理工作者作为参考。

本书编写分工如下：第一章吴冬梅，第二章王默凡、阮伯昭、李亚平，第三章徐艺文、万金、王一任，第四章万金，第五章王默凡、阮伯昭、李亚平，最后由吴冬梅负责统撰全书。

吴冬梅

2013 年 4 月 1 日

目　录

第一章　人力资源管理学科2010年国内外研究综述

自彼得·德鲁克于1954年在《管理的实践》一书中提出了"人力资源"概念，经过半个多世纪的发展，现代人力资源管理理论取得了许多新的成果，有了长足的进展。人力资源管理理论的发展一方面表现为自身理论有纵深发展，另一方面表现为与其他学科交叉发展。例如，人力资源管理理论与教育学横向交叉发展出教育人力资源管理理论，人力资源管理理论与心理学横向交叉发展出行为学理论，等等。这就出现了人力资源管理理论的"丛林"，即纵、横两个方向的同时发展将其理论提升到一个新的高度。

人力资源管理理论有不同的分类方法，公认的是Mohoney和Desktop的分类方法。Mohoney和Desktop将人力资源管理研究划分为宏观和微观两个研究领域。宏观人力资源管理研究是整体导向型的，关注的是整体人力资源管理实践对组织绩效的影响；而微观人力资源管理研究是功能导向型的，关注的是单一的人力资源管理功能（例如培训、薪酬等）对组织绩效的影响。本章对2010年国内外人力资源管理的研究综述即是基于Mohoney和Desktop的理论分类依据，此外，加上了特殊领域的人力资源管理理论研究（例如教育领域的人力资源管理研究、虚拟组织的人力资源管理研究以及国际企业人力资源管理研究等）。

一、2010年国内外微观人力资源管理研究综述

如前所述，微观人力资源管理研究是功能导向型的，关注的是单一的人力资源管理功能（例如培训、薪酬等）对组织绩效的影响。下面我们分功能模块对2010年国内外微观人力资源管理有代表性的理论成果进行综述。

（一）胜任力理论研究

肖剑科、赵曙明的《基于情景分析的未来人力资源经理胜任力研究》[①]一文运用情景分析技术来解决"未来组织需要什么样的人力资源经理"这个难题。论文预测时间轴选择为

① 肖剑科，赵曙明. 基于情景分析的未来人力资源经理胜任力研究［J］. 南开管理评论，2010（1）.

五年，作者分析了未来企业环境的关键外部力量，得到了三个不确定轴面，分别是新技术新理论的发展、主体员工的变化、劳动力市场供求关系变化。由此构建了未来五年我国人力资源经理面对的最乐观、最悲观和最可能的情景，分别是“黄金时代”、“萧条时代”和“丛林时代”。然后，测量了在这些情景下人力资源经理胜任特征的重要性程度，研究结论有助于区分出未来导向和非未来导向的人力资源经理胜任力。

魏士强、洪银兴等的《中国高校领导者胜任特征模型研究》[①] 一文选取了中国“985 高校”和“211 高校”的最高党政领导（校长和党委书记）28 名（优秀组 18 人，一般组 10 人）作为访谈对象，对他们进行了关键行为事件访谈。然后，通过严格的编码程序对访谈内容进行了编码，并对编码结果进行统计分析后发现，中国高校领导者的胜任特征模型包括四大胜任特征族群，分别是领导力、思考力、影响力和事业心。另外，为了弥补国外胜任特征辞典的不足，该研究对中国高校高层领导者的胜任特征进行了补充编码，经过统计分析后发现，中国高校领导者还具有如下四项胜任特征：创新性、人格魅力、魄力和前瞻性。

（二）职业生涯理论研究

什么是成功的职业生涯？职业价值观研究是职业生涯理论的一个重要领域，周文霞、孙健敏的《中国情境下职业成功观的内容与结构》[②] 一文认为，职业成功观即人们心目中的职业成功标准，职业成功观是职业价值观的组成部分。作者运用深度访谈以及焦点小组讨论的方法，获得了 55 个表达职业成功标准的项目，通过归类、提炼主题，得到了职业成功观的九个子维度，它们分别是物质报酬、权力地位、绩效贡献、关系网络、安全稳定、才能发挥、获得认同、自由快乐、工作家庭。在此基础上，依据西方文献中关于职业成功外部标准和内部标准的总体框架，将九个子维度进一步抽象化，得到了职业成功观的三维结构：第一个维度为外部标准，命名为外在报酬维度，包括物质报酬、权力地位、绩效贡献、安全稳定四个子维度；第二个维度为内在标准，命名为内在满足维度，包括才能发挥、获得认同、自由快乐三个子维度；第三个维度是混合标准，把难以归入内部、外部两个维度的工作、家庭与关系网络归为混合标准，命名为和谐平衡。作者认为，对职业成功的评判很难有客观统一的标准。我们应该更多关注不同的人是如何定义职业成功的，不同的职业成功价值取向对他们的行为有何影响，从而有效地对各类人员进行激励，促使我国从人力资源大国向人力资源强国转变。

（三）员工培训与开发研究

布瑞恩·布鲁姆等人的《培训迁移：元分析综述》[③] 一文提供了对 89 个实证研究的元分

① 魏士强，洪银兴. 中国高校领导者胜任特征模型研究［J］. 管理世界，2010（6）.

② 周文霞，孙健敏. 中国情境下职业成功观的内容与结构［J］. 中国人民大学学报，2010（3）.

③ Brian D. Blume，J. Kevin Ford，Timothy T. Baldwin，Jason L. Huang. Transfer of Training：A Meta-Analytic Review［J］. Journal of Management，Jun.，2010.

析，探讨了预测因素（例如受训者特征、工作环境、培训干预）对培训迁移到不同的任务和背景的影响。结果证实了迁移和预测变量（例如认知能力、自觉性、积极性和支持性的工作环境）之间的正相关关系。论文还考察了调节变量对预测变量和迁移之间关系的影响。一些调节变量对迁移关系有重要的影响，包括培训目标的性质。具体地说，当培训的重点是开放的（例如领导力的发展）而不是封闭的（例如计算机软件）技能时，大多数被考察的预测变量与迁移有更强的关系。当今企业培训投资水平不断提高，培训也被人们赋予了更多的提高公司绩效的期望，在这种情况下，研究培训效果及其转移就成为非常重要而且紧迫的问题了。

（四）绩效与薪酬管理研究

绩效管理是人力资源管理理论研究的重要领域，在覃成菊的《企业中层管理人员绩效结构及影响因素研究》[①] 一书中，它包括两项具体研究：企业中层管理人员绩效结构研究和企业中层管理人员绩效影响因素研究。本书提出中层管理人员的绩效结构可以划分为三个维度：任务绩效、个体特质绩效和人际绩效。作者认为，中层管理人员的绩效不仅包括角色内的行为，还包括那些在角色外对组织有益的行为。作者提出，绩效对组织而言，包含了三个层面的含义：一是组织绩效，一般指组织的业绩和效益，它既包括经济方面的内容，也包括其他方面的内容，如社会效益和环境效益；二是部门或团队绩效，除了由职责或任务决定的目标完成情况，还包括该部门或团队给组织其他部门带来的利益或好处；三是个体绩效，个体绩效主要指个人职责的完成情况。

薪酬管理是与绩效管理紧密相关的一项重要人力资源管理职能，它必须服从于组织战略管理的需要。战略薪酬必须与企业的战略态势相适应，必须与企业的经营战略类型具有高度的相容性。约瑟夫·J.马尔托奇奥的《战略薪酬：人力资源管理方法（第六版）》[②] 以战略薪酬为核心，结合具体案例，深入探讨了薪酬设计方案及科学的管理方法，将工具与理念紧密联系起来，从评估、设计到应用，结构严谨、重点突出地介绍了一个完整的战略薪酬体系。作者强调薪酬体系只有和企业战略目标相匹配，才能够提升企业的竞争优势。

国企高管与员工间的薪酬差距成为近年来的焦点话题之一，刘春、孙亮的《薪酬差距与企业绩效：来自国企上市公司的经验证据》[③] 一文首次提供了我国国企内部薪酬差距与企业绩效之间关系的直接经验证据。研究结果表明，国企高管和员工间的内部薪酬差距与企业绩效显著正相关，从而支持锦标赛理论。并且，该文的结论不随企业绩效和内部薪酬差距的不同衡量方法而改变，在考虑二者之间的内生关系后仍然成立。进一步的研究还表明，内部薪酬差距的激励强度随地区及公司间差异而不同，并随年度和地区呈现出显著的边际递减效应。

---

① 覃成菊. 企业中层管理人员绩效结构及影响因素研究［M］. 北京：人民出版社，2010.

② Joseph J. Martocchio. Strategic Compensation：A Human Resource Management Approach（6th Edition）［M］. Prentice Hall，Jan.，2010.

③ 刘春，孙亮. 薪酬差距与企业绩效：来自国企上市公司的经验证据［J］. 南开管理评论，2010（2）.

（五）人力资源外包理论

人力资源外包是当今人力资源管理发展的一大趋势，越来越多的企业选择将人力资源管理或其中的几项职能进行外包，以使得企业能集中精力发展核心业务、降低成本、提高效率并赢得竞争优势。人力资源外包是人力资源管理的一种新模式，已成为企业提高人力资源管理水平的有效途径和企业发展的一种重要策略工具。

托马斯·J.诺曼的《人力资源管理外包：测量潜在成本与收益》① 一书认为，企业将人力资源进行外包主要目的是降低成本，从表面上看，企业人力资源管理成本是下降了，但这并不意味着组织总成本也必然下降，因为人力资源外包会影响员工满意度、员工参与等，继而影响组织的运行效率，产生其他成本。因而，企业不能简单地将人力资源进行外包，而要根据自身情况慎重考虑。该书的特色在于作者从收益与成本的视角对人力资源外包进行了分析，揭示了 34 种人力资源管理实践在不同的外包水平下的隐藏成本与收益。该书详细阐述和全面梳理了人力资源外包的概念、应用和方法，对企业是否应当进行人力资源外包、怎样进行人力资源外包等问题作了解答。该书对于人力资源外包研究的贡献主要表现在三个方面：首先，这是第一部对 34 种人力资源管理实践进行人力资源外包不同水平研究的著作。作者从公司的咨询报告、已出版的著作和学术研究中收集了大量的信息，系统地测量了公司的人力资源外包水平。其次，作者考察了人力资源外包对于组织运行和组织结果的影响，并试图发现不同水平的人力资源外包与组织中三个独立变量，即员工流动率、员工满意度和顾客满意度之间的联系。最后，该书还汇集了专家对于 34 种标准的人力资源管理实践属性的评价，并分析了这 34 种实践的外包可行性。

在该书中，作者建立了一个概念性模型来帮助企业测试人力资源外包的可行性，该模型包含的维度有复杂性、频率、公司特性、独立性、企业家和社会资本等。管理者可以运用此模型分析本公司进行人力资源外包的成本与收益，进而决定是否进行外包业务。不同的企业可适用人力资源外包的水平不同，不同的人力资源管理实践也具有不同的外包可行性。作者搜集了大量的数据进行了实证研究，研究发现：并不是所有的人力资源管理实践外包都会降低企业的成本，错误地外包一些人力资源管理实践会给企业带来大量的组织成本。

（六）员工退休管理

员工退休管理是人力资源管理中容易被忽视的功能模块。但是，这一问题现在越来越受到广泛关注。人口统计预测表明，截止到 2012 年，将近 20%的美国劳动力年龄将达到 55 岁或以上，远远高于 2000 年的不到 13%，导致接下来的 10 年有大量劳动力将退休。这反映了一个事实，基于一些原因，整个人口结构将变得越来越老，这些原因包括“婴儿

① Thomas J. Norman. Outsourcing Human Resource Activities: Measuring the Hidden Costs and Benefits [M]. Lambert Academic Publishing, June 3, 2010.

潮一代”的老龄化、低出生率和更长的平均寿命。人口和劳动力模式的改变也被从其他国家得来的数据所证明（西欧、日本、中国、印度等），这充分表明，退休管理是一个具有全球意义的研究领域。

王莫、肯尼斯·舒尔兹的《员工退休：关于进一步研究的评论和建议》①一文首先对1986年以来关于员工退休研究的关键理论和实证发展进行了总结，另一方面，作者通过不同的研究方法对之前同一个问题的不同研究成果进行识别和考察，从而弥补先前研究的不足。此外，作者关注到员工的退休环境在过去的20年内已经发生了显著的变化。例如，现在的退休人员不得不工作更长的时间来获得完整的社会保障金；私人公司的大多数雇主已经将退休员工固定养老金改变为养老金计划，将投资风险转嫁到员工一方，大多数雇主也取消了退休员工的健康保健福利。美国商务部也报道称私人储蓄率在过去的20年有所下降，是“大萧条”以来最低的。这些变化在一定程度上改变了研究的方向，把更多的注意力集中到退休计划等问题上，这些都是之前的研究从未涉及的。

二、2010年国内外宏观人力资源管理研究综述

如前所述，宏观人力资源管理研究是整体导向型的，关注的是整体人力资源管理实践对组织绩效的影响。下面我们分主要问题对2010年国内外宏观人力资源管理的有代表性的理论成果进行综述。

（一）领导力理论

继畅销书《领导力挑战》之后，领导力研究领域的权威詹姆斯·库泽斯和巴里·波斯纳合作推出又一巨作——《领导力的真理》，②他们还开发了全世界广泛使用的360度领导力评测工具——“领导者习惯行为清单”。

该书是经过30年的研究，通过对100多万份领导力测评问卷数据的统计分析，作者总结出了10个领导力真理，包括信誉、保持学习、以身作则等。这10个领导力真理是经过时间检验的，在任何时代背景和环境下都适用的领导力理念，是领导力的核心所在。对于新上任的领导者，作者强调要富有想象力、充满热情和活力、敢想敢做，这是作为领导者的最基本素质。而对于经验丰富的领导者来说，有两点是要特别注意的：一方面，优秀的领导者必是优秀的学习者，学习是最重要的技能；另一方面，领导者是团队的榜样，不以身作则的领导者不是合格的领导者。书中的每一项结论都有大量研究支持，该书数据基

① Mo Wang，Kenneth S. Shultz. Employee Retirement：A Review and Recommendations for Future Investigation [J]. Journal of Management，Jan.，2010.

② 詹姆斯·库泽斯，巴里·波斯纳. 领导力的真理 [M]. 巴斯出版社，2010.

础和统计研究超过了作者以往任何一本著作。在过去的几年中作者收集了大量的数据和案例，仅在过去的两年中，就分析了来自 70 多个国家的 100 多万份调查对象对"领导者习惯行为清单"的反馈。

经济全球化日益普遍，组织面临着来自全球的竞争。压力无处不在，越来越多的研究关注压力在工作中的影响。然而，我们也需要研究什么样的领导者能抵御压力带领组织渡过危机，蓬勃发展。埃里卡·海耶斯·詹姆斯、林恩·佩里·伍藤的《压力下的领导行为：经历危机，从生存到兴盛》[①] 就高度压力下有效的领导者需要具备的个人能力，分别探讨了危机前、中、后不同阶段的领导能力，并重点论述了压力下领导者的决策能力和危机小组的创建能力，分析了压力下的组织必须具备的核心能力，其中包括以信任和学习为特点的组织文化，这是经济全球化背景下的组织必须具备的经营思维。

北京大学中国战略研究中心研究员刘澜的《领导力对话录：全球管理大师的智慧》[②] 就与领导力密切相关的问题，通过一系列的访谈，向当今世界最有影响力的 13 位大师寻求答案，他们不仅从管理学角度切入，而且融合了历史学、社会学、心理学和心理分析等学科的成果，作者把大师们的思想整合为领导力的八项修炼：密切联系群众，讲故事，当老师，从失败中学习，反思，深思，认识自己，成为自己。

变革型领导是领导学理论研究的热点话题，在中国已经累积了相当的成果。但变革型领导至今仍是以西方为背景的概念，在中国背景下的实证研究尚显不足。陈致中、张德的论文《中国背景下变革型领导、组织承诺与离职意向关系研究》[③] 首先采用定性分析和定量分析结合的方法，对中国背景下的变革型领导量表进行修订和验证，通过信度分析和验证性因子分析（CFA）方法，证实修订后的量表具备足够的信度和效度。继而，该研究针对 480 名企业员工进行了大样本的调查，证实了变革型领导对员工的组织承诺有正向影响，对离职意向则有负向影响；而在变革型领导对离职意向的影响机制中，组织承诺更起到了中介变量的作用。

授权是领导学领域的一个重要方面。刘云、石金涛的论文《授权理论的研究逻辑——心理授权的概念发展》[④] 总结了授权理论的演变路线，分析了心理授权概念的发展逻辑。授权理论沿着两条路径发展，即关系路径和动机路径。20 世纪 90 年代以前，关系路径的研究者发展了结构授权模型，结构授权强调决策权力的分享，其核心思想在于给予员工权力和自主权，提高他们的参与度等。学者们从关系路径研究授权，验证了授权在提升组织和管理效率中的必要性。然而，事实证明，组织单方面的授权措施并没有带来显著的效果。关系路径的研究只考虑到了环境对个体行为的影响，而忽略了个体认知对自身行为的影响。90 年代以后，授权的研究兴趣转向个体层次，从动机路径研究授权。动机流派认

---

① 埃里卡·海耶斯·詹姆斯，林恩·佩里·伍藤. 压力下的领导行为：经历危机，从生存到兴盛 [M]. 劳特利奇学术研究出版社，2010.

② 刘澜. 领导力对话录：全球管理大师的智慧 [M]. 约翰威立出版公司，2010.

③ 陈致中，张德. 中国背景下变革型领导、组织承诺与离职意向关系研究 [J]. 当代经济科学，2010 (1).

④ 刘云，石金涛. 授权理论的研究逻辑——心理授权的概念发展[J]. 上海交通大学学报（哲学社会科学版），2010 (1).

为，授权干预的目标是个体，研究者应该检验个体对授权干预的感知以及对工作特征的感知。因此，心理授权就是个体关于工作特征及其组织社会结构特征的认知的解释。心理授权强调员工的授权体验，其核心思想在于提高员工对授权的认知从而激发其内在工作动机，心理授权概念的提出大大丰富了组织授权的理论，并给管理实践带来了硕果。

（二）新生代管理

21 世纪人力资源管理最大的挑战就是如何管理“Y 生代”。何为“Y 生代”？美国作家图根和马丁在《管理 Y 代》中正式将出生在 1980 年前后的年轻人称为“Y 代”。后来，学界普遍认同的是指出生在 1978~1984 年间并在 2000 年后成长起来进入社会的一代人。这一代人比先前的任何一代都经历和看到了更多的事情，他们比“婴儿潮一代”和“X 代”更为乐观。他们接受过良好的教育，拥有雄心壮志并有自信能改变世界。这一代人同时也被认为是不忠诚的、不懂得尊敬别人、有太多要求的一代，他们被认为不会等待，不会为任何东西真正努力地工作。如今，Y 生代已成为劳动力市场上的主力，有的已经成为企业主要的管理层人员，在工作中他们个性张扬、乐观、自由、藐视权威、强调个人主义、跳槽辞职频繁，与他们的前辈有明显的差异，这些使得企业不得不考虑改变自己的管理方式。

社会学者迈克尔·麦奎因的《交往新规则：理解与连接 Y 生代指南》① 一书是作者集 5 年的研究成果写作而成，对“Y 生代”思维方式、思考逻辑和做事方式做了严密系统的论述与分析。中国企业同样面临着“Y 生代”员工的管理问题，“Y 生代”已经或正在成为企业发展的中坚力量，如何管理和激励中国的“Y 生代”员工已成为中国人力资源管理研究者和从业者迫切需要解决的问题。

（三）企业文化

文化泰斗吉尔特·霍夫斯泰德与其子格特·扬·霍夫斯泰德以及另一作者迈克尔·明科夫合著的《文化与组织：心理软件的力量（第三版）》② 是一项革命性的研究和令人振奋的成果，该书揭示了地方文化如何限制了人们的思考、感受和行为方式。该书是一幅文化价值观的世界地图，基于在 70 多个国家和地区进行的持续 30 多年的研究的结果，作者对心理学、组织社会学和管理学中既有理论的普适性提出了质疑，揭示了不同文化背景下的人在企业、家庭、学校以及政治组织中思考、感受和行动的规则。

吉尔特·霍夫斯泰德以 IBM 公司的 40 多个子公司的员工为研究对象，开创性地提出了分析国家文化的四个维度：个体主义—集体主义、权力距离、不确定性规避、阳刚气质—阴柔气质。该理论一经提出便几乎影响了社会科学的每个学科，凡是提到文化差异，都要以霍夫斯泰德的理论为主要依据。霍夫斯泰德的研究成果《文化的效应》于 1980 年出版，

---

① 迈克尔·麦奎因. 交往新规则：理解与连接 Y 生代指南［M］. 摩根詹姆斯出版社，2010.

② 吉尔特·霍夫斯泰德，格特·扬·霍夫斯泰德，迈克尔·明科夫. 文化与组织：心理软件的力量（第三版）［M］. 麦格劳希尔专业出版社，2010.

主要面对的是学术圈的读者，其中包含了很多的研究方法和统计分析方法。之后，霍夫斯泰德又重新编写了一本比较通俗的书——《文化与组织：心理软件的力量》。通过阅读该书，任何对文化差异感兴趣的人都可以从中受到启发，都可以从中感受到文化的力量。之后在加拿大籍香港学者彭迈克的研究基础上，针对亚洲文化，霍夫斯泰德又发展出第五个维度：短期导向—长期导向。于是，这五个维度成为跨文化研究必然要引用的权威观点。30 年来，不断有学者重复、扩展霍夫斯泰德的研究，其理论观点也得到了进一步验证。

《文化与组织：心理软件的力量（第二版）》，霍夫斯泰德邀请了他的儿子格特·扬·霍夫斯泰德一起合著，在第三版中，又邀请了迈克尔·明科夫加入，并将他的世界价值观调查的研究成果融入到书中。作者在第三版主要做了以下的修订和内容的扩展：揭示了在国家社会形成中产生的“道德圈”和人们思想、感觉和行为中未被检验的规则；探究了国家文化在不平等、自信与谦逊、对不确定的容忍性上的差别；解释了组织文化与国家文化的不同，以及怎样管理组织文化，分析了 2008 年经济危机的文化根源。该书以大量数据和事实，分析了全球范围内 70 多个国家和地区在五个维度上的差异，并运用五维度模型剖析了政治体制、经济发展、社会生活、法律制度等的文化根源。

经济全球化给组织间建立有效的关系带来了新的挑战。组织及其员工越来越多地需要与陌生方建立并维持关系。这些关系不仅涉及不同的国家文化，也涉及不同的组织文化，不同的专业文化，甚至组织内部不同团体文化。处理这些文化差异下的关系更是需要信任。马克·N.K.桑德斯等人合著的《组织信任：基于文化视角》[①] 一书旨在解决这个当代难题：经济全球化时代，多元化的员工文化差异带来的信任问题。该书汇编了全球范围内关于文化差异下的信任问题的最新尖端研究。在书中，该领域的权威学者主要研究了以下几个基础问题：①跨文化信任的本质、意义；②人们理解其他文化，并与其他文化背景下的人建立信任的方式与机制；③与相同文化背景和其他文化背景的人交往时，人们在建立、维持和修护信任方面有什么差异；④在各类组织中，不同人群建立并维持信任的有效模式。比如，不同国籍的高级管理者之间，管理顾问、审计企业和其客户之间，服务供应商及其服务的本地社区之间，组织内不同团体之间的信任关系。该书全面地论述了我们目前对跨文化信任问题的相关认识，不仅收录了相关的思辨研究成果，也有大量的实证研究。这些实证研究既有不同国家的同一产业的组织信任感建立与维持的差异，也有不同国家文化不同组织背景下的信任问题研究。

（四）战略人力资源管理研究

战略人力资源管理的一个重要研究领域就是怎样建立一个高绩效的人力资源管理系统，以保证人力资源各子系统的相互配合和共同作用。苏中兴的《转型期中国企业的高绩效人力资源管理系统：一个本土化的实证研究》[②] 一文首先对社会转型期的中国管理情境

① 马克·N.K.桑德斯等. 组织信任：基于文化视角 [M]. 剑桥大学出版社，2010.

② 苏中兴. 转型期中国企业的高绩效人力资源管理系统：一个本土化的实证研究 [J]. 南开管理评论，2010 (4).

进行了分析，在此基础上构建了中国企业的高绩效人力资源管理系统。研究表明，中国企业的高绩效人力资源管理系统既包含一些以承诺为导向的西方高绩效工作实践，也包含一些以控制为导向的本土人力资源实践，这种承诺和控制相结合的人力资源管理系统与中国企业的绩效之间显著正相关。研究结果还表明，员工竞争流动和纪律管理、结果导向的考核、严格的员工招聘等方面的人力资源管理实践对中国企业绩效的影响非常显著，而员工参与管理、广泛培训、内部劳动力市场、信息分享等典型的西方高绩效工作实践对中国企业绩效的影响相对较弱。研究结果也说明，人力资源管理系统的有效性不能脱离特定的管理情境和经济社会发展阶段。

人力资源战略如何支持企业发展战略？这是人力资源战略管理所要解决的根本问题。方·里库克和黛比·塞尼的《人力资源战略如何支持创新型商业战略——对印度公司制度环境和组织实践的调查》① 一文考察了印度不同所有制形式的企业人力资源战略的实施程度，此项研究揭示了人力资源战略管理实践如何支持创新型企业战略。基于对 54 个来自不同公司经理的定性研究，强调了人力资源管理战略在印度的机构环境因素，这项探索性的研究为印度人力资源管理做出了成长性的贡献，人力资源的战略角色更加显著地推进了创新型企业的战略发展，文章更多做的是定性研究，获得的观点均来自主管级别的高级经理，同时也采用了理论方法说明组织是如何实践的。文章强调了印度人力资源管理战略的制度环境并揭示了人力资源管理实践在印度公司的实施程度。定性的数据收集方法和多角度分析方法相结合，促使我们不论从实证角度还是理论角度对主题有所了解。该研究是印度第一项关于人力资源管理角色对创新型企业战略影响的研究。研究对于印度或全球范围内的人力资源专业人员和组织也具有实践意义：第一，公司可能主动实施创新型企业战略，但是他们的人力资源战略往往落后于发展战略，因此，公司需要开发它们的人力资源能力，制定人力资源政策以符合公司的实际情况，提高人力资源管理职能的战略作用并培养员工的创造力；第二，也许在短期内，以绩效为导向的人力资源战略和员工的期望是一致的，但是进行人力资源实践的公司所采用的方法和员工所期望的往往不协调，这表明，企业需要改变他们的管理方法来反映不断变化的文化环境，如何将员工期望与组织的产出相结合是一个关键问题；第三，效率低下的原因可能是特殊的环境（印度）或是特定的公共部门，处于垄断地位的国有企业往往具有组织惯性，结合他们的垄断地位，导致了低水平的人力资源管理效果和客户导向型创新；第四，公司更愿意实施产品创新或产品流程创新，在商业流程创新和客户服务创新上并不积极，值得注意的是，商业流程创新和客户服务创新不仅受到公司技术能力的束缚较少，而且在当今的竞争环境中非常重要。

曾湘泉的《人力资源管理促进创新的十大作为》② 一文从十个方面探讨了如何通过人力资源管理提高创新能力进而提高企业竞争力。第一是树立和引导企业的创新战略；第二是

① 方·里库克，黛比·塞尼. 人力资源战略如何支持创新型战略——对印度公司制度环境和组织实践的调查 [J]. 人力资源管理，2010 (5).

② 曾湘泉. 人力资源管理促进创新的十大作为 [J]. 人力资源管理，2010 (7).

基于多样化的能力导向进行人才的选聘；第三是推进工作的丰富化与授权；第四是建立推行正式的跨部门沟通与员工建议机制；第五是全面实施发展导向的培训；第六是指导改进性的绩效管理；第七是提供内外结合的整体报酬激励；第八是建立多元化的职业发展渠道；第九是强化推进与外部智力资源进行合作；第十是推动建设创新管理的职能平台。

战略人力资源管理的一个重要内容是战略人力资源开发，休斯的《"员工—技术"概念模型：战略人力资源开发的新型价值创造模式》一文[①]提出了"员工—技术"概念模型，介绍了关于人力资源开发和技术开发之间联系的五个关键价值：位置、使用、维护、改造和时间价值，概念模型提供了这样一个方案，它能够识别人力资源和技术如何发展可能改变组织成员和领导之间的关系，员工和技术之间的这种关系可以通过认知、行为、组织的文化观等更好的管理，提高组织的竞争优势。"员工—技术"概念模型为以后的研究和实际应用提供了一个理论框架，包括管理实践、培训实践、人力资源开发哲学和组织的人力资源开发战略等领域。

国际化与人力资源投资的关系是战略人力资源管理研究的重要领域。苏珊娜、乔治·班森、迪帕克·达塔的论文《人力资源管理投资与国际化相关吗？一个关于新兴市场上创业型企业的研究》[②]探讨了国际化与新兴市场上创业型企业的人力资源管理投资的相关性，通过研究印度、中国和南非的171家企业样本，发现当企业通过国际化进入到经济较发达的国家或具有较完善就业法规的国家时，都会增加在人力资源管理实践上的投资，而且，那些具有一般管理经验的首席执行官领导的企业，会更多地投资于人力资源管理，具有广泛国际合作关系特点的创业型企业也会更多地投资于人力资源。总的来说，论文研究发现创业型企业在新兴市场上的人力资源管理投资与国际化是相互关联的。研究还表明，创新型企业着眼于国际扩张和各类海外关系都可能和本土的人力资源管理实践相关，在具有更严格法规和标准的发达市场中竞争的企业可能受益于人力资源管理的投资，这使它具有在这种市场中竞争所需的能力。

三、特殊领域的人力资源管理理论研究

（一）教育人力资源开发

人力资源管理研究的一个重要发展方向是向各领域、各行业渗透。教师发展是教育人力资源管理取得重大研究成果的一个重要领域。柯文进、吴冬梅的《教师促进事业的本土

① 休斯."员工—技术"概念模型：战略人力资源开发的新型价值创造模式[J].人力资源开发，2010（3）.

② 苏珊娜，乔治·班森，迪帕克·达塔.人力资源管理投资与国际化相关吗？一个关于新兴市场上创业型企业的研究[J].人力资源管理，2010（7）.

创新：中国首都经济贸易大学 OTA 的发展》① 一文总结了中国高校首家教师发展机构——首都经济贸易大学 OTA（Office of Teacher Advancement，教师促进办公室）的成果，将教育管理学与人力资源管理学的成果紧密结合起来。首都经济贸易大学 OTA 的使命是帮助和促进教师的教学、科研，同时还帮助教师身心健康水平的提升。OTA 秉承"服务性、互助性和全球性"的价值观，致力于"释放教师潜能、追求卓越教学、提升科研层次"，举办了六大品牌活动：午餐工作坊、主题沙龙、国际研讨会、教师职业导航、一对一私密帮助、巅峰课程。OTA 具有四大特色：①紧密配合各学院的教师职业生涯规划和教授私密帮助服务于教师实现其职业生涯规划；②充分发挥本校教育学专家和人力资源管理专家的作用，将教师促进列入本校人力资源开发工作的一个重要环节；③功能更加全面，OTA 定位于教师促进而不仅仅是教学促进，也就是说，OTA 致力于全面促进教师的教学、科研及身心健康；④非行政化志愿者组织体制创新。从主管校领导到 OTA 负责人到工作人员，完全实行志愿者体制，大家积极献身于教师促进事业。OTA 非行政化志愿者组织体制是中国教育界的一个重大创新，开创了人力资源管理领域的一个重大研究领域。

（二）虚拟组织的人力资源管理

21 世纪虚拟组织的发展成为了不争的事实，在虚拟组织环境下，人力资源管理如何有所作为，这又掀起了人力资源管理研究的又一课题。全球人力资源管理研究的领袖——美国人力资源管理协会所编写的《成功向虚拟组织过渡：挑战、影响和技术》② 一文认为，不管相关技术或组织能力怎么提高，对于成功向虚拟组织转变，我们忽视了一些人员因素。这些因素是不可或缺的，也是无可取代的。与传统的面对面的工作环境相比，虚拟组织面临着截然不同的更大的挑战。人力资源专业人士的一个重大挑战将是：如何让虚拟办公室内的人际互动像面对面交流那样清晰、高效。同时，虚拟团队的发展也为人力资源专业人士提供了更多与业务相关方合作的机会。此外，组织对沟通技术日益依赖的同时，领导的角色也正在发生变化。虚拟组织的最大黏合剂就是领导力。本书探讨了成功过渡到虚拟组织的关键因素，并分析了众多的实际案例，评论了现实中常见的过渡方法，指出它们为什么是有效或无效的。这些方法涉及领导风格、虚拟工作团队有效性、虚拟组织沟通方式的选择、虚拟会议以及全球虚拟团队等方面。作者指出，领导力是虚拟组织走向成功的最重要因素。虚拟组织中，领导者的角色必须由控制者角色向协调员或教练角色转变。领导者的工作就是制定基本的管理原则和共识，并在此基础上充分授权和促进信息共享。论文还调查了 256 家企业的人力资源部在组织虚拟化过程中做的工作后提出：组织虚拟化过程中，人力资源部应该在三个方面努力，分别是提供利于组织合作的沟通方式、明晰地描述组织目标和充当员工教练。

---

① 柯文进，吴冬梅. 教师促进事业的本土创新：中国首都经济贸易大学 OTA 的发展 [J]. 首都经济贸易大学学报，2010（3）.

② 美国人力资源管理协会. 成功向虚拟组织过渡：挑战、影响和技术 [J]. 人力资源管理，2010（9）.

（三）国际企业人力资源管理

国际人力资源管理是人力资源管理的一个新的、重要的分支，它是以经济全球化和区域经济一体化为背景，以跨国公司、全球企业的人力资源为主要研究对象，以跨文化管理为主要研究方法的一门学科。它尚处在由不成熟到成熟的发展阶段。因而，研究国际企业人力资源管理，对于中国企业参与经济全球化的进程，积极对外投资，开展跨国经营，更好地走向国际，具有重要的意义。赵曙明的《国际企业：人力资源管理（第四版）》[①] 是在1992 年出版的《国际人力资源管理》一书的基础上改写修订的。主要研究和探讨世界各国人力资源的管理与开发、国际人力资源管理的组织基础、国际人力资源管理的方法论基础、跨国企业人力资源管理的问题等四方面内容。该书侧重在以下几个方面进行研究和探讨：①世界各国人力资源的管理与开发。其中包括两个主要问题：一是人力资源的管理问题；二是国际人力资源开发与经济发展问题。②国际人力资源管理的组织基础。主要从国际组织的角度，讨论人力资源的组织发展。作者提出，协调好组织与组织之间、人与人之间的关系，以保证社会生活的正常进行，就显得非常重要；而要在整个社会范围内，甚至全球范围内把人们有机地组织起来，协调好他们之间的关系，使每个人都充分发挥自己的作用，人力资源管理就必须加强国际组织的发展。③国际人力资源管理的方法论基础。它包括：个人的工作动机和需要，国际企业怎样激发人的潜能；国际企业中如何实行有效领导，引导员工为组织目标服务，等等。④跨国企业人力资源管理的问题。主要分两个问题进行讨论：一是探讨国际企业的发展给现代组织的人力资源管理带来的挑战，尤其是跨国企业的跨文化管理问题；二是研究国际企业中人力资源管理系统的具体问题，包括人员的配备、培训教育、工资报酬等待遇以及我国企业跨国经营的人才开发问题。

总体来说，国内人力资源管理研究与国际人力资源管理研究的差异体现在：

（1）国际人力资源管理研究应包括若干独特的维度，需要关注不同文化观念和社会价值观的相互影响，关注一种文化向另一种文化转化时管理方法的适用性、法律和经济的差别以及由于社会文化差别而引起的不同学习风格。

（2）跨国管理运作的复杂性和雇用不同国籍员工的必要性，是国内人力资源管理与国际人力资源管理之间的主要差别。作者认为，近年来，国际人力资源管理理论和实践研究主要集中在四个领域：①外派员工、内派员工以及他们的职业生涯设计问题；②国际人力资源管理的职责问题；③国际人力资源管理流程的统一模式开发问题；④跨文化管理问题。

---

① 赵曙明. 国际企业：人力资源管理（第四版）[M]. 南京：南京大学出版社，2010（5）.

第二章 人力资源管理学科 2010 年期刊论文精选

第一节

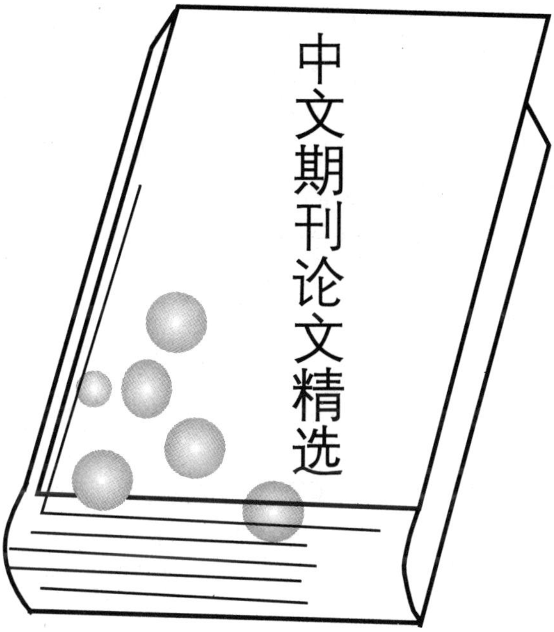

中文期刊的论文主要选自《管理世界》、《南开管理评论》、《中国人民大学学报》、《当代经济科学》、《经济管理》、《人力资源管理》、《首都经济贸易大学学报》等期刊，考虑到人力资源管理理论发展的系统性、前瞻性、融合性、实用性等方面的要求，从研究内容、研究方法、研究视角等方面，精心挑选出 15 篇中文期刊优秀论文。论文主题涉及胜任素质理论、领导理论、人才评价理论、人力资源创新理论等多个方面。

中国背景下变革型领导、组织承诺与离职意向关系研究*

陈致中　张　德

【摘　要】变革型领导（Transformational Leadership）是领导学研究的热点话题，在中国也已经累积了相当的成果。但变革型领导至今仍是以西方为背景的概念，在中国背景下的实证研究尚显不足。因此，本研究首先采用定性、定量结合的方法，对中国背景下的变革型领导量表进行修订和验证，通过信度分析和验证性因子分析（CFA）方法，证实修订后的量表具备足够的信度和效度。继而，本研究针对 480 名企业员工进行了大样本的调查，证实了变革型领导对员工的组织承诺有正向影响，对离职意向则有负向影响；而在变革型领导对离职意向的影响机制中，组织承诺更起到了中介变量的作用。

【关键词】变革型领导　中国背景　组织承诺　离职意向

一、前　言

变革型领导是 20 世纪 80 年代以来，领导学和组织行为学研究的一个热点。相较于传统的领导风格，变革型领导者可以开发员工的潜能，改变他们的价值与信念，使员工付出超出个人期望的努力，从而更好地实现组织的目标。我们认为近年的研究表明，变革型领导对组织的绩效和员工行为确实有较大的影响。

随着西方管理学和组织行为学理论引进中国，中国学者对变革型领导也展开了一波又一波的研究，累积了相当的研究成果。然而，作为西方背景下出现的变革型领导这一概念，在引入历史、社会、文化背景均有较大差异的中国时，其概念结构和测量方式势必要做出调整，才能真正切合中国企业的研究需求。

本研究的目的有二：一是对西方的变革型领导概念结构和测量量表，在中国背景下进行修订和验证；二是采用修订后的量表，探讨变革型领导对组织承诺、离职意向的影响，以进一步深化对中国背景下变革型领导的研究范畴。

---

* 本文选自《当代经济科学》2010 年第 1 期。

二、文献综述

（一）变革型领导

“变革型领导”（Transformational Leadership）一词最早出现在 Bums 所著的《领导论》（Leadership）一书。Bums 认为，领导是一种领导者与部属之间相互影响关系的演进过程，领导者与员工共同致力于才智激发（Stimulation）与心灵鼓舞（Inspiration）来带动组织变革，通过此一历程，领导者与部属的工作动机与合作道德得以提升，同时也能促进组织社会系统的改变与组织体制的变革。Bass 指出，变革型领导是指成员对领导者具有信任、尊重、忠诚等感觉，领导者通过改变成员的价值与信念、开发其潜能、给予信心等方式来提高成员对组织目标的承诺，并产生意愿与动机，为组织付出个人期望外的努力。

在变革型领导者的人格特质方面，Bass 指出，变革型领导者所具有的重要特质包括以下几项：在面临危机时能保持冷静和幽默感、在压力及关键时刻能够维持恒心与毅力，能够尽责保持情绪稳定等。张润书则认为，变革型领导者具有下面几项特质：创造前瞻远景、启发自觉意识、掌握人性需求、鼓舞学习动机、树立个人价值、乐在工作。

变革型领导理论希望通过领导者的个人魅力与愿景，从精神、观念和道德层面获得部属的敬仰和认同，激发人员超越交易的现实关系，共同追求人格的成长，并有效达成组织使命。所以，变革型领导者扮演组织意义的创造者、组织凝聚的缔造者、组织不安的解决者、组织成功的舵手等种种启发性的角色。Bass 和 Avolio 具体分析出变革型领导的四个维度：

（1）心灵的鼓舞（Inspirational Motivation）：变革型领导者必须先揭示一个能够结合组织发展与个人成长的未来愿景，使这个共通的愿景或组织目标能成为员工工作动机的源头，赋予个人工作行为较为深刻的行动意义。

（2）理想化的影响力（Idealized Influence）：能使他人产生信任、崇拜和跟随的行为。它包括领导者成为其下属行为的典范，得到下属的认同、尊重和信任等。

（3）个性化的关怀（Individualized Consideration）：变革型领导同时关注工作与人员两个面向，但更重要的是针对人员性情、能力的个别差异，关怀其思想与行为的改变。

（4）才智的激发（Intellectual Stimulation）：变革型领导者的职责，在于建立一种能激发组织上下才智互动的创造过程。通过彼此意见的交换、脑力的激荡与思考观念的多元化，组织能够应付诡谲多变的环境。

Bass 与 Avolio 同时提出了多元领导特性问卷（MLQ），包括八个维度，分别为魅力型领导、理想化的影响力、心灵鼓舞、才智激发、个性化的关怀、适切的报偿、主动式的例外管理、被动式的例外管理，这八个维度又可被归纳为两个二阶因子维度，即变革型领导与交易型领导。MLQ 是目前测量变革型领导最常用的工具之一。

在变革型领导的相关变量方面，近年来西方进行了大量的实证研究，发现变革型领导与组织效能或组织绩效、单位凝聚力、组织承诺等变量具有显著相关。也有研究显示杰出企业领导者的领导行为，都是变革型领导者。

国内学者的研究也表明，变革型领导与组织承诺、员工满意度、组织公民行为、领导有效性等变量显著相关。

（二）组织承诺与离职意向

组织承诺是一个横越组织与社会学广泛的系列概念。最早提出组织承诺概念的是 Becker，他认为组织承诺是指雇员随着其对组织的“单方面投入”增加，而产生的一种甘愿全身心地参与组织各项工作的感情。

1984 年，加拿大学者 Meyer 和 Allen 对过去研究者关于组织承诺的研究进行全面分析，将 Becker 所提出的承诺命名为“持续承诺”（Continuance Commitment），即雇员看重的是保持自己在组织中的位置，从而保住自己应得的各种福利，也使自己已然投入的精力和成本不至于付诸东流。除此之外，Meyei 和 Allen 还定义了“情感承诺”（Affective Commitment），即雇员努力工作是因为对组织存在感情，而非基于单纯的物质利益。在这个基础上，Meyer 和 Allen 编制了“情感承诺量表”（ACS）和“持续承诺”（CCS）。

1990 年，Meyer 与 Allen 进行了一次更为综合性的研究，定义了“规范承诺”（Normative Commitment），即雇员愿意为组织工作，是由于受到行为规范的约束，进而对组织产生责任感和义务感。两人编制了“规范承诺量表”（NCS）。一般而言，Meyer 与 Allen 的持续承诺、情感承诺、规范承诺三维度模型，是目前最被广泛接受的组织承诺模型之一。

离职意向（Turnover Intention）是指个体在一定时期内变换其工作的可能性。由于员工一般都会在仔细考虑后才选择主动离职，因此在正式离职前，员工或多或少都会显露出离职倾向。Price 和 Mueller 等人甚至建议在研究中用离职意向代替实际的离职行为，因为实际的离职行为要受到很多外在因素的影响，比离职意向更难预测。

（三）变革型领导、组织承诺与离职意向相关研究

变革型领导已被证实与许多组织行为学变量存在相关，而 Geyer 和 Steyrer 的研究，以及国内如李超平等人的研究，均表明变革型领导对组织承诺有显著影响。

另外，McNeilly 和 Russ 认为组织承诺是离职意向的直接影响因素。而吕京儒的研究则证明，组织承诺、工作满意度、工作压力三者，是影响离职意向的最主要因素。

因此，本研究将首先检验变革型领导与组织承诺、离职意向的关系，同时还将进一步检验在变革型领导对离职意向的影响机制中，组织承诺是否存在中介作用。

三、研究设计

本研究包括两部分：第一部分为在中国背景下，对变革型领导的概念结构和测量工具进行修订与验证；第二部分采用问卷调查的方式，验证变革型领导、组织承诺与离职意向之间的关系。

（一）变革型领导结构验证

关于变革型领导的概念结构，目前一般学者均采纳 Bass 和 Avolio 的四维度结构：心灵鼓舞、理想化的影响力、个性化的关怀和才智激发。但关于变革型领导的测量方式，由于中国的社会、文化情境与西方存在差异，因此在将外国的量表引进国内时，除了翻译外，还需要对量表进行修订和验证的工作。

1. 量表初步修订

本研究主要采用 Podsakoff 等人的变革型领导量表，此量表是 Bass 和 Avolio 的 MLQ 量表的简化，由于结构简单、题数较少，广为学界所采用。本研究参考邱淑妙对该量表的翻译。该量表包含 22 道题，其中 14 道测量理想化的影响力及心灵鼓舞，5 道题测量个性化的关怀，3 道题测量才智激发。由于该量表翻译后存在部分条目意义重叠、模糊不清等现象，本研究采取专家访谈和头脑风暴法，对该量表的内容信度（Content Validity）进行检验。

经过由三位硕士以上学历人员组成的小组进行头脑风暴，并访谈了五位博士生和五位人力资源与组织行为学界的教授、专家后，本研究对该量表的调整重点如下：

（1）删除意义重叠的条目。例如，“直属主管会尊重我个人的感受”及“直属主管在工作时会体贴地考虑我个人的感受”其意义相近，故删除第一个条目。

（2）将意义相近的条目合并。如“直属主管以身作则领导我们”和“直属主管树立了一个员工可以追随的好榜样”。

（3）在中国环境下，对部分条目的措辞进行调整，使其更容易被中国员工理解。如原量表所有条目的开头均为“我的直属上级……”，经专家讨论，认为在中国企业中，集体意识较强，员工除了受直属上级影响外，还在很大程度上受到公司最高领导及其他高阶主管的影响，因此，把条目开头修改为“公司的经理人员”或“公司主要领导”。

修正后的变革型领导量表共 14 个条目，其中 6 道题测量心灵鼓舞（或愿景塑造），4 道题测量理想化的领导力（或魅力领导），2 道题测量个性化的关怀，2 道题测量才智激发。

（二）验证性研究

接下来，通过大样本的资料收集，采用信度分析和验证性因子分析（Confimatory Factor Analysis，CFA）方法，对于中国背景下修正过的变革型领导量表结构进行检验。

1. 抽样

根据方便取样的原则，本研究共调查了北京、深圳、珠海、内蒙古等地共 8 家企业。为了确保问卷数据的真实性，全部采用匿名方式填写。共寄出调查问卷 500 份，回收 492 份，其中有效问卷 480 份，有效回收率为 96%。其中 48.9%为男性，60.8%拥有本科以上学历，在该企业工作 5 年以上的占 46.9%，24.7%担任基层以上管理职位。

2. 信度分析

内部一致性系数（The Cronbach Alpha）则是目前计算量表信度的常用工具，它测量的是同一维度各条目之间得分的一致性。一般而言，可接受的 α 值介于 0.7~0.9 之间，低于 0.7 代表内部一致性不足，高于 0.9 则可能存在条目之间相关性过高的情形。

本研究利用 SPSS 软件 14.0 版，对修正后的变革型领导量表进行信度检验，发现内部一致性系数均在 0.7 以上，其中心灵鼓舞 6 道题 α=0.83，理想化的领导力 4 道题 α=0.84，个性化的关怀 2 道题 α=0.73，才智激发 2 道题 α=0.72 均在 0.7~0.9 之间，说明量表的信度较好，且不存在条目之间相关性过高的问题。

3. 验证性因子分析

根据量表修订的结构，首先假设变革型领导是一个一阶四因子的模型。采用 LISREL 软件 8.2 版的验证性因子分析（CFA）程序，来验证变革型领导的结构。模型拟合优度见表 1。

表 1 变革型领导一阶四因子模型拟合优度指标

（LISREL 估计量，N = 480）

	χ^2	df	χ^2/df	GFI	RMSEA	GFI	NFI	NNFI
判断标准		< 5	> 0.90	< 0.08	> 0.90	> 0.90	> 0.90	
模型	358.80	71	5.05	0.90	0.09	0.91	0.90	0.89

从表 1 中可以看出，模型整体拟合优度指标基本均达到标准，说明模型是可以接受的。

在验证了变革型领导的一阶四因子模型后，我们进一步以二阶验证性因子分析方法，来验证这四个因子是否从属于一个更高阶的潜变量。二阶因子分析结果如图 1 所示，二阶四因子模型的拟合优度结果如表 2 所示。

表 2 变革型领导二阶四因子模型拟合优度指标

（LISREL 估计量，N = 480）

	NNFI	χ^2	df	GFI	χ^2/df	RMSEA	GFI	NFI
判断标准	<5	>0.90	<0.08	>0.90	>0.90	>0.90		
模型	505.69	73	6.92	0.88	0.10	0.87	0.85	0.84

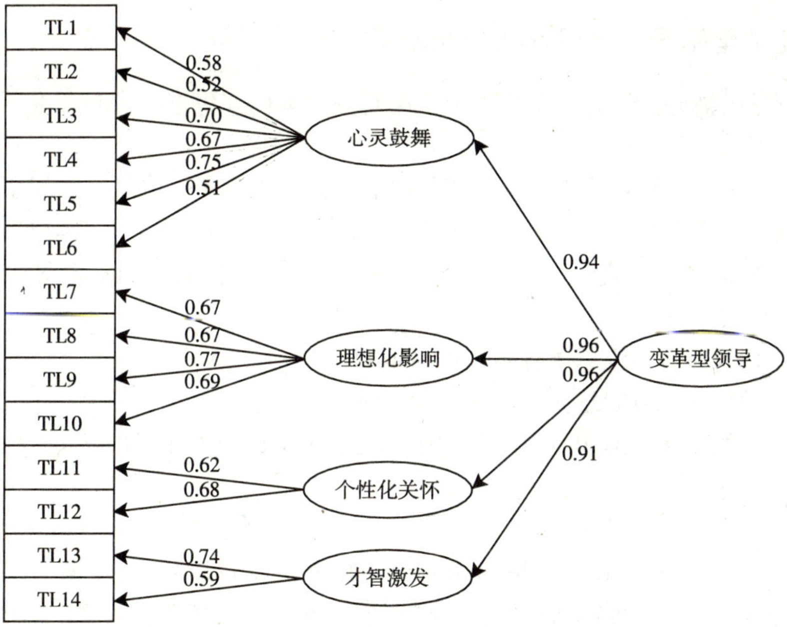

图 1　变革型领导二阶四因子模型

从图 1 中可以看出，所有测量条目在相应因子上的负荷都高于 0.5。高阶潜变量：变革型领导很好地解释了心灵鼓舞（0.94）、理想化影响（0.96）、个性化关怀（0.96）和才智激发（0.91）。而模型整体拟合优度指标虽然较一阶模型略有降低，但仍然基本达到标准，说明模型是可以接受的。

综上所述，本研究所修正的变革型领导四维度量表，具备一定的信度和效度，可以在以下的实证研究中使用。详细的测量条目见表 3。

表 3　中国背景下的变革型领导量表

1	公司各级经理总是为本企业寻找新的机会
2	公司的主要领导为企业描绘出一幅吸引人的未来蓝图
3	公司的经理人员会用他的未来计划去激励同事
4	我的直接上级让我们知道，他对我们有很高的期望
5	公司的经理人员总是精益求精，坚持要做到最好
6	公司的经理人员不会满足于欠佳的绩效
7	公司的经理人员会促进本单位同事之间的合作
8	公司的经理人员会努力培养员工的团队精神
9	公司的经理人员总是以身作则，为下级树立可以追随的好榜样
10	公司的经理人员不仅通过言传，更通过身教来领导员工
11	公司的经理人员在做事时，会体贴地考虑下级的个人需要
12	公司的经理人员会促使下级往相同的目标一起努力
13	公司的经理人员努力提供新的视角和方法，让员工重新去看待那些曾困扰他们的事情
14	公司的经理人员鼓励下级用新的方法去思考旧的问题

（三）变革型领导、组织承诺与离职意向关系研究

变革型领导已被许多学者证实与组织承诺有关。本研究将进一步验证变革型领导、组织承诺与离职意向的关系。

另外，McNeily 和 Russ 认为组织承诺是离职意向的直接影响因素。且组织承诺、工作满意度、工作压力三者，被认为是影响离职意向的最主要因素。因此，本研究在初步检验变革型领导与组织承诺、离职意向的关系后，还将进一步检验组织承诺是否存在中介作用。本研究的假设如下：

H1：变革型领导对组织承诺有显著正向影响。

H2：变革型领导对离职意向有显著负向影响。

H3：在变革型领导对离职意向的影响中，组织承诺存在中介作用。

（四）研究工具

组织承诺部分的测量，采用 Meyer 和 Allen 编制的三维度组织承诺量表。该量表共 18 道题，分为持续承诺、规范承诺和情感承诺三个维度，每个维度 6 道题，采用 Likert 五点量表。在回收问卷后，对该量表的信度进行了检验，结果发现各维度的内部一致性系数均高于 0.7，其中持续承诺 6 道题 $\alpha=0.78$，规范承诺 6 道题 $\alpha=0.81$，情感承诺 6 道题 $\alpha=0.84$。

离职意向部分的测量，采用 Michael 和 Spector 编制离职意向量表。该量表为一维度、6 道题，同样为 Likert 五点量表。回收问卷后，对该量表的信度进行检验，发现该量表的内部一致性系数 α 达 0.89。

（五）研究步骤

同本文的 3.1 部分，本研究共调查了北京、深圳、珠海、内蒙古等地共 8 家企业，全部采用匿名方式填写。共寄出调查问卷 500 份，回收 492 份，其中有效问卷 480 份。

（六）回归分析

本研究认为，变革型领导对组织承诺有正向影响，对离职意向则有负向影响，本研究采用一元线性回归分析对变革型领导及组织承诺、离职意向的各个维度分别进行验证。

首先以组织承诺为因变量，心灵鼓舞、理想化影响力、个性化关怀、才智激发四个维度为自变量，进行回归分析；接着分别以持续承诺、规范承诺、情感承诺为因变量，变革型领导的四个维度为自变量，逐一进行回归分析。

具体步骤：第一步，控制变量（员工性别、年龄、工作年资、教育程度、职位类别）进入回归方程；第二步，自变量进入方程，所有变量采用直接进入（Enter）方式，结果见表 4。

表 4 变革型领导与组织承诺回归分析表（SPSS 估计量，N=480）

	组织承诺	持续承诺	规范承诺	情感承诺	离职意向
控制变量					
性别	-0.07	-0.06	-0.06	-0.08	-0.02
年龄	0.08	0.11	0.06	0.04	-0.13*
工作年资	0.21**	0.20**	0.12*	0.16**	0.03
教育程度	-0.01	-0.01	0.02	-0.03	-0.17*
职位类型	0.11*	0.19**	0.06	0.05	-0.07
自变量心灵鼓舞	0.06	0.01	0.03	0.15*	-0.24**
理想化的影响力	0.13	-0.01	0.22**	0.08	-0.02
个性化关怀	0.33**	0.35**	0.22**	0.24**	-0.02
才智激发	0.13*	0.03	0.14	0.19**	-0.08
R^2	0.43	0.26	0.34	0.40	0.16
Adjusted R^2	0.42	0.24	0.33	0.38	0.14
F	22.59**	13.78**	19.56**	25.29**	7.26**

注：进入模型的均为标准化回归系数；* 表示 $p<0.05$；** 表示 $p<0.01$。

接着以离职意向为因变量，变革型领导的各维度为自变量，进行回归分析。具体步骤同上。

由表 4 可以看出，变革型领导对组织承诺存在正向影响。其中个性化关怀（e=0.33，p<0.01）、才智激发（B=0.13，p<0.05）的影响达到显著水准。其次，心灵鼓舞对情感承诺（B=0.15，p<0.05）有显著影响；理想化的影响力对规范承诺（B=0.22，p<0.01）有显著影响；个性化关怀对组织承诺的三个维度均有显著影响；而才智激发对规范承诺（B=0.14，P<0.05）和情感承诺（e=0.19，p<0.01）有显著影响。而行为层面认同度则对组织承诺的各个维度均没有显著影响。因此，H1 得到验证。

此外，在控制住性别、年龄、教育程度等因素的影响之后，只有心灵鼓舞对离职意向起到显著的负向影响（e=-0.24，p<0.01），而其他三个维度对离职意向没有显著效果。故 H2 得到部分验证。

（七）组织承诺的中介作用分析

本研究的 H3 认为，在变革型领导对离职意向的影响机制中，组织承诺起到了中介作用。

所谓中介作用，是指自变量 X 是通过另一个变量 M 来影响因变量 Y，其中 M 称为中介变量。

Miller 和 Pollock 指出，可以按以下四个条件来检验中介作用：

（1）自变量 X 和因变量 Y 之间显著相关。

（2）自变量 X 和中介变量 M 之间显著相关。

（3）中介变量 M 和因变量 Y 之间显著相关。

（4）控制住 M 的影响之后，若自变量 X 和因变 量 Y 之间的相关显著降低，则 M 的中介作用得到验证。若 X 和 Y 间的相关性完全消失（相关系数未达显著水准），则 M 有完全中介作用。

本研究利用偏相关分析（Partial Correlations）来检验变革型领导是否通过组织承诺而影响离职意向。具体步骤：第一步，先检验变革型领导与组织承诺、离职意向之间的相关系数，结果见表 5；第二步，接着控制住组织承诺的影响，检验变革型领导与离职意向间的偏相关系数，结果见表 6。

表 5 变革型领导、组织承诺、离职意向相关系数表（SPSS 估计量，N = 480）

	1	2	3	4	5	6	7	8	9	10
变革型领导	1									
心灵鼓舞	0.87**	1								
理想化影响力	0.90**	0.78**	1							
个性化关怀	0.86**	0.64**	0.70**	1						
才智激发	0.85**	0.65**	0.64**	0.65**	1					
组织承诺	0.57**	0.50**	0.48**	0.52**	0.47**	1				
持续承诺	0.36**	0.31**	0.29**	0.78**	0.29**	0.83**	1			
规范承诺	0.54**	0.47**	0.47**	0.47**	0.44**	0.90**	0.63**	1		
情感承诺	0.57**	0.52**	0.48**	0.50**	0.47**	0.89**	0.56**	0.74**	1	
离职意向	−0.34**	−0.35**	−0.31**	−0.29**	−0.28**	−0.35**	−0.23**	−0.29**	−0.39**	1

注：* 表示 $p < 0.05$；** 表示 $p < 0.01$。

表 6 变革型领导、组织承诺与离职意向偏相关分析表（SPSS 估计量，N = 480）

变 量	相关系数	控制住组织承诺之净相关
变革型领导 & 离职意向	−0.34**	−0.18**
心灵鼓舞 & 离职意向	−0.35**	−0.22**
理想化影响 & 离职意向	−0.31**	−0.17**
个性化关怀 & 离职意向	−0.29**	−0.10
才智激发 & 离职意向	−0.28**	−0.10*

注：* 表示 $p < 0.05$；** 表示 $p < 0.01$。

从表 5 中可以看出，变革型领导（自变量）的各维度与离职意向（因变量）均有负向相关，变革型领导与组织承诺（中介变量）存在正向相关，组织承诺与离职意向也存在负向相关，因此中介作用检验的第一、二、三个条件得到满足。

而在表 6 中，在控制住组织承诺各维度的影响之后，变革型领导与离职意向之间的相关系数均有明显降低，因此组织承诺的中介作用是存在的。本研究的 H3 得到验证。

四、结论

本研究通过定性和定量结合的方法，对变革型领导这一热门组织行为学概念的结构和测量工具，在中国背景下进行了检验和修正。通过信度分析和验证性因子分析（CFA）方法，对修正过的 14 条目变革型领导量表进行了检验，证实该量表具有较好的信度和效度；同时，我们认为通过高阶验证性因子分析，也证明了四个因子从属于一个更高阶的因子：变革型领导。

接下来，本研究通过大样本的问卷调查，采用回归分析，证实了变革型领导对组织承诺有正向影响，对离职意向有负向影响；采用偏相关分析，证实了在变革型领导对离职意向的影响过程中，组织承诺起到了中介作用。

本研究的主要贡献在于建构了中国背景下的变革型领导量表，并进一步探索了变革型领导的作用机制，为往后中国背景下的变革型领导研究建立了基础。当然，本研究所修订的量表，还需要经过更多的实证数据检验；而变革型领导与其他组织行为变量之间的关系，以及变革型领导的具体作用机制，也还需要更多的研究。

参考文献

[1] Bums J. M. Leadership [M]. New York NY：Harpe & Row，1978.

[2] Bass B. M. Leadership and Performance beyond Expectations [M]. New York：Free Press，1985.

[3] Bass B. M. On the Training of Charisma：A Reply to Janice Beyer [J]. Leadership Quarterly，1999 (10)：541–550.

[4] 张润书. 行政学 [M]. 台北：三民书局，1999.

[5] 王佳玉. 转换型领导与领导效能关联之研究：以台北市政府为个案分析 [D]. 台北：国立政治大学公共行政学研究所，W99.

[6] Bass B.，Avolio B. Improving Organization Effectiveness through Transformation Leadership [M]. Thousand Oaks，CA：Sage Publications，1994.

[7] Bass B. M.，Avolio B. J. The Implications of Transactional and Transformational Leadership for Individual Team and Organizational Development [M]. In RWW and WA Pasmore (Eds)，Research in Organizational Change and Development，1990 (4)：231–272. G. reenwich CT：JAI Press.

[8] Geyer A. L.，Steyrer J. M. Transformational Leadership and Objective Performance in Bank [J]. Applied Psychology：An International Review，1998 (47)：397– 424.

[9] Friedman H. H.，and Langbert M. Giladik. Transformational Leadership Instituing Revolutionary Change in Your Accouting Firm [R]. The National Public Accountant，2000 (5).

[10] 李超平，田宝，时勘. 变革型领导与员工工作态度：心理授权的中介作用 [J]. 心理学报，2006 38 (2)：297–307.

[11] 吴志明，武欣. 变革型领导、组织公民行为与心理授权关系研究 [J]. 管理科学学报，2007，10

(5): 40-47.

[12] 李超平，时勘. 变革型领导与领导有效性之间关系的研究 [J]. 心理科学，2003 (1).

[13] Becker H. S. Notes on the Concept of Commitment [J]. American Journal of Sociology, 1960 (66): 32-42

[14] Meyer J. I., Allen N.J. Testing the "Side-bet Theory" of Organizational Commitment: Some Methodological Considerations [J]. Journal of Applied Psychology, 1984 (69): 372-378.

[15] Meyer J. P., Allen N. J. Commiment in the Workplace Theory Research and Application [M]. Thousand Oaks CA: Sage 1997.

[16] Bluedom A.C. Aunified. Model of Turnover from Organizations [J]. Human Relations, 1982, 35 (2): 135-153.

[17] Price J.L., Mueller. C.W. A Causal Model of Turnover for Nurses [J]. Academy of Managemment Journal, 1981, 24 (3): 543-565.

[18] McNeilly K.M., Russ F.A. The Moderating Effect of Sales Force Performance on Relationships Involving Antecedents of Turnover [J]. Journal of Personal Selling & Sales Management, 1992, 7 (1): 9-20.

[19] 吕京儒. 员工股票选择权满意度对组织承诺、工作投入及离职意向影响之研究：以半导体产业为例 [D]. 台北：育达商业技术学院企业管理研究所，2004.

[20] Podsakoff P. M., MacKenzie S.B., Mooman R. H., Fetter R. Transformational Leader Behaviors and their Effects on Followers Trust in Leader Satisfaction and Organizational Citizenship Behaviors [J]. Leadership Quarterly, 1990 (1): 107-142.

[21] 邱淑妙. 团队人格特质、转换型领导与团队效能之关系探讨：团队凝聚力之中介角色 [D]. 高雄：国立中山大学人力资源管理研究所，2005.

[22] Meyer J. P., Allen N. J. Commitment in the Workplace Theory Research and Application [M]. Thousand Oaks CA: Sage 1997.

[23] Michaels C.E., Spector P.E. Causes of Employee Turnover: A Test of the Mobbley Griffeth, and Meglinomodel [J]. Journal of Applied Psychology, 1982, 67: 53-59.

[24] Miller N., Pollock V. E. Meta-analytic Synthesis for Theory Development [M]. in Cooper H., Hedges L.V. The Handbook of Research Synthesis (457-483). NY: Russell Sage Foundation, 1994.

Empirical Study on Transformational Leadership, Organizational Commitment and Turnover Intention in Chinese Context

Chen Zhi-zhong, Zhang De

Abstract: Transformational leadership is a hot issue in leadership and organizational behavior researches. Transformational leadership, however, is a western-based concept, and empirical researches in Chinese context are insufficient. This research firstly revises and tests the measure scales of transformational leadership in Chinese context. Through reliability analysis and confirmatory factor analysis (CFA), the revised transformational leadership questionnaire has been proved to be reliable and valid. Based on a survey of 480 employees, we conclude that transformational leadership has positive effect on organizational commitment and negative effect on resigning intention.

Key Words: transformational leadership, Chinese context, organizational commitment, turnover intention

中国情境下职业成功观的内容与结构*

周文霞　孙健敏

【摘　要】职业成功观即人们心目中的职业成功标准。运用深度访谈、焦点小组讨论的研究方法，通过归类、提炼主题，我们可以得到职业成功观的九个类别：物质报酬、权力地位、绩效贡献、关系网络、安全稳定、才能发挥、获得认同、自由快乐、和谐平衡。依据西方文献中关于职业成功外部标准和内部标准的总体框架，将九个类别进一步抽象化，我们得到了职业成功观的三维结构：外在报酬、内在满足与和谐平衡。

【关键词】职业成功　职业成功观　内容　结构

职业是一个人安身立命的根基，成功的职业生涯是人们孜孜以求的人生目标。但很多人在追求职业成功的道路上体验不到成功的快乐和幸福，反而感受到了越来越大的职业压力。现实的矛盾和困惑促使人们思考：职业成功的内涵究竟是什么？职业成功有没有一个客观公认的标准？职业成功标准具有哪些特征？目前学术界还很难对这些问题作出清晰明确的回答。为了使研究的问题更为明确、便于操作和理解，我们用职业成功观这一概念概括人们心目中的职业成功标准，其目的在于初步探讨中国文化背景下职业成功观即人们心目中职业成功标准的具体内容和结构。

一

职业成功观是本研究提出的一个新概念，学术界与此相关的有两类研究：一是有关职业成功标准的研究；二是有关职业价值观内容的研究。它们构成了本研究参考的重要文献基础。

（一）关于职业成功的标准

M. London 和 S. A. Stumpf 将职业成功定义为一个人在其工作经历中所累积起来的积极

* 本文选自《中国人民大学学报》2010 年第 3 期。

的心理上的或是与工作相关的成果或成就。这一定义得到了学者们的广泛认同。为了使职业成功这一概念变得可以测量，一些学者建议依据评价主体的不同，将职业成功分为客观成功和主观成功两类。客观的职业成功标准就是可以从外部观察到的职业成就，这种成就可以用报酬、晋升的次数、可支配的权力、拥有财富的多少等外部尺度来衡量。由他人作出的职业成功的评价常常使用此类标准。Nigd Nicholson 等学者对客观职业成功的标准做了更深入的探讨。他们认为，“客观”成功由职业旅途中所取得的可证实的、可观察到的价值成果所构成，具体有六个指标：地位和头衔（等级位置）；物质成功（财富、财产、收入能力）；社会声誉与尊敬、威望、影响力；知识与技能；友谊、社交网络；健康与幸福。以上六条标准存在着逻辑和功能上的联系，但在不同的社会体系中，其相互联系的力度和持续性表现出一定的差异。在权力距离比较大的国家，当一个人拥有更高地位时，其获得其他结果的可能性就大大增加，有时甚至成为必然。

关于主观职业成功的标准，Arthur 等人认为，主观成功是个体对自己工作经历和职业发展结果的积极评价和认同，它涉及很多对个人来说很重要的维度，如工作—生活的平衡、有意义的感觉、贡献等。与客观成功不同，主观成功只能通过个体的内省来识别，不能通过外部观察或一致的确认获得。人们有不同的职业渴望，对收入、就业保障、工作地点、地位、工作进步、学习机会、工作和家庭的平衡等重视的程度不同，主观的职业成功标准也不同。由于主观职业成功难以测量，它在大多数情况下被操作化为工作或职业满意度，如有学者认为对自己的工作有诸多不满意的人是不可能觉得自己的职业是成功的，工作满意度是主观职业成功最突出的方面。一些学者开发了职业满意度的量表，但比较简单，一般只有四五个项目。到目前为止，对主观职业成功没有一个统一的测量工具。

在对职业成功标准的探讨中，有三种现象值得我们关注。

第一，研究发现，很多人从外部标准来看很成功，拿到了高薪水，占据了高职位，但他们却感受不到自己的成功或是对所取得的成就并不满意。Korman 和他的助手们发现，被社会认为是“成功”的经理人通常对于其职业生涯并不满意，既没有感到成功，也没有对他们的成就感到自豪。这些经理人有自己内部的职业成功定义，当用主观职业成功标准来评价自己时，他们常常认为自己是失败的。这说明高报酬和高职位并不必然带来自豪感和成功感，有时甚至导致了个人和工作的异化。这同时也说明客观职业成功和主观职业成功的评价标准并不总是重合的。因此，不仅区分主观成功与客观成功两种不同的评价标准是必要的，而且对职业成功的客观和主观的评价同时加以考虑也是非常重要的。

第二，Arthur 等人从一些以实证研究为主的人文社会科学期刊中，选出了 1992~2002 年间发表的 68 篇有关职业成功的文章，就其研究主题进行了统计分析。结果显示，53 篇文章（78%）提到了主观职业成功，49 篇文章（72%）在研究中运用了主观职业成功标准，10 篇文章（15%）单独讨论了主观职业成功。而在 1980~1994 年公开发表的相关论文中，75%的是只讨论客观标准。这说明职业成功的标准是随着时代的变迁而不断变化的。20 世纪 80 年代以前，人们所处的职业发展环境变化不大，组织内部的金字塔式结构比较稳定，个人的职业发展呈现出向上运动的线性特点。通常，人们衡量职业成功的标准就是职位提升的速度和薪资达到的水平，即客观标准。20 世纪 90 年代以后，组织结构的扁平化、裁员、下岗、频繁的职业流动等，使人们的职业生存方式发生了极大的变化，职业流动的范围也跨越组织的范围，呈现出无边界状态，职业成功的标准越来越多元化，主观的职业成功标准得到了更多的强调。Weick 通过研究发现，现代的职业成功评价减少了对于薪酬数量及晋升次数的关注，转而更重视员工在其职业发展道路中通过战胜挑战所获得的内在满意感。目前，越来越多的研究发现，传统的客观职业成功标准在这个经济动荡、职业生涯无边界化的时代已经失去了原有的意义。

第三，研究结果显示，成功的定义在个体一生中随着时间而改变，职业成功的外部标准变得越来越不重要。例如，Sturges 的研究发现，年龄越大的管理者越倾向于用内部标准来定义职业成功。这和职业是由一系列阶段组成的发展过程的定义相一致。Kpers 的生命周期理论认为，随着个体经历生命的不同阶段，个体的职业偏好也会发生改变。因此，在个体生命的不同阶段可能会用不同的方式来定义成功。研究还发现，定义成功的方式存在性别差异，女性更强调内部职业成功，男性更强调外部职业成功。

凡此种种都提示我们，如果对主观职业成功标准进行研究，就不能忽视其所具有的价值观特性：因人而异；因时代不同而不同。因此，我们应该将对主观职业成功标准的研究纳入职业价值观的领域，以便于更深入地挖掘其内涵和结构。

（二）关于职业价值观的研究

对有关职业价值观研究文献的回顾，有助于我们进一步说明研究职业成功观的必要性。

关于职业价值观的定义，学者们有各种不同的表述。Super 将职业价值观定义为与工作有关的目标，表达个人内在需求及从事活动时所追求的工作特质。Nord 等人提出，职业价值观就是一个人所期望并觉得应该能借由工作实现的结果状态。Schwartz 则强调，职业价值观是指人们希望通过工作来达到的目标或取得的报酬，它们是更一般的个体价值观在职业生活中的表现。所有这些定义表述的方式虽不完全相同，但都比较概括和抽象，由此导致在具体进行研究和测量时出现不同的取向。在职业价值观的题目下，有大量的关于职业特征重要性或择业观的研究，如 Super 的职业工作价值量表、凌文辁等人的择业标准研究。在这类研究中，职业价值观表现为在职业选择中对职业生活的偏好和价值判断，愿意从事某种职业的倾向和意愿。还有一类名为职业价值观的研究，其关注的内容是职业行为或工作行为的对与错、善与恶，是伦理和道德观，带有意识形态和哲学的特征，如从韦伯的新教工作伦理观开始，引起了很多学者对职业和工作伦理问题的研究。针对使用同一个概念但研究的内容却有较大差别的现象，Dose 批评说，职业（工作）价值观的研究如同盲人摸象，不同学者各自定义其内涵，大家使用同样的概念却表达不同的意思，其结果是对这个问题的研究停留在支离破碎的状态，致使研究成果分散，无法有效积累。

关于职业价值观结构的研究也存在同样的问题，有两个维度、三个维度、四个维度甚至更多维度的划分方式。Elizur、Robbins 等人均将职业价值观区分成目的性价值观（或称结果性）与工具性（亦称手段性）价值观；Vanus 与 McAllister 等人则将工作价值观区分为内在价值观与外在价值观。1951 年，Super 在实证研究的基础上提出职业价值观包括 15 项内容。Miller 将这 15 项内容划分为三个维度：一是内在职业价值，指与职业本身性质有关的一些因素，如职业的创造性、独立性等；二是外在职业价值，指与职业本身性质无关的一些因素，如工作环境、同事关系、领导关系及职业变动性等；三是外在报酬，包括职业的安全性、声誉、经济报酬和职业所带来的生活方式等。Schwartz 在实证研究的基础上将职业价值观划分为四个维度，即内在价值、外在价值、社会价值和威望价值，并于 1999 年又从三个角度对其职业价值观四个维度划分的合理性加以论证。吴铁雄等人将职业价值观分成目的价值和工具价值两类，前者细分为自我成长取向、自我实现取向、尊严取向三因素，后者细分为社会互动取向、组织安全与经济安全、安定与免于焦虑取向、休闲健康与交通取向。凌文辁等人用实证研究方法得出了职业价值观的三因素结构：发展因素，保健因素，声望、地位因素。

虽然职业价值观研究得到了很多种因素模型，但这些因素模型差别较大，稳定性和可重复性较低。尽管如此，不论将职业价值观分为几个维度，由于内在外在二维的划分方法具有高度的概括性，所以其他的划分方法基本上都可以归入这两类。内在价值是个体倾向于追求在工作中能使 个人自我成长、发挥个人才能与创造力、提升生活质量、获得成就感、赢得他人尊重与肯定以及达成人生目标的价值。外在价值为个体偏好的工作收入、升迁机会、工作安定性与声望等方面的价值。 因此，职业价值观的二分法还是最有代表性的观点。

如前所述，不断有学者批评职业价值观领域的研究由于大家使用同样概念而表达不同内涵，使得研究成果分散，结论难以验证。造成这种局面的一个重要的原因在于职业价值观这个概念本身的抽象性。一个概念越是抽象化就越难精确，越是高度概括就越难以具体操作。因为概念越抽象，内涵就越丰富，可以装载的内容就越多。职业价值观概念的内涵本身就非常宽泛，如什么样的职业更有价值、择业时更看重哪些因素、在职业领域怎样的行为才是道德的等，都事关价值判断，都可以说是职业价值观的体现，所以才出现不同学者有不同定义的局面。定义不同，内容结构也就很难统一。为了使学术成果更便于积累和比较，对于职业价值观的研究适合更加细致的分类。根据逻辑种属关系，学者们认同职业价值观是从价值观衍生而来的观点，并认为职业价值观是一般价值观的组成部分；同理，职业价值观也不是一个操作层面的概念，如果说价值观是一个大的种概念，它可以包含职业价值观、生活价值观、审美价值观等。那么，职业价值观就是抽象层次低于价值观的种概念，它还有自己的属概念，如择业观、职业道德观、职业声望观等。本研究提出的职业成功观在价值观的概念体系中就是从属于职业价值观的属概念，它与择业观等处于并列地位。逻辑是思维的基本规则，也是研究的基本规则。如果将择业观或职业成功观等同于职业价值观，那就等于犯了种属并列的逻辑错误。从这个逻辑角度进行分类研究，使研究概念的内涵尽可能单一，如职业成功观就只是研究人们心目中职业成功的标准，择业观就是研究人们选择职业或转换职业时所考虑的因素，应该可以避免一个概念派生多种含义的局面，至少可以减少这种情形。对职业成功观的研究也正是这样一种尝试。

总之，在职业成功、职业价值观研究领域，这些研究中的不足正是预留给后来学者的研究空间。本研究就是在这个空间中找到位置的。

二

职业成功观是本研究提出的一个新概念，在对职业成功观都包含哪些内容并无充分先前研究证据的情况下，运用个体深度访谈和焦点小组访谈来收集信息应该说是一种比较理想的方法。

（一）样本的选取：访谈什么人？

个体访谈是质的研究中获取资料的一种基本手段，其样本选取方式使用最多的是目的性抽样。所谓目的性抽样，就是按照研究目的抽取能够为研究问题提供最大信息的研究对象。因为质的研究强调通过研究对象获得深度和丰富的信息，以求深入细致的解释性理解，所以研究对象的数量一般都比较小，不可能也没有必要像定量研究那样采取概率抽样的方式。除此之外，样本的数量事前也是不完全明确的，它会随着实际研究的开展而逐渐演化。根据上述原则，并围绕研究的目的，我们在确定访谈对象时只是定义了几个人口统计学变量，这些变量包括年龄、性别、教育水平、婚姻状况、职业、职 务，先后访谈了30人。由于个体访谈的样本中只有3个政府公共组织工作人员，与企业和高校的样本数量相比明显偏少，因此，在北京某大学MPA班邀请了8位同学参加焦点小组访谈。焦点小组访谈的目的，一是检验在个体访谈中获得的信息是否充分，二是考察在焦点小组讨论的互动中能否获得更多的信息。焦点小组访谈内容由两位研究生助手做记录。38名访谈对象的基本特征为，性别：男20人，女18人；年龄：30岁以下7人，31~40岁15人，41~50岁16人；受教育程度：本科20人，硕士及以上18人；婚姻状况：已婚31人，未婚6人，离异1人；职位级别：初级14人，中级16人，高级8人；工作单位性质：企业15人，政府11人，高校12人。

（二）数据收集：怎样访谈？

事先准备了一个包括三个问题的访谈提纲。访谈提纲的设计遵循了Kvale的建议，即访谈的问题尽量保持简明扼要，访谈问题的类型可包括介绍性问题、重复性问题和探测性问题，提问的问题必须对分析、确认和最后阶段报告的撰写有用。 这些问题的次序应该按照漏斗形式排列，从简单和具体到困难和抽象来进行。

访谈中提问的三个问题是：职业成功对于你来说重要不重要？你心目中职业成功的标准是什么？或者说，你认为怎样才算达到了职业成功？你能举出一个你认为职业成功的人士来吗？你为什么认为他或她是成功的？第一个问题属于引导性问题，为了引出第二个关键问题。第三个问题属于验证性问题，试图通过受访者对他人的评价检验其职业成功标准的一致性或者丰富性。

在每个访谈的开始，都向受访者简单介绍访谈目的，明确对于隐私的保护。访谈历时 20~40 分钟，其中面对面访谈 18 人，电话访谈 12 人，8 个人的焦点小组访谈历时 60 分钟。

通常，在访谈中问到第一个问题时，受访者绝大多数都会回答重要或当然重要。这样就可以顺利进入第二个问题，否则，上来就问第二个问题会显得比较生硬和突兀。也有一个受访者的回答与众不同，他说那要看你说的是什么样的成功了。这时可以接着问，你觉得什么样的成功才是重要的？你认为成功的标准是什么？如此也能回到研究的主要问题上。

但在回答职业成功的标准问题时，非常容易出现的情况是，被访谈者大谈影响职业成功的因素是什么，而不是去解释他们所理解的职业成功这个概念的内涵，谈论职业成功的标准。例如，有的受访者在被问到职业成功的标准是什么的时候，回答说一个人的成功需要很多因素，光有能力还不行，还要有关系，还要有好的运气，等等。这时就需要委婉地提示，或比较灵活地转换话题，以便使访谈回到研究者最关心的职业成功标准这个问题上。研究者在访谈中还参考了陈向明的建议，灵活开放地使用访谈提纲，访谈的具体形式因人、因具体情境而异，不拘泥于同一程序，也不强行按照访谈提纲的语言和顺序提问，以免出现一问一答、好像老师考学生或答非所问的尴尬局面。

（三）数据分析：访谈获得了什么？

由于担心录音会给受访者带来心理压力，访谈中没有录音，而是尽量详细记录受访者的谈话内容，每一次谈话结束后再将谈话的内容进行整理。访谈中所提的主要问题是你心目中职业成功的标准是什么，虽然受访者回答问题的方式和内容不一样，但在每个人的访谈记录中都能发现类似定义式的陈述句。例如，“我觉得职业成功就是在职业上有良好的声誉，获得更多人的认同”，“职业成功就意味着通过工作获得财务自由”，“我认为必须满足以下四个条件才算职业成功：高收入、好名声、工作能自主、工作家庭平衡”等。谈话内容的整理就是提取受访者关于职业成功标准的陈述，每一个陈述句只表达一个意思，如果受访者同时提出多个标准，就将这些标准单独计算。全部访谈结束后，得到了 111 个职业成功标准的项目。由于其中很多项目的内容重复或表达相似，所以需要进一步通过删除、合并条目达到简化的目的。在删除了相同的项目、合并了相近的项目后，剩下了 55 条项目，在此基础上开始进行数据分析。

数据分析的目的在于从大量的定性数据中提炼主题。这一过程类似于定量数据研究中的因子分析。遵循忻容和樊景立等人的做法，数据分析的过程分三步进行：

第一步，项目的归类。与徐淑英等人的做法一致，将每一个项目单独写在一张小纸条上，请 3 位人力资源和组织行为学的教授、本专业领域的 5 名博士生对项目的内容进行独立分析并归类，要求每一个项目只能归入一个类别，不能重复归类。每个人单独完成归类后再进行讨论，对于意见不一致的归类各自阐述理由，直到意见统一。在这个过程中还修改了语义含混、表达不清、容易引发理解歧义的项目，力求每一个项目的含义单一清晰准确。通过这一步骤归纳出了九个类别。

第二步，维度的识别。分析概括每一个类别的主题，将其概念化，给出一个命名，形成职业成功观的九个子维度，分别命名为：物质报酬；权力地位；绩效贡献；关系网络；安全稳定；才能发挥；获得认同；自由快乐；工作家庭。

第三步，纳入总体理论框架。本研究进行编码的总体理论框架是西方职业成功文献中获得一致认同的职业成功的两大类标准：客观职业成功标准和主观职业成功标准。基于研究的总目标，将这两类标准的命名改为外在职业成功标准和内在职业成功标准。更改命名的依据是，客观成功和主观成功的内涵是明确的，但是它的命名是经不起推敲的。客观成功标准强调其外部可观测性，而主观成功标准强调其内心可体验感受性。本研究强调职业成功是一个评价性的概念，是主体站在自我的主观立场上对职业发展历程的一种评价，这种评价必然有其评价的标准，不论是将那些外部可以观测的收入状况、晋升状况作为评价的标准，还是将内部的感受作为评价成功的依据，这种用来评价职业成功的标准都是主观的。在这个意义上，本研究在主观职业成功标准这个大前提下将职业成功标准分为外部标准和内部标准，用以取代客观标准和主观标准的表述，而外部成功完全对应客观成功，内部成功对应主观成功。根据这种划分，我们可以发现物质收入、权力地位、绩效贡献、安全稳定等都是可以从外部观测的，可归入外在标准，相当于西方文献中的客观标准；才能发挥、获得认同、自由快乐等更多地需要从内部判断，因此，归入内在标准，对应所谓主观标准；而工作家庭、关系网络很难单纯归入外部标准或内部标准，它们似乎兼具内在外在的特征，大家一致同意将其命名为混合标准。将这三类标准进一步命名为外在报酬、内在满足与和谐平衡。

将上述九个维度纳入外部标准、内部标准和混合标准的过程，实际上是使职业成功标准进一步抽象化的过程。表1是访谈资料分析的具体结果。

表1　访谈资料归纳性分析的具体结果

类　别	维　度	项　目
外在报酬	物质报酬	通过工作获得丰厚的物质回报
		通过工作得到财务自由，想买什么就买得起什么
		通过工作能赚很多钱，让家人过上舒适的生活
		住大房、开好车、穿名牌，达到中产阶级的生活水平
	权力地位	在职位上不断获得晋升，直到组织的高层
		独立掌管某一个部门，有决策权就是职业成功
		工作中获得更多的权力，能够控制影响别人
		工作中承担重要的责任，地位举足轻重
		工作中不断增加责任、权力和上升的机会
		在工作中具有不可替代的作用
		工作中有最大限度的自主权

续表

类 别	维 度	项 目
外在报酬	绩效贡献	自己从事的职业为社会和他人做出贡献
		带领团队成员获得好的绩效
		从事的工作能够推动社会的进步
		如果对社会没有贡献，赚再多的钱也不算职业成功
		为国家富强、民族振兴、人民幸福做出贡献
		胜任本职工作，出色完成工作任务
		解决别人解决不了的难题，为组织创造更好的绩效
	安全稳定	工作稳定，不用到处奔波，不需要担心失业
		离开现有的职位到哪里都能找到工作
		工作稳定，从中获得安全感
		工作舒舒服服，虽然挣钱不多，但没有太大的压力
内在满足	才能发挥	能在工作中发挥自己的特长
		不断从事有挑战性的工作
		潜能得到充分的发挥
		工作中能够实现自己的理想
		在某一个专业领域技能特别突出
		能从工作中得到满足感和成就感
		知识技能不断积累，成为所在领域的专家
		能在工作中发挥才干
	获得认同	在职业上有良好的声誉，获得更多人的认同
		得到领导的重视和客户的认可
		同行的高度认可
		不一定要很高的头衔，得到大家的认可就是职业成功
		受人尊重和爱戴，对组织、对社会有用
		亲朋好友以我为荣
		用自己的魅力影响别人，得到别人的认同
		不断受到上级的表彰、同事的赞誉、下属的肯定
		在同行中享有很高的声望
	自由快乐	从事的是自己喜欢的职业，每天工作很愉快
		能够从工作当中感受到快乐
		职务再高，做的是自己不喜欢的事，也不叫职业成功
		一辈子都做自己感兴趣的事
		工作中保持精神的自由
		工作中有激情、有热情，感到充实
和谐平衡	工作家庭	在工作之余还有时间充分享受生活
		职业成功的定义不能和家庭的和睦美满分开
		工作中能够兼顾到家庭，工作和家庭平衡
		个人生活家庭事业都达到一种平衡状态
		工作成绩再大，如果没有健康的身体，就不算职业成功
		在繁重的工作压力下依然保持身心健康

续表

类 别	维 度	项 目
和谐平衡	关系网络	工作中能游刃有余地处理好上下左右的关系
		拥有广泛的社会关系网络，办事容易
		在社会各阶层都可以找到合适的人帮忙
		社会上有很好的人际关系网络，能办成自己想办的事

（四）理论饱和度检验

由于本研究是基于访谈获取的资料进行归纳性分析，因此，获取的资料是否充分会对研究结论产生直接影响。为了保证访谈结果的充分与可靠，使用扎根理论创始人 Glaser 和 Strauss 提出的“理论饱和度”概念作为检验的标准，即当研究者不能再从访谈或其他方面发现新的类别时，研究者就可以停止对资料的收集，进入理论构建阶段。在对访谈资料归纳分析完成之后，又发放了 30 份开放式问卷，请填答者写出自己心目中职业成功的标准，对收回的问卷依照上述编码的程序和标准再进行一次归类分析，结果发现除了同样的意思、不同的表达方式以外，没有新的关键词和类别出现。据此，我们可以认为访谈收集到的资料达到了理论饱和度的要求。

三

（一）结论

运用深度访谈以及焦点小组讨论的方法，本研究获得了 55 个表达职业成功标准的项目，通过归类、提炼主题，得到了职业成功观的九个子维度，它们分别是物质报酬、权力地位、绩效贡献、关系网络、安全稳定、才能发挥、获得认同、自由快乐、工作家庭。在此基础上，依据西方文献中关于职业成功外部标准和内部标准的总体框架，将九个子维度进一步抽象化，其结果是突破了西方文献中职业成功标准的两维结构，得到了职业成功观的三维结构：第一个维度为外部标准，命名为外在报酬维度，包括物质报酬、权力地位、绩效贡献、安全稳定四个子维度；第二个维度为内在标准，命名为内在满足维度，包括才能发挥、获得认同、自由快乐三个子维度；第三个维度为混合标准，把难以归入内、外部两个维度的工作家庭与关系网络归为混合标准，命名为和谐平衡。

（二）讨论

将从归纳性研究中得出的结论与西方文献中出现的职业成功标准相比照，我们发现，就这些维度的具体内容而言，没有哪一项是全新的、在以往的研究中从未被提及的。就连通常被认为是反映中国文化比较独特方面的人际关系网络联系与和谐平衡，在西方文献中也多次出现。所不同的只是在上述几项研究中，这个标准是研究者个人定义的，本研究是通过访谈获得的。前者关注的不是职业成功的标准到底是什么，而是什么因素影响一个人获得职业成功，在这种研究目标的驱使下对职业成功给出的是带有操作性目的的定义，而本研究是专题研究职业成功标准问题的，是专门为此目标而收集数据资料的。如果我们把上述研究者也作为被访谈者来看待的话，前者的观点在这里得到了验证。有两项与本研究相近的最新研究值得一提。一项是 Amanda 等人于 2006 年进行的一项定性的研究。他们对 36 位 MBA 校友进行了深度访谈，目的是检验获得了 MBA 学位的有经验的管理者对职业成功的理解。与本研究使用的方法相一致，完全是通过归纳的方法获得研究对象对职业成功标准的解释，结果获得了职业攀登、职业信心、职业选择、职业损害四个维度。职业攀登与本研究中的晋升相似，职业信心用增强了的自信和个人成长来描述 MBA 职业成功，有些类似于内在满足中潜能发挥、技能增长的项目，职业选择是指选择机会的增多，而职业损害是指获得 MBA 学位带来的不利因素。研究证明了这些人更多地用内部标准来理解或解释自己的职业成功。这项研究所解释的职业成功的定义也多包含在本研究的结论中，说明本研究结论的普遍性。另一项是 2007 年 Victor Lau 等人以香港地区企业家为对象的研究，也是用深度访谈归纳企业家对职业成功的理解，开发了企业家职业成功程度的量表。结果表明，职业成功包括社会地位、社会认可、社会声望、真实财务获取、贡献几个维度，这些也都在本研究中得到了验证。 这些研究成果提示我们：在与价值观相关的研究中，特别是对于职业成功观的研究，制度、文化、历史带来的差异可能不是某一维度的有和无，可能是在不同维度上人们的重视程度不同，因为归根到底人性的最深处是超越文化的，而人的本性其实就是人的需求，人有多少种需求就有多少个成功的标准。

通过访谈我们发现，人们心目中的职业成功标准是很难量化的，人们在表述这种标准时，更多的是在表达一种态度、一种倾向、一种价值理念和行为取向。访谈中人们所用的词汇都是方向性的或者说是倾向性的，而不是标准化的，如晋升到组织的高层、家庭工作平衡，这些都是很难具体测量的。这也说明我们无法找到可以量化的职业成功标准，即使是所谓客观或外部标准，也难以具体测量。年薪多少才算成功，职位多高才算事业有成，都无法拿出数量化的标准，但人们在这些问题上都有自己的倾向性。一位受访者谈到："我不认为非得当官才是职业成功，我觉得职业成功应该是在自己的职业生涯中自己能做主，想干什么就能干什么。"另一位受访者则认为："职业成功总是有 一些外在标志的，比如住的房子、穿的衣服、开的车子，职业成功意味着你在财务上是自由的，想买什么就能买什么，不用考虑价格。"归纳性研究的结果提示我们，主观职业成功标准就是一个人的职业成功观，是职业价值观这个更高层次概念的组成部分，因此，将所谓主观职业成功标准纳入职业价值观进行研究是合理的。

与职业价值观的研究相对比，我们的研究结果与职业价值观结构的内在职业价值与外在职业价值的分类方式极为相似：内在满足与内在职业价值相对应，外在报酬与外在职业价值相一致，虽然和谐平衡在本研究中成了一个单独的维度，但在职业价值观的条目中也占有一席之地，在价值观问卷中家庭平衡是一个单独的维度。在 Super、Miller 的研究中，生活、情感等归在了外在职业价值的维度。这些都说明生活自由、健康、家庭和谐平衡、人际关系在人们价值取向中不可或缺的地位。

既然职业成功标准是人们对职业成果意义的认识和评价，它就必然取决于人们自身的需要和愿望。既然人的需求是多种多样的，人对职业成功的评价也就必然是多元化的。在每一个人的心目中，职业成功的标准是一个有层次的结构，与其内在的需求体系相对应。一位受访者谈到他对职业成功标准的理解时强调，职业成功的标准不是单一的，而是复合的。“我认为所谓的职业成功，首先要有一份高收入的工作，能挣很多钱，在物质上很富足。但如果只是挣很多钱，干的这件事自己一点也不喜欢，那也不能算是职业成功。一定要是自己喜欢的工作，还能有较高的经济收入，同时还必须对社会有所贡献，能满足这几个条件，那才叫职业成功。”人们心目中的职业成功标准不是固定不变的，和职业生涯发展的不同阶段相关联，人们的职业成功观也在发生变化。一位学者说，年轻时一心想的是自己的事业，认为在事业上出人头地才算职业成功。人到中年想法有了很大的变化，会更多地考虑孩子和家庭，会把家庭和事业的平衡看做是职业成功。

一个非常重要的现象是很多受访者都把身心健康、家庭和睦、工作家庭平衡作为职业成功的标准。如果从严格的逻辑分析来看，这似乎属于生活上的成功，与职业成功概念有区别。在访谈初期，每当有受访者谈到工作家庭平衡时，我们都会提醒他们我们讨论的是职业成功，不是生活成功或者人生的成功，而他们总会辩论说，这是根本无法分开的，在他们心目中二者是一体的。当问及其心目中的职业成功标准时，一位企业中层管理人员认为在繁忙的工作中能保持身心健康是职业成功的重要标志，当访谈者试图向其澄清职业成功的概念时，他强调在他心目中身体健康非常重要，是职业成功本身就包括的内容。“一个人职位再高，挣钱再多，如果英年早逝或疾病缠身，那还算什么职业成功？”他反问道。还有一位女士强调职业成功的定义不能和家庭的和谐美满分开，否则就算不上职业成功。这些观点很具有代表性。职业和生活是两个不同的概念，可又是两个无法分开的概念，它们相互被定义，当人们谈到生活成功时也一定会以事业有成作为一个重要的指标。特别是现代职场上由于巨大工作压力导致的过劳死和工作与家庭冲突现象，促使人们重新思考人生的真谛和领悟生命的意义。所谓“成功的职业，失败的个人”所描述的情景是人生的异化，用透支生命健康或牺牲家庭幸福去换取高收入、高职位是得不偿失的。正是有了和谐平衡的理念，人们对职业成功的认知和把握才更接近生命、人生本来的意义。这种现象在西方的学术文献中也有充分的体现。大量研究表明，工作家庭的平衡或冲突与个体的身心健康及许多工作相关变量之间有着密切的联系。根据 Staines 对文献的回顾研究可以看出，20 世纪 70 年代之前，受传统性别角色意识的影响，人们将工作和家庭看成是两个互不相干的维度，个体可以把在工作中建立的情感、态度和行为与家庭部分分割开来。然而，到了 20 世纪 70 年代，研究人员开始用开放系统的方法研究工作家庭关系，认为工作和家庭密不可分，相互影响，个人的感情充溢在两个系统之间，尽管存在工作和家庭之间身体上的暂时分离，但人们依然会将在工作中建立的情感、态度、技能和行为带进家庭领域；反之亦然。正是由于工作和生活之间剪不断、理还乱的这种关系，将身体健康、家庭和谐等看似边缘于职业领域的内容纳入职业成功的范畴，既可以获得理论上的解释，也已经得到经验的支持。这种现象充分证明职业生涯的定义已经被扩展到包括与工作相关的非工作特征，一个人的职业生涯包括职业成功需要在其总的生活空间及整个生命过程中被考察。

职业成功观是职业价值观的组成部分，对职业成功的评判很难有客观统一标准。我们应该更多关注不同的人是如何定义职业成功的，不同的职业成功价值取向对他们的行为有何影响，从而有效地对各类人员进行激励，促使我国从人力资源大国向人力资源强国转变。

参考文献

[1] London M. & Stumpf S. A. Managing Careers. Reading，MA：Addisoin-Wesley，1982.

[2] Judge，T. A.，Cable，D. M.，Boudreau，J. W.，& Bretz，R. D. An Empirical Investigation of the Predictors of Executive Career Success. Personnel Psychology，1995（48）.

[3] Gattiker U. E.，Larwood L. Predictors for Managers Career Mobility，Success，and Satisfaction. Human Relations，1988（41）.

[4] Nigel Nicholson，Wendy De Waal-andrews. Playing to Win：Biological Imperatives，Self-regulation，and Tradeoffs in the Game of Career Success. Journal of Organizational Behavior，2005（26）.

[5] Arthur，M. B.，Svetlana N. Khapova，Celeste，P. M. Wilderom，Career Success in a Boundary Less Career World. Journal of Organizational Behavior，2005（26）.

[6] Judge，T. A.，Higgins，C. A.，Thoresen，C. J.，and Barrick，M. R. The Big Five Personality Traits，General Mental Ability，and Career Success across the Life Span. Personnel Psychology，1999（52）.

[7] Greenhaus，J. H.，Parasuraman S.，Wormley W. M. Effects of Race on Organizational Experienices，Job Performance Evaluations，and Career Outcomes. Academy of Management Journal，1990（33）.

[8] Korman，A. K.，Wittig-Berman U.，Lang D. Career Success and Personal Failure：Alienation in Professionals and Managers. Academy of Management Journal，1981（24）.

[9] Gattiker U. E.，Larwood L. Career Success，Mobility and Extrinsic Satisfaction of Corporate Managers. Social Science Journal，1989（26）.

[10] Weick，K.E. Enactment and the Boundary Less Career：Organizing as We Work. in Arthur，M. B and Rousseau，D M.（Eds）. The Bornidary Less Career. New York：Oxford University Press，1996.

[11] Sturges，J. What it Means to Succeed：Personal Conceptions of Career Success Held by Male and Female Managers at Different Ages. British Journal of Management，1999（10）.

[12] Keys，D. E. Gender，Sex Role and Career Decision Making of Certified Accountants. Sex Roles，1985（13）.

[13] Super，D. E. Manual for the Work Vallies Inventory. Chicago：Riverside Publishing Company，1970.

[14] Nord，Wl-R，Brief，A. P.，Atich，J. M.，& Doherty，E. M. Work Values and on Job Involvement. Psychological Bullentin，1988（84）.

[15] Schwartz，S. A. Universals in the Content and Structure of Values：Theoretical Advances and Empirical Tests in 20 Countries. in Zanna，M.P.（Ed）. Advances in Experimental Social Psychology. New York：Academic Press，1992.

[16] 凌文辁，方俐洛，白利刚. 我国青年学生的职业价值观研究. 心理学报，1999 (33).

[17] Dose. J. J. Work Values: an Integrative Framework and Illustrative Application to Organizational Socialization. Journal of Occupational and Organiztional Psychology, 1997 (70).

[18] Elizur, D. Facets of Work Values: A Structural Analysis of Work Outcomes. Journal of Applied Psychology, 1984 (69); Robbins, S P. Organizational Behavior. New Jersey: Prentice-Hall, 2003.

[19] Vanus, D., and Mcallister, I. Gender and Work Orientation. Work and Occupations, 1991 (18).

[20] Miller, M. F. Relational of Vocational Maturity of Work Values. Journal if Vocational Behavior, 1974 (5).

[21] 吴铁雄，李坤崇，刘佑星，欧惠敏. 工作价值观量表之编制研究. 台北，"行政院" 青年辅导委员会，1996.

[22] 陈向明. 质的研究方法与社会科学研究. 北京：教育科学出版社，2004.

[23] Kvale. Interview: an Introduction to Qualitative Research in Interview. Thousand Oaks, C. A.: Sage, 1996.

[24] 徐淑英，刘忠明. 中国企业管理的前沿研究. 北京：北京大学出版社，2004.

[25] Glaser, B. G. & Strauss, A. L. The Discovery of Grounded Theory: Strategies for Qualitative Research. London: Woedenfeld and Nicholson, 1967.

[26] Burlew, A. K. & Johnson, J. L. Role-conflict and Career Advancement among African-American Women in Nontraditional Professions. Career Development Quarterly, 1992 (40); Peluchette, JVE. Subjective Career Success: the Influence of Individual Difference, Family, and Organizational Variables. Journal of Vocational Behavior, 1993 (43).

[27] Amailda Hay, Myra Hodgkinson. Exploring MBA Career Success. Career Development International, 2006 (11).

[28] Victor P. L., Margaret A. S., Kevin A. Entrepreneurial Career Success from a Chinese Perspective: Conceptualization, Operationalization, and Validation. Journal of International Business Studies, 2007 (38).

On the Content and Structure of Career Success Value in the Chinese Context

Zhou Wen-xia, Sun Jian-min

Abstract: The aim of this study is to explore the career success value in the context of Chinese culture, that is, the specific content and structure of career success criteria in the eyes of people. It uses the research methods of in-depth interview and focus group discussion.
Through the classification and the refinement of the theme, nine categories of career success value are obtained. They are material rewards, power and status, performance and contribution, relationship and network, security and stability, ability display, recognition,

freedom and happiness, as well as harmony and balance. In accordance with the general framework of external and internal criteria of career success in the Western literature, these nine categories are further abstracted to a three-dimensional structure of career success value, comprising extrinsic rewards, intrinsic satisfaction as well as harmony and balance.

Key Words: career success, career success value, content, structure

为何员工知而不言

——员工沉默行为的本土化实证研究 *

何 轩

【摘 要】 为什么组织成员明明认识到组织中存在某方面的潜在问题，而且知道该问题如果得到改进将有利于组织的发展，但是他们却选择了沉默。员工沉默行为使得组织丧失了大量的改进和优化机会，而且对于员工自身来说也是一种工作懈怠的表现。所以，研究沉默行为对于企业组织理论的发展以及企业的实践经营，都有重要意义。文章在分布于全国22个城市的企业中收集员工数据，通过实证研究分析了来自组织、领导、个人三个不同方面的因素，分别对于三种沉默行为的影响。研究结果表明，不同因素对不同的沉默行为具有完全不同的影响，特别是分配越公平，员工沉默行为程度却是越高，这与现有理论假设完全相反。文章尝试从本土化原因进行解析。同时，文章在数据处理过程中加入了对社会赞许性问题和同源误差的分析，使得研究更为规范完整。

【关键词】 沉默行为 组织公平 信任领导 心理安全感 社会赞许性

员工直接了解掌握组织各方面信息，当他们认识到组织中存在的问题后，为什么却像对待“皇帝的新衣”一样选择了沉默，是因为漠视、默许还是防御性的心理？当员工选择了沉默，组织就丧失了在第一时间及时解决现存问题和预防潜在问题的机会，大大影响了决策质量；其次，沉默其实是员工积极性不高和投入程度低的表现，造成他们从具有主观能动性的人变成了没有灵魂的“机器”。既然沉默行为会带来如此多的不良后果，那么到底是什么原因造成沉默行为？目前，理论研究将影响沉默行为的因素归结为三个方面：组织、领导、个体自身。其中已经进行过实证研究的是前两方面的因素，但都仅集中在对于信任的研究（信任组织和信任领导），而对个体自身心理状态的讨论很少，探讨组织方面其他变量对于沉默行为的研究也比较欠缺。总的来说，目前还没有研究对员工沉默行为成因进行全方位的实证研究，鉴于此，我们希望能做一突破性的尝试。在本文中，我们选择组织公平作为组织方面的研究变量，信任领导作为领导方面的研究变量，员工心理安全感作为个体方面的研究变量。我们的研究目的在于为理论研究的进一步深入，以及企业日常管理中的相关问题控制，提供一定的参考。

---

* 本文选自《南开管理评论》2010年第3期。

一、理论评述与假设提出

较早在高水平学术杂志提出沉默行为学术概念的是 Morrison 和 Milliken，他们在美国的《管理学评论》(Academy of Management Review) 杂志上发表了奠基性的研究文章。其后，英国的《管理学研究》杂志 (Journal of Management Studies) 在 2003 年出版了一期 Special Issue，从各方面专门讨论组织中的沉默行为。国际上高级的应用心理学以及组织行为学学术刊物也发表过一些相关研究。但总体来说，关于沉默行为的研究还是比较缺乏，处于起步阶段。在国内进行该领域研究的学者就更少，只是在心理学学科中有少数学者关注这个研究问题，而在高水平管理学学术刊物上发表的研究几乎没有，所以这是一个非常值得国内管理学学者关注的新方向。员工不说出观点或想法，是因为担心负面结果或认为其观点对组织来说并不重要，Morrison 和 Milliken 将这种员工对组织潜在问题保留个人观点的行为定义为沉默行为。那么，从理论上说沉默行为到底有多少种？这直接影响我们对其测量和实证。Pinder 在之前工作的基础上将沉默分为两种，分别是默许沉默和无作为沉默。其中默许沉默指的是消极地保留观点，意味着消极的顺从；无作为沉默指的是比较积极地保留观点，目的是保护自己或由于担心发表意见会产生人际隔阂。Dyne 在 Pinder 的基础上，进一步将沉默划分为默许性沉默、防御性沉默以及亲社会性沉默。与 Pinder 的划分一样包括了默许性沉默，而其中的防御性沉默与 Pinder 定义的无作为行为也是一致的。不同的是，Dyne 提出了亲社会性沉默行为，他认为基于利他或合作的动机，也会出现保留相关的信息和观点的沉默行为。本文采用的是郑晓涛等在中国情景下研究中提出的沉默行为三维度：漠视性沉默行为（主要描述员工对目前工作和组织依恋与认同不够而消极保留观点）、默许性沉默行为（主要描述员工无力改变现状的消极顺从）、防御性沉默行为（主要描述员工避免人际隔阂和他人攻击的自我保护）。

1. 信任领导与沉默行为

目前存在的研究主要强调的是组织和领导对沉默行为的影响。学者们普遍认同，沉默行为主要是由领导直接造成的，如果领导具有以下观念，则员工沉默行为出现的频率会高。例如，认为员工是自利的不值得信赖的，领导者自身才最了解组织中的重要问题，组织内部一定要和谐才是健康的体现。也就是说，如果员工感受不到来自组织和领导对自己的重视，那么就会缺乏对组织和领导的认同和信任，采取沉默行为。

Bowen 也指出，沉默一定程度上取决于组织成员之间的互动关系和组织氛围。而组织的信任氛围又是其中最重要的一个维度，它是个体对其所处环境的一个综合判断。McCauley 和 Kuhnert 强调，研究者应该注意区分个体对于组织中人的信任以及对于组织和制度的信任。而在中国情景下，信任领导和信任组织对员工沉默行为产生的影响可能是相当不同的，已有一些华裔学者开始关注“在中国，员工到底是依附于领导还是组织，或者说员工是忠于领导还是忠于组织”的问题。研究的结果表明，员工和领导之间高质量的私人关系（信任和忠诚）更能提高个人绩效和激发组织公民行为。高个人绩效和组织公民行为是沉默行为的反面，所以学者们也认同信任的确影响着员工的沉默行为。相对来说，对于领导的信任较之对于组织的整体信任能更好地消减沉默行为。

但是，我们并不认同信任领导对三种沉默行为都具有同样显著的影响。正如上述理论探讨的结论，中国组织中的员工是通过信任领导替代（或者表达）了对于组织的认同和依恋，通过忠于领导而忠于组织，也就是说信任领导的确可以降低漠视性沉默行为发生的频率。但是，这并不代表员工就会增加对于自身改变现状能力的信心，从而降低默许性沉默行为发生的频率。因为中国组织中的权力距离是非常明显的，即使员工与领导保持了一种较好的关系，也不可能消除这种距离。如果这种距离消失了，领导就会感觉到自己丧失了权威。所以准确地说，领导会刻意地、同时员工也很会自觉地保持着这种“距离”。员工并不会认为因为自己与领导有私人关系，就会对领导的决策畅所欲言，因为他们担心这样反而会破坏彼此之间的关系，从而得不偿失。所以，信任领导与默许性沉默行为之间并没有显著关系。另外，员工不会因为跟领导关系好就不顾忌与同事之间的关系，通常都会做到面面俱到，因为他们知道如果自恃与领导关系好就经常得罪同事，那么领导也会很难做人，久而久之，也会影响自己与领导原本的关系。所以员工避免人际隔阂和他人攻击而自我保护的防御性沉默行为，并不会因为与领导有较好关系而得以削减。根据以上分析，我们提出以下假设：

H1：信任领导与漠视性沉默行为之间是显著负相关关系；

H2：信任领导与默许性沉默行为之间没有显著相关关系；

H3：信任领导与防御性沉默行为之间没有显著相关关系。

2. 组织公平

何轩和陈文婷在总结前人研究的基础上，梳理出了组织公平理论的主要脉络。根据已有研究，员工对于组织的公平感主要来自三个方面：分配结果公平、过程公平、互动公平。根据分配结果公平理论（Distributive Justice Theory）文献存在三种标准，分别是付出与所得对等原则、人际均等原则、按需分配原则。根据过程公平理论（Procedural Justice Theory）文献，公平的决策过程应基于六个原则：①基于正确的信息；②没有偏见；③有纠错机制；④不因人因时而被破坏一贯性；⑤符合一定的个人或公认的道德标准；⑥考虑到受决策影响的各团体的意见。根据 Bies 和 Moag 提出的互动公平理论，互动公平意指当程序执行时人际处理方式对公平知觉的影响。互动公平进一步可以细分为两种：一是人际公平，反映在执行程序或决定结果时，当权者或上司对待下属是否有礼貌、是否考虑到对方的尊严和是否尊重对方等；二是信息公平，指是否给当事人传达了应有的信息，是否给予了当事人一定的解释，如为什么要用某种形式的程序或为什么会用特定的方式进行分配。

公平感被看作是一种动机，它可以有效地预测人的组织行为。一般认为，提高公平感可以促进组织功能的发挥，增加组织中员工的积极感受和行为，如满意度、组织承诺、信任、组织公民行为等。也就是说一直以来，组织公平感对于组织和员工的影响都被认为是正面的，直到 Wiesenfeld、Swann、Brockner 和 Bartel 的研究提出，并不是员工越感受到组织公平地对待自己，就越产生正面的回应。他们在研究中发现，一些自我认同度低、自信心低的员工，当被组织非常公平地对待时反而会感觉到不自在（Uncomfortable），会产生矛盾感（Ambivalent）。他们的研究最大的启示作用在于，提醒学者们应该深入分析组织公平对于组织以及员工的影响，组织公平并不是在任何情景下、针对任何人都能激发正面的反应，都能给组织带来正面的效果。

在以上理论的启发下，我们认为，员工越是感受到分配公平，反而越是会采取沉默行为。因为在中国目前的情况下，绝大多数人参加工作还是为了得到可以用于维持生活的报酬，如果对于组织给予的相应回报满意的话，那么他们会觉得多一事不如少一事，保住这份收入就行了。因为在中国传统文化的影响下，中国人会细察自己行动所可能涉及的所有其他人，以及自己行动所可能给这些人带来的后果（亦即对其他人及整个局面的影响）。对于人情世故的因素考虑很多，生怕自己的意见引起领导和同事的不满，最终影响自己的收入甚至前途。既然都已经得到了满意的报酬，不如保持沉默，"营造"一种"和睦"的组织氛围。因此，我们提出以下假设：

H4：分配公平与漠视性沉默行为之间是显著正相关关系；

H5：分配公平与默许性沉默行为之间是显著正相关关系；

H6：分配公平与防御性沉默行为之间是显著正相关关系。

根据过程公平理论的六原则，以及互动公平中的人际公平和信息公平体现，如果员工感受到组织中过程公平和互动公平，他们应该会减少默许性沉默行为。因为决策过程的公平和领导处理问题时的信息公开，使员工有信心，相信组织会认真考虑他们提出的意见，不会产生无力改变现状的消极心理。

而过程公平、互动公平对漠视性沉默行为和防御性沉默行为，我们认为并没有显著的影响。正如前面所提到的，在中国组织中员工相对来说更依恋于领导，所以员工会认为组织中的过程公平和互动公平是领导带来的，是个体与个体之间的关系，所以员工并不会因此而增加对组织的依恋和认同。而且，为了保持与周边的"和谐"关系而采取的防御性沉默行为，也并不会因为领导与员工之间的过程公平和互动公平而削减，因为同事之间的过程公平和互动公平并不会随着领导与员工之间的过程公平和互动公平的实现而得到保证。因此，我们提出以下假设：

H7：过程公平与默许性沉默行为之间是显著负相关关系；

H8：过程公平与漠视性沉默行为之间没有显著相关关系；

H9：过程公平与防御性沉默行为之间没有显著相关关系；

H10：互动公平与默许性沉默行为之间是显著负相关关系；

H11：互动公平与漠视性沉默行为之间没有显著相关关系；

H12：互动公平与防御性沉默行为之间没有显著相关关系。

3. 心理安全感

Milliken 等人基于访谈研究提出影响组织沉默的结构模型，发现影响员工保持沉默行为的关键是员工个体心理知觉。Edmondson 在研究中也提出，如果领导能在组织中形成心理上产生安全的氛围，则有利于消除沉默行为。所以在本研究中，我们选取心理安全感作为沉默行为的个人层面变量。心理安全感是由 Khan 提出的，是指一种主观感受，可以使得个体自由表现真实的自我，而不用担心这种真实会影响到个人的地位、自我形象或者职业生涯。心理安全感是一种影响个体工作动机的重要心理状态。心理安全感是一个积极的组织心理特征，是组织成员对在组织内采取一定的有益于组织的行为是否安全这一特定组织氛围的认知。通过文献分析我们认为，如果当员工发现可以自我地表现自己，而不用担心这种真实的表露会给自己产生负面影响，那么也就不会出现沉默行为。因此，我们提出以下假设：

H13：心理安全感与默许性沉默行为之间是显著负相关关系；

H14：心理安全感与漠视性沉默行为之间是显著负相关关系；

H15：心理安全感与防御性沉默行为之间是显著负相关关系。

综上所述，文章总体研究框架如图 1 所示：

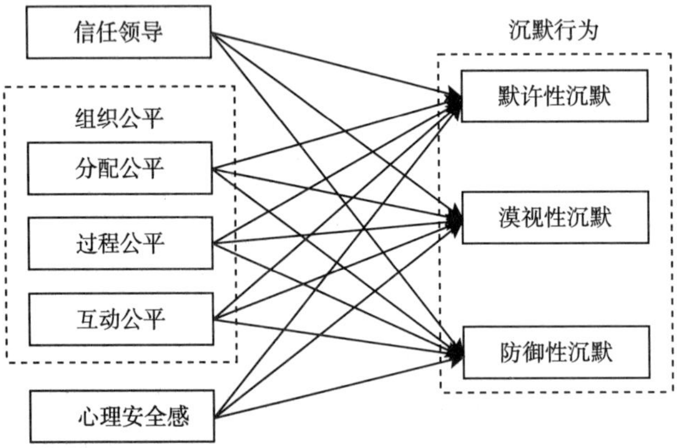

图 1　员工沉默行为总体研究框架

二、研究设计

1. 数据收集

我们在数据收集与处理过程中，除了进行了社会赞许性问题和同源误差问题的数据处理之外（在数据分析部分会详细介绍），我们在问卷派发的过程中也进行了控制，以尽可能地保证数据的质量。根据我们之前的经验，通过企业高层（如 EMBA 学员）回到自己企业向员工派发问卷，数据质量与可信度都很值得怀疑，所以这次所有问卷都是通过熟人关系进行派发的，笔者找了关系亲近的 10 个研究生同学和已经参加工作的朋友（职位都不高），请他们帮忙找各自的朋友填写。笔者要求已经参加工作的朋友不能在自己工作的公司中派发，因为如果这样的话会使调研对象产生猜疑，影响数据质量。而且要求这10位问卷派发者在每一个企业中只采集一个样本，因为只有这样才能避免同企业中的调研对象互相比照所选择的题项，影响数据效果。

我们首先于2008年8月间发放了第一批问卷并进行了试测，根据发现的问题对问卷进行了调整。然后于2008年9月间发放了第二批问卷，总共有效问卷为158份。从研究开始一直到投稿审稿过程中，我们还根据匿名审稿人提出的有益建议，对一些变量数据进行了跟踪补充采集，从而保证最终呈现的研究能够更加完善和严谨。问卷中的调研对象男性比例50.3%，女性比例49.7%。年龄最大39岁，最小20岁，20~25岁占11.1%，26~30岁占77.8%，30岁以上11.1%。学历分布为大中专占21%、本科60.5%、研究生（包括MBA）18.5%。企业性质中，国营占20.4%、集体14.5%、私营41.1%、中外合资合作8.6%、外商独资15.1%。工作地点中，前五大城市是广州29.7%、潍坊17.1%、北京12.7%、大连8.2%、上海5.1%，其余是佛山等16个城市。

2. 变量测量

为避免语义上的差异影响问卷质量，所有量表都采用了翻译——回译程序。为避免居中趋势，采用6点Likert类量表测量。虽然本文中的所有变量都采用现有的研究，但是考虑到研究情景和样本的改变，我们还是首先对问卷进行了试测，然后进行探索性的因子分析，删除了现有量表中负荷过低的题项，最终产生正式问卷的题项。信任领导题项采用自Nyhan和Marlow的研究，经过试测，六个题项全部保留。组织公平题项采用自Niehhoff和Moorman的研究，经过试测，最终在15个题项中保留14个。心理安全感题项采用自Edmondson的研究，最终在5个题项中保留3个，对逆向问题进行了反向计分处理。沉默行为题项采用郑晓涛、柯江林、石金涛和郑兴山的研究，12个题项全部保留。在控制变量方面，我们选取了有可能对沉默行为产生影响的性别、年龄和员工级别这三个变量。在性别方面，男性赋值1，女性赋值2。在员工级别方面，普通级别赋值1，一般中级赋值2，高级赋值3。

三、数据分析

1. 问卷的信度

我们首先使用最广泛接受的Cronbach's α值对量表数据进行分析，因为只有信度被接受时，量表的数据分析才是可靠的，结果见表1。表1中数据显示，所有系数指标说明本研究中的量表具有较好的内部一致信度。

表 1　各变量及总量表的信度分析

变量	题项	α值	变量	题项	α值
默许性沉默行为（MX）	4	0.734	漠视性沉默行为（MS）	4	0.790
防御性沉默行为（FY）	4	0.760	分配公平（DJ）	4	0.806
过程公平（PJ）	4	0.820	互动公平（U）	6	0.889
信任领导（TIS）	6	0.848	心理安全感（PS）	3	0.615
总量表	35	0.824			

注：括号中英文字母是变量的缩写符号，下同。

2. 探索性因子分析和效度分析

为了检验我们研究中所有变量的结构效度，我们使用 SPSS15.0 对指标数据进行了探索性因子分析，采用了迭代式多轮主成分因子分析法，并采用方差最大化正交旋转，分析结果具体结构见表 2。所有变量均通过 Bartlett's 球形检验（$p<0.000$），KMO 值均在 0.7 以上，说明数据基本符合因子分析的条件，具有较好的结构效度。另外，我们也进行了判别效度的分析，检验判别效度的最广泛方法是考察是否所有因素的 AVE（平均抽取方差）值均大于因素间相关系数的平方值。经检验，本研究中的各因素均符合要求。

表 2　组织公平变量转轴后因子载荷矩阵和结构效度

KMO 值：0.863；累计解释方差量：65.603%	因子负载		
题　　项	1	2	3
U2 当在做与我工作相关的决策时，上级会尊重我，考虑到我的尊严	0.834	0.112	0.107
U3 当在做与我工作相关的决策时，上级会考虑我的个人需求	0.812	0.280	0.162
U4 当在做与我工作相关的决策时，上级会以符合实际的方式进行	0.743	0.327	0.191
U1 当在做与我工作相关的决策时，上级会好意地对待我	0.715	0.032	0.191
U6 上级会公正地评价我的工作	0.690	0.326	0.260
U5 当在做与我工作相关的决策时，上级会将其内涵与我商谈	0.662	0.331	0.194
PJ1 组织高层领导是在一种无偏见的状态下进行工作决策的	0.248	0.803	0.122
PJ4 组织做出的决策对于所有员工都是一致适用的	0.212	0.785	0.171
PJ2 组织高层领导在决策前会收集充分的正确的信息	0.112	0.719	0.227
PJ3 当下级提出申请时，上级会阐明一些关于决策的补充信息	0.284	0.697	0.176
DJ3 我的工作负荷公平	0.129	0.253	0.823
DJ2 我认为我的收入水平是公平的	0.122	0.323	0.799
DJ4 我的工作权力与职责相对公平	0.276	0.030	0.736
DJ1 组织对我的工作时间表安排得公平	0.416	0.190	0.535

表 3　沉默行为变量转轴后因子载荷矩阵和结构效度

KMO 值：0.835；累计解释方差量：61.292%	因子负载		
题　　项	1	2	3
MS4 我和企业感情不深，没必要说	0.782	0.148	0.203
MS2 我对企业的事情不关心，无所谓	0.761	0.135	0.080

续表

KMO 值：0.835；累计解释方差量：61.292%	因子负载		
题　项	1	2	3
MS3 不多说也就没有多大责任	0.696	0.356	0.162
MS1 别人的事和我没关系，没必要讲	0.521	0.434	0.232
FY4 我和大家关系都不错，碍于面子还是不要提意见	0.145	0.783	0.039
FY3 没有必要得罪同事和领导	0.166	0.773	0.214
YF2 还是收敛一下，不要提出我的看法，以免成为众矢之的	0.387	0.673	0.170
FY1 可能影响同事间的关系，对他人工作的欠缺和疏忽选择沉默	0.125	0.470	0.455
MX4 领导不会改变一些决定，说了没有多大的意义	0.330	0.052	0.757
MX3 领导采纳我建议的可能性很少	0.458	-0.028	0.720
MX1 领导基本已经决定了，自己的意见不会起太多作用	-0.176	0.338	0.689
MX2 我的建议不会影响现行的状况	0.239	0.399	0.544

表 4　信任领导和心理安全感变量转轴后因子载荷矩阵和结构效度

KMO 值：0.773；累计解释方差量：57.671%	因子负载	
题　项	1	2
TIS4 我的上级对于他的岗位任务有很好的理解与把握	0.788	-0.088
TIS3 我的上级对于任务能坚持到底	0.783	-0.039
TIS5 我的上级告诉我一些事情的时候，我会相信	0.780	-0.007
TIS6 我的上级会把他所做的工作考虑得非常清楚	0.776	0.062
TIS2 我的上级对于工作上的决策都能比较好地坚持	0.736	0.169
TIS1 我的上级在技术上胜任他的工作	0.639	0.228
PS3 与团队成员一起工作，我的一些特别技能得以发挥应用	0.040	0.804
PS5 我很难得到团队中其他成员的帮忙	0.195	0.721
PS1 如果我在目前的组织中犯了一个错误，会经常影响我的工作	-0.080	0.701

注：(1) 因子抽取采用主成份分析；(2) 因子转轴采用方差最大化旋转。

3. 社会赞许性的分析

问卷调查与量表测量是收集个体的态度、行为等数据的常用方法。但许多社会规范已规定了什么样的态度与行为是社会所提倡的、被他人所称道的，或者相反。所以，对这些规范有所了解并受其引导的人们，或为免受惩罚与批评，或为维护自尊、给人留下好印象，在问卷或量表上的反应常是否认自己拥有不被赞许的态度或行为，而肯定自己拥有正向的特质，这种反应倾向被国外学者称为社会赞许性反应倾向（Social Desirability Responding Tendency，SDRT）。但是在国内，社会赞许性问题几乎没有被管理学研究重视过，也几乎没有被作为实证研究中检验数据效度的标准。所以笔者也希望借本研究的机会，尝试处理并提起管理学研究对社会赞许问题的重视。这里我们简要地介绍一下社会赞许性量表和它的分析过程，对具体理论有兴趣的学者可以自己深入了解。社会赞许性量表中的题项是一些常人都偶尔会犯的一些非常小的无伤大雅的错误，然后让调研对象选择是否自己在生活中偶尔也会犯（1 表示会，0 表示不会），得分过低的调研对象就具有明显的社会赞许性倾向。然后，再分析社会赞许性题项与研究中其他概念的相关性，如果相关性过高，则调研对象在回答此类问题时有明显的社会赞许性倾向。本研究中采用的是杨中芳教授在国外量表基础上，根据中国人特征进行了修改的社会赞许性量表。在表 5 的具体分析中可知，社会赞许性题项除了与防御性沉默行为和分配公平题项存在 0.05 程度上的相关性外，与其他变量均不存在显著相关性。因为我们在发放过程中的控制，从整体上说本研究社会赞许性程度还是比较低的，不足以影响研究结论。虽然调研对象在回答问题的过程中还是存在一定的顾虑，但这也是不能完全避免的客观情况。

表 5　各变量的社会赞许性分析

	SD	MX	MS	FY	TIS	DJ	PJ	IJ	PS
SD	1								
MX	-0.102	1							
MS	-0.152	0.541**	1						
FY	-0.196 (*)	0.535**	0.570**	1					
TIS	0.001	-0.310**	-0.374**	-0.218**	1				
DJ	-0.160 (*)	-0.025	-0.023	0.030	0.372**	1			
PJ	-0.042	-0.203*	-0.106	-0.124	0.546**	0.505**	1		
IJ	-0.038	-0.360**	-0.249**	-0.117	0.616**	0.543**	0.564**	1	
PS	0.101	-0.045	-0.188*	-0.204*	0.137	0.163*	0.100	0.088	1

注：* 表示在 5%水平上显著；** 表示在 1%水平上显著（双尾）。

4. 同源误差的分析回归分析

在本部分我们使用 SPSS15.0 进行了组织公平、信任领导和心理安全感三个层面的因素对沉默行为的回归分析，组织公平分别包括分配公平、过程公平和互动公平三个维度，沉默行为分别包括漠视性沉默行为、默许性沉默行为和防御性沉默行为三个维度。

我们采用分步回归，分析各自变量对员工沉默行为的影响。模型 1 和模型 2 是针对漠视性沉默行为的分析，先在模型 1 中放入控制变量，然后在模型 2 中加入自变量 c 结果发现，分配公平对漠视性沉默行为有显著正向作用，信任领导对漠视性沉默行为有显著负向作用，其余变量没有显著影响，即 H1、H4、H8、H11 都得到数据支持，H14 没有得到支持。模型 3 和模型 4 是针对默许性沉默行为的分析，在模型 3 中先放入控制变量，然后在模型 4 中加入自变量。结果发现，分配公平对默许性沉默行为有显著正向作用，互动公平对默许性沉默行为有显著负向作用，其余变量没有显著影响，即 H2、H5、H10 得到数据支持，H7、H13 没有得到数据支持。模型 5 和模型 6 是针对防御性沉默行为的分析，先在模型 5 中放入控制变量，然后在模型 6 中加入自变量。结果发现分配公平对其有显著的正向影响，心理安全感对其有显著负向影响，其余变量没有显著影响，即 H3、H6、H9、H12、H15 都得到数据支持。在共线性问题的分析过程中，我们采用的是容忍度和 VIF 指标，一般认为容忍度接近 0，VIF 值超过 2 就可能存在共线性问题。模型中除了互动公平变量的 VIF 值超过 2 外，其余变量的指标都没有问题，所以回归分析中的共线性问题并不会严重到影响分析结果。

表 6　沉默行为的回归分析

变　量		模型 1	模型 2	模型 3	模型 4	模型 5	模型 6
控制变量	性别	0.043	0.116	–0.025	0.036	0.021	0.044
	年龄	0.017	–0.003	0.017	–0.002	–0.017	–0.018
	员工级别	–0.118	–0.142	–0.173*	–0.177*	–0.214**	–0.236**
自变量	DJ	0.189*		0.239*		0.212**	
	PJ	0.079		–0.025		–0.056	
	IJ	–0.108		–0.376**		–0.016	
	TIS	–0.395**		–0.159		–0.162	
	PS	–0.101		0.019		–0.194*	
	Delta R^2	0.182**		0.176**		0.086*	
	Overall R^2	0.198		0.205		0.088	
	F	6.703**		6.554**		2.927*	

注：* 表示在 5%水平上显著；** 表示在 1%水平上显著。

四、研究结果及其实践意义

数据运算结果表明，大多数假设均得到数据支持。对于漠视性沉默行为，信任领导能够产生显著的负向影响。也就是说，员工与领导之间高质量的关系能够有效地消减漠视性沉默行为，提高员工对自身工作和组织的认同感。这与现有研究结论是相符的，所以在管理实践中，领导应该通过各种方法与员工建立信任关系，信任是组织成员之间的润滑剂，是在正式规章制度等契约治理之外的非常有效的关系治理模式。另外，让员工获得安全感是提高其对于组织和工作的依恋程度的必要条件。没有安全感，员工与组织之间的关系是非常不稳定的，员工难以建立长期的期望效用函数，从而也更不可能对于企业发展建言献策。对于默许性沉默行为，提高员工与领导之间的互动公平程度，能够有效地削减默许性沉默行为。也就是说，只有当员工有如下感受时，他们会积极向上级建言献策：在决策与日常管理过程中上司对待下属有礼貌，周全地考虑到下属的尊严；领导经常向下属传达了应有的信息，给予下属一定的解释，充分考虑到下属的知情权。对于防御性沉默行为，只有当在同事间建立了共识和信任感，员工不会担心自己的善意被误解，继而产生心理安全感之后，组织中的防御性沉默行为才会得以消减。因为只有在这种组织氛围下，同事之间才会真诚地提出或者真诚地接受意见。

值得特别重视的是，本研究提出的关于分配公平对于三种沉默行为的显著正向影响关系的假设，均得到了数据的支持。不论是对于进一步的理论研究还是对于现实管理，都有非常重要的参考价值。因为本研究是在中国进行的采样，与国外的研究存在文化背景的根本差别。所以，该研究可以作为跨文化比较研究的结论，对目前国际学界认同的沉默行为模型做出有益补充。根据目前理论通常认为，在现实情况中当领导发现组织中存在员工沉默行为，可以通过物质上的分配公平手段来解决问题，激发员工的组织公民行为。但是在中国这样做可能往往会适得其反，在员工对于自己的收入与付出比非常满意的时候，反而有可能会出现惰性。他们不愿意组织因为某些建议而采取变革，从而影响目前的安逸现状。所以，该研究结论给我们的启示是，在中国情景下分配公平需要与其他相关措施一起实施，才能够实现降低员工沉默行为的作用。不然，管理者可能会处于“赔了夫人又折兵”的尴尬境地。

假设 7、假设 13 和假设 14 没有得到数据支持，亦即原本假设的过程公平和心理安全感与默许性沉默行为 之间的显著负相关关系并不存在，心理安全感与漠视性沉默行为之间的显著负相关关系也不存在。可能的原因是，本研究样本中基层员工占了较大多数。即使组织和领导遵循了过程公平的决策原则，即使员工具有高心理安全感，处于组织基层的员工因为自己“位低言轻”，还是会认为领导接受自己建议的可能性很小，自己左右不了现实状况的运行，所以还是不会对组织和领导的决策提出异议，也难以增强其对目前工作和组织依恋和认同。另外，也有可能是现有心理安全感量表是在西方情景下开发的，其题项并不能较好地体现中国员工的真实感受。

五、研究的不足与未来研究方向

本文中研究模型在对于目前相关研究的梳理整合基础之上建立的，是对于迄今为止员工沉默行为领域的一个全模型研究。从在全国 22 个城市、不同类型企业中收集员工数据，通过实证研究分析了组织、领导、个人三个不同方面的因素，分别对于三种沉默行为的影响，并在中国本土化背景中提出了一些特殊性的假设，得到了数据的支持。但是本文存在以下的不足之处：首先，对于其他一些可能对沉默行为产生影响的因素没有做更深入的讨论，在模型建立时没有将其作为主要自变量进行讨论。例如，没有针对企业类型进行数据的合理分布收集，所以无法将这些相关的客观变量纳入模型。因为现有研究都是集中于员工主观感受的因素，而今后的扩展研究应该将主观与客观影响因素都纳入模型中，而且讨论主观变量和客观变量相互之间的交互影响，那么就可以更全面地探索员工沉默行为的成因。其次，如果可以在同一研究中同时探讨员工沉默行为的成因和后果，那么模型将更加完善和具有说服力。因为现有研究对于沉默行为对于企业所带来的影响，并没有做更深入的实证研究工作，多数还停留在理论的探讨上，如员工沉默行为对于企业发展和竞争能力的影响，都还没有开展。

参考文献

[1] Morrison E. W., Milliken F. J. Organizational Silence: A Barrier to Change and Development in a Pluralistic World. Academy of Management Review, 2000, 25 (4): 706-731.

[2] 何铨，马剑虹，Hhora H. Tjitra. 沉默的声音：组织中的沉默行为. 心理科学进展，2006 (3).

[3] 郑晓涛，柯江林，石金涛，郑兴山. 中国背景下员工沉默的测量以及信任对其的影响. 心理学报，2008 (2).

[4] Pinder G. G., Harlos H. P. Employee Silence: Quiescence and Acquiescence as Responses to Perceived Injustice. Research in Personnel and Human Resource Management, 2001, 20: 331-369.

[5] Dyne L. V., Ang S., Botero I. C. Conceptualizing Employee Silence and Employee Voice as Multidimensional Constructs. Journal of Management Studies, 2003, 40 (6): 1359-1392.

[6] Bowen F., Blackmon K. Spirals of Silence: The Dynamic Effects of Diversity on Organizational Voice. Journal of Management Studies, 2003, 40 (6): 1393-1417.

[7] McCauley D. P., Kuhnert K. W. A. Theoretical Review and Empirical Investigation of Employee Trust in Management. Public Administration Quarterly, 1992, 16 (3): 265-283.

[8] Chen Z. X., Tsui A. S., Farh J. L. Loyalty to Supervisor Vs. Organizational Commitment: Relationships to Employee Performance in China. Journal of Occupational and Organizational Psychology, 2002, 75: 339-356.

[9] Hui, C., Lee, C., Rousseau, D. M. Employment Relationships in China: Do Workers Relate to the Organization or to People? Organization Science, 2004, 15: 232-240.

[10] 何轩，陈文婷. 家族企业家族雇员不公平问题探讨. 外国经济与管理，2008 (7).

[11] Adams, J. S. Inequity in Social Exchange. Advances in Social Psychology, 1965, 2: 267-299.

[12] Gilliland, S. W. The Perceived Fairness of Selection Systems: An Organizational Justice Perspective. Academy of Management Review, 1993, 18: 694-734.

[13] Bies, R. J., Moag, J. S. Interactional Justice: Communication Criteria of Fairness. Research on Negotiation in Organizations, 1986, 1: 43-55.

[14] 刘亚，龙立荣，李晔. 组织公平感对组织效果变量的影响. 管理世界，2003 (3).

[15] Wiesenfeld B. M, Swann W. B., Brockner J., Bartel C. A. Is More Fairness Always Preferred? Self-esteem Moderates Reactions to Procedural Justice. Academy of Management Journal, 2007, 50 (5): 1235-1253.

[16] Milliken F. J., Morrison E. W., Hewlin P. F. An Exploratory Study of Employee Silence: Issues that Employees Don't Communicate Upward and Why. Journal of Management Studies, 2003, 40 (6): 1453-1476.

[17] Edmondson A. Psychological Safety, Trust and Learning in Organizations: A Group-level Lens. Organization Science, 2003, 13(2): 89-100.

[18] Kahn, W. A. Psychological Conditions of Personal Engagement and Disengagement at Work. Academy of Management Journal, 1990, 33 (4): 692-724.

[19] Nyhan Ronald C., Marlowe Herbert A., J. R. Development and Psychometric Properties of the Organizational Trust Inventory. Evaluation Review, 1997, 5 (21): 614-635.

[20] Niehoff Brian P., Moorman. Robert H. Justice as a Mediator of the Relationship between Methods of Monitoring and Organizational Citizenship Behavior. Academy of Management Journal, 1993, 36 (3): 527-556.

[21] Edmondson. A Psychological Safety and Learning Behavior in Work Teams. Administrative Science

Quarterly, 1999, 44: 350-383.

[22] Fornell C., Larcker D. F. Evaluating Structural Equation Models with Unobservable Variables and Measurement Error. Journal of Marketing Research, 1981, 18 (1): 39-50.

[23] Ewards, A. L. The Relationship between the Judged Desirability of a Trait and the Probability That a Trait Will be Endorsed. Journal of Applied Psychology, 1953, 37: 90-93.

[24] 刘萃侠. 马洛—克罗恩社会赞许性量表对中国被试适用性之初步检验. 社会学研究, 2001 (2).

[25] 杨中芳. 如何研究中国人. 台北: 桂冠图书公司, 1996.

[26] 焦豪. 企业动态能力构建路径分析: 基于创业导向何组织学习的视角. 管理世界, 2008 (4).

Why Employee Known but do not Say: An Indigenous Empirical Analysis Base of Employee Silence

He Xuan

Abstract: Why Employees prone to choose silence when they realized some problems in their organization? Even they know the problems can be solved to improve organizational efficiency. Therefore, employee silence is unfavorable for organization development, at the same time for the employees themselves employee silence is also a working slack performance. Research on employee silence has much important theoretical and practical meaning. This paper based on the data from different firm types in 22 cities of China, empirically analyzes how the organizational, leadership and individual factors affect three different kinds of employee silence behavior. The result shows, employee silence behavior is affected by various factors. In particular, this paper finds out that the more equitable distribution of staff is the higher degree of silent behavior, which is envisaged in the opposite theory, the article attempts to resolve the cause of localization. Moreover, this paper also provides analysis of social desirability responding tendency and common method variance, in order to make the paper canonical and complete. The contribution of this research is adding valuable Chinese culture factors in current studies of employee silence. Meanwhile it is also a positive attempt to show to promote indigenous researches. This paper is trying to build a full model of employee silence, and giving the data support to those indigenous hypotheses. But to be honesty, this research still has some deficiencies. In the first place, the author did not make an in-depth discussion of the other facts that may affect the employee silence. Such as the type of enterprises, samples in this research did not distribute equally but concentrated in certain type, so objective facts are neglected. Until now, the overwhelming majority researches only focus on those subjective variables, follow-up works should pay enough attention to objective elements, furthermore the interaction between the subjective and objective facts. Secondly, this paper only discuses about the cause of employee silence, but if it can combine the cause and the result in one model, it will become a "real" full model of employee silence.

Key Words: employee silence, organizational justice, trust in supervisor, psychological safety, social desirability responding tendency

转型期中国企业的高绩效人力资源管理系统：一个本土化的实证研究*

苏中兴[①]

【摘　要】本文首先对社会转型期的中国管理情境进行了分析，在此基础上构建了中国企业的高绩效人力资源管理系统。研究表明，中国企业的高绩效人力资源管理系统既包含一些以承诺为导向的西方高绩效工作实践，也包含一些以控制为导向的本土人力资源实践，这种承诺和控制相结合的人力资源管理系统与中国企业的绩效之间存在显著正相关。研究结果还表明，员工竞争流动和纪律管理、结果导向的考核、严格的员工招聘等方面的人力资源实践对中国企业绩效的影响非常显著，而员工参与管理、广泛培训、内部劳动力市场、信息分享等典型的西方高绩效工作实践对中国企业绩效的影响相对较弱。研究结果说明，人力资源管理系统的有效性不能脱离特定的管理情境和经济社会发展阶段。

【关键词】高绩效人力资源管理系统　企业绩效　战略人力资源管理　管理情境

引　言

20世纪90年代以来，西方大量实证研究表明，人力资源管理系统与企业的劳动生产率、产品/服务质量、市场份额、利润率、股票市值增长率等绩效指标之间存在显著正相关。这种新型的人力资源管理系统强调提高员工的技能、承诺和参与决策的机会，因而在不同研究中也被称为高绩效工作系统、高参与工作系统、高承诺工作系统、人力资本提升型系统等。

近年来，一些学者验证了西方高绩效工作系统在中国的适用性。一些发表在英文期刊上的研究结论认为，西方高绩效工作系统与中国企业的绩效指标之间存在正相关。中文期刊上的实证研究呈现了两种不同的结论。范秀成和比约克曼的研究、徐国华和杨东涛的研

* 本文选自《南开管理评论》2010年第13卷第4期。

① 作者简介：苏中兴，中国人民大学劳动人事学院讲师、博士，研究方向为战略人力资源管理、中国企业高绩效人力资源实践等。

究、张弘和赵曙明的研究、程德俊和赵曙明的研究发现，高绩效或高参与工作实践与企业绩效之间存在正相关，而蒋春燕和赵曙明的研究、刘善仕等人的研究、张正堂的研究没有发现这种正相关。

一些学者指出，与西方国家相比，某些“高绩效”工作实践在中国可能效果不明显；由于中国企业的管理水平较低，人力资源管理活动对企业绩效没有产生显著影响有一定的必然性；在中国的某些行业，由于人力资源扮演着低价值的附加活动的管理角色，内部导向、高投入的高绩效工作系统在中国不一定适用。但是，上述学者并没有提出相应的适合中国企业的本土高绩效人力资源管理系统。

从管理实践的角度看，中国还处在经济社会转型期，在这样一种特殊的管理情境中，对中国企业而言，能够带来高绩效的人力资源管理实践未必是西方学者所强调的高参与、高承诺工作实践。当中国企业开始强调通过人才的竞争流动、末位淘汰等实践来打破铁饭碗的时候，西方的一些企业开始从无情的市场竞争转向为员工提供长期就业保障，认为这样能培养员工对组织的承诺，是一项高绩效工作实践。当中国企业开始实行严格的绩效考核和劳动纪律管理来督促员工认真完成本职工作的时候，西方研究更多是在强调员工的自我管理，目的是提高员工的角色外绩效。

因此，在不同的经济社会发展阶段，面对不同的管理情境，所谓高绩效的人力资源管理实践从内涵到表现形式都应有所不同。然而，迄今为止，国内外相关研究都是以西方高绩效工作系统、高参与工作系统模型来测量中国企业的人力资源管理系统，在一定程度上忽略了经济社会转型期中国管理情境对企业人力资源管理系统本土化的影响。尽管验证西方管理模型在中国情境下的效度也是有学术价值的，但是，从推动管理研究本土化的角度看，这种研究的贡献是有限的，研究结论也未必会被国内管理实践人士所肯定。与以往研究不同，本研究旨在分析中国企业面临的管理情境，探索适合中国企业的高绩效人力资源管理系统，并且检验这种人力资源系统与中国企业绩效的相关性。

一、理论与假设

1. 高绩效工作系统

高绩效工作系统、高参与工作系统、高承诺工作系统等新型人力资源管理系统源于学者们对人力资源最佳实践的探索。随着研究的深入，学者们认为最佳实践之间存在互补性和协同效果，在研究方法上也很难把单项实践的效应和系统效应有效区分，因此把研究重点转向人力资源管理系统而不再是单项最佳实践。高绩效工作系统、高参与工作系统、高承诺工作系统是最佳实践所构成的新型人力资源管理系统。

关于这些人力资源管理系统应该包含哪些最佳实践，学术界并没有一致意见。对西方管理学主流期刊中出现的对高绩效、高参与、高承诺工作系统的测量来看，不同研究所用的测量并不一致。其中，出现频率较高的最佳实践包括：参与管理小组、工作自主性和决策分权、严格的员工选拔流程、内部晋升、员工培训、绩效薪酬、利润分享、申诉和争议解决机制、员工建议系统、正式的信息分享制度等（如表 1[①] 所示）。

尽管高绩效工作系统、高参与工作系统、高承诺工作系统等概念在内涵和测量方面存在一定的区别，但研究普遍认为，为了取得高绩效，员工需要具备较高的工作技能，需要得到激励做出自主性工作努力，需要有机会参与管理和工作决策。因此，提高员工的能力、激励和参与决策的机会是这些新型人力资源管理系统的主要目标。研究表明，这些新型人力资源管理系统能够显著提高企业的竞争力和绩效。

高绩效工作系统相关模型起源于美国。之后，学者们开始探索这些模型在美国以外地区的适用性。一种观点认为，高绩效工作系统普遍适用于不同国度，来自新西兰、欧洲、日本、韩国的研究都发现了西方高绩效工作系统和企业绩效正相关的证据。当然，也有学者质疑这些模型的跨国界效果，认为情境变量会显著影响这些人力资源管理系统的效果。

Jackson 和 Schuler 在对很多实证研究进行综述后得出结论，人力资源管理系统的内容和有效性会受到组织内外部环境和社会背景的影响。组织外部环境包括法律、政治、工会、劳动力市场、产业特征和国家文化等因素；组织内部环境包括竞争战略、生产技术、组织结构、组织规模和生命周期等因素。这些环境因素的不同会导致人力资源管理系统内容和有效性的差异。Tsui 则强调了情境化（Contextualizing）对在中国开展管理研究的重要性，认为不但要考虑组织环境，而且要考虑地理、政治和法律、文化、社会、历史、经济等因素的影响。

本文认为，人力资源管理系统的内容及其有效性需要在特定的经济社会发展阶段和管理情境中去理解。Jackson 和 Schuler 提到的这些内外部环境因素实际上构成了一个组织需要面对的管理情境。以此为分析框架不难发现，经济社会转型期的中国和西方国家在管理情境上存在显著差异。根据战略人力资源管理研究的构建（Configuration）理论，西方高绩效、高参与或高承诺工作系统是与西方管理情境相匹配的，对中国企业而言，要构建本土化的高绩效人力资源管理系统，首先要深入分析和理解经济社会转型期中国的管理情境及其对企业人力资源管理的影响。

2. 转型期中国的管理情境和中国企业的人力资源管理系统

在 Jackson 和 Schuler 框架的基础上，本文从劳动力规制、劳动力市场、国家文化和产业特征等外部环境因素以及企业规模、发展阶段、竞争战略和员工特征等内部环境因素去分析中国企业所处的管理情境。从劳动力规制因素看，中国与西方国家存在明显不同。在西方国家，法律法规、工会等规制因素在员工工资、福利、就业保障、工作条件改善、参与管理、团队报酬计划等方面均起到重要作用，促使企业选择一种强调员工技能、承诺和参与决策的人力资源管理系统。与西方国家不同，中国在向市场经济转型的过程中，劳动法律法规的建设和执行相对滞后，加上中国工会缺乏独立性和集体谈判职能，因此，劳动

① 因篇幅所限，在此表中，我们删除了个别出现频率很低的高绩效工作实践。

表 1

研究者及文献出版时间 最佳实践	Arthur，1994	Huselid，1995	Mac－Duffie，1995	Delery & Doty，1996	Delery & Huselid，1996	Lch－niowski，1997	Apple－baum，2000	Huselid 等，1997	Lch－niowski，1990	Idnniows－ki，1993	Kallegerg & Moody，1994	Datta，2003	Becker & Huselid，1998	Smith，1996	Youndt 等，1996	Wight 等，2003
工作分析		★							★				★			
基于团队的工作组织			★			★	★									
质量/成本/技术参与管理小组	★	★	★			★	★			★		★	★			★
工作决策分权/自主性	★			★			★									
广泛选拔优秀人才/选拔比例		★			★							★				
严格的选拔流程		★				★		★				★	★		★	★
严格的招聘标准			★							★					★	
工作轮换			★			★				★						
内部晋升/职业发展		★		★	★		★		★			★	★			★
员工培训时间		★	★								★		★			★
正式的培训体系					★		★	★	★	★	★					
培训覆盖内容/交叉、通用、专业能力培训等	★									★		★	★		★	
培训效果评估					★						★					
规范定期的绩效考核		★						★					★	★		★
正式的绩效反馈												★		★		
评价/开发性绩效考核				★										★	★	
人均劳动力成本/薪酬水平	★						★									
基于绩效的薪酬	★	★	★	★	★	★	★						★	★		★
利润、节余分享		★	★	★		★	★									
基于团队的报酬							★				★	★			★	
申诉和争议解决机制	★	★		★	★				★	★		★	★			★
正式的态度/意见调查		★						★				★	★			
员工参与管理委员会	★	★										★	★			
员工建议系统	★	★	★										★		★	
就业保障				★		★	★			★						
正式的信息分享制度（作业、财务信息）		★				★	★			★		★	★		★	
员工管理者以及员工间讨论工作问题频率						★	★									

力规制因素在中国并没有成为推动企业人力资源管理升级的重要力量。

中国劳动力市场的供求状况也影响了企业人力资源管理模式的演变。研究表明，劳动力供给紧张的情况下，企业会提高工资、福利以及各种工作条件来吸引和留住员工。最近20年，西方大部分地区出现劳动力供给相对紧张，这就加速了西方企业通过承诺型、参与型人力资源管理来吸引和留住优秀人才。中国的劳动力市场相对宽松，近年来，甚至有大量的大学生未能按时就业。这种情况下，很多企业开始直接压缩雇佣成本，影响了企业对高绩效工作系统的选择和应用。

中国的文化和价值观在一定程度上削弱了美国式高参与工作系统在中国的应用及效果。高参与工作系统强调工作分权和员工参与，这是和西方的民主、参与文化相匹配的。Miles 和 Snow 指出，从 20 世纪初开始，美国企业就通过员工建议系统、员工委员会等手段增加员工的管理参与感。到 40 年代后期，参与和分权的管理模式在美国已经开始流行。与西方文化相比，亚洲文化是强调等级和权力距离的，中国历史上更是存在几千年的封建文化，这可能会制约高参与工作系统在中国的应用。一些研究甚至表明，与自我管理小组相比，中国员工在能人领导下的等级环境中工作效率反而更高。

中国的产业结构现状也会影响人力资源管理系统的内容和效果。高绩效工作系统能否起作用，首先要考虑人力资本在企业价值创造中的潜在贡献度。如果企业的价值创造主要来源于人力资本，那么高绩效工作系统更有可能对企业绩效产生积极影响。相反，在以低价格和标准化为竞争元素的劳动密集型产业中，传统的以控制为导向的管理模式有其存在的合理性。当今西方国家的产业是以现代服务业、高科技行业和高附加值制造业为主，这些产业对员工的人力资本有着较高要求。中国的大部分产业属于劳动密集型产业，而且相当部分是从发达国家转移出来的低端制造业，这些产业对员工的技能要求相对较低。因此，企业更可能采用传统的人力资源管理系统。企业的规模和发展阶段是影响人力资源管理系统的重要变量。规模大的企业更倾向于采用员工参与管理、更多的培训和更为发达的内部劳动力市场。在快速发展阶段，员工招聘和选拔被认为是最重要的人力资源职能。步入成熟期后，企业则更关注内部劳动力市场建设。由于市场经济的历史较短，中国真正意义上的企业一般也就是 20 年左右的历史。与在市场经济中生存、发展了几十年甚至上百年的西方大企业相比，中国企业基本上还处在早期阶段，因此人力资源管理系统的重点在于招聘、考核等基本职能，而不是内部劳动力市场、员工参与管理等高级职能。

企业的竞争战略对人力资源管理提出了不同的要求。创新战略要求企业给员工更多的工作保障、采取长期导向的雇佣政策。差异化战略要求企业招聘高技能的员工、进行大量的培训。而在成本领先战略下，企业不太倾向于采用高投入的人力资源管理实践，员工参与管理、信息分享、工作保障都会大幅减少，而与标准化流程相关的管理实践会增加。由于劳动力价格昂贵，大多数西方企业都在依靠产品创新和差异化战略进行全球竞争。相反，中国企业更多采用的是低成本竞争战略。

从历史上看，中国企业人力资源管理的演变也和西方企业明显不同。西方曾经走过了严格的工业化管理阶段，相反，中国并没有经历过真正的工业社会，而是从农业社会直接跨入计划经济时代，所以产业工人的职业素养在中国一直没有真正形成。而在计划经济阶段，中国不存在企业层面的人力资源管理，只有国家层面的以“统包就业”、“固定工制度”、工资分配“大锅饭”等为特征的劳动人事工资计划管理体制。这种管理体制下，“铁饭碗”、“铁交椅”、“铁工资”不但没有促进员工自主性工作努力的发生，反而引发了一些员工的无效率和惰性行为。

自20世纪80年代以来，中国国有企业人事改革的目标就是要打破“铁饭碗”，实现人员能进能出；打破“铁工资”，实现报酬能高能低；打破“铁交椅”，实现人员能上能下。相关改革措施还包括要明确员工的岗位职责和业绩目标、完善各种奖惩制度，等等。而中国的民营企业由于发展历史较短，人力资源管理的重点同样在于如何建立规范的人力资源管理制度。因此，当西方企业从严格的工业化管理模式向高承诺、高参与管理模式转变时，中国企业对与工业化相适应的人力资源管理模式还是有着现实的需求，从而导致现阶段中国企业的人力资源管理呈现出转型期的双重特点。一方面，西方的承诺型管理实践在中国企业中的应用越来越普遍；另一方面，企业仍然强调通过一些严格的控制型管理实践来向员工传递一定的工作压力，督促员工认真完成本职工作。

所以，仅仅在中国情境下，能带来高绩效的人力资源管理系统并非等同于西方的高承诺、高参与工作系统，而是同时包含了承诺导向和控制导向的管理实践，这种承诺和控制相结合的人力资源管理系统才是经济社会转型期中国企业所真正需要的。人力资源作为一种主要的生产要素，毫无疑问是决定企业产出效率的重要因素。人力资源管理是对人力资源这一生产要素进行有效获取、使用、激励和开发的手段，理论上自然也能够对企业绩效产生显著影响。但是，由于企业所处的管理情境和面临的管理问题不同，如何对人力资源这一生产要素实行有效管理和激励的手段可能会有差异。

通过对中国管理情境以及中国企业人力资源管理特点的分析，我们提出本文的研究假设：转型期中国企业的高绩效人力资源管理系统同时包含了承诺导向和控制导向的管理实践，这种承诺和控制相结合的人力资源管理系统与中国企业绩效之间存在显著正相关。

二、数据收集与变量测量

1. 样本与数据收集

我们于2007年对北京和上海两地企业的人力资源经理进行问卷调查，共发放问卷300份，回收186份，其中149份问卷的填写基本完整，回收率为62%。样本企业中，66家来自北京、83家来自上海。员工数量在50人以下的23家、51~100人的28家、101~500人的44家、501~1000人的10家、1000人以上的44家。在企业年限方面，5年以下的38家、6~10年的42家、11~15年的24家、16~20年的十家、20年以上的40家。在产权属性方面，国有企业38家、国有控股18家、外资/合资企业53家、民营企业40家。

2. 对中国企业高绩效人力资源管理系统的测量

为有效测量中国企业的高绩效人力资源管理系统，我们首先访谈了36位本土企业的人力资源经理，目的是验证表1中总结的各项西方高绩效工作实践在中国企业中的应用情况，同时让被访谈者提供他们认为适合中国企业的人力资源管理实践。作为对访谈的补充，我们收集了2002年以后发表在财经类报纸和管理类杂志上的86个人力资源管理案例，涉及45家国内知名企业。之所以选择2002年以后发表的案例，是因为中国企业人力资源管理变革的速度相当快，管理案例有一定的时效性。我们对案例资料进行内容分析，对案例中出现的人力资源管理最佳实践进行编码和归纳。

对访谈和二手案例资料的分析发现，大部分西方高绩效工作实践在中国企业中得到了不同程度的应用。但是，团队工作、就业保障、基于行为的考核、申诉和争议解决机制等实践在中国企业中很少出现。特别引起我们注意的是，访谈和案例资料中频繁出现了另外两方面的人力资源管理实践：员工的竞争流动机制和严格的劳动纪律管理。这两方面的管理实践从来没有出现在西方高绩效工作系统文献中。在西方学者看来，它们属于传统的以控制为导向的管理实践，而不是以承诺为导向的高绩效实践。

通过上述过程，我们确认了28项适合中国企业的高绩效人力资源管理实践，既包含了一些以承诺为导向的西方高绩效工作实践，也包含了一些以控制为导向的本土人力资源实践。这些管理实践被编成李克特五级量表，人力资源经理要求根据这些实践在企业中的实际使用程度进行打分，5分表示使用程度最高，1分表示最低。本次测量的Cronbach's Alpha为0.846。

3. 对企业绩效的测量

国内企业一般不愿意为调查者提供企业的客观绩效指标，有学者指出，客观绩效指标也不一定能准确反映国内企业的实际绩效。加上本研究的样本企业来自不同行业，客观绩效指标很难比较，因此我们对企业绩效采用了主观评价方法。在参考了Delenay和Huselid，Bae和Lawler等研究对企业绩效的主观评价指标后，本文从人均产值/销售额、利润增长率、产品/服务质量、客户满意度四个方面对企业绩效进行主观评价，采用李克特七级量表。人力资源经理可能不会准确记住企业绩效指标的具体数值，但是让他们评估企业这些绩效指标在行业内的相对表现，结果应该是比较准确的。有研究表明，主观绩效评价和客观绩效指标之间存在很强的相关性。本次测量的Cronbach's Alpha为0.864。

4. 控制变量

控制变量主要包括行业特征变量和组织特征变量。Datta、Guthrie和Wright的研究表明，行业的成长性、产品的差异性以及资本密集程度对人力资源管理系统的效果起到明显的调节作用，因此这些行业特征变量被作为本研究的控制变量。组织层面的控制变量包括企业规模、设备先进程度、所有制类型和成立年限。企业规模和成立年限是影响人力资源管理以及企业绩效的重要变量。生产/服务设备的先进程度在很大程度上决定了企业的运作效率和相应的管理实践。在中国，不同所有制的企业在人力资源管理和企业绩效方面可能会存在显著差异。因此，这些组织特征变量也被作为控制变量对待。

三、研究结果

1. 因子分析结果

我们首先对人力资源管理实践进行因子分析，抽取因子时限定特征根值大于 1，正交旋转六次后收敛，得出比较清晰的八因子结构，累计方差贡献率为 68.54%，结果如表 2 所示。

表 2 高绩效人力资源管理实践的因子分析结果

	1	2	3	4	5	6	7	8
系统的培训内容（企业文化/管理技能/专业技能等）	0.84							
比竞争对手投入更多的培训时间和金钱	0.83							
规范的培训流程	0.82							
坚决处罚违纪员工		0.71						
实行末位淘汰		0.63						
比竞争对手更严格的纪律管理		0.61						
管理人员根据业绩能上能下		0.60					0.45	
重要岗位实行竞争上岗		0.56						
向员工反馈企业的生产和财务信息			0.81					
员工能及时了解部门的工作目标和进度			0.77					
经常宣传企业的发展战略			0.71					
招聘中注重考察员工对企业价值观的认可				0.74				
与技能相比，招聘中更重视员工的基本素质				0.72				
严格的选拔流程（笔试、面试等步骤）				0.66				
从大量候选人中选拔优秀员工				0.62				
考核以结果为导向					0.77			
严格根据考核结果实施奖惩					0.74			
收入和考核结果挂钩					0.71			
具体明确的考核指标					0.61			
短期激励性薪酬，如绩效奖金						0.77		
为关键人才提供优厚待遇						0.71		
有竞争力的整体薪酬水平						0.68		
员工职业业发展规划							0.79	
内部晋升							0.66	
内部工作调动							0.52	
员工建议系统								0.81
员工参与管理小组						0.45		0.68
员工态度和意见调查								0.54

注：KMO 样本充分性检验值为 0.840；Bartlete 球形检验值为 1826.695，$p < 0.01$。

整体而言，因子分析结果和我们的预期基本一致。因子 1 命名为广泛培训，方差贡献率为 9.45%（$\alpha=0.87$）；因子 2 命名为员工竞争流动和纪律管理，方差贡献率为 9.44%（$\alpha=0.75$）；因子 3 命名为信息分享，方差贡献率为 9.13%（$\alpha=0.80$）；因子 4 命名为严格招聘，方差贡献率为 9.06%（$\alpha=0.79$）；因子 5 命名为基于结果的考核，方差贡献率为 8.87%（$\alpha=0.77$）；因子 6 命名为薪酬管理，方差贡献率为 8.06%（$\alpha=0.68$）；因子 7 命名为内部劳动力市场，方差贡献率为 7.49%（$\alpha=0.76$）；因子 8 命名为员工参与管理，方差贡献率为 7.03%（$\alpha=0.66$）；因子分析结果也存在一些和预期不符的地方：首先，我们预期员工竞争流动和劳动纪律管理是两个不同维度，但在因子分析中它们被合并为一个维度。其次，我们预期"收入和考核结果挂钩"属于薪酬管理维度，但在因子分析中被归入到考核维度。再次，"管理人员根据业绩能上能下"、"员工参与管理小组"这两项实践的交叉载荷高于 0.3。Delery 和 Shaw 指出，对人力资源管理系统的测量和对心理变量的测量有所不同，管理政策和实践的交叉载荷是可接受的。因此，我们没有删除这两项实践，而是把它们归入载荷相对较高的因子中。

2. 变量的均值和相关系数

表 3 描述了各变量的均值、标准差和相关系数。从表 3 可以看出，结果导向的考核、严格招聘、薪酬管理、竞争流动和纪律管理等维度的均值相对较高，分别为 3.42、3.34、3.26 和 3.16，而员工参与管理、内部劳动力市场、信息分享等维度的均值相对较低，分别为 2.68、2.98 和 3.05（T 测试表明，均值差异达到了显著性水平）。

各维度均值上的差异说明中国企业人力资源管理系统的重点在于考核、招聘、薪酬等基本职能而不是员工参与管理、内部劳动力市场等典型的西方高绩效工作实践。人力资源管理系统的八个维度之间的相关系数从 0.21 到 0.55 不等，说明各维度既有一定的相关性，又保持一定的独立性。

3. 多元回归分析结果

表 4 的回归结果表明，在控制了行业成长性、产品差异性、资金密集度、企业规模、成立年限、设备水平、所有制类型等变量后，高绩效人力资源管理系统与企业绩效之间存在显著正相关，解释了因变量方差变异量的 18%，相关系数为 0.48（$p<0.01$）。与以往研究相比，本研究所采用的本土高绩效人力资源管理系统量表解释了企业绩效更多的变异量，相关系数也明显更高。这一结果说明，在中国情境下，兼顾承诺和控制的人力资源管理系统能够为中国企业的绩效做出更为显著的贡献。

为进一步分析人力资源管理各维度对企业绩效的相对影响，我们对竞争流动和纪律管理、薪酬管理、广泛培训、严格招聘、结果导向的考核、信息分享、员工参与管理、内部劳动力市场八个维度与企业绩效指标之间分别展开回归分析。表 5 中的方程 2 到方程 9 显示了不同维度对企业绩效的回归结果，与基准方程 1 相比，ΔR^2 越大，说明对企业绩效的影响程度越大。

结果显示，对企业绩效影响最大的管理实践分别是竞争流动和纪律管理、严格招聘、结果导向的考核，相关系数分别为 0.40（$p<0.01$）、0.40（$p<0.01$）、0.39（$p<0.01$），ΔR^2

表 3　均值、标准差和相关系数

变量	Mean	s.d.	1	2	3	4	5	6	7	8	9	10	11	12	13	14	15	16	17
企业所在地	0.56	0.50																	
企业规模	3.16	1.43	–0.17*																
企业年限	2.78	1.54	–0.05	0.35**															
所有权	2.64	1.04	0.19*	–0.10	–0.29**														
行业成长性	2.98	0.77	–0.02	–0.01	–0.04	0.10													
产品差异性	2.88	0.98	0.01	–0.16	–0.06	–0.00	0.12												
资金密集度	3.46	0.82	–0.00	0.22**	0.13	–0.25**	0.03	0.01											
设备先进性	3.97	0.85	0.00	0.02	0.04	0.10	0.30**	0.05	0.08										
广泛培训	3.06	1.04	–0.18*	0.36**	0.29**	–0.14	0.10	0.11	0.27**	0.18*									
结果导向的考核	3.42	0.82	–0.07	0.05	0.05	–0.01	0.16	0.10	0.10	0.14	0.37**								
严格招聘	3.34	0.80	–0.15	0.19*	0.20*	–0.04	0.25**	0.06	0.17*	0.28**	0.41**	0.51**							
竞争流动和纪律管理	3.16	0.76	–0.13	0.15	0.09	–0.02	0.09	0.16	0.16	0.11	0.33**	0.43**	0.52**						
信息分享	3.05	0.95	–0.12	0.24**	0.25**	–0.22**	0.08	0.14	0.12	0.12	0.48**	0.44**	0.41**	0.38**					
薪酬管理	3.26	0.79	–0.10	0.13	0.03	–0.08	0.23**	0.23**	0.28**	0.26**	0.34**	0.41**	0.42**	0.37**	0.21*				
内部劳动力市场	2.98	0.84	0.02	0.22**	0.10	–0.01	0.16*	0.14	0.22**	0.20*	0.48**	0.37**	0.44**	0.55**	0.34**	0.33**			
员工参与	2.68	0.84	–0.08	0.23**	0.06	–0.07	–0.03	0.08	0.17**	0.07	0.44**	0.40**	0.42**	0.34**	0.36**	0.37**	0.41**		
HRM 系统	24.99	4.73	–0.15	0.30**	0.21*	–0.11	0.18*	0.18*	0.27**	0.25**	0.73**	0.71**	0.74**	0.69**	0.67**	0.61**	0.71**	0.68**	
企业绩效	4.65	0.97	–0.11	0.12	0.16	–0.00	0.32**	0.14	0.20*	0.52**	0.38**	0.47**	0.56**	0.51**	0.39**	0.52**	0.35**	0.30**	0.62**

注：* 表示 $p < 0.05$；** 表示 $p < 0.01$。

表 4 人力资源管理系统与企业绩效的回归结果

变 量	企业绩效	
企业所地	–0.04	0.01
行业成长性	0.16**	0.12*
产品差异性	0.08	–0.01
资金密集度	0.08	–0.01
企业规模	0.03	–0.08
企业年限	0.13	0.09
设备先进性	0.44***	0.35***
所有权	0.00	0.02
人力资源管理系统		0.48***
F	8.11	14.84***
R^2	0.32	0.50
Adjustad R^2	0.28	0.47
Change in R^2		0.18
F for Changa in R^2		46.69***
N	144	144

注：* 表示 $p < 0.1$；** 表示 $p < 0.05$；*** 表示 $p<0.01$；表中系数为标准化系数。

表 5 人力资源管理各维度与企业绩效的回归结果

变 量	M1	M2	M3	M4	M5	M6	M7	M8	M9	M10
企业所在地	–0.04	0.01	–0.02	–0.01	0.01	–0.01	–0.03	–0.03	–0.05	0.06
行业成长性	0.16**	0.15**	0.13*	0.15**	0.10	0.12*	0.15**	0.18**	0.15**	0.11*
产品差异性	0.08	0.02	0.02	0.05	0.06	0.05	0.03	0.05	0.05	0.01
资金密集度	0.08	0.04	0.03	0.04	0.04	0.04	0.08	0.06	0.06	0.02
企业规模	0.03	–0.01	–0.01	–0.02	–0.01	0.02	–0.05	–0.02	0.00	–0.02
企业年限	0.13	0.12	0.15*	0.08	0.07	0.11	0.10	0.14*	0.13	0.07
设备先进性	0.44***	0.40***	0.39***	0.41***	0.36***	0.41***	0.40***	0.43***	0.42***	0.35***
所有权	0.00	–0.02	0.02	0.00	0.00	–0.01	0.06	0.01	0.00	0.00
竞争流动与纪律管理		0.40***								0.28***
薪酬管理			26***							0.04
广泛培训				0.24***						0.06
严格的员工招聘					0.40***					0.17**
结果导向的考核						0.39***				0.19**
信息分享							0.31***			0.11
员工参与管理								0.22***		0.00
内部劳动力市场									0.16**	–0.19**
F	8.11***	13.03***	9.07***	8.57***	12.59***	13.24***	10.07***	8.75***	7.90**	10.50***
R^2	0.32	0.47	0.38	0.36	0.46	0.47	0.40	0.37	0.35	0.57
Adjusted R^2	0.28	0.43	0.34	0.32	0.42	0.44	0.36	0.33	0.30	0.51
Change in R^2		0.14	0.06	0.04	0.14	0.15	0.08	0.05	0.02	0.25
F for Change in R^2		35.68***	11.59***	8.58***	33.04***	36.99***	17.67***	9.70***	4.53**	9.03***
N	144	144	144	144	144	144	144	144	144	144

注：* 表示 $p < 0.1$；** 表示 $p < 0.05$；*** 表示 $p<0.01$；表中系数为标准化系数。

分别为 14%、14%、15%。对企业绩效影响最小的分别是内部劳动力市场、广泛培训、员工参与管理，ΔR^2 分别为 2%、4%、5%。另外，考虑到人力资源管理各维度之间存在一定的相关性，单独回归的结果未必能准确反映自变量对因变量的解释程度，因此在方程 10 中，我们把八个维度与企业绩效同时展开回归分析。结果表明，竞争流动和纪律管理（$\beta=0.28$，$p<0.01$）、结果导向的考核（$\beta=0.19$，$p<0.05$）、严格招聘（$\beta=0.17$，$p<0.05$）对企业绩效产生了显著的积极影响，广泛培训、薪酬管理、信息分享、员工参与管理对企业绩效没有产生显著影响，内部劳动力市场则对企业绩效存在一定的负面影响。方程 10 的回归结果再次支持了方程 2 到方程 9 的结论，说明在中国背景下，有助于企业绩效提升的人力资源管理实践集中在员工竞争流动和纪律管理、结果导向的考核、严格的员工招聘这些方面，而西方学者普遍强调的广泛培训、员工参与管理、信息分享、内部劳动力市场等方面的高绩效工作实践对中国企业绩效的贡献程度相对有限。

4. 对同源数据偏差的分析

本研究中，人力资源问卷和企业绩效问卷均由同一对象填写，因此可能存在同源数据共同变异的问题。为此，我们采用了不同方法来分析和排除同源数据可能对回归模型造成的影响。首先，从理论上分析，人力资源经理对企业绩效的评价和对企业人力资源管理状况的评价不太容易相互影响，自变量和因变量之间的共同变异应该没有个体层面的组织行为研究严重（例如，组织承诺和组织公民行为的关系更容易受到同源偏差的影响）。其次，我们采用 DW 检验和 VIF 检验来判断回归模型残差自相关和变量共线性的程度。结果表明，表 4 中的方程和表 5 中的方程 2 到方程 10 的 DW 检验值分别为 2.29、2.18、2.12、2.15、2.27、2.37、2.21、2.12、2.16、2.37，基本上比较接近于 2，说明模型残差不存在显著自相关。回归方程中，各变量的 VIF 检验值基本上都接近于 1，说明不存在显著的共线性问题。最后，我们用验证性因子分析来检验同源数据是否存在严重共变性，这种方法在 Bae & Lawler 的研究中也被采用过。如果同源数据存在严重的共同变异，那么大部分测量项（Item）之间将存在非常高的相关性，这种情况下可能会出现某个共同因子能够解释问卷测量项的大部分变异量，从而对问卷进行的验证性因子分析可能接受单因子模型。但是，我们对问卷中自变量和因变量测量项进行的验证性因子分析并不接受单因子模型。因此，可以推断本文的同源数据并不存在严重的共同变异问题。

四、结论与讨论

1. 中国企业的高绩效人力资源管理系统

研究表明，在转型期的中国，对企业绩效起到积极作用的是一种控制和承诺相结合的人力资源管理系统。这种系统由八个维度组成。其中，竞争流动和纪律管理这个维度在访谈和案例分析中频繁出现，在因子分析中也作为一个独立的维度，这种情况和国内高绩效企业普遍强调通过人才竞争流动机制和严格的劳动纪律管理来提高企业用人效益的现实是一致的。结果导向的考核也反映了中国企业的管理实际。西方高承诺工作系统强调行为导向和以技能开发为目的的考核，但是在中国有效的考核需要更多强调结果导向，并且能够根据考核结果对员工实施奖惩。这两个维度的出现，说明中国本土的高绩效人力资源管理是一种承诺和控制相结合的管理系统，而不是等同于西方承诺导向的高绩效工作系统。

从不同维度的均值看，结果导向的考核、严格招聘、竞争流动和纪律管理、薪酬管理等维度的得分相对较高，而员工参与管理、内部劳动力市场等维度的得分相对较低。以上说明现阶段，中国企业人力资源管理的重点仍然集中在一些重要而基本的管理职能上。员工参与管理维度的均值最低，说明大部分中国企业实际上还没有建立有效的员工参与管理机制，这种情况可能和中国历史上长期存在封建专制文化、计划经济体制以及中国员工缺乏参与管理的主动性有关。内部劳动力市场的均值也比较低，可能是因为中国企业都还比较年轻，而内部劳动力市场的形成是和企业的发展年限正相关的。另外，计划经济时代中国企业曾经拥有过扭曲的内部劳动力市场，随着企业改革的深人和外部劳动力市场的成熟，中国企业的雇佣模式开始更多倾向于外部市场化。

还有一些典型的西方高绩效工作实践在中国企业中也没有得到有效应用，比如就业保障、员工争议申诉机制、团队工作、行为导向的考核等，这都是和中国独特的管理背景相关的。在中国，为了消除计划经济后遗症，企业普遍通过降低而不是提高就业保障来激活员工。中国企业的工会并不是市场经济下典型的工会，而员工争议申诉机制是和工会的存在密切相关的。团队工作在中国一直实行得不好，中国员工似乎更加愿意接受基于个人工作绩效的赏罚分明制度。近年来，中国企业的人力资源管理改革更多强调要清晰界定岗位和个人的工作职责。行为导向的考核在中国容易导致职责不清和流于形式，而且很难为中国企业的收入分配改革提供科学依据。

2. 人力资源管理和企业绩效的关系

本研究揭示，竞争流动和纪律管理、基于结果的考核、严格招聘这些方面的管理实践对中国企业绩效变异的解释程度要高于广泛培训、信息分享、员工参与管理和内部劳动力市场等方面的管理实践，说明在中国背景下，基础性的人力资源管理实践对企业绩效的影响更为显著。

竞争流动和纪律管理对企业绩效产生了显著影响，这体现了中国管理情境的特殊性。西方企业已经走过了以控制为重点的管理阶段，到了现阶段，其重点在于开发员工潜能、提高员工承诺和参与管理的机会以期进一步提高员工对企业绩效的贡献。中国企业面临的管理问题在于企业管理基础薄弱，员工职业化程度有待提高，单纯依靠员工的承诺和主动性很难取得成功。因此，通过竞争流动和纪律管理方面的措施来督促员工更好地完成本职工作以及提高工作努力程度是非常有必要的。

本研究表明，基于结果的考核对中国企业绩效产生非常显著的正向影响。在以前，大部分中国企业并没有建立科学的业绩考核制度，或者是以定性考核为主，考核目标不明确，考核结果也和员工的薪酬、晋升没有任何联系。基于结果的考核能够有效克服中国企业在考核中普遍存在的一些弊病，并且加大了考核和员工切身利益之间的联系，有利于调动员工的工作积极性。严格招聘方面的管理实践也对企业的绩效存在显著的积极影响，这是因为招聘作为人力资源管理的首要环节，是企业人力资本积累的重要手段，对提升企业的竞争力至关重要。

比较而言，广泛培训、参与管理、信息分享、内部劳动力市场等方面的管理实践对中国企业绩效的影响程度相对有限，说明中国现阶段的管理情境制约了这些实践的效果。当然，随着中国企业的发展和中国员工的进一步成熟，这些管理实践将会发挥更大的作用。

3. 对管理实践和学术研究的启示

本研究表明，竞争流动和纪律管理、结果导向的考核、严格招聘等方面的实践对企业绩效的贡献程度要高于广泛培训、员工参与管理、信息分享、内部劳动力市场等方面的实践，这一结论对中国企业有一定的指导意义。对转型期的中国企业而言，首先要完善企业的基础管理，抓好人力资源的基本职能建设，而不是照搬西方的高绩效、高承诺或高参与工作系统。一个企业如果连最基本的人事制度都没有建立，广泛培训、参与管理、信息分享等“承诺型”、“参与型”人力资源管理实践就不能发挥应有的作用。

本研究对学术研究同样存在一些有益的启示。近年来，国内学术研究在实证方法上逐渐和国际接轨，但是在研究内容上逐渐脱离中国企业的管理实际。西方的管理研究是为了解决西方企业在管理实践中遇到的问题，但中国企业面临的管理问题与西方企业不尽相同，中国的很多管理现象和管理问题在西方学术文献中是找不到答案的，本文的研究结论就是一个例子。因此，中国管理研究不仅要强调国际接轨，更要深刻认识到中国管理情境的特殊性。我们认为，在中国情境中验证西方的管理模型并不能解决中国企业面临的管理问题，从中国企业的管理实践中去寻找研究问题，比直接采用西方文献和量表进行验证性的定量研究更有价值，也更有利于本土化管理理论的构建。

参考文献

[1] Arthur, J. B. Effects of Human Resource Systems on Manufacturing Performance and Turnover. Academy of Management Journal, 1994, 37: 670-687.

[2] Huselid, M. A. The Impact of Human Resource Management Practices on Turnover, Productivity, and Corporate Financial Performance. Academy of Management Journal, 1995, 38 (3): 635-672.

[3] MacDuffie, J. P. Human Resource Bundles and Manufacturing Performance: Organizational Logic and Flexible Production Systems in the World Auto Industry. Industrial and Labor Relations Review, 1995, 48 (2): 197-221.

[4] Delery, J. E., Doty, D. H. Modes of Theorizing in Strategic Human Resource Management: Tests of Universalistic, Contingency, and Configurational Performance Predictions. Academy of Management Journal, 1996, 39 (4): 802-835.

[5] Ichniowski, C., Shaw, K., Prennushi, G. The Effects of Human Resource Management Practices on Productivity: A Study of Steel Finishing Lines. American Economic Review, 1999, 87: 291-313.

[6] Batt, R. Work Organization, Technology, and Performance in Customer Service and Sales. Industrial

and Labor Relations Review，1999，52（4）：539–564.

［7］Batt，R. Managing Customer Services：Human Resource Practices，Quit Rates，and Sales Growth. Academy of Management Journal，2002，45（3）：587–598.

［8］Collins，C. J.，Smith，K. G. Knowledge Exchange and Combination：The Role of Human Resource Practices in the Performance of High Technology Firms. Academy of Management Journal，2006，49：544–560.

［9］Zheng，C.，Morrison，M.，O'Neill，G. An Empirical Study of High Performance HRM Practices in Chinese SMEs. International Journal of Human Resource Management，2006，17（10）：1772–1803.

［10］Sun，L.，Aryee，S.，Law，K. S. High-performance Human Resource Practices，Citizenship Behavior，and Organizational Performance：A Relational Perspective. Academy of Management Journal，2007，50（3）：558–577.

［11］范秀成，英格玛·比约克曼. 外商投资企业人力资源管理与绩效关系研究. 管理科学学报，2003（2）.

［12］徐国华，杨东涛. 制造企业的支持性人力资源实践、柔性战略与公司绩效. 管理世界，2005（5）.

［13］张弘，赵曙明. 人力资源管理实践与企业绩效——沪深两市生产制造型企业的实证研究.预测，2006（4）.

［14］程德俊，赵曙明. 高参与工作系统与企业绩效：人力资本专用性和环境动态性的影响.管理世界，2006（3）.

［15］蒋春燕，赵曙明. 企业特征、人力资源管理与绩效：香港企业的实证研究.管理评论，2004（10）.

［16］刘善仕，周巧笑，晁罡. 高绩效工作系统与组织绩效：中国连锁行业的实证研究. 中国管理科学，2005（2）.

［17］张正堂. 人力资源管理活动与企业绩效的关系：人力资源管理效能中介效应的实证研究. 经济科学，2006（2）.

［18］Lepak，P. D.，Liao，H.，Chung，Y.，Harden E. E. A Conceptual Review of Human Resource Management Systems in Strategic Human Resource Management Research. Research in Personnel and Human Resources Management，2006，25：217–271.

［19］Bailey，T.. Discretionary Effort and the Organization of Work：Employee Participation and Work Reform Since Hawthorne. New York：Columbia University，1993.

［20］Applebaum，E.，Bailey，T.，Berg，P.，Kalleberg，A. L. Manufacturing Advantage：Why High-performance Work Systems Pay off. Ithaca，New York：Cornell University Press，2000.

［21］Guthrie，J. P. High Involvement Work Practices，Turnover，and Productivity：Evidence from New Zealand. Academy of Management Journal，2001，44（1）：180–190.

［22］Horgan，J.，Muhlau，P. Human Resource Systems and Employee Performance in Ireland and the Netherlands：A Test of the Complementarity Hypothesis. International Journal of Human Resource Management，2006，17（3）：414–439.

［23］Takeuchi，R.，Lepak，D. P.，Wang，H.，Takeuchi，K. An Empirical Examination of the Mechanisms Mediating between High-Performance Work Systems and the Performance of Japanese Organizations. Journal of Applied Psychology，2007，92（4）：1069–1083.

［24］Bae，J.，Lawler，J. J. Organizational and HRM Strategies in Korea：Impact on Firm Performance in an Emerging Economy. Academy of Management Journal, 2000, 43 (3): 502-517.

[25] Lowe, J., Delbridge, R., Oliver, N. High-performance Manufacturing: Evidence from the Automotive Components Industry. Organization Studies, 1997, 18 (5): 783-798.

[26] Kirkman, B. L., Shapiro, D. L. The Impact of Cultural Values on Job Satisfaction and Organizational Commitment in Self-Managing Work Teams: The Mediating Role of Employee Resistance. Academy of Management Journal, 2001, 44 (3): 557-569.

[27] Jackson, S. E., Schuler, R. S. Understanding Human Resource Management in the Context of Organizations and Their Environment. Annual Review of Psychology, 1995, 46: 237-264.

[28] Tsui, A. S.. Contextualization in Chinese Management Research. Management and Organization Review, 2006, 2 (1): 1-13.

[29] Lakhani, H. The Effect of Pay and Retention Bonuses on Quit rates in the US Army. Industrial and Labor Relation Review, 1988, 41: 430-438.

[30] Miles, R.E., Snow, C.C. Designing Strategic Human Resources Systems. Organizational Dynamics, 1984, Summer: 36-52.

[31] Hofstede, G. Culture and Organizations. London: McGraw-Hill, 1991.

[32] 张一驰，张正堂. 高绩效工作体系的生效条件. 南开管理评论，2004 (5).

[33] Marchington, M., Grugulis, I. Best Practice Human Resource Management: Perfect Opportunity or Dangerous Illusion? International Journal of Human Resource Management, 2000, 11: 1104-1124.

[34] Lawler, E.E. The Ultimate Advantage: Creating the High-Involvement Organization. San Francisco, CA, Jossev-Bass, 1992.

[35] Saari, L.M., Johnson, T.R., Zimmerle, D.M. A Survey of Management Training and Education Practices in US Companies.Personnel Psychology, 1988, 41: 731-743.

[36] Buller P.F., Napier N.K. Strategy and Human Resource Management Integration in Fast Growth Versus Other Mid-sized Firms.British Journal of Management, 1993, 4: 273-291.

[37] Schuler, R.S., Jackson, S.E. Linking Competitive Strategies with Human Resource Management Practices. Academy of Management Executive, 1987, 1: 207-219.

[38] Youndt, M.A., Snell, S. A., Dean, J.w., Lepak, D.P. Human Resource Management, Manufacturing Strategy, and Firm Performance. Academy of Management Journal, 1996, 39 (4): 836-866.

[39] Delaney, J.T., Huselid, M.A. The Impact of Human Resource Management Practices on Perceptions of Organizational Performance.Academy of Management Journal, 1996, 39 (4): 949-969.

[40] Datta, D.K., Guthrie, J. P., Wright. P.M. Human Resource Management and Labor Productivity: Does Industry Matter? Academy of Management Journal, 2005, 48 (1): 135-145.

[41] Delery, J.E., Shaw, J.D. The Strategic Management of People in Work Organizations: Review, Synthesis, and Extension. Research in Personnel and Human Resource Management, 2001, 20: 165-197

High-performance Human Resource Management System in Transitional China: A Contextualizing Research

Su Zhong-xing

Abstract: Since the 1990s, in the western countries, a large number of empirical studies have revealed positive relationships between human resource management systems and firm performance. In recent years, similar studies have been conducted in China. We argue that, HR practices appearing in Anglo-American literature may not necessarily be the best choices for Chinese firms due to the unique management context and the stage of social and economic development in China. Unfortunately, all previous China-based empirical studies adopted the approach of measuring HRM systems in Chinese firms with western high-commitment, high-involvement, or high-performance work system scales. Consequently, these empirical studies just test the external validity of western SHRM models, rather than examining what might constitute best China-specific HR practices. In response, based on the analysis of the Chinese management context, through examining the HR practices suggested in western research as well as researching local Chinese perceptions of effective HR practices, we construct a model of China-based high-performance HRM system and test its effects on firm performance. Results show that China-based high-performance HRM system consists of some typical western high-performance work practices as well as some China-specific HR practices. It has 8 dimensions: extensive training, employee competition and discipline management, information sharing, strict selection, results-oriented performance appraisal, compensation, internal labor market, and employee participation. The emergence of the dimension of employee competition and discipline management is the result of China's unique management context. It was demonstrated that China-based high-performance HRM system was strongly related to the measure of firm performance among a sample of 149 Chinese firms.Further analysis revealed that for Chinese firms, employee competition and discipline management, results-oriented performance appraisals, compensation, and strict employee selection have much more significant positive effects on firm performance compared with extensive training, information sharing, employee participation, and internal labor market. In sum, this study offers a number of contributions compared with some "replication and extension" studies. It highlights deep contextualization, linking high-performance HRM system to the Chinese management reality, and provides the evidence that the effectiveness of a HRM system needs to be understood in certain management context. The results of this study also show how a context -specific approach to the conceptualization and measurement of HR constructs can provide more insight into the HR-performance relationship.

Key Words: strategic human resource management, high-performance human resource management system, firm performance, chinese context

基于情景分析的未来人力资源经理胜任力研究*

肖剑科　赵曙明

【摘　要】本文试图运用情景分析技术来解决未来组织需要什么样的人力资源经理这个难题。预测时间轴选择为五年，有三个关键因素深刻地影响着人力资源经理的胜任力，分别是组织文化的特点、管理职能、组织中所处管理层次的高低。文章从这三方面入手分析了关键外部力量，得到三个不确定轴面，分别是新技术新理论的发展、主体员工的变化、劳动力市场供求关系变化。由此构建了未来五年我国人力资源经理面对的最乐观、最悲观和最可能的情景，分别是"黄金时代"、"萧条时代"和"丛林时代"。然后，测量了在这些情景下人力资源经理胜任特征的重要性程度，相对目前状态下的可能变化，以帮助人们更好地认识未来人力资源经理的胜任特征。研究结论有助于区分出未来导向和非未来导向的人力资源经理胜任力，从而帮助招聘和培训适合未来需要的人力资源经理。

【关键词】胜任特征　人力资源经理　情景分析

引　言

随着知识经济的到来，人力资源管理对组织的贡献越来越得到认可。Dave Ulrich 教授在 2007 年发布的"全球人力资源发展趋势与最佳实践"中报告，人力资源管理人员的素质可以影响到 19%的可控企业绩效。作为组织人力资源管理活动的管理者，人力资源经理是该管理过程中至关重要的环节，决定着组织人力资源管理水平的高低。尽管人力资源经理对于组织如此重要，然而目前的实证研究还并不多见。人力资源经理胜任力研究，是组织为了实现其人力资源管理功能而对人力资源经理所要求的学识、素质和能力组合的研究。陈仙歌的研究发现，重庆地区企业人力资源经理胜任力由影响能力、协调能力、服务能力、学习能力、个人魅力和组织能力构成。陈万思在工作分析和广告分析的基础上，构建了包括职能管理胜任力、变革管理胜任力、员工管理胜任力和战略管理胜任力四个构面

* 本文选自《南开管理评论》2010 年第 1 期。

的中国企业人力资源经理胜任力模型。其他一些相关研究对人力资源经理胜任力研究也有贡献，如 Dave Ulrich 教授领导下的全球人力资源管理从业者胜任力系列研究。2007 年最新一轮调查将高绩效人力资源专业人员的核心胜任力分为六个维度：可信任的积极实践者、文化管理者、人才管理者/组织设计者、战略变革设计者、业务联盟和日常工作战术家。一些学者对影响胜任力的因素进行了研究。冯明等提出了影响管理胜任特征结构的三个因素，分别为外部环境、内部环境和任务环境。其中，外部环境包括政治环境、经济环境、社会文化环境、行业环境四个因素；内部环境包括组织性质、组织文化和组织所处发展阶段三个因素；任务环境包括管理职能和管理层次两个因素。环境通过影响管理行为的有效性从而影响管理胜任特征结构。易子敬从岗位要求和企业情境要素入手，探讨了中小企业领导胜任力及其影响因素。发现领导者是否胜任某一职位的工作受三种变量的影响，分别为领导者个性特征、工作岗位特征和组织情境。其中领导者个性特征属于初始变量，工作岗位要求和企业情境属于中介变量。综上所述，现有的人力资源经理胜任力研究，绝大多数采用以既定工作情境和过去发生的绩效为基础的胜任力研究范式，难以反映组织的变化和对于未来的设想。而从 Dave Ulrich 教授和他的助手们在过去 20 年间全球范围进行的五次大规模人力资源管理从业者胜任力调查中我们清晰地看到，全球人力资源管理从业者的胜任力随着环境变化而不断演进。这就给我们带来以下疑问：未来人力资源经理胜任力是怎样的？如何预测未来人力资源经理的胜任力特征？

一、基于情景分析法的未来胜任力研究

一些学者对于未来胜任力的研究进行了有益的探索，如趋势驱动方法、未来导向工作分析、图片练习等。这些方法使用的前提是人们知道即将变化的环境是什么，对未来的设想是基于趋势外推，即在外部环境不变或发生很少变化的前提下，找出经济事件或经济系统过去及现在的演变规律，然后将其规律延伸到未来。但是，现实往往是动荡多变、错综复杂的。特别是在知识爆炸时代，如 Herman Kahn 和 Wiener 在《2000 年》中所言，未来是多样的，几种潜在的结果都有可能在未来实现；通向这种或那种未来结果的路径也非唯一。情景分析法是在对经济、产业或技术的重大演变提出各种关键假设的基础上，通过对未来详细的、严密的推理和描述来构想未来各种可能的方案。与传统预测方法不同的是，情景分析法认为未来并不只是一成不变或简单地沿袭过去的发展模式，而是在正确描述现状的条件下，根据未来可能发生的变化，描绘出多种可能发生的情况或情景，为决策提供科学依据。许多不同行业公司的实践都已经证明，情景分析是处理不确定性环境的有效工具。目前，我国的社会变迁、人性复归与职场变化已在发生，新一轮的经济结构调整正在进行，相关法律陆续出台。人力资源经理的工作任务、环境将发生很大变化，这导致与情景高度相关的人力资源经理胜任特征也要进行相应调整。鉴于未来不确定性的加剧，本文

拟采用情景分析技术对未来人力资源经理胜任力进行研究。回顾以往情景研究的文献，两种研究路线最常被采用：Sema 和 Cnam 研究路线和斯坦福研究院（简称 SRI）研究路线。前者，研究对象是某个特定组织，适合企业情景研究，包括九个步骤：①形成问题；②诊断公司；③定义关键变量；④理解企业的动态性；⑤减少关键问题的不确定性；⑥强调清晰的愿景和规划；⑦评估替代战略；⑧做出战略选择；⑨实施行动计划。后者研究对象并不局限于特定的组织，包括六个主要步骤：①定义问题；②识别关键决定因素；③分析关键外部力量；④选择不确定性的轴面；⑤选择并阐述情景；⑥分析情景的运用。本研究关注的并非是个体组织，因此采用 SRI 研究路线更为适合。

二、基于情景分析的未来胜任力研究过程

1. 定义问题

本研究的目的是描绘未来五年我国人力资源经理胜任力变化的可能情景。所指人力资源经理是负责领导并全面管理组织人力资源管理活动的领导者，包括人力资源总经理、人力资源总监、人力资源经理、人事行政经理等。预测时间轴选择为五年，基于以下几个原因：首先，预测时间轴越长、涉及要素越多的推测，预测的准确性越差。因此，预测时间轴不宜过长。其次，预测时间轴越短，识别的未来胜任力与目前胜任力的差异越少。为了使得研究具有现实意义，预测时间轴不能过短。最后，从 Dave Ulrich 等的系列调查中可以看出，在五轮调查之间，人力资源管理从业人员的胜任力发生了明显变化。1992 年与 1988 年相比，尽管人力资源管理从业人员的胜任力结构没有发生变化，但是前一时期（1992 年）的从业人员比后一时期（1988 年）需要掌握更多的金融、竞争、顾客方面的知识。与 1992 年相比，1997 年从业人员的胜任力结构增加了两项新内容，即文化管理和个人诚信。2002 年从业人员的胜任力维度结构与 1997 年相比，增加了战略贡献和人力资源技术，但减少了管理变革和文化管理两个维度。2007 年与 2002 年相比，从业人员的胜任力结构再次发生了变化，增加了文化管理者、人才管理者/组织设计者、日常工作战术家等维度，减少了人力资源管理实践能力维度和人力资源技术维度。显然，每五年人力资源管理从业人员的胜任力都有所改变。综合以上因素，本研究选择五年期的预测时间轴。

2. 识别关键决定因素

按照 SRI 的研究路线，识别关键决定因素的最好办法就是邀请 8~12 名专家组成专家小组进行讨论。本研究中，专家小组成员选择标准如下：①工作八年以上、至少从事五年人力资源管理；②人力资源经理或以上人力资源管理职位；③具有两个或以上不同行业从业经验；④在过去两年内绩效优异。经过对候选人的甄别，十位专家参加了我们的研究。由于地理条件限制，我们难以将所有成员召集在一起进行面对面讨论。因此，我们采用了专家访谈结合问卷调查的方法进行替代，对于地理位置较远的专家，采用网络视频访谈技

术。专家小组成员平均工作年限为 11.5 年，职位包括人力资源总经理、人力资源总监、人力资源经理等。专家小组成员不仅参与了本轮识别关键决定因素的小组访谈和调查，还全部参与了后续的三轮小组访谈和调查。每次访谈和调查，首先由主持人向被访问者解释本轮访谈的目的；然后就访谈提纲提问，被访谈者进行回答；最后在访谈结尾，请被访者补充其觉得有助于访谈目的达成，但在访谈提问中并未涉及的事项。主持人对十位专家的访谈结果进行整理、补充，形成最终调查问卷，发放给专家小组的每位成员。专家对调查问卷中调查条目评价后将问卷返回到主持人。四轮调查中，每次发出十份问卷，回收十份问卷，有效问卷 100%。第一轮关于人力资源经理胜任力关键决定因素访谈的问卷来自第一轮访谈结果的整理和胜任力关键影响因素研究文献。这些因素的重要程度用 Likert 七点计分法量表测量。从“1”代表很不重要，依次上升到“7”代表很重要。要求所有被访者评估这些问题对人力资源经理胜任力影响的程度，结果如表 1 所示。

表 1　人力资源经理胜任力关键决定因素

关键因素	条　目	均　值	标准差	排　名
外部环境	法律环境	5.20	1.549	13
	劳动力供给水平	4.9	1.729	16
	经济发展水平	4.50	1.080	18
	宏观经济政策	4.70	1.160	17
	社会整体教育水平	5.20	1.033	13
	社会权力结构	4.50	1.269	18
	教育方式	5.60	1.075	9
	行业技术状况	5.40	1.174	11
	行业市场稳定性	5.30	1.059	12
	行业市场集中度	4.50	1.269	18
	行业相关政策环境	5.20	139.8	13
内部环境	组织的所有制形式	5.70	0.949	5
	组织文化的特点	6.50	0.707	1
	组织层级的增减	5.70	0.483	5
	组织所处的发展阶段	5.70	0.949	5
	组织生产产品的特征	5.60	0.699	9
	员工组织承诺水平高低	5.80	0.422	4
任务环境	管理职能	6.40	0.843	2
	员工构成多样性	5.70	0.949	5
	组织中所处管理层次的高低	6.30	0.675	3

资料来源：第一轮调查结果。

可以看出，对于人力资源经理胜任力影响最大的三个因素分别是：组织文化的特点（6.5）、管理职能（6.4）、组织中所处管理层次的高低（6.3）；影响最小的三个因素则分别为：经济发展水平（4.5）、社会权力结构（4.5）和行业市场集中度（4.5）。专家小组的讨论结果是，组织文化的特点、管理职能、组织中所处管理层次的高低，是人力资源经理胜任力的三大关键决定因素。

3. 分析关键外部力量

分析关键外部力量需要解决两个问题：一是识别关键决定因素的未来状态，定义其关键外部驱动力量；二是对这些力量进行评估，关注这些驱动力量的不确定程度及其对关键决定因素的影响程度。

（1）关键外部驱动力量定义。依照 William 的观点，关键外部力量常常可以从宏观力量和微观力量中寻找。宏观力量包括社会、政治、经济和技术力量，微观力量则是那些直接影响个体决定的力量。通过文献回顾，我们将影响组织文化特点、人力资源经理管理职能、组织中所处管理层次高低三大关键决定因素的外部力量按宏观、微观力量进行汇总，并在第二轮专家小组访谈中就其有效性进行讨论、补充，最终确定的外部驱动力量包含在图 1 内。

（2）关键外部力量评估。专家小组成员对这些外部力量对组织文化特点、人力资源经理管理职能、组织中所处管理层次高低三大因素的影响程度及外部力量本身在未来五年内变化的不确定程度进行进一步评价。评价等级分为低、中、高。由于专家们对于外部力量的评价结果存在差异，本研究采用频次最高的评价等级来代表专家组成对外部力量评估的最后结果。如十位专家中六位专家认为未来五年内“劳动者素质”变化程度为“低”，那么我们就认为未来五年内“劳动者素质”变化的不确定性为“低”。

按照第二轮专家小组成员调查的最后结果，将外部力量重新编排顺序得到矩阵图 1。其中，横轴代表未来五年内的不确定性程度，纵轴代表对人力资源经理胜任力关键决定因素的影响程度。矩阵共有九个单元，关键外部力量则是位于黑色框架包围的“高”不确定性同时对人力资源经理胜任力关键决定因素“高”或“中等”影响程度的单元，及“高”或“中等”不确定性同时对人力资源经理胜任力关键决定因素“高”影响程度的单元，即单元二、三、六中的外部力量。

4. 选择不确定轴面

根据 SRI 的经验，一般从驱动力量群组中，选出两到三个相关构面，作为不确定轴面，以作为情景内容的主体架构，进而发展出情景逻辑。从图 1 中黑框部分所示的驱动力量中我们发现，“新管理概念与管理方法的出现”、“管理者的管理理念及采用的管理方式”、“远程管理普及趋势”与新技术/理论的发展有关。“新技术的发展，使得自治和柔性管理越来越多的实现”、“公司并购活动开始更多地考虑人的价值”、“知识经济兴起，知识员工的增加”与新技术/理论发展导致的结果有关。经过第三轮专家小组访谈和讨论，我们认为这六个驱动力量共同构成了我国人力资源经理未来五年胜任力变化的一个不确定轴面，即新技术新理论的发展。该轴面有两个极端情况，分别为快速发展和缓慢发展。“创业者的个性品格”，“劳动者素质”，“员工对工作的态度、对组织的要求和期望”，“员工对工作和组织态度的变化”四个驱动力量共同指向组织中主体员工的品质、行为、态度。经过专家小组讨论，我们认为这四个驱动力量共同构成了我国人力资源经理未来五年胜任力变化的另一个

影响程度			
高	单元一 1. 社会态度、信念与习惯 2. 组织形成的背景及发展过程	单元二 1. 劳动者素质 2. 员工对工作的态度，对组织的要求和期望 3. 管理者的管理理念及采用的管理方式 4. 公司并购活动开始更多地考虑人的价值 5. 远程管理普及趋势 6. 自由职业者和顾问的增加，人事外包市场的增长 7. 员工对工作和组织态度的变化	单元三 1. 创业者的个性品格 2. 新的管理概念与管理方法的出现
中	单元四 1. 地域文化 2. 人口老龄化的加剧	单元五 1. 法律、法令和规章制度 2. 组织规模 3. 人工智能和安全保护的发展 4. 增长的全球经济一体化 5. 文化多元化的趋势 6. 为好的健康表现而付酬 7. 国家劳动法律的健全 8. 行业的竞争程度 9. 工会权力、影响力的变化 10. 市场竞争要求新员工具有更高的素质 11. 信息技术的普及 12. 组织的扁平化 13. 战略人力资源管理等理念	单元六 1. 劳动力价格水平 2. 行业竞争的压力 3. 产业政策 4. 行业竞争程度 5. 新技术的发展，使得自治和柔性管理越来越多的实现 6. 知识经济兴起，知识员工的增加
低	单元七	单元八 1. 公司 24 小时运营 2. 越来越多的妇女和少数民族进入工作岗位	单元九 国家经济政策
	低		高

不确定性程度

图 1　人力资源经理胜任力关键外部力量分析

资料来源：第二轮调查结果。

不确定轴面，即组织中主体员工的变化。在这个轴面中，有两个极端情况分别为“70 后”员工思维成为组织主体思维和“80 后”员工思维成为组织主体思维。其中，“70 后”特指 20 世纪 70 年代初到 70 年代末出生的人群；“80 后”则特指 20 世纪 80 年代初到 80 年代末出生的人群。到 2013 年，“70 后”员工的年龄将为 34~43 岁，而“80 后”员工的年龄为 24~33 岁。按照陈洪安等人的观点，“80 后”无论是在个性上还是在工作风格上都与“60 后”、“70 后”有很大的不同。“劳动力价格水平”，“行业竞争的压力”，“自由职业者和顾问的增加、人事外包市场的增长”，“产业政策”四个驱动因素则共同指向劳动力市场供求关系变化。其中，“劳动力价格水平”是劳动力市场供求关系变化的外在表现，“行业竞争的压力”、“产业政策”是劳动力市场供求关系变化的内驱力，“自由职业者和顾问的增加、人事外包市场的增长”是劳动力市场供求关系变化的结果。专家小组讨论的结果认为，这四个驱动力量共同构成了我国人力资源经理未来五年胜任力变化的第三个不确定轴面，即劳动力市场供求关系变化。该轴面的两个极端情况分别为矛盾加剧和矛盾缓和。

表 2 未来五年我国人力资源经理可能面对情景的选择

编号	轴面一	轴面二	轴面三	最乐观的情景	最悲观的情景	最可能发生的情景	命名
1	快速发展	“70 后”员工思维成为组织主体思维	矛盾加剧			4 人	丛林时代
2	快速发展	“70 后”员工思维成为组织主体思维	矛盾缓和	10 人			黄金时代
3	快速发展	“80 后”员工思维成为组织主体思维	矛盾加剧			2 人	
4	快速发展	“80 后”员工思维成为组织主体思维	矛盾缓和				
5	缓慢发展	“70 后”员工思维成为组织主体思维	矛盾加剧				
6	缓慢发展	“70 后”员工思维成为组织主体思维	矛盾缓和				
7	缓慢发展	“80 后”员工思维成为组织主体思维	矛盾加剧		10 人	3 人	萧条时代
8	缓慢发展	“80 后”员工思维成为组织主体思维	矛盾缓和			1 人	

注：轴面一：新技术新理论的发展；轴面二：主体员工的变化；轴面三：劳动力市场供求关系变化。
资料来源：第三轮调查结果。

5. 选择并阐述情景

基于关键外部力量评估的结果和不确定轴面的归类，最终得到三个不确定轴面。每个轴面有两个极端结果。这就意味着我国人力资源经理将要面对八种（=23）可能出现的情景。在第三轮调查中，专家小组成员被要求从这八种未来五年可能出现的情景中选出最乐观的（最期望发生）情景、最悲观的（最不期望发生）情景和最可能发生的情景。本研究同样用频次最高的情景来代表专家组的最后评价。

十位专家一致认为情景 2 是我国人力资源经理未来五年可能面对的最乐观的情景。在这一情景中，“快速发展的新技术新理论、‘70 后’员工思维成为组织主体思维”是目前我国人力资源经理所面对外部环境的延续，而“劳动力市场供求关系矛盾缓和”则将为人力资源管理工作创造更好的外部条件。对人力资源经理来讲，该情景是一个与现有环境相比变化不大，但境遇更为改善的情景。因此，此情景被命名为“黄金时代”。与此正好相反的是情景 7，所有专家都认为这一情景是未来五年我国人力资源经理可能面对的最悲观情景。在这一情景，“新技术新理论发展缓慢、劳动力市场供求关系矛盾加剧”反映了一片萧条景象，而“‘80 后’员工思维”则替代“‘70 后’员工思维”成为组织主体思维。因此，该情景被命名为“萧条时代”。在专家小组成员中，对于未来五年最可能发生的情景有着不同的意见。四位专家认为情景 1 是我国人力资源经理未来五年面对最可能发生的情景，三位专家则认为是情景 7，两位专家认为是情景 3，一位专家认为是情景 8。根据频次最高的情景代表专家组最终情景选择结果的原则，我们接受情景 1 快速发展的新技术新理论、“70 后”员工思维成为组织主体思维以及劳动力市场供求关系矛盾加剧”为我国人力资源经理未来五年面对最可能发生的情景。在本情景中与“黄金时代”情景相比，除对劳动力市场供求关系变化的判断相反外，其余部分并无不同。然而，“劳动力市场供求关系矛盾加剧”反映了面临的环境将更加恶劣，竞争更加激烈。相应地，此情景被命名为“丛林时代”。三种情景的具体描述如下：

（1）情景一：“黄金时代”

到 2013 年，新技术新理论继续快速发展，并不断地运用到管理实践当中。一方面，信息技术、智能技术不断进步，实施成本不断降低，在员工的工作、生活中越来越普及。组织中信息的传递越来越电子化，大量日常、统计性质甚至基础的分析、简单的决策工作都被计算机（管理信息系统）所替代。日常人力资源管理工作在人力资源经理工作中所占时间越来越少。另一方面，知识员工增加，新的管理理论实践不断出现；战略人力资源管理的理论越来越成熟，为组织所接受；新的绩效管理、战略管理工具涌现并具有可操作性；人力资源规划、人力资源发展、职业规划的理论、实践得到进一步发展。在公司并购、大型项目的立项、公司的未来发展战略制定等方面，人力资源经理的参与越来越常见且意见越来越得到组织的重视。人力资源经理花费大量时间参与组织的战略决策并监督其实施。

尽管“80 后”员工已经大量涌入职场，但是“70 后”员工的思维仍然是组织的主体思维。“70 后”经历了“文化大革命”，但印象更为深刻的是始于 1978 年的改革开放大潮从计划经济向市场经济的转变，80 年代严重的通货膨胀，柏林墙的倒塌，苏联的瓦解，以麦当劳、好莱坞、可口可乐为代表的美国文化的大举进入。他们推崇集体主义、团队精神；具有责任感，较高的组织承诺水平；提倡对人性的尊重；高度重视长期目标；高度强调“成就”而忽视“出身”；认可中等水平的权力距离；在价值观上大多数人倾向于男女应该相对平等。

以“70 后”员工思维为主体思维的组织，更加提倡以共同利益为导向的政策，如大力推动团队精神建设，以个人业绩为主的考核标准转向以个人业绩和部门业绩相结合的考核标准，更多地强调集体荣誉等；更加提倡人性管理，在构建组织文化时不是过多强调适者生存和精英主义，而是适当表现出对弱者的同情和关怀；将更加追求长期利益，注重对员工的培训、职业生涯发展；更加强调成就导向，在人员的聘用和提拔当中更加注重绩效、能力，而不是“出身”；与过去相比，更加推崇决策民主，寻求组织中决策的民主与集中的平衡；女性员工和少数民族员工在组织中也将会越来越多。由于产业政策的调整，行业竞争的缓和，劳动力市场供求关系矛盾变得缓和。相应地，劳动力的价格水平保持在相对稳定的状态，人力资源经理更多地关注薪资的内部公平。由于劳动力市场供求关系的均衡，自由职业者减少，人事外包市场的增长缓慢。

（2）情景二：“萧条时代”

到 2013 年，新技术新理论发展十分缓慢，同样反映到管理实践当中。一方面，尽管信息技术、智能技术有所进步，但实施成本较高，在员工的工作、生活中未能高度普及。

组织中信息的传递还是依靠传统方式，基础的分析、简单的决策乃至大量日常、统计工作仍由手工完成，管理信息系统没有得到大量运用。人力资源经理仍然花费大量时间在日常人力资源管理及其监督上。另一方面，知识员工增长比例较低，新的管理理论实践发展迟缓；尽管战略人力资源管理的理论已经被越来越多组织了解，但仍然停留在概念普及阶段，真正实施的组织不多；没有突破性的人力资源管理新理论、新实践出现。在公司的并购、大型项目的立项、公司的未来发展战略制定等重大问题上，人力资源经理的参与程度有限且其意见并未得到组织的真正重视。人力资源经理只是人事系统专家，没有真正参与组织的战略决策。“80 后”员工思维成为组织主体思维。“80 后”是我国实施计划生育政策后的第一代人。与“70 后”比较，“80 后”员工的主要特点有：价值观由“理想型”向“现实型”转变，更加注重功利、讲求实惠、看重眼前利益、追求物质享受、强调个人本位；价值取向多元化，工作不再以赚钱为第一目的和唯一目的，而是更希望实现自我价值；可塑性非常强、强调以自我为中心、自尊心及他人认可意识强；心理容易波动、情绪变化大、抗压能力差、心理健康问题突出；创新能力很强，敢于尝试，他们“鄙蔑传统”、“桀骜不驯”、“独立自我”；对工作与生活有独到的看法，不会将工作与生活截然分开，不喜欢生活享受被繁忙工作打乱，在工作与生活中希望处理的是简单的人际关系，不关心职场政治斗争，对权威也敢于挑战。以“80 后”员工思维为主体思维的组织，更加注重组织沟通的通畅，使管理透明化；趋向采用参与制的管理方式，比“70 后”员工思维为主体的组织更加分权，充分激发员工的积极性；更多进行工作丰富化，使得员工的工作更具有挑战性，满足员工不断挑战自我的需要；提供最大的职业发展空间和上升的通路，注重设计合理的培训计划和职业生涯规划，便于员工自我实现；更多地倡导成就型或支持性组织文化建设，鼓励员工在工作中的创新；实施更加个性化的激励手段、独特的福利计划，试图满足员工多元化的需求。在“80 后”员工思维成为组织主体思维的情景下，人力资源经理将更多的成为变革推动者来实现企业文化的变革，同时在企业的上下沟通中，积极塑造企业精神激励者的角色。由于产业政策的调整，行业竞争的加剧，劳动力市场供求关系矛盾加剧。劳动力的价格水平不断随着供求关系的变化而变化。为了保证薪资的竞争力，人力资源经理更多地关注劳动力的市场价值。同时作为劳动力供求失衡的对策，自由职业者增加，人事外包市场快速增长。

（3）情景三：“丛林时代”

到 2013 年，新技术新理论继续快速发展，并不断地运用到管理实践中。一方面，信息技术、智能技术不断进步，实施成本不断降低，组织中信息传递越来越电子化，大量日常、统计性质甚至基础的分析、简单的决策都被计算机所替代。日常人力资源管理工作在人力资源经理工作中所占时间越来越少。另一方面，知识员工的增加，新管理理论实践不断出现；战略人力资源管理的理论越来越成熟，为组织所接受；新的绩效管理、战略管理工具涌现并具有可操作性；人力资源规划、人力资源发展、职业规划的理论与实践进一步发展。在公司并购、大型项目的立项、公司的未来发展战略制定等方面，人力资源经理的参与越来越常见，且其意见越来越得到组织的重视。人力资源经理花大量时间参与组织的战略决策并监督其实施。“70 后”员工的思维仍然是组织的主体思维。在组织中，提倡以共同利益为导向的政策；更加提倡人性管理，在构建组织文化时适当表现出对弱者的同情和关怀；更加追求长期利益，注重对员工的培训、职业生涯发展；更加强调成就导向，在人员的聘用和提拔当中注重绩效、能力，而不是“出身”；推崇决策民主，寻求组织中决策的民主与集中的平衡；女性员工和少数民族员工在组织中也会越来越多。由于产业政策的调整，行业竞争加剧，劳动力市场供求关系矛盾加剧。劳动力的价格水平随供求关系的变化而变化。为了保证薪资的竞争力，人力资源经理更多地关注劳动力的市场价值。同时作为劳动力供求失衡的对策，自由职业者增加，人事外包市场快速增长。

6. 情景的运用

Sparrow 和 Boam 认为，当我们从跨时期的角度来研究胜任力时，胜任力也有生命周期。那些在未来仍然保持同样重要性程度的胜任力是核心胜任力；重要性增加的是新兴胜任力；重要性降低的是成熟胜任力；在回到原有重要性程度水平前短时间内重要性增加的是过渡胜任力。将人力资源经理的胜任特征置于不同情景，我们分析与现阶段相比，未来五年我国人力资源经理的胜任特征将会发生如何的变化，从而预测未来五年我国人力资源经理的胜任力。

行为事件访谈技术是目前公认信度、效度最高的传统胜任力识别技术。陈仙歌运用行为事件访谈技术对重庆地区企业人力资源经理进行了研究，得到了影响能力、协调能力、服务能力、学习能力、个人魅力和组织能力构成的胜任力模型。2007 年 Dave Ulrich 教授的最新一轮调查，将高绩效人力资源专业人员的核心胜任力分为六个维度：可信任的积极实践者、文化管理者、人才管理者/组织设计者、战略变革设计者、业务联盟和日常工作战术家。前者是基于我国情景下的人力资源经理胜任力研究，后者是最新的全球背景下最权威的人力资源管理从业者胜任力研究。第四轮专家小组访谈中，我们将这两个研究的结果放在一起进行分析，请专家小组成员对语意相近的胜任力条款进行归并，并删除不适合中国情景的条款。最终，将我国人力资源经理的胜任特征归纳为 33 条。在接下来的第四轮调查中，专家小组成员被要求分别对这 33 条人力资源经理的胜任特征在目前及其未来五年后的“黄金时代”、“萧条时代”和“丛林时代”情景下对于优秀人力资源经理工作的重要性进行打分。问卷采用了 Likert 五点量表，评价等级从 1“非常不重要”，到 5“非常重要”。运用成对样本 t 检验方法，我们将人力资源经理的胜任特征在“黄金时代”、“萧条时代”、“丛林时代”情景下对我国人力资源经理工作的重要性分别与其现阶段的重要性进行比较，结果如表 3 所示。

研究发现，未来五年，在“黄金时代”情景下，“战略敏锐性”、“善于处理企业内部的各种冲突”对于人力资源经理的重要性与现阶段有显著差异（$p<0.05$）；“战略敏锐性”的重要性程度上升（M 黄金时代 = 4.71 > M 现状 = 4.0），是新兴胜任力；而“善于处理企业内部的各种冲突”的重要性程度下降（M 黄金时代 = 3.86 < M 现状 = 4.57），是成熟胜任力；其余胜任特征的重要性变化无显著差异，是核心胜任力。在“萧条时代”情景下，从事 HR 事务时带有自己的观点立场”（$p<0.05$）、“使文化个性化”（$p<0.05$）、“了解商业技术”

表 3 不同情景下人力资源经理胜任特征差异

条目	目前现状		“黄金时代”情景			“萧条时代”情景			“丛林时代”情景		
	均值	标准差	均值	标准差	T 值	均值	标准差	T 值	均值	标准差	T 值
1. 公正严明	4.29	0.488	4.14	0.690	1.000	4.71	0.488	−2.121	4.29	0.756	0.000
2. 善于分享信息	4.14	0.378	4.14	0.690	0.000	4.29	0.951	−0.311	3.86	1.069	0.548
3. 建立诚信关系	4.43	0.535	4.29	0.951	0.548	4.71	0.488	−1.549	4.43	0.535	−1.000
4. 从事 HR 事务有自己立场	3.71	0.951	3.57	0.976	0.548	4.57	0.535	−3.285*	4.00	0.816	−1.188
5. 能够促进变革	3.86	0.900	3.57	0.787	0.603	4.29	0.756	−1.441	4.43	0.535	0.079
6. 展示组织文化	4.43	0.535	4.43	0.535	0.000	4.00	1.155	1.000	4.14	1.069	−2.500*
7. 使文化个性化	3.43	0.787	3.71	1.254	−1.000	4.57	0.787	−2.828*	4.14	1.069	−0.240
8. 确保企业用人	4.43	1.134	4.29	0.951	0.354	4.71	0.488	−0.548	4.57	0.787	0.000
9. 培训发展人才	4.29	0.756	4.43	0.535	−0.420	4.43	0.787	−0.311	4.29	0.756	−0.548
10. 完善组织架构	3.71	1.113	3.86	0.900	−0.548	3.43	0.787	0.795	3.56	1.345	−0.420
11. 培育鼓励沟通	3.85	0.690	4.14	0.690	−1.549	4.29	0.756	−1.441	4.00	1.000	0.420
12. 设计奖励制度	4.43	0.535	4.29	0.756	0.420	4.57	0.535	−0.548	4.29	0.756	−1.698
13. 战略敏锐性	4.00	1.000	4.71	0.488	−2.500*	4.00	0.816	0.000	4.71	0.488	0.000
14. 服务于价值链	4.29	0.756	4.00	0.000	1.000	3.71	1.113	1.188	4.29	0.756	−0.548
15. 了解社会大环境	3.57	0.767	3.43	0.976	0.548	4.00	0.816	−1.000	3.71	0.951	−1.000
16. 提有价值的主张	3.85	1.069	4.00	1.155	−1.000	3.71	1.113	0.548	4.14	0.900	−3.240*
17. 了解商业技术	2.71	0.756	3.14	1.069	−2.121	3.43	0.787	−3.873**	3.71	0.756	−0.354
18. 执行职场规则	3.29	0.951	3.57	0.787	−1.000	3.29	1.113	0.000	3.43	1.134	−2.121
19. 发展 HR 科技	3.00	1.155	3.86	0.690	−2.121	3.86	0.900	−2.121	4.29	0.951	−2.828*
20. 努力影响政策制定实施	4.00	0.577	4.43	0.787	−1.162	3.86	0.690	0.548	4.57	0.535	0.354
21. 能感受员工动机和需求	4.43	0.535	4.71	0.488	−1.549	4.57	0.787	−0.420	4.29	0.951	0.000
22. 善于沟通	4.71	0.488	4.71	0.488	0.000	5.00	0.000	−1.549	4.71	0.488	0.000
23. 善于处理企业内冲突	4.57	0.535	3.86	1.069	2.500*	4.86	0.378	−1.549	4.57	0.535	0.281
24. 善于对外公共关系协调	4.14	0.600	4.00	0.816	0.420	4.14	0.690	0.000	4.00	1.155	0.000
25. 高度服务意识	3.71	0.756	3.71	0.951	0.000	4.00	0.577	−0.795	3.71	0.951	−0.548
26. 工作积极主动	3.71	0.756	3.86	0.900	−0.548	3.57	0.787	0.548	3.86	0.900	−1.152
27. 考虑问题周到	3.86	0.690	3.86	0.690	0.000	4.00	0.816	−0.420	4.29	0.961	−2.121

续表

条 目	目前现状		“黄金时代”情景			“萧条时代”情景			“丛林时代”情景		
	均值	标准差	均值	标准差	T值	均值	标准差	T值	均值	标准差	T值
28. 具有进取心	3.71	0.756	3.56	0.900	–0.548	4.14	0.690	–1.441	4.14	0.900	–1.549
29. 持续学习新知识	4.00	0.816	4.43	0.535	–2.121	4.43	0.787	–0.891	4.57	0.535	–1.441
30. 善于接受新知识	4.14	0.378	4.57	0.535	–2.121	4.57	0.535	–2.121	4.57	0.535	–1.549
31. 良好的个人品质	4.57	0.535	4.86	0.378	–1.549	4.71	0.488	–0.548	4.86	0.378	–1.000
32. 善于管理团队	4.57	0.535	4.86	0.378	–1.549	4.43	0.787	0.548	4.71	0.488	0.420
33. 善于分配资源	4.57	0.535	4.43	0.787	0.420	4.57	0.787	0.000	4.43	0.787	0.000

注：* 表示 $p<0.05$；** 表示 $p<0.01$。

资料来源：第四轮调查结果。

（$p<0.01$）对于人力资源经理的重要性与现阶段有显著差异；"从事 HR 事务时带有自己观点立场"（M 黄金时代＝4.57 >M 现状＝3.71）、"使文化个性化"（M 黄金时代＝4.57>M 现状＝3.43）、"了解商业技术"（M 黄金时代＝3.43>M 现状＝2.71）的重要性程度都上升，是新兴胜任力；其余胜任特征是核心胜任力。在"丛林时代"情景下，"展示组织文化"、"提有价值的主张"、"发展 HR 科技"对于人力资源经理的重要性与现阶段有显著差异（$p<0.05$）；"展示组织文化"的重要性程度下降（M 黄金时代＝4.14<M 现状＝4.43），是成熟胜任力；"提有价值主张"（M 黄金时代＝4.14>M 现状＝3.86）、"发展 HR 科技"（M 黄金时代＝4.29>M 现状＝3.00）的重要性程度上升，都是新兴胜任力；其余胜任特征是核心胜任力。综合上述三种情景我们可以预测：未来五年，在人力资源经理的胜任特征中，"战略敏锐性"、"从事 HR 事务时带有自己观点立场"、"使文化个性化"、"了解商业技术"、"提有价值的主张"和"发展 HR 科技"重要性可能有所增加；而"善于处理企业内部的各种冲突"、"展示组织文化"的重要性可能下降；其余胜任特征重要性没有显著变化。

三、研究结论与讨论

基于情景分析的未来人力资源经理胜任力研究，描绘了未来五年我国人力资源经理可能面对的最乐观、最悲观、最可能的情景，以及在这些情景下人力资源经理胜任特征重要性程度与目前相比可能发生的变化。今天的企业面临的经营环境比以往任何时候都动荡、复杂，由于不确定事件和突发性事件对企业的影响日益突出。情景分析法的价值在于它能使企业对一个事件做好准备并采取积极的行动：将负面因素最小化，正面因素最大化。通过情景构建，我们可以建构监测指标和先兆事件来预期未来五年我国人力资源经理可能面对的"黄金时代"、"萧条时代"、"丛林时代"情景中哪一种将实际发生，从而确保组织能按照正确的胜任特征选择、培训人力资源经理。未来五年，在人力资源经理的胜任特征中，"战略敏锐性"、"从事 HR 事务时带有自己观点立场"、"使文化个性化"、"了解商业技术"、"提有价值主张"和"发展 HR 科技"重要性可能有所增加；而"善于处理企业内部的各种冲突"、"展示组织文化"的重要性可能下降；其余胜任特征重要性没有显著变化。根据胜任特征的生命周期理论，未来重要性增加的是新兴胜任力，重要性降低的是成熟胜任力，重要性程度不变的是核心胜任力。

为了便于在胜任力管理中的实际运用，我们将新兴胜任力与核心胜任力统称为未来导向的胜任力，而将成熟胜任力称为非未来导向的胜任力。招聘未来优秀的人力资源经理时，我们必须将目光聚焦在未来导向的胜任力上，尤其是候选人在新兴胜任特征上的潜质。基于情景分析的未来人力资源经理胜任力研究为这些工作提供了坚实的基础。本研究是对未来人力资源经理胜任力研究的一个探索。尽管我们试图更加全面、更加科学地看待未来，但是由于种种限制，还存在着不足之处：第一，定量研究样本较少。情景分析是定性研究与定量相结合。但在本研究中，由于定量研究的样本只是专家小组成员，样本比较局限。样本较少，造成难以对我国人力资源经理的未来胜任力结构进行深入分析。第二，难以检测人力资源经理未来胜任力的效标。由于未来绩效难以直接测量，因此给我国人力资源经理的未来胜任特征模型的预测效度验证带来很大的困难。针对这些不足，下一步的研究：首先，可以在更大范围内进行问卷调查，如拓展本研究中的第四轮调查；其次，积极探索未来效标的间接测量方法，这方面 Mark 等已经做出了积极的且有意思的尝试，或者采用同时效度复核或同时建构效度验证技术进行未来人力资源经理胜任特征模型效度的检验。许多学者对人力资源经理人员胜任特征及管理者的职业化胜任素质研究越来越感兴趣。未来胜任力的研究在我国仍是处女地，希望本文能为将来的研究起到抛砖引玉的作用。

参考文献

[1] 陈仙歌. 重庆地区企业人力资源经理胜任特征的实证研究. 重庆：重庆大学硕士学位论文，2005.

[2] 陈万思. 中国企业人力资源经理胜任力模型实证研究. 经济管理，2006（2）：55-62.

[3] 冯明，王跃节. 管理胜任特征结构的影响因素分析. 科学学与科学技术管理，2007（2）：142-147.

[4] 易子敬. 中小企业领导胜任力影响因素及其实证研究. 长沙：湖南大学硕士学位毕业论文，2006.

[5] 赵曙明，杜娟. 基于胜任力模型的人力资源管理研究. 经济管理，2007（6）：16-22.

[6] 赵曙明，杨慧芳. 企业管理者的任职素质研究. 心理科学，2007（6）：1503-1505.

[7] William J. Rothwell，John E. Lindholm. Competency Identification，Modelling and Assessment in the USA. International Journal of Training and Development，1999（3）：90-105.

[8] 李文东，时勘. 工作分析研究的新趋势. 心理科学进展，2006（14）：418-425.

[9] 张学才，郭瑞雪. 情景分析方法综述. 理论月刊，2005（8）：125-126.

[10] 曾忠禄，张冬梅. 不确定环境下解读未来的方法：情景分析法. 情报杂志，2005（5）：14-16.

[11] 王明志. 企业战略规范的新方法——情景分析. 管理现代化，1990（3）：12-13.

[12] 张明立，吴凤山. 情景分析法——一种经济预测法. 决策借鉴，1992（3）：34-36.

[13] 于红霞，汪波，钱荣. 情景分析在企业发展战略中的应用研究. 科技管理研究，2006（11）：91-94.

[14] 于红霞，钱荣. 解读未来发展不确定性的情景分析方法. 未来与发展，2006（2）：12-15.

[15] Eric K. Clemons. Using Scenario Analysis to Manage the Strategic Risks of Reengineering. Sloan Management Review，1995（36）：61-71.

[16] Shuming Zhao. Application of Human Capital Theory in China in the Context of the Knowledge Economy. The International Journal of Human Resource Management，2008，19（5）：802-817.

[17] Cherrie Zhu，B. Cooper，H. de Cieri，S. B. Thomson，Shuming Zhao. Development of Human Resource Practices in Transitional Economies：Evidence from China. The International Journal of Human Resource Management，2008，19（5）：840-855.

[18] Tony Fang，Shuming Zhao，Verner Worm. The Changing Chinese Culture and Business Behaviour. International Business Review，2008，17（2）：141-145.

[19] Ming-yeu Wang，Wei-ting Lan. Combined Forecast Process：Combining Scenario Analysis with the Technological Substitution Model. Technological Forecasting & Social Change，2007（74）：357-378.

[20] Mark A. Robinson，Paul R. Sparrow，Chris Clegg，Kamal Birdi. Forecasting Future Competency

Requirements: A Three-phase Methodology. Personnel Review, 2007 (36): 65-89.

[21] Dave Ulrich, Wayne Brockbank, Arthur K. Yeung, Dale G. Lake. Human Resource Competencies: An Empirical Assessment. Human Resource Management, 1995 (34): 473-495.

[22] Dave Ulrich. Outlines Underlying (HR) Principles and Practice, Their Development and How They Are Likely to Shape Up in the Future. Financial Times, 2001 (10): 420-429.

[23] Brockbank, W. Human Resource Competency Toolkit. Alexandria, VA: Society for Human Resource Management/University of Michigan/Global Consulting Alliance, 2003.

[24] 陈燕，邓旭. 浅论环境对组织文化的影响. 经济体制改革，2005 (3): 54-57.

[25] Idalberto Chiavenato. Advances and Challenges in Human Resource Management in the New Millennium. Public Personnel Management, 2001 (30): 17-26.

[26] Seyed-Mahmound Aghazadeh. The Future of Human Resource Management. Work Study, 2003, (52): 201-207.

[27] 岳珍，赖茂生. 国外"情景分析"方法的进展. 情报杂志，2006 (7): 59-64.

[28] 宁钟，王雅青. 基于情景分析的供应链风险识别——某全球性公司案例分析. 工业工程与管理，2007 (2): 88-94.

[29] 陈洪安，胡佳，张蕾，王一民，余彦儒. 80 后员工的人力资源管理. 人才资源开发，2007 (11): 40-42.

[30] 蒋璐. "生于七十年代"在想什么. 北大商业评论，2006 (3): 117-120.

[31] 韩振燕，方焕廷. 对 80 后员工的多元化激励. 中国人力资源开发，2007 (2): 41-43.

[32] Boam, R., Sparrow, P.. Designing and Achieving Competency: A Competency-based Approach to Developing People and Organizations. London: McGraw-hill Book Company, 1992.

[33] 赵曙明. 人力资源经理职业化的发展. 南开管理评论，2003，6 (5): 73-77.

[34] 肖剑科，赵曙明. 国内胜任特征研究之元分析. 经济管理，2008 (10): 73-78.

[35] 赵曙明. 我国管理者职业化胜任素质研究. 北京：北京大学出版社，2008.

A Study of Future HR Manager's Competency Based on the Scenario Analysis Technique

Xiao Jian-ke, Zhao Shu-ming

Abstract: Under the market economic system, especially during the transition economic period, more and more organizations recognize the importance of the human resource managers. Some enterprisers with the strategic view pay the high salaries for the qualified human resource managers to let them be the strategic partner by exploring, using and integrating the human resource in the organization. However, what kind of human resource managers do organizations need in the future? This study tries to resolve the problem by using the scenario analysis technique. The prediction timer shaft is selected as five years. There are three key factors which influence the human resource manager's competencies profoundly. They are the characteristic (s) of the organizational culture, the management function, and the management level in the organization. It analyses the key external powers from the aspects of above three factors. As the subsequence, three uncertain axes are selected as the development of the new technique and the theory, the change of the majority of employee in the organization, and the change of the relation between supply and demand in the labour market. It builds the most optimistic scenario, the most pessimistic scenario, and the most possible scenario respectively, which would be faced by the HR manager in the coming five years. They are "the golden time", "the depression time", and "the jungle time". Then, it measures the different level of the importance of the HR manager's competencies between these three scenarios and possible changes of present situation in order to help understand the competencies of future human resource managers. The results would be helpful to make a distinction between the future-oriented HR manager's competencies and the non-future-oriented HR manager's competencies, to select and train the right human resource manager who fits the future conditions.

Key Words: competency, HR manager, scenario analysis

中国高校领导者胜任特征模型研究*

课题组①

【摘　要】本研究选取了中国“985 高校”和“211 高校”的最高党政领导（校长和党委书记）28 名（优秀组 18 人，一般组 10 人）作为访谈对象，对他们进行了关键行为事件访谈（BEI 访谈技术）。然后，通过严格的编码程序对访谈内容进行了编码，并对编码结果进行统计分析后发现，中国高校领导者的胜任特征模型包括四大胜任特征族群，分别是：领导力、思考力、影响力和事业心。另外，为了弥补国外胜任特征辞典的不足，该研究对中国高校高层领导者的胜任特征进行了补充编码，经过统计分析后发现，中国高校领导者还具有如下四项胜任特征：创新性、人格魅力、魄力和前瞻性。

【关键词】胜任特征　中国高校　领导者　关键行为事件访谈

一、引　言

自 McClelland（1973）提出了胜任特征的概念以后，对胜任特征的研究已经渗透到了各个行业和各个领域，掀起了研究者对胜任特征研究的热潮并成为全球管理研究中的焦点。目前，国内外关于胜任特征的研究主要有如下几个特点：

（1）研究内容上，研究重点主要集中于胜任特征的模型构建和相关测评研究上，诸如，国外的 Markus 和 Leanne（2005）、McEvoy 和 Warnick（2005）等关于胜任特征的研究；在国内，虽然对企业管理者胜任特征的研究起步较晚，但目前也有不少的研究成果，如时勘（2002）、仲理峰（2004）等对企业管理者胜任特征模型进行了研究，其他人如王重鸣（2002），姚翔、王垒（2004），赵曙明（2007）等对管理岗位的胜任特征模型也进行了比较深入的研究。

（2）研究方法上，目前应用比较多的是关键行为事件访谈法（BEI）和问卷调查法两

---

* 本文选自《管理世界》2010 年第 6 期。

① 课题组负责人：魏士强、洪银兴；课题组成员：彭实、吕杰、胡炜、徐泽华、杨忠、朱庆葆、龚放、冒荣、杨东、程德俊、龚跃、王靖华、朱樱、刘志兰、印兴波。

种，未来的发展趋势是倾向于把理性主义的科学研究方法和现象学的描述解释研究方法相结合。前者有工作者定位、工作定位和多方法定位等（Sandberrg，2000），后者主要采用直接观察法、工作分析访谈、专家小组讨论法、关键事件技术、职能性工作分析（FJA）等方法。

（3）研究视角上，主要有美国模式和英国模式（Cheng、Dainty 和 Moore，2003）。前者是一种投入的研究视角，凸显胜任特征与行为、绩效的驱动关系，且认为，动机、特质和自我概念在复杂或重要的工作上比技能、智力或资历等更具有预测良好绩效的作用。后者是一种产出的研究视角，旨在通过职业资格认证制度引导管理者胜任特征的培养和发展。

（4）在研究模式上，主要有以言语分析为主要研究内容的认知型胜任特征研究；以工作行为对工作绩效进行预测研究为主要内容的行为型胜任特征研究；以能否顺利完成各项工作任务为研究重点的通用型胜任特征研究（吴孟捷，2003）。

综观国内外的研究，关于胜任特征的研究主要存在如下几点不足：

（1）胜任特征的研究主要集中在企业管理的领导者当中，而对高校领导者的研究比较少，有一些研究也主要是主观经验的探讨。但是，通过严格的 BEI 技术来进行的研究几乎还没有。高校是一个比较特殊的组织，与政府部门、企业和一般的事业单位有非常大的不同，主要体现在：学术性，组织目标的多元性，组织成员的独立性，公共性，组织成果的滞后性、常效性与质量性上。因此，领导者在管理中的角色定位和要求有非常大的不同，他们除了行政管理的职责外，还要承担学术管理和办学管理的职责。这必然在胜任特征上有不同的表现。

（2）胜任特征模型的研究还不够深入，主要体现在：胜任特征模型中各个胜任特征族群和胜任特征之间的关系在系统性和整合性上还不够完善，需要我们在胜任特征模型研究中进行进一步的整合，使胜任特征模型尽量达到结构化和系统化。虽然目前也有部分研究所得到的模型比较系统化，但模型的各个维度之间尚缺乏有机而协调的整合，缺少层次性（即没有区分胜任特征族群和胜任特征）。例如，Yeung（1996）提出了人力资源高层管理者的整合模型，该模型包括领导力、核心胜任特征、管理技能和咨询能力，并认为，对于高层管理者来说，领导力（Leadership）和核心（Core）胜任特征至关重要。但该模型中关于各个胜任特征之间的关系探讨得还不够深入和系统。再如，Han、Chou、Chao 和 Patrick（2006）通过对台湾地区高科技企业的实证研究发现，企业管理者具有四项重要的胜任特征：专业技能、商业知识、变革管理能力以及自我效能感。但本研究在模型构建的科学性和深入性方面尚需要加强。

（3）需要更进一步结合我国的社会文化背景来对胜任特征进行研究。在管理中，结合文化特点进行研究显得尤其重要。以前的研究大多是国外的研究，而对中国文化背景下的中国领导者的胜任特征进行研究还比较少。有一些也主要集中的企业管理中，例如，时勘（2002）、仲理峰（2004）等对企业管理者胜任特征模型进行了研究。但企事业单位的却比较少。

针对以上问题，我们对高校领导者的胜任特征进行系统、深入而又科学有效的研究。

本研究中对高校领导者胜任特征的操作性定义为：在行为事件访谈法中所提取的，能够区分高校领导者中表现优秀与表现一般的个人特征。它可以是动机、特质、自我形象、态度或价值观、某领域知识、认知或行为技能等。

二、研究方法和程序

本研究严格使用胜任特征建模的关键行为事件访谈法，即 BEI 技术的方法与步骤来进行，具体来说，即按照定义绩效标准、选取被试、行为事件访谈、编码、分析数据建立模型的方法和步骤来进行，其核心是关键行为事件访谈法。

（一）研究方法

行为事件访谈法（BEI），即访谈被访谈者的 2~3 件成功事件和 2~3 件感到遗憾的事件。研究者录音并进行分析。为了保证研究的准确性，访谈采取了双盲设计，主持访谈的研究者和被访谈的对象都不知道哪些属于优秀组，哪些属于一般组。

（二）研究对象

严格按照 BEI 的标准，然后，根据教育部人事司的意见，确定了 30 名高校领导者（全部是高校的校长和书记）作为访谈的对象，其中优秀组 18 人，一般组 12 人。由于录音清晰度、访谈配合程度等问题，我们去掉了 2 份不符合要求的录音。选出了其中优秀组 18 名，一般组 10 名，共 28 名被试的录音进行分析和编码。

（三）研究程序

1. 访谈训练

访员都由高校组织部门的相关专家和人力资源管理研究专家组成。正式访谈以前，访谈人员都学习了 BEI 技术，并用相互访谈，分析其他研究所的访谈材料等方法，对访谈人员进行训练，每个访谈人员访谈前训练的时间不少于 4 小时。然后每个人至少预访谈一人。确保访员掌握行为事件访谈法的操作方式。

2. 行为事件访谈

提前 2~3 天与被试预约，并将访谈要求告知被访谈者，建议其做一定准备。访谈员备好录音设备，访谈时在征得被访谈者同意下进行全程录音，并保证访谈是在不被干扰的环境中进行。

3. 胜任特征编码

第一步将访谈录音输入计算机，整理成 Word 文档。

第二步编码训练。采用 Spencer（1993，1994）的《胜任特征编码辞典》，由在胜任特征研究上有丰富经验的专业人士组成的 4 人编码小组，分别对一份访谈录音文稿进行试编码。经过讨论，使得 4 人对这份访谈文稿的编码达成了一致意见。

第三步预编码。4 人分别对 28 份录音文稿中的 8 份进行了预编码，这 8 份文稿对于被编码的人员来说，他们不知道是优秀组还是一般组。然后再来分析这 4 人的编码标准是否一致，并讨论胜任特征辞典的参考标准，尽量促使他们形成一致的胜任特征编码标准。

第四步正式编码。选择预编码过程中编码一致性较高的 2 人形成正式的编码小组，根据《胜任特征辞典》参考标准对 28 份访谈文稿进行独立编码。其中，平均等级分数和最高等级是胜任特征的行为等级。为了在本研究中有一个比较明确的编码，也为了降低编码的难度，本研究参照《胜任特征辞典》中的行为等级，把每个胜任特征界定为 1~10 级的等级量表，然后通过对 10 个等级进行打分来确定具体行为的等级。

第五步初步的统计处理。将编码结果汇总，把 28 个被试的数据输入 SPSS15.0 进行处理，统计出每个被试在每个特征出现的总频次、平均等级和最高等级分。

第六步差异性检验。根据教育部相关专家提供的标准，把 28 个被试分为一般组和绩效优异组，并对这两组的分数进行差异性检验，提炼出胜任特征和胜任特征族群，并构建高校领导者的胜任特征模型。

（四）数据处理

通过 SPSS15.0 对数据进行分析处理。

三、结果与分析

根据已有的研究范式，我们对数据进行如下方面的分析。

（一）BEI 技术的有效性分析

1. 访谈长度（字数）分析

在访谈的 28 名被试中，访谈时间最长的为 2.5 小时，最短 30 分钟。由于存在中途中断、休息等情况，时间较难准确测量，接下来对访谈长度的分析一律以最终形成的文档字数作为指标。文档最长 30360 字，最短 3197 字，平均 17287 字，总字数达 48 万多字。

2. 归类一致性

归类一致性（Category Agreement，CA）是指两名评分者对相同访谈资料编码归类时，相同的个数占编码总数的百分比，计算公式参照 Winter（1992）的动机编码手册，用 S 表示评分者编码归类相同的个数，用 T1 表示评分者之一的编码个数，T2 表示另一评分者的编码个数，计算公式为：$CA=(2\times S)/(T1+T2)$。本研究中，CA=62.71%。属于可接受范围，但偏低。所以在接下来的处理中，我们不是直接进行汇总、统计，而是由两名编码人员就每一份材料中每一个不一致的编码进行讨论，并得出了一致的编码结果，接下来的统计、处理都是以这份一致的编码结果为基础。

3. 各种计分方式与长度的相关分析

根据 Spencer（1994）等的建议，在编码和统计处理时，既可以采用胜任特征出现的发生频次，也可以采用平均分数，或者采用最高分数。为了考察采用哪种指标更为稳定，我们考察了这些指标与表 1 胜任特征平均分数、最高分数、为了考察采用哪种指标更为稳定，我们考察了这些指标与访谈文稿字数之间的关系。

表 1 胜任特征平均分数、最高分数、发生频次与访谈长度的相关性

胜任特征	长度与频次相关	长度与平均分数	长度与最高分数
人际理解沟通	0.426*	0.439*	0.490*
成就导向	–0.066	–0.228	–0.129
主动性	0.008	0.207	0.284
信息收集	0.371	0.166	0.264
培养他人	0.227	0.27	0.265
命令果断	–0.129	0.041	0.204
团队合作	0.223	–0.077	0.031
团队领导	0.515**	–0.029	0.263
冲击与影响	0.033	–0.113	0.029
组织认知	0.632**	0.519**	0.564**
关系建立	0.267	0.245	0.103
分析式演绎思考	–0.018	0.051	0.174
概念式思考	–0.094	0.08	0.058
自我控制	–0.228	–0.055	–0.002
自信	–0.312	–0.373	–0.400*
弹性	0.083	0.169	0.164
组织承诺	0.411*	0.278	0.333
思考力	–0.024	0.319	–0.002
领导力	0.139	0.031	0.054
事业心	0.164	0.036	0.617**
自我	0.400*	0.304	0.490**
影响力	0.158	–0.020	0.498**

注：* 为 $p<0.05$，** 为 $p<0.01$。

对长度与各种计分方式进行相关分析，结果见表 1，从中我们可以看到：从 28 位访谈者的访谈资料中，采用频次计分，有四项胜任特征（人际沟通、团队领导、组织认知、组织承诺）与访谈长度（字数）显著相关，有 2 项达到 0.01 的显著性水平；最高分则有 3 项（人际理解、组织认知、自信）表现出与访谈长度（字数）的显著相关，有 1 项达到 0.01 的显著性水平；平均分有 2 项（人际沟通及组织认知）表现出与访谈长度有关，有 1 项达到 0.01 的显著性水平。这说明，随着访谈长度的增加，其中的 4 项胜任特征出现的频次会随之增加，表现不太稳定；胜任特征的等级最高分的稳定性居中，而胜任特征的等级平均分则相对稳定。

（二）胜任特征和胜任特征族群的描述性统计

对高校领导者的胜任特征和胜任特征族进行描述性统计。

1. 胜任特征等级平均分的描述性统计

由于胜任特征的等级平均分是相对比较稳定的指标，因此，下面对胜任特征的等级平均分进行基本信息的描述性统计，统计了平均数和标准差，结果见表 2。

表 2 胜任特征的描述性统计

	样 本	平均数	标准差
人际理解沟通平均数	28	5.55	1.798
成就导向平均数	28	4.17	2.152
主动性平均数	28	5.80	1.333
信息收集平均数	28	4.09	1.976
培养他人平均数	28	3.90	3.660
命令与职权平均数	28	4.54	2.694
团队合作平均数	28	6.09	1.699
团队领导平均数	28	5.72	1.536
冲击影响平均数	28	5.62	3.029
组织认知平均数	28	5.96	2.816
关系建立平均数	28	3.75	2.594
分析演绎思考平均数	28	5.68	1.352
概念归纳思考平均数	28	4.14	2.252
自我控制平均数	28	2.96	2.186
自信平均数	28	0.94	1.414
弹性平均数	28	3.40	1.736
组织承诺平均数	28	2.68	2.312

从表 2 可以看出，出现频次比较高的胜任特征有："人际理解沟通、主动性、成就导向、团队合作、团队领导、冲击影响、组织认知、分析演绎思考"，说明这些胜任特征是访谈中高校高层领导者经常提到的胜任特征。

2. 胜任特征族群等级平均分的描述性统计

根据胜任特征辞典，胜任特征可以归纳为不同的"胜任特征族"，作为二级因素，一般可以归纳为"帮助与服务族、成就与行动族、冲击与影响族、个人效能族、管理族和认知族"。在本研究中，我们通过编码发现，在《胜任特征辞典》中的某些特征在本研究中没有出现，因此，不能完全按照辞典中的分类族的标准来划分胜任特征的族群。但在划分标准上，我们主要参考了《胜任特征辞典》关于族群的划分标准，对编码的胜任特征进行了归纳。最后归纳为五个二级胜任特征族群，分别是：思考力、领导力、影响力、事业心和自我效能五个族群。为了更清楚地说明这几个胜任特征族群的精确含义，我们对这五个胜任特征族群进行详细的描述。

领导力主要反映的是领导者的团队领导能力，主要指领导者带团队的能力，是组织能力中的核心能力。该胜任特征族群主要包括培养他人、团队领导、团队合作和命令四个胜任特征因素。四个因素的具体解释是：

（1）培养他人（DEV），是指在需求分析的基础上，带有一定想法或力度地去筹备长期培养人才的计划，其中的关键在于培养人才的意愿和影响力。

（2）团队领导（TL），是指担任团队或其他群体的领导者角色的意图，含有想领导他人的意思，团队领导通常与团队合作相结合，尤其是最高主管和较高层级的领导。

（3）团队合作（CTW），即愿意与他人合作，作为团队的一分子去共同完成一项任务的特质，与那种喜欢独立、竞争工作的人相反，具有该项素质的人的愿望应该是真切地想成为团队中的一部分一起工作，想与他人通力合作，当然，只有在对象是某团体、某群人的一员时，才能考虑合作精神。

（4）命令（DIR），即表达出个人促使他人依照其希望行事的意图。命令的行为带有告诉人们做什么的主题或语调，命令的语调从坚定指示到苛求甚至是威胁而各有不同。如果要在正面的等级得分，则必须是从组织的长远利益出发，适当且有效运用个人的权力或个人职位上的权力。

影响力（Impact and Influence）反映的是一个人对他人的影响大小，影响力包括冲击影响、组织认知、关系建立、人际理解四个因素。这四个因素的具体解释是：

（1）组织认知（OA），是指一种理解和了解本公司或其他组织（客户组织、供货商组织等）权力关系的能力。包括能确认谁是真正的决策者、谁具有影响决策者能力的悟性，并能预见某一新事件或情况将如何影响公司的某些人、某些部门的能力。

（2）人际理解能力（IU），即想去理解他人的愿望，是一种对非表达出或部分表达出的想法、感觉、关切点的准确认识与理解，此特征可测量出一个人对他人理解的深度和高度，可以包括跨文化敏感性的测量。

（3）关系建立（RB），是指能与人建立或保持友好、互利、良好的关系或关系网，并主动去建立人际关系的行为特征。

（4）冲击影响（IMP），是指为了使他人赞成或支持说话者的议程所采取的说服、使别人信服、影响或强迫他人的办法，当然，也可能凭借的是个人的权威和声望来冲击和影响他人，如大学的学者也是一种冲击影响。

事业心（Achievement Motivations）是指想获得成功的一种强烈的动机和愿望，主要包括主动性、成就导向、信息搜集三个特征因素。三个因素的具体解释是：

（1）成就导向（UCH），是指自己希望工作杰出或超出优秀标准，其标准可以是某个人自己过去的业绩（力求改进之），或一种客观衡量标准（只论结果），或比其他人做得更好（即竞争性），或某人自己设定的挑战性目标，或任何人从未做过的事（改革性）。

（2）收集信息（INF），是指由于潜在的好奇和愿望驱使，想对某些事、人或问题有更多的了解，即采用超出惯例或需要的办法达此目的。可以包括“挖出”信息或强压出确切的信息，通过提出一系列问题去分析矛盾，或为将来争取更大的机会而对零散信息采取非集中式的“扫描”等。

（3）主动性（GNT），是指能辨认出问题所在、辨认出障碍或机会，在此基础上对现有的问题或将来的问题或机会采取行动的行为特征，也可理解为提前采取行动而不是简单地考虑将来怎么办，其时间范围包括已完成了的过去或当前的任务，并对未来的机会或问题所采取的行动，但正式的战略计划不能算作此素质。

思考力（Thinking）指一个人对问题的洞悉、对复杂问题的解决 思路以及提出优秀问题解决方案的能力，该胜任特征是决策能力的基础，主要包括分析演绎思维、概念思维和弹性。三个因素的具体解释是：

（1）分析演绎思维（AT），是指通过将一个事物分解为若干部分，以内在联系的方式来理解该事物，系统地组织与拆分事物的各个部分的行为特征，也包括对问题、局势等系统的、组织结构的理解，进而对不同特性或方面进行系统比较，理性地制定出优秀对策的行为特征。

（2）概念思维（CT），指通过组合片断和着眼大局来了解一个状况或问题，包括找出复杂情况中的关键或根本问题，为关系并不明显的情况理出头绪等。

（3）弹性（FLX），是指一个人在不同的环境下与不同的人或群体工作时所表现出的灵活性的思维特征，弹性可以让人了解、珍惜不同或对立的观点，在不同的情况或在情况有所变化时，可以根据实际情况改变做事的方式以及思考的方式。

个人效能感（Self-efficacy）是指个人与他人以及工作的相关性，该族的胜任特征决定了一个人在遇到紧急事件时，能排解压力、解决困难，能完成一系列有效的行为。同时，也支持着其他胜任特征族以发挥作用，如领导力等。个人效能族包括自我控制、自信、组织承诺三个因素。其中，自我控制可以让人在压力或被别人敌视的情况下保持正常表现；自信可以让人在面临巨大挑战、怀疑与冷漠的时候，保持正常表现；组织承诺可以让人调整自己的行为和意图，配合组织达成目标。三个因素的具体解释是：

（1）自信（SCF），认为有能力完成某项任务和采用某种有效手段完成任务或解决问题的信念，包括对自己能力的自信，特别在问题难度加大时表现出对自己决定或判断的自信；

（2）自我控制（SCT），是指人在遭受诱惑、阻力、敌意压力时保持冷静、抑制和行动的能力，自我控制也可以说是耐力、抗压性、保持冷静的能力、不容易被激怒的能力；

（3）组织承诺（OC），是指一个人有能力并愿意将个人的行为调整到与组织的需求、重要决定和目标相一致，并在行动上协助达成组织目标或符合组织需求的行为特征。

在以上的五大类胜任特征族群中，思考力是领导者决策的核心胜任特征，而影响力是领导者组织能力的核心胜任特征，领导力则是领导者带领团队取得成功的核心胜任特征。这三个族群的胜任特征构成了高层领导者做决策、组织团队、领导团队去实施的核心性胜任能力。

对上面的五个胜任特征族群进行描述性统计，其结果见表 3。

表 3　五个胜任特征族群的描述性统计

	样　本	平均数	标准差
思考力等级平均	28	13.2154	3.93138
思考力等级最大值	28	15.3571	4.66837
领导力频次	28	20.8214	10.13631
领导力平均	28	20.2395	5.85308
领导力最大值	28	18.3571	5.98278
事业心频次	28	13.8929	4.50793
事业心平均	28	14.0571	3.13229
事业心最大值	28	16.3214	3.06780
自我效能频次	28	4.3929	1.93102
自我效能平均	28	6.5911	3.22403
自我效能最大值	28	5.7857	3.57312
影响力频次	28	19.2500	7.16020
影响力等级平均	28	20.8820	5.19198
影响力等级最大值	28	19.5714	4.95482

从表 3 可以看出，出现频次比较多的是领导力和影响力，其次是思考力和事业心。总结表 2 和表 3，综合后可以看出，领导力（包括培养他人、团队合作、团队领导及命令）及影响力（包括冲击影响、组织认知、关系建立及人际理解）无论在出现频次、等级平均数还是等级最大值的指标方面都比较高，说明领导力及影响力是在访谈中最常出现的胜任特征族群，并且表现得最为明显。另外，出现频率最高的胜任特征还有团队领导，而人均出现频次大于 4 次的胜任特征有 8 项，从低到高依次是：主动性、人际理解沟通、冲击与影响、组织认知、团队合作、成就导向、分析演绎思考及团队领导。

（三）胜任特征和胜任特征族群的差异性检验

为了检验不同的分组在胜任特征和胜任特征族群上的总频次、平均分和最高分上的差异性，我们对优秀组和一般组进行了差异性检验，检验的胜任特征主要包括了 17 个具体的胜任特征和 5 个胜任特征族群，结果见表 4。

表 4　胜任特征在优秀组和一般组的差异性检验

胜任特征	分　组	样　本	平均数	总　和	差异性
成就导向频次	优秀组	18	16.94	305.00	0.034
	普通组	10	10.10	101.00	
培养他人频次	优秀组	18	19.19	345.50	0.000
	普通组	10	6.05	60.50	
概念式思考频次	优秀组	18	18.72	337.00	0.000
	普通组	10	6.90	69.00	
成就导向平均数	优秀组	18	17.39	313.00	0.013
	普通组	10	9.30	93.00	

续表

胜任特征	分组	样本	平均数	总和	差异性
主动性平均数	优秀组	18	16.78	302.00	0.049
	普通组	10	10.40	104.00	
团队合作平均数	优秀组	18	17.94	323.00	0.003
	普通组	10	8.30	83.00	
团队领导平均数	优秀组	18	18.72	337.00	0.000
	普通组	10	6.90	69.00	
冲击影响平均数	优秀组	18	16.86	303.50	0.042
	普通组	10	10.25	102.50	
概念式思考平均数	优秀组	18	17.00	306.00	0.030
	普通组	10	10.00	100.00	
弹性平均数	优秀组	18	17.28	311.00	0.015
	普通组	10	9.50	95.00	
成就导向最大值	优秀组	18	17.39	313.00	0.009
	普通组	10	9.30	93.00	
主动性最大值	优秀组	18	16.83	303.00	0.041
	普通组	10	10.30	103.00	
团队合作最大值	优秀组	18	17.42	313.50	0.008
	普通组	10	9.25	92.50	
团队领导最大值	优秀组	18	17.64	317.50	0.004
	普通组	10	8.85	88.50	
组织认知最大值	优秀组	18	17.19	309.50	0.015
	普通组	10	9.65	96.50	
概念式思考最大值	优秀组	18	16.86	303.50	0.040
	普通组	10	10.25	102.50	
弹性最大值	优秀组	18	17.64	317.50	0.006
	普通组	10	8.85	88.50	
思考力等级平均	优秀组	18	17.39	313.00	0.013
	普通组	10	9.30	93.00	
思考力等级最大值	优秀组	18	17.72	319.00	0.005
	普通组	10	8.70	87.00	
领导力频次	优秀组	18	17.89	322.00	0.003
	普通组	10	8.40	84.00	
事业心频次	优秀组	18	18.00	324.00	0.002
	普通组	10	8.20	82.00	
事业心平均	优秀组	18	18.03	324.50	0.002
	普通组	10	8.15	81.50	
事业心最大值	优秀组	18	17.17	309.00	0.020
	普通组	10	9.70	97.00	
影响力最大值	普通组	18	17.47	314.50	0.009
	优秀组	10	9.15	91.50	

从表 4 我们可以看到，对于胜任特征等级平均数这一指标，统计结果表明：优秀组及一般组在领导力及事业心两组胜任特征族群上差异显著，优秀组的平均数明显高于一般组。从具体的胜任特征的差异性来说，在团队领导、团队合作、概念思维、弹性、冲击、主动性及成就导向这 7 个因素上存在显著差异，且优秀组明显高于一般组。

其次，对于每个胜任特征出现的频率这一指标，统计结果表明：优秀组与一般组之间在思考力、领导力、事业心三组胜任特征族群上达到差异显著性水平；对具体胜任特征，分别在成就导向、培养他人、概念式思考三个方面的差异达到显著性水平，且优秀组高于一般组。

另外，对于每个胜任特征最高等级这一指标，统计结果表明，思考力、事业心、影响力三组胜任特征族群达到显著性水平；对于具体的胜任特征，分别在成就导向、主动性、团队领导、团队合作、组织认知、概念式思考及弹性七个方面的差异达显著性水平，且优秀组高于一般组。

综合来看，表 4 的结果表现出显著性差异的胜任特征族群是：领导力族群（包括培养他人、团队合作、团队领导三项胜任特征）、事业心族群（包括主动性、成就导向两项胜任特征）、思考力族群（包括分析式思考和弹性两项胜任特征）、影响力族群（包括冲击影响和组织认知两项胜任特征）。

（四）高校领导者胜任特征的补充编码

前面是根据《胜任特征辞典》的分类来进行编码的结果，但是，在本研究中，国外的《胜任特征辞典》有三个问题，第一，是辞典所列出的条目是西方文化的反映，不一定切合于我国的文化；第二，《胜任特征辞典》是针对一般的管理者，是一种比较通用型的《胜任特征辞典》，反映的是一些比较常规的胜任特征条目，因此，对于组织中的最高层领导者，特别是“一把手”的胜任特征（如创新、前瞻性、人格魅力等）不一定能完全地反映出来；第三，国外的《胜任特征辞典》主要是针对企业的一般性的通用胜任特征，对于事业单位，特别是针对高校这个特殊群体的胜任特征却没有明确的条目。因此，国外的《胜任特征辞典》在本研究中存在一定的局限性。

针对以上的三个问题，我们对国外的《胜任特征辞典》进行了进一步的补充修改和完善。主要方式有两种：一种是通过专门的开放性问题对高校领导者进行访谈，并通过计算出现的频次进行统计分析，具体的问题如：“您认为自己的个人特质中，哪些因素导致了您前面所列举事情的成功？请按重要性列举 8~10 个”。另外一种方式是在胜任特征编码中进行处理，具体的处理办法是，如果校长的某些行为特征在国外的《胜任特征辞典》中不能找到相应的胜任特征条目的，那就重新进行界定，如前瞻性，在原来的 《胜任特征辞典》中就没有相应的行为特征的描述，我们就对前瞻性进行了重新界定和编码。根据以上的两种处理方法，我们对新出现的胜任特征条目进行了统计和分析，结果如下：

1. 高校领导者胜任特征补充编码的描述性统计

通过前面介绍的两种方式，对高校领导者的胜任特征进行补充编码，具体的胜任特征有前瞻性、协调性、包容性、创新性、责任心等条目，每个胜任特征条目的平均频次和标准差见表5。

表5 高校领导者胜任特征的补充编码

	样 本	平均频次	标准差
前瞻性	28	3.93	1.609
协调性	28	0.93	1.303
包容性	28	0.39	0.685
创新性	28	2.36	1.789
责任心	28	0.50	0.638
坚持性	28	0.50	1.072
自知力	28	0.25	0.518
人格魅力	28	0.86	0.448
廉洁公正	28	0.14	0.448
授权	28	0.11	0.416
魄力	28	1.43	1.230
学习力	28	0.21	0.568

从表5可以看出，频次比较高的行为特征主要是前瞻性、创新性、魄力、协调性和人格魅力，说明这些特征对于高校领导者也是非常重要的行为特征。但是否是差异性特征，还需要进一步进行统计检验，具体的结果如下：

2. 补充的编码胜任特征的差异性检验

把访谈对象根据绩效的情况分为优秀组和一般组（具体划分标准见前面），并对前瞻性、协调性、包容性、创新性、责任心、坚持执着、自知力、人格魅力、廉洁公正、授权、魄力、学习力在优秀组和一般组中的差异性进行检验，结果见表6。

表6 补充编码胜任特征在优秀组和一般组中的差异性检验

	分 组	样 本	平均数	总 和	差异性
前瞻性	优秀组	18	16.56	298.00	0.070
	一般组	10	10.80	108.00	
协调性	优秀组	18	15.75	283.50	0.229
	一般组	10	12.25	122.50	
包容性	优秀组	18	15.11	272.00	0.506
	一般组	10	13.40	134.00	
创新性	优秀组	18	16.58	298.50	0.065
	一般组	10	10.75	107.50	
责任心	优秀组	18	14.94	269.00	0.662
	一般组	10	13.70	137.00	
坚持执着	优秀组	18	14.64	263.50	0.880
	一般组	10	14.25	142.50	

续表

	分 组	样 本	平均数	总 和	差异性
自知力	优秀组	18	13.75	247.50	0.365
	一般组	10	15.85	158.50	
人格魅力	优秀组	18	17.14	308.50	0.001
	一般组	10	9.75	97.50	
廉洁公正	优秀组	18	13.75	247.50	0.228
	一般组	10	15.85	158.50	
授权	优秀组	18	15.06	271.00	0.283
	一般组	10	13.50	135.00	
魄力	优秀组	18	18.58	334.50	0.000
	一般组	10	7.15	71.50	
学习力	优秀组	18	14.78	266.00	0.690
	一般组	10	14.00	140.00	

从表6的分析结果可以看出，优秀组和一般组在“人格魅力”和“魄力”两个方面存在极其显著的差异（$p<0.01$），在“前瞻性”和“创新性”两个方面存在差异，但不够显著（$p<0.10$）。前面已经述及，本研究访谈的主要对象是“985高校”和“211高校”的领导者，因此，两者之间的差异不一定存在非常大的距离，因此，可以把差异性显著确定在$p<0.10$的水平。根据这样的标准，可以认为，优秀组和一般组在“人格魅力”、“魄力”、“前瞻性”和“创新性”四个方面存在显著性差异。具体来看，都是优秀组的分数显著地高于一般组，说明优秀组在“人格魅力”、“魄力”、“前瞻性”和“创新性”方面具有突出的表现。也就是说，可以作为高校高层领导者（校长和书记）干好工作的胜任特征。当然，其他行为特征虽然没有达到显著标准，但一般也是优秀组的分数高于一般组，由于没有达到显著水平，不能确定为高校领导者的胜任特征。

四、高校领导者的胜任特征模型构建

通过前面对统计结果的分析可以总结出以下的高校领导者的胜任特征模型，见图1。该模型是由国外的《胜任特征辞典》和补充编码共同组成的，是一个两层次、多维度的胜任特征体系模型。

从图1可以看出，高校领导者的胜任特征模型主要包括：中间的补充编码的胜任特征（包括创新性、人格魅力、魄力、前瞻性）、思考力、领导力、影响力、事业心这五个胜任特征族群。其中，领导力族群包括了“培养他人、团队合作、团队领导”三项胜任特征；思考力包括了“分析式思考、弹性”两项胜任特征；影响力族群包括“冲击影响和组织认知”两项胜任特征；事业心包括“主动性和成就导向”两项胜任特征。

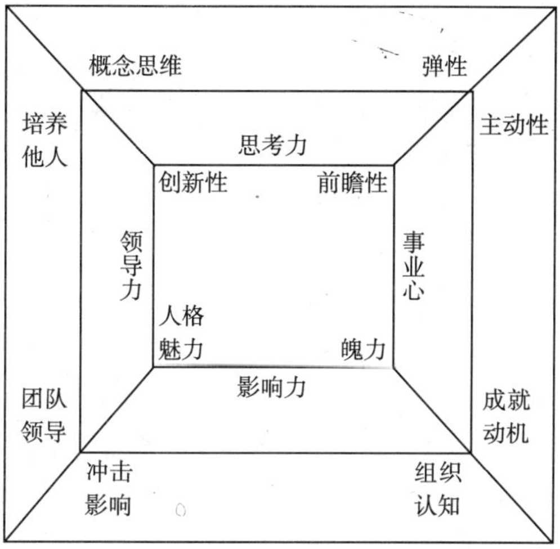

图 1 高校高层领导者胜任特征模型

五、讨 论

以前，对高校领导者提出的胜任素质包括五个方面，分别是“德、能、勤、绩、廉”，本研究通过胜任特征的研究发现，高校领导者的胜任特征模型是一个多层次、多维度的体系，胜任特征能深入体现出高校领导干部的能力特征，下面进行详细的讨论。

（一）关于高校领导者的胜任特征维度

关于高校领导者的胜任特征维度。从表 4 中可以看出，首先，优秀组与一般组的等级平均数、频次、等级最大值在概念思维及成就导向两方面都表现出显著差异，说明这两项胜任特征在区分优秀组及一般组中是比较有效的。其中，概念思维是指有能力确认那些不明显相关事物的规律或关联，在极为复杂的情况下，确定出关键或潜在的问题。包括运用创造性的、概念化的或归纳性的推理方法。例如，是否可看出事物的类比模式；是否能把许多不相关的片段、事件归纳成有机的整体；是否创造出新方法看待事物。成就导向是指希望工作杰出或超出优秀标准。其标准可以是某个人自己过去的业绩（力求改进之）；或一种客观衡量标准（只论结果或比其他人做得更好），即竞争性或某人自己设定的挑战性目标；或任何人从未做过的事（改革性）。一种独特的成就也可定义为成就导向。例如，是否考虑要满足并超过既定目标；是否为达到所期望的目标去冒一定的风险。通过以上的解释可以认为，高校领导者在概念思维和成就导向方面比较突出，这可能和高校的管理对象是高知识分子群体有关，在高知识群体中，由于自我实现的需求更高，推动了高校领导者也具有比较高的成就动机导向；也由于高知识群体的素质普遍比较高，更需要领导者具有比较好的思维能力，能够在复杂的情况下，抓住问题的实质和关键进行决策。

另外，优秀组和一般组的等级平均数与等级最大值在弹性及主动性两方面表现出显著的差异性。其中，弹性是指具有适应不同环境、不同个性或不同人群，并有效工作的能力。这需要领导者对一件事情具有不同的看法，甚至相反的看法也能够理解与欣赏，以使自己的方法适应环境的变化，并保持自己对组织或工作要求的一致性或开放态度。具体表现可能是：能否在需要的时候改变策略或放弃原定目标。而主动性是指在辨认出问题、障碍或机会的基础上，对现有的问题或将来的问题或机会采取行动。因此，主动性可以理解为提前采取行动，而不是简单地考虑将来怎么办。例如，是否有前瞻性，能对未来的需求和机会做出反映。这两点也反映了高校领导者具有比较好的思考能力和比较强的成就动机。

还有，优秀组与一般组的平均数在冲击影响方面表现出显著差异，冲击影响是指为了使他人赞成或支持说话者的议程所采取的说服、使别人信服、影响或强迫他人的办法。主要基于对他人施加具体影响的愿望，如自己设定的议程等，一种给他人留下具体印象的愿望，或希望他人采用的一系列行动。在这里，冲击影响还包括自身的影响力，即自己的地位、名誉等给其他人所带来的心理上的晕轮效应。这说明高校领导者的影响力是其工作取得高绩效的重要影响因素，是高绩效校长的重要特征之一。最后，优秀组与一般组在培养他人、团队合作、团队领导及组织认知方面存在显著差异，说明高绩效领导者也具有比较强的领导团队的能力，这是和我们日常生活经验比较吻合的。

通过以上的分析我们可以发现，高绩效领导者确实具有比较高的成就动机、思考力、领导力和影响力。这几个方面的个人特征导致高校领导者工作中的高绩效。

（二）高校领导者胜任特征各维度之间的关系

通过前面的分析我们可以发现，高校领导者的突出胜任特征族群有四个，分别是：事业心、思考力、领导力和影响力。下面我们来探讨这几个方面的胜任特征族群是什么关系。

由于思考力是战略决策能力的基础，战略决策能力除开思考力以外，还需要有前瞻性、创新性、做决断的魄力等，因此，把高校领导者胜任特征模型中的思考力、前瞻性、创新性、做决断的魄力等方面的胜任特征组合在一起，可能说明了高校领导者应该具备的更重要的高一级的胜任特征是战略决策能力，这和高校领导者的“一把手”职责是相匹配的。

另外，领导力、人格魅力、协调力等是带领团队的重要核心能力，是高校领导者完成好行政管理和办学管理的重要保障。而影响力，特别是学术影响力是执行力的重要核心能力，是高校领导者完成好学术管理的重要保障。事业心则是人生的动力，是事业成功的重要基础。

通过上面的分析可以推测，高校领导者的胜任特征各族群之间的关系应该是：首先，高校领导者应该具备战略决策能力，为学校的发展方向和宏观发展战略做出方向性的决策；其次，有方向和目标后，高校领导者还能够通过自己的领导力来组织协调各个部门和下属，形成一个比较好的领导团队，并通过自己的影响力，带领团队去执行以完成学校的战略目标。其中，事业心是贯穿整个管理过程的强大内部动力。这四个胜任特征族群的有机整合就构成了高校领导者的胜任特征模型。该模型和我们的实践经验是基本吻合的，这和大家所认可的领导者应该具备“战略决策能力、组织协调能力、执行能力和事业心”这几个大的能力群是一致的。

还有，由于自我效能类的胜任特征族群在优秀组和一般组之间没有显著性差异，因此，不能作为高校领导者的胜任特征（胜任特征是优秀组和一般组的区别性特征，是能够鉴别优秀和一般组的区别性特征）。但该胜任特征族群作为优秀组和一般组的共同性行为特征，或作为高校领导者的最低行为特征是可以的，也可以作为绩效考核的参考标准。

六、结　论

本研究通过对“985 高校”和“211 高校”的最高党政领导访谈及编码结果统计分析，得出如下结论：

第一，通过与访谈长度的相关分析发现，采用 BEI 行为事件访谈法，胜任特征的频次、等级平均分和最高分都是较为稳定的评估指标。

第二，优秀组和一般组在领导力（培养他人、团队合作、团队领导）、事业心（主动性、成就导向）、思考力（分析思维、弹性）、影响力（冲击影响、组织认知）四个胜任特征族群方面存在显著性差异，而且，都是优秀组高于一般组。

第三，在补充性胜任特征编码中，优秀组和一般组在“人格魅力”、“前瞻性”、“创新性”和“魄力”方面存在差异。

第四，“个人效能”（自信、自我控制、组织承诺）在优秀组和一般组之间没有差异，因此，不能作为高校校长的胜任特征，但可以作为优秀组和一般组共同具有的行为特征。

参考文献

[1] 时勘，王继承，李超平. 企业高层管理者胜任特征模型评价的研究. 心理学报，2002（3）.

[2] 仲理峰，时堪. 家族企业高层管理者胜任特征模型. 心理学报，2004（3）.

[3] 王重鸣，陈民科. 管理胜任力特征分析：结构方程模型检验. 心理科学，2002（5）.

[4] 姚翔，王垒，陈建红. 项目管理者胜任力模型. 心理科学，2004（27）.

[5] 吴孟捷. 胜任特征模型内在关系初探. 技术经济，2003（8）.

[6] 赵曙明，杜娟. 企业经营者胜任力及测评理论研究. 外国经济与管理，2007（1）.

[7] Han，J.，Chou，P.，Chao，M. & Patrick，M. W. The HR Competencies：HR Effectiveness Link：A Study in Taiwancse High tech Companies. Human Resource Management，2006（45）：391-406.

[8] Cheng M. I.，Dainty A. R. J. and Moore D. R. The Differing Faces of Managerial Competency in Britain and America. Journal of Management Development，2003（22）：527.

[9] McClelland，D. C. Testing for Competence Rather than for Intelligence. American Psychologist，1973

(28): 1-14.

[10] Markus, A. & Leanne H. Confounded by Competencies? An Evaluation of the Evolution and Use of Competency Models. New Zealand Journal of Psychology, 2005 (7): 15-22.

[11] McEvoy, H. & Warnick, M. A Competency-based Model for Developing Human Resource Professional. Journal of Management Education, 2005 (29): 122-131.

[12] Sandberg, J. Understanding Human Competence at Work: An Interpretative Approach. Academy of Management Journal, 2000, 43 (1): 9-25.

[13] Yeung A. K. Competencies for HR Professionals: An Interview with Richard E. Bovatzis. Human Resource Management, 1996 (35): 119-132.

A Study on the Model of the Characteristics of the Competency of the Leaders of China's Universities and Colleges

The special subject study group

Abstract: Taking as interviewees 28 presidents and Party secretaries (including 18 persons belonging to the outstanding group and 10 persons belonging to the common group) from one university named "University 985" and 100 key universities named "Universities in Project 211", we have, by the BEI interview technology, surveyed the key events and the behavior of the people mentioned above. Then, we have coded the contents of our interview through a strict coding program, and made a statistical analysis of the results of coding. We have discovered that the models of the Characteristics of the Competency of the Leaders of China's Universities and Colleges are divided into four groups: the leadership ability, the thinking power, the influence, and the devotion to work. Moreover, to make up for the insufficiency of the dictionary of the characteristics of the competency for working abroad, we have supplemented the code for the research on the characteristics of the competency of China's top leaders in universities. By a statistical analysis, we have found that the leaders of China's universities have the following 4 characteristics in competency: innovating, personality charm, boldness, and foresightedness.

Key Words: characteristics of the competency, China's universities, leader, BEI

教师促进事业的本土创新：中国首都经济贸易大学 OTA 的发展*

柯文进　吴冬梅

【摘　要】首都经济贸易大学 OTA 的使命是：帮助和促进教师的教学、科研，同时还帮助教师身心健康水平的提升。OTA 秉承“服务性、互助性和全球性”的价值观，致力于“释放教师潜能、追求卓越教学、提升科研层次”，举办了六大品牌活动：午餐工作坊、主题沙龙、国际研讨会、教师职业导航、一对一私密帮助、巅峰课程。OTA 具有四大特色：①紧密配合各学院的教师职业生涯规划和教授私密帮助服务于教师实现其职业生涯规划；②充分发挥本校教育学专家和人力资源管理专家的作用，将教师促进列入本校人力资源开发工作的一个重要环节；③功能更加全面，OTA 定位于教师促进而不仅仅是教学促进，也就是说，OTA 致力于全面促进教师的教学、科研及身心健康；④志愿者组织体制创新。从主管校领导到 OTA 负责人到工作人员，完全实行志愿者体制，大家积极献身于教师促进事业。

【关键词】教师促进中心　使命　品牌活动　特点

一、首都经济贸易大学 OTA 的使命与功能（Mission and Function）

首都经济贸易大学创建于 1956 年，50 余年来，学校以培养“崇德尚能，经世济民”之才为己任，经过几代首经贸人自强不息地开拓和建设，已经成长为拥有经济学、管理学、法学、文学、理学和工学六大学科，以经济学、管理学为重要特色和突出优势，各学科相互支撑、协调发展的现代化、多科性财经类大学。学校现有在籍学生 21000 余人，其中本科生 10000 余人，研究生 2000 余人，留学生 700 余人，各类成人教育学生 7800 余人。学校拥有一支力量较强、水平较高、结构合理的教学科研队伍，现有专职教师 712 人，具有博士学位的教师占教师总数的 33.6%，其中，教授、教研员等正高职专业技术人员 124 人，副教授、副研究员等副高职专业技术人员 283 人。首都经济贸易大学是中国北

* 本文选自《首都经济贸易大学学报》2010 年第 3 期。

京市的地区重点高校。学校已与国外 50 多所大学正式建立了校际交流关系，与 50 多个国家和地区的大学、研究机构、社会团体等有学术交流与合作往来。

首都经济贸易大学 OTA（Office of Teacher Advancement，教师促进办公室）的使命是帮助和促进教师的教学、科研，同时还帮助教师身心健康水平的提升。具体体现在三大功能上：第一，首都经济贸易大学是教学科研型大学，所以 OTA 的定位是：要同时促进教师的教学和科研，而不仅仅是像研究性大学那样主要促进教与学。第二，当代中国高校教师工作压力大、劳动强度高，OTA 在促进教师教学和科研的同时，也要帮助教师提高自己的身心健康水平。第三，OTA 起始于教师职业生涯规划，最终也是为教师实现职业生涯规划服务的。而教师职业生涯规划又是在学校学科发展规划指导下制定的，所以，OTA 对教师的帮助是有针对性的，是直接服务于教师职业生涯规划的实现和学校学科发展规划的实现。

二、从引进到创新：首都经济贸易大学 OTA 的成立与发展（History）

1. 启动于教师职业生涯规划工作的背景

首都经济贸易大学 OTA 是在落实学校学科发展规划和制定教师职业生涯规划的背景下成立的。为了将学校的“十一五”学科发展规划落实到每个学科、每门课程及每一位教师，自 2006 年 2 月以来，首都经济贸易大学开展了教师职业生涯规划工作。初期启动时先后四个学院自愿进入试点，在取得成效的基础上于 2007 年 6 月在所有院系全面展开，广大教师表现出极大的热情，积极主动参与。随着教师职业生涯规划工作的开展，迫切需要一套职业帮助和促进系统来帮助教师实现职业生涯规划，这样，OTA 就应运而生了。

2. 得益于多伦多大学 OTA 的无私帮助

2007 年 4 月，OTA 筹备组成员专门深入考察了多伦多大学的教学促进办公室。考察团了解到，世界一流的研究性大学都设有类似于 OTA 的教学促进机构，这一历史从 1962 年美国密歇根大学设立教学中心就开始了。一流研究性大学设立教学促进机构是在 20 世纪 60 年代初发达国家的大学发展经历了精英教育、大众教育阶段，进入普及阶段后，为了平衡教学与科研、满足学生客户越来越高的教学质量要求的背景下成立的。不仅在多伦多大学 OTA 接受了系统的访问考察，Kenneth 教授后来又专程两次来到首都经济贸易大学指导 OTA 的工作，提供了许多宝贵的建议。我们真诚地感谢 Kenneth 教授的无私贡献。在首都经济贸易大学的 OTA 发展史上，我们永远铭记 Kenneth 教授——这位世界著名历史学家的贡献。

3. 考察香港四所大学后的重大启发

在首都经济贸易大学 OTA 的发展史上，我们同样不会忘记香港四所大学的贡献。2008 年 9 月，OTA 筹备组成员考察香港四所大学。它们是：

(1)香港大学的教学促进中心 (Center for the Advancement of University Teaching, CAUT)。CAUT 是一个促进教学、研究教学、评价教学质量的实体。CAUT 的主任 Michael Prefer 教授在北京大学出版社出版的著作《理解教与学：高等教学策略》列入首都经济贸易大学 OTA 主题阅览室的首批图书。

(2) 香港理工大学的教育开发中心 (Educational Development Center, EDC)。香港理工大学的 EDC 和 香港大学的 CAUT 一样，是一个集教学研究、教学服务、教学评估、教师培训于一体的部门，在所考察的四所大学中，香港理工大学的 EDC 规模最大，当时是 43 人。

(3) 香港中文大学的学能提升研究中心 (Center for Learning Enhancement and Research, CLEAR)。CLEAR 的目标是为确保香港中文大学拥有高质量的教与学给予支持，以提升教师教学与学生学习的潜能。 在 CLEAR，学生学习潜能的提升和教师教学潜能的提升被放在同样重要的位置上。

(4) 香港科技大学的教学促进中心 (Center for Enhanced Learning and Teaching, CELT)。CELT 的任务是为学生、教师和其他教学人员提供一个充满活力的支持环境，CELT 和香港中文大学的 CLEAR 一样，在关注促进教师教学的同时，同样都非常关注学生的学习能力提升。

四所大学热情接待了首都经济贸易大学 OTA 筹备组，从香港四所大学考察团了解到：起始于 20 世纪 90 年代的"成果为本教育"(Outcome-Based Education) 理念带动了欧美国家高校教育的改革，这种教育理念不仅使得大学更加注重教学，而且重视对教学的学术研究、注重对学生学习能力的研究和提升。香港之行给了考察团很大的启发，首都经济贸易大学 OTA 不仅要通过一些服务性活动 (例如教师培训、研讨、一对一私密帮助等) 做促进教师的教学和科研工作，还要在从学术的角度对教学、科研甚至学生的学习本身进行研究。如果说，首都经济贸易大学是从多伦多大学引进了 OTA 的工作模式，那么对香港四所大学考察带来的重大启发就是，OTA 要专业化，要进行学术研究活动，要把教学、科研、学习本身当作学术来进行研究 (并要将研究成果真正转化到教师促进工作中去)，要真正将研究成果用于教师促进。

三、首都经济贸易大学 OTA 的品牌活动 (Action)

OTA 的品牌活动主要有六项：

(一) 主题午餐会

2008 年 6 月 11 日中午在首都经济贸易大学 5 号楼二层东部书吧，来自各个院系的教师济济一堂，OTA 的首次午餐会在此热烈进行。午餐会的主要议题是听取教师们对 OTA

的期望。从这以后，掀起了主题午餐会的热潮。

在 2008~2009 学年第一学期每月一次，共举办了四次 OTA 午餐会，会议的内容涉及多媒体教学的使用、如何控制教学秩序、如何进行互动式教学以及如何搜集和整理科研情报与文献综述等内容。

在 2008~2009 学年第二学期也是每月一次，共举办了四次 OTA 午餐会，午餐会的主题分别为高校教师的心理保健、如何指导研究生、如何开展双语教学和如何进行课堂设计的午餐会活动，并在后两次讲座中，结合中心组织的观摩结果进行了大讨论。

从 2009~2010 学年第一学期开始，午餐会的频率增加，变为每月两次，这个学期共举办了八次主题午餐会，活动主要围绕着“新人职教师专场：职业教师之路”、“专题辅导：发声练习与嗓音保养”、“教与学的对话：首经贸本科生的特点及对教学的要求”、“谈谈教艺术”、“课程考试专题研究”、“课题申请经验交流”、“科学研究的学术规范”、“经验交流：发挥专业优势、服务首都北京”等主题展开。

从 2009~2010 学年第二学期开始，计划推出的主题主要是：第一模块，教学技术与技巧，包括课程设计与教学设计、案例教学的组织、沙盘教学的组织、苏格拉底教学模式（一问一答式）探讨；第二模块，如何对待大学生，包括如何处理课堂冲突、学生心理问题（大学生情感、压力、自杀）；第三模块，科研问题，包括基础学科（外语、数学、体育等）的科研问题、专业文献与信息的收集整理、现代调研方法、专题研究与专著出版、课题申请与研究、学术团队建设；第四模块，教师职业生涯，包括青年教师职业生涯问题、中老年教师职业高原期问题；第五模块，与院系合作主办午餐会。

（二）主题沙龙

如果说主题午餐会务实，主要解决教学科研能力问题，那么主题沙龙则是务虚，主要致力于提高师德和教师精神层次。

2009 年 12 月 29 日，OTA 推出了首次主题沙龙“重筑学者精神家园”，文魁校长作了题为“师之名，师之乐，师之魂”的主题发言，沈敏荣副教授的发言题目是“人文精神对社会科学的影响”，吴冬梅教授的发言题目是“人力资源管理中的人文精神与商业原则”，赵耀教授的发言题目是“从传统文化看师德的归位”，大家围绕以上四位教授的发言进行了长达三个多小时的漫谈式讨论，沙龙取得了很好的效果。

从 2009~2010 学年第二学期开始，OTA 不定期推出主题沙龙，以下是计划推出的一些主题：第一模块，大学的精神属性，包括论大学精神、论财经教育中的人文精神和商业原则、宗教、文化与教育漫谈、马克思主义与西方传统的统一；第二模块，如何成就一个高校教师研究者，包括论学术规范化与学术自由、财经类高校教师研究的特性与优势、跨学科研究；第三模块，高校教育史，主要是高校教育发展史漫谈；第四模块，先进者的经验，包括学者生活漫谈、青年学者的先进经验座谈；第五模块，如何成为一个教师，包括教师角色与教师素养、师生关系漫谈；第六模块，OTA 的反思，包括大学公民行为与志愿服务漫谈、志愿者自我总结与反思。

（三）主办教师潜能开发国际研讨会

2009 年 7 月 11 日，首都经济贸易大学主办高校教师潜能开发国际研讨会。本次研讨会是首都经济贸易大学 OTA 首次组织的教师潜能开发国际研讨会，参会代表来自加拿大多伦多大学、加拿大皇后大学、 香港大学、香港中文大学、香港理工大学、香港科技大学、北京大学、清华大学、厦门大学、中国海洋大学等国内外近 20 个一流大学，会议收到论文 M 篇，大会聆听了 9 位国内外专家出色的演讲。会议起到了分享经验、交流成果的预期目标，拓展了首都经济贸易大学 OTA 与世界一流大学相近机构的合作，为首都经济贸易大学打开了国内国际影响。

2010 年底，OTA 计划推出第二次教师潜能开发国际研讨会。在条件允许的情况下，每年将推出一次这一主题的国际研讨会，共享教师促进事业的经验。

（四）编写《教师职业导航》

从 2007 年开始，OTA 每两年出版一本《教师职业导航》，《教师职业导航》从服务教师出发，内容涉及教学、科研、奖励、行为规范、资源、文化、服务等各个方面，是一本实用性突出的教师职业生涯指导用书。

（五）一对一的教师私密性帮助

这是从多伦多大学引进的特殊帮助系统，首都经济贸易大学 OTA 坚持以人为本，对在教学或科研上需要提供特别帮助的老师寻找志愿帮助者，并从制度和设施上保证提供私密性帮助，包括咨询、听课、录像分析等。目前这一活动已经初步取得成效，前来求助的教师包括正教授和副教授。

（六）巅峰课程

OTA 鼓励老师们相互听课，在相互听课的基础上，OTA 计划向全校推出巅峰课程（Capstone Course，指能够整合不同学科、不同专业、不同研究方向的知识的综合课程）。巅峰课程能从一个侧面反映一个大学的教学水平，世界一流大学都有此类课程。OTA 已经做了一定的尝试，收到了很好的效果。

四、首都经济贸易大学 OTA 的特色（Characteristics）

中国从 21 世纪开始进入高等教育的普及化阶段，首都经济贸易大学 OTA 的成立适应了这一时代的要求，这一点与欧美高校类似机构的发展具有共同性。但首都经济贸易大学 OTA，从引进多伦多模式，到参考香港模式，再到自主创新，走过了一个从引进到创新的过程，总起来看，首都经济贸易大学的 OTA 具有四个比较明显的特色，这些特色可能是中国内地高校的首创。

（1）与教师职业生涯规划工作紧密结合。不仅紧密配合各学院的教师职业生涯规划工作展开专业的辅导，而且通过编写专门的《OTA 教师职业导航》和教师私密帮助服务于教师的职业生涯规划。将教师促进工作与教师职业生涯工作紧密结合起来，这可能是中国内地高校的首家独创。

（2）充分发挥本校教育学专家和人力资源管理专家的作用，将教师促进工作列入本校人力资源开发工作的一个重要环节，借助教师促进这样一个国际通行的形式来开发教师人力资源。学校领导层具有的教育学专家优势和在全国占优势地位的人力资源管理学科专家队伍，形成了本校 OTA 的一大特色。

（3）功能更加全面。首都经济贸易大学 OTA 定位于教师促进而不仅仅是教学促进，也就是说，OTA 致力于全面促进教师的教学、科研及身心健康。

（4）志愿者体制创新。由于教师促进事业在中国内地还是新生事物，大多数人对它的理解和接受还有一个过程，OTA 一开始就专业化、部门化是不可能的，为此我们独创了志愿者体制。首都经济贸易大学 OTA 的体制创新主要表现在两个方面：一是 OTA 组织的志愿者体制。从负责人到一般工作人员，首都经济贸易大学 OTA 实行志愿者体制，大家都有各自的教学科研工作，但热心于教师促进事业，他们不拿一分钱报酬，凭着自己的激情、良心和智慧，热心为教师服务，感染了一批又一批的教师加入到志愿者队伍中来，这在当前市场经济迅速发展的中国内地高校真正是难能可贵的。二是 OTA 的服务性质。中国内地高校目前还实行高度集权的行政管理，大学职能部门大都属于监管性质，而 OTA 是少量服务部门之一。

The Innovation of Teacher Advancement in China：the Development of OTA of Capital University of Economics and Business

Ke Wen-jin，Wu Dong-mei

Abstract：The mission of OTA（Office of Teacher Advancement）of Capital University of Economics and Business is to advance comprehensive teaching，research and physical and mental health of its faculty. The OTA subservient to the value of service，mutual aid and globalization，works at releasing teachers' potentiality，pursuing excellent teaching and promoting research level. The OTA holds six activities，including luncheon workshop，themed salon，international seminar，guideline for faculty，one-one private help and capstone courses.

It has the following four features: i.Teachers advancement work is closely related with faculty career planning and private help for professors serves career planning; ii. It gives full play to education experts and human resources experts at school, taking teacher advancement as an important content in human resources development; iii. It has more comprehensive functions orienting at teacher advancement rather than only teaching advancement, that is, working at comprehensive advancement of teaching, research and mental and physical health of the faculty; iv. Volunteer system gets innovation, completely enforcing volunteer system from administrative leaders to OTA leaders and working staff, working at teacher advancement.

Key Words: office of teacher advancement, mission, brand activities, features

企业家社会资本传承有效性研究

——基于网络结构的视角*

李 健 陈传明

【摘 要】企业家社会资本传承具有社会属性和动态属性特征，以传承有效性为目标对企业家社会网络结构的研究发现：传承前，在任企业家需要构建中心化、强连带、高密度网络结构形成社会支持机制，促使网络成员接受其传承决策；传承后，继任企业家需要构建非中心化、弱连带、低密度的网络结构，满足企业路径发展适应环境动态变化的需求。因此，企业家社会资本的有效传承是企业家社会网络结构动态演变的结果。

【关键词】家族企业 企业家社会资本传承有效性 社会属性 动态属性 网络结构

一、引 言

改革开放至今，国内家族企业相继进入交接班时期。2003 年 9 月 27 日，40 多名香港商界大亨及其家属组成的“香港商界知名人士访京团”访京引起了社会强烈关注，50%的网民认为本次香港商界“父子齐齐北上”是香港富豪为后辈接班做铺垫，其目标就是传承企业家与中央政府的社会关系网络。对家族企业传承要素识别的研究发现，企业家外部社会关系网络传承在所有被调查的影响家族企业代际传承单项指标中出现的频率最高（窦军生、贾生华，2008），企业家社会资本① 有效传承成为理论界与实践界共同面临的问题与挑战。

当前有关企业家社会资本有效传承的研究结论主要有以下三类：传承模式对企业家社会资本传承有效性的影响（Steier，2001）；传承阶段与企业家社会资本类型匹配有利于企业家社会资本的有效传承（黄锐，2008；窦军生、李生校，2008）；使用恰当的传承方式（言传身教、制度约束、文化渗透）有利于企业家社会资本有效传承（黄锐，2008）。

* 本文选自《经济管理》2010 年第 9 期。

① 由于当前学术界对企业家社会资本传承的探索性案例研究目前仅限于家族企业，本文旨在对现有企业家社会资本传承研究进行探索深化，因此，我们在进行理论剖析时也谨慎将研究对象限于家族企业的企业家，下文如不特别说明均指此意。

然而，一方面，由于社会资本传承具有不完全复制性特征，在任企业家与其网络成员之间的关系基础难以照搬复制到继任企业家与网络成员的关系中；另一方面，企业家社会网络在传承前后需要根据企业内外部环境的动态变化进行调整，才能保证传承的效果。因此，本文将从企业家社会资本传承的社会属性和动态属性出发，基于企业家社会网络结构对企业家社会资本的有效传承做进一步的探析。

二、企业家社会资本传承双重属性与传承有效性的界定

1. 企业家社会资本传承的社会属性

当前学术界将个体社会资本界定为与个体物质资本、人力资本一样表现为排他性、竞争性的私人物品属性（周生春、范烨，2009），这种属性界定也使得当前对企业家社会资本传承研究如同物质资本、人力资本传承研究一样，影响传承有效性的主体只涉及企业家与其继承者。然而，既有网络成员是否接受企业家选定的继承者却是另一个问题。这主要是因为网络成员与企业家、与继承者之间关系基础的差异。例如，企业家与其网络成员之间的关系基础可能来自他们之间共同的学缘、友缘等，但当这种关系的一方变为企业家的子女或亲属时，他们之间原有的关系基础难以复制到继承者与传承网络成员之间（窦军生、李生校，2008）。对于企业家社会资本传承而言，企业家与继承者之间的血缘、亲缘关系，只能为继承者提供与现有网络成员之间初始的关系交往基础（杨宜因，2000）。企业家希望将其社会网络关系传承给他选定的继承者，并得到其社会网络成员的支持，这种关系型社会交换回报的时间、形式和价值都难以事前通过显性契约规定下来，社会交换的有效性具有很大的不确定性。企业家社会资本的有效传承只能依靠社会交换的隐性契约，而不是经济交换中的显性契约，因此，传承阶段的企业家社会资本具有社会属性特征。

2. 企业家社会资本传承的动态属性

企业家作为企业战略决策者，承担着获取和配置企业发展所需稀缺资源的责任，是企业在不确定环境中进行战略决策的人格代表。由于企业内、外部环境处于动态变化中，传承前后企业在发展过程中对资源需求也发生不断变化，原有网络成员构成的企业家社会网络也需要随之进行更替、调整。在探索性案例研究中发现，继任企业家对传承的社会 网络重构较为普遍（Steier，2001；窦军生、李生校，2008）。在这一阶段，企业家社会资本传承有效性的目标不再是获得网络成员的社会支持，而是传承后的企业家社会网络能否满足传承后企业应对动态环境变化的需求，这是企业获得传承成功绩效的基础。因此，有效的企业家社会资本传承具有动态属性特征。

综上所述，企业家社会资本传承具有社会属性与动态属性特征。在此基础上，本文对当前学术界关于企业家社会资本传承有效性目标进行界定：

（1）传承前如何保证网络成员接受传承决策；

(2) 传承后企业能否具有路径发展能力适应环境动态变化。

在传承前、后阶段，包含在任企业家、网络成员、继任企业家的企业家社会网络结构是研究企业家社会资本传承有效性的有利工具。在既有的网络结构划分中，网络密度、网络连带强度、网络中心性与网络规模是主要的网络结构指标，其中，由于个体时间、精力的限制，网络中心性往往是网络规模的相反表现，因此，本文将从网络密度、网络连带强度、网络中心性三方面剖析如何调整企业家社会网络结构达成企业家社会资本传承有效性目标。

三、传承前阶段：网络结构与社会支持

在传承前阶段，在任企业家首先考虑的是如何让既有社会网络中的成员接受自己的传承决策，以避免“人走茶凉”的现象，在任企业家通过调整社会网络结构对传承提供社会支持，该机制如图 1 所示：

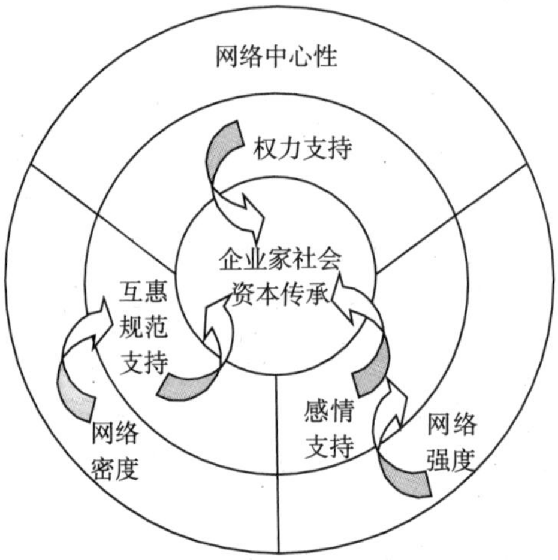

图 1　网络结构对企业家社会资本传承的支持

1. 网络结构中心性对企业家社会资本传承的权力支持

根据权力—依赖理论（Emerson，1962），在任企业家越是在其社会网络中占据中心性位置，越可以获得权力支持，促使网络成员接受社会资本传承决策：

(1) 在任企业家在其社会网络中占据中心位置，一方面，他越容易与网络中大多数节点保持直接联系，从而成为网络信息传递的主要桥梁，增强其他网络成员对其依赖性；另一方面，在任企业家与网络成员发生直接连带的数量越多，企业家在其社会关系网络中的联系能力越强。当网络成员大多需要与企业家所在网络节点发生连带时，企业家可选择的社会交换对象更多，他对其网络成员的依赖性更低，越难以被其他网络节点所替代。根据

权力依赖理论，在任企业家因其在社会网络中具有的难以被替代的中心性地位、与网络成员之间不对称的依赖关系而拥有对网络成员的权力，从而促使网络成员接受企业家的传承决策而不管网络成员本身是否愿意。

(2) 处于网络中心位置的企业家不仅与网络中成员直接联系的数量更多，也可以通过与网络中关键节点的联系与其他网络成员进行接触，从而缩短了在任企业家到达网络中所有成员的距离。这不仅降低了企业家受其他网络成员影响、控制的可能性，使得企业家行为决策受到的限制更少，而且更加快了企业家社会资本传承决策通过网络中关键节点到达网络所有成员的速度，从而提高了提高企业家社会资本传承的效率。

因此，尽管企业家社会资本传承的私人物品属性与社会属性之间可能存在冲突，表现为既有网络成员对企业家传承决策的否定和干预，但企业家在其网络中的中心性越强，他可选择的替代联系越多、独立性越强、对网络成员的信息控制越强，越能增加企业家与网络成员之间的不平衡依赖，从而使企业家拥有相对于其传承网络成员的权力。这种权力关系，随着时间呈现出制度化特征，对网络成员的行为产生强制约束，从而保证了企业家社会资本的有效传承。

2. 网络连带强度对企业家社会资本传承的情感支持

Granovetter (1973) 将个体间网络连带分为强连带与弱连带两类。连带强度体现了网络成员之间对特定联系的嵌入程度，相对于弱连带，强连带代表了企业家与其网络成员之间高度的关系性嵌入水平。这种高度的关系性嵌入水平使得网络成员更倾向于利用特定关系提升在关系中的投入水平，从而提升连带双方的相互依赖性。

对于企业家而言，连带强度差异所带来的相互依赖性的区别，使得他们评估与网络成员的关系时，常把他们分为两类：朋友或者“点头之交”(Demb 和 Neubauer，1992)。网络中的强连带关系意味着网络成员之间信念和态度的相似性，人们更容易对强连带对象(如朋友) 感到心理上的认同，因此，网络连带强度提供了企业家对其传承网络成员从感情维度进行社会分类的基础。企业家传承网络中的成员与企业家的连带越强，网络成员越容易对企业家社会资本传承提供基于感情的社会支持：首先，个体之间连带越强，他们在职业信念、职业选择和价值观等个体特征和企业特征上就越具有相似性 (Ingram 和 Roberts，2000)，他们对企业家做出的重要决策，如继承者的选择、继承者的能力培养等相对于陌生人更加熟悉。强连带所带来的隐性知识的传递，有利于网络成员产生与企业家相似的态度和信念，从而支持企业家社会资本传承的决策；其次，社会学研究发现，社会成员之间的连带关系越强，他们越能感受到对彼此互相支持的责任和义务，特别是一方做出重大决策或者处于困境时更是如此 (Dugan 和 Kivett，1998)。因此，当企业家做出继承者选择等重大决策时，网络成员与企业家连带关系越强，越不会轻易对企业家的选择能力做出否定，而是通过支持企业家传承决策满足其社会支持的责任感。

综上所述，企业家与其传承网络成员连带关系越强，网络中存在的基于感情的社会支持更容易增强企业家社会资本传承的有效性。

3. 网络密度对企业家社会资本传承的互惠规范支持

无论是闭合网络理论还是结构洞理论都把互惠规范作为将关系转为资产的机制，并且两种理论都认为，密集的网络结构更能有利于互惠规范的实现。对于企业家社会资本传承而言，互惠规范是企业家社会资本传承的社会支持机制之一：

（1）高密度网络所带来的互惠规范保证了传承过程中社会交换的有效性。企业家希望其网络成员接受企业家的传承决策，将其网络关系有效地传承给他选定的继承者。这种关系型的社会交换不同于经济交换，难以通过“一手交钱，一手交物”的即时回报形式，对网络成员是否履行承诺（支持企业家选定的继承者）进行检验。因此，无论事前企业家对现有网络成员如何投资，以期望网络成员未来能够支持自己的继承者，其结果都有可能发生“人走茶凉”、“忘恩负义”的行为，从而导致社会交换的失败。对于企业家社会资本传承而言，高密度网络意味着网络中成员之间彼此发生联系的数量越多，任何一个网络成员在企业家退位之后对企业家的失信，都会被网络中的其他成员所得知。密集的网络放大了对过去的联系给予回报的互惠压力，使得网络成员认识到切断互惠联系所带来的巨大声誉损失，会最终影响到与其他网络成员建立新联系的能力。因此，网络高密度所产生的声誉机制，有利于企业家与其网络成员之间建立起高度的相互责任感，提高了企业家对网络成员进行投资并带来事后回报的有效性，支持了企业家社会资本的有效传承。

（2）放大的互惠规范更有可能形成社会交换的惰性现象。因为难以从互惠行为中准确评价社会交换的价值，互惠规范更容易将网络中的交换者锁定为固定的对象。有限的时间和精力限制了网络成员创建必要的、有价值的新联系的能力，对于企业家社会资本传承而言，密集的网络充当了一种过滤器，将网络成员与外部世界隔离开来。即使网络成员认为继承者并非最优价值的提供者，但长期合作所培育的相互了解和信任有利于交换关系的维持；相反，建立新的联系可能带来的不确定性增加了网络交易的成本，因此，互惠规范所带来的惰性从长期来看保证了企业家社会资本的历史传承。

四、传承后阶段：网络结构与企业路径发展

对于企业发展而言，适应动态环境变化取决于企业能否打破路径依赖（陈传明，2002），而路径发展与知识紧密相关（如图 2 所示）。在企业成立初期（t_0~t_1），来自不同理论基础的知识在企业汇集，并在运用中展开互相竞争，企业中尚未出现共同接受的知识基础，此时企业发展路径处于萌芽阶段，体现企业路径特征的企业核心能力、企业文化、企业家行为都不稳定；从 t_1 这一时点开始，企业内不同来源的知识竞争结束，企业形成共同的知识基础，表现为企业有清晰的核心能力、企业文化形成、企业家行为具有规律性。同质性知识基础上的企业路径一旦形成，一方面，驱除了企业中与同质性知识相区别的异质性知识；另一方面，也使企业运营呈现出渐进的、稳定的状态，是企业进入成熟期的必经

阶段。

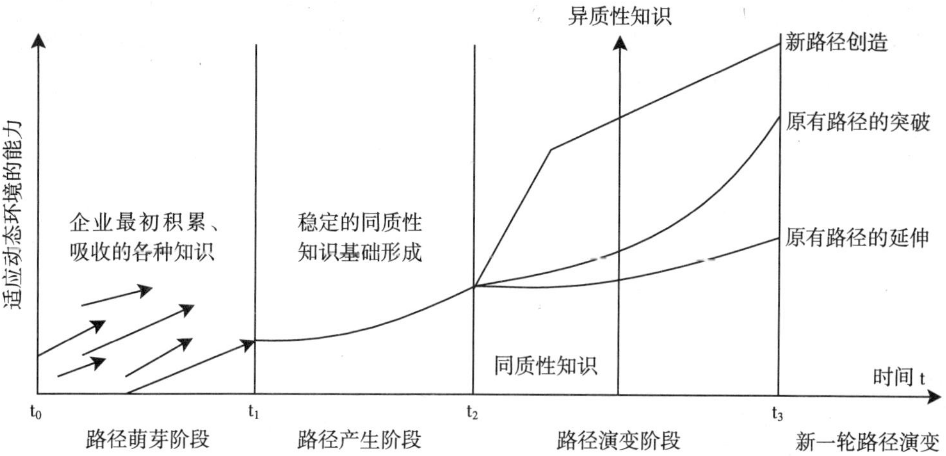

图 2 企业路径发展与知识获取

对于中国家族企业代际传承而言，在任企业家大都是在企业进入成熟期以后将企业传承给继承者（窦军生、李生校，2008；黄锐，2008），因此，继任企业家往往面临着路径演变阶段（t_2~t_3）路径发展与知识获取的挑战：

1. 企业路径发展与知识获取

（1）延伸性路径演变是企业在现有知识存量基础上，通过增加同质性知识的数量对现有知识进行补充，这一过程并没有改变企业原有知识的性质，属于量变而不是质变。知识作用的层面仅发生在各职能部门操作性经验上，可以带来现有竞争优势（差异化或低成本）的短期提升。企业在经营过程中，通过参与市场竞争、加入行业协会等方式往往更容易在较短时间内、以较低的成本获得增量的同质性知识，但企业知识基础的性质没有发生变化，因此，也难以改变企业竞争优势的基础。企业发展依据现有路径进行延伸，对企业内、外部环境变化难以及时、有效反应，企业路径发展呈现依赖状态。

（2）突破性路径演变是企业在现有知识存量基础上获得了异质性知识，在这一过程中尽管由于异质性知识获取数量有限，没有从根本上改变企业知识存量的性质，但异质性知识的加入已经使得企业运营流程、部门职能发生变化，为企业现有同质性知识向异质性知识转化奠定基础，也提高了企业应对环境变化的反应能力。这一过程尽管可以来自企业内部员工自身的知识积累和转化，但是，由于企业知识本身具有历史惯性，与现同质性知识相区别的异质性知识一旦产生，便有可能被消灭在萌芽状态，因此，从外部获得异质性知识是改变企业现有知识存量性质、突破路径依赖的必要途径。

（3）创造性路径演变代表着企业全新发展路径的形成，是对企业路径特征如核心能力、企业文化、企业家行为的根本颠覆，企业战略、组织结构与由此产生的竞争优势都发生了根本变化。从知识的视角来说，它来自于企业知识基础的根本转变。而单从企业内部进行异质性知识的“革命”，依靠企业内部人员将同质性知识转换为异质性知识毫无疑问是困难的，因为这不仅要求更长时期的知识、技能储备，同时也更容易遭到现有路径受益者的强烈反对，特别对那些历史越悠久、对原有发展路径投资越大、原有路径带来成功越大的企业尤其如此，因此，企业同质性知识向异质性知识的转换需要来自外力的帮助和推动。

2. 传承网络结构对企业路径发展的限制

在传承后阶段，继任企业家更多面临的是如何应对动态环境变化，实现路径发展的挑战。但是在传承前阶段，以获取网络成员社会支持为目的的企业家社会网络结构，在信息、知识获取过程中对企业路径发展产生了限制，如图 3 所示：

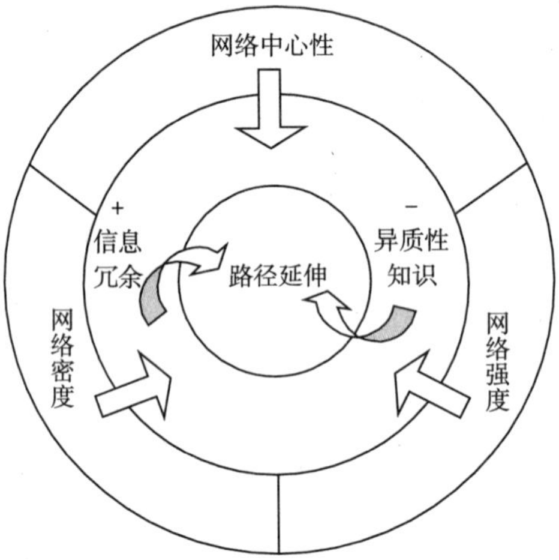

图 3　网络结构对企业路径发展的限制

（1）基于传承社会支持目的的高密度网络结构所产生的信任、规范避免了“搭便车”行为，增强了知识交换者的意愿从而有益于知识获取，特别有利于转移那些非实体资源和隐性知识。然而，20 世纪 60 年代一系列的“小世界”研究发现（Burt，1992），网络密度越高，信息传递的范围越小，并且常常是重复的信息。当企业家所连接的网络成员之间存在相互联系时，企业家只能获得同质的、冗余的信息和知识。这些冗余的信息和知识以新闻、闲谈或者更切实的数据形式存在，它们限制了企业家更广泛地扫描企业内外部环境的能力，只能从单一、固定的角度对扫描信息进行诊断，难以产生与现有企业知识基础区别的异质性知识，企业只能沿着原有路径发展，呈现出路径依赖状态。

（2）基于社会支持目的的企业家所构建的强连带社会网络结构，尽管可以带来更频繁的接触和对资源的承诺，但是，相对弱连带而言，强连带所耗费的时间和资源也减少了企业家可以保持的联系的数目，限制了企业家获得信息和知识的广泛性。企业家与其战略讨论网中的成员连带强度越强，他们之间频繁的互动、亲密的关系和信任更容易消除彼此间意见、态度的差异，对同一问题逐渐形成一致的看法，网络中的信息和知识越有可能从异质性向同质性转变，路径发展呈现路径依赖特征。

（3）网络中心性地位需要个体在较长时间内投入较多的时间、精力才能维持，从而限制了个体社会网络的规模（Dunbar 和 Spoor，1995）。企业家获得的关于环境、战略、组织等异质性知识，来源于企业家在创新性经营实践中的知识积累和对外部环境信息的广泛搜集。非冗余的信息和异质性知识有助于企业家更快地发现环境中新的机会和资源，如更早获得政府政策的改变信息，从而能够及时对环境变化进行反应，保持企业路径发展。对于企业家基于社会支持目的构建的小规模同质网络而言，网络尽管有利于形成企业家与网络成员之间共同的信念和对企业家传承决策的权力支持，但却也阻碍了网络之外的异质性知识、创新思想进入同质网络中，企业家难以通过社会网络获取异质性信息和知识，企业路径发展难以进行突破、创造。

综上所述，随着企业内外部环境的动态变化，继任企业家需要获取异质性知识、实现企业路径发展，传承前构建的企业家社会网络结构需要向非中心化、弱连带、低密度的网络结构调整。

五、结论与不足

本文根据企业家社会资本传承的属性确定了传承有效性的两个目标，基于网络结构视角的研究发现：传承前，在任企业家构建的中心化、强连带、高密度企业家社会网络结构有助于提供社会支持促使网络成员接受传承决策；传承后，继任企业家为适应环境动态变化保持企业路径发展能力，需要非中心化、弱连带、低密度的企业家社会网络结构获取异质性知识。因此，企业家社会资本传承的有效性需要企业家社会网络结构的动态演变，本文理论模型如图 4 所示：

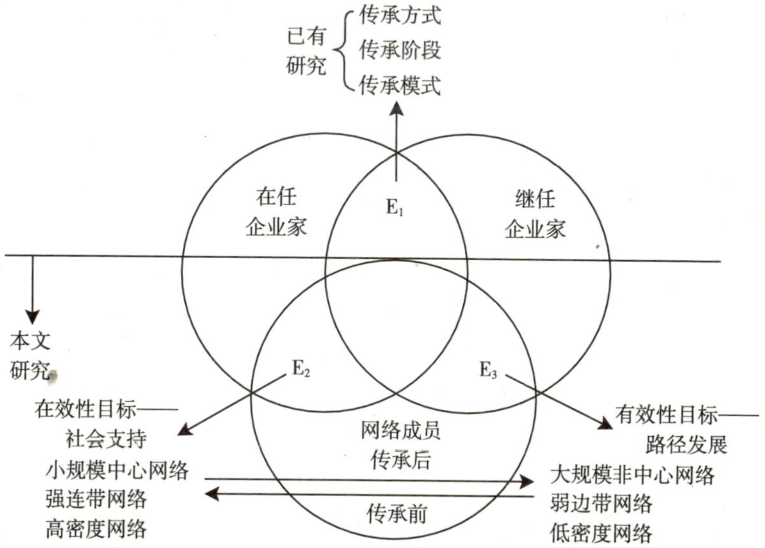

图 4　企业家社会资本传承的有效性与网络结构的动态演变

本文对企业家社会资本传承有效性的研究仍然具有一定局限性，不足与未来的研究方向在于：

首先，本文对企业家社会资本传承的研究仍然没有跳出家族企业的范畴，因为这是当前对社会资本传承唯一涉及的领域。然而，随着现代公司治理制度的发展，特别是对上市公司 CEO 使用长期股权溯权的激励方式，保证了 CEO 即使离职之后自身的利益仍然与公司的利益紧密结合。那么，在这样的公司治理制度下，非家族企业的企业家是否有足够的动机突破家族企业传承中血缘和亲缘的限制，将个体社会资本传承给下一任的继任者呢？他们的传承模式和传承内容与家族企业企业家的社会资本传承具有哪些异同？这将是企业家社会资本传承研究未来发展的新领域。

其次，当前学术界对企业家社会资本传承的研究包括本文的研究，都仍然处于探索阶段，通过大模数据搜集对已提出的理论进行检验，是企业家社会资本传承研究未来的方向。

参考文献

[1] Burt R-S. Structural Holes: The Social Structure of Competition [M]. Cambridge MA: Harvard University Press, 1992.

[2] Demb, A., Neubauei, F. The Corporate Board Confronting the Paradoxes [M]. Oxford University Press, 1992.

[3] Dunbar R-I M., Spoors, M. Social Networks, Support Cliques and Kinship [J]. Human Nature, 1995 (3): 273-290.

[4] Dugan, E., Kivett V-R-Implementing: The Adams Blieszner Conceptual Model Predicting Inter Active Friendship Processes of Older Adults [J]. Journal of Social and Personal Relationships, 1998 (15): 607-622.

[5] Emerson, R. Power Dependence Relations [J]. American Sociological Review, 1962 (27): 31-40.

[6] FiEyman, J. D., Huer K. R., Paturel R. Condition Model for Transferring Social Capital in Family Business Succession [J]. Family Enterprise, 2006 (1): 833-845.

[7] Granovetter, M. The Strength of Weak Ties [J]. American Journal of Sociology, 1973 (78): 1360-1380.

[8] Ingram, P., Roberts P.W. Friendships among Competitors in the Sydney Hotel Industry [J]. American Journal of Sociology, 2000 (106): 387-423.

[9] Mazzola P., Marchisio, G., Astrachan J. Strategic Planning in Family Business: A Powerful Developmental Tool for the Next Generation [J]. Family Business Review, 2008 (9): 239-258.

[10] Steier L. Next Generation Entrepreneurs and Succession: An Exploratory Study of Modes and Means of Managing Social Capital [J]. Family Business Review, 2001 (3): 259- 276.

[11] 陈传明. 企业战略调整的路径依赖特征及其超越 [J]. 管理世界，2002 (6).

[12] 窦军生，贾生华. “家业”何以长青？企业家个体层面家族企业代际传承要素的识别 [J]. 管理世界，2008 (9).

[13] 窦军生，李生校. “人脉”延续与家族企业成功传承——企业家关系网络代际转移的过程机理分析 [C]. 北京：“中国企业管理案例论坛 (2008) 暨“第二届中国人民大学管理论坛”论文集，2008:

380-395.

[14] 黄锐. 家族企业代际传承中的社会资本传承 [C]. 北京："中国企业管理案例论坛（2008）"暨"第二届中国人民大学管理论坛"论文集，2008：362-379.

[15] 罗家德. 组织社会资本的分类与测量 [A]// 陈晓萍，徐淑英，樊景立编. 组织与管理研究的实证方法 [M]. 北京：北京大学出版社，2008.

[16] 杨宜因. "自己人"：一项有关中国人关系分类的个案研究 [J]. 本土心理学研究，2000（6）.

[17] 周生春，范烨. 家族企业社会资本的双重物品属性及其产权问题 [J]. 浙江大学学报，2009（7）.

Research on The Validity of Succession of Enterpriser's Social Capital in Family Firm

—*Under the Angle of View of Structure of Network*

Li Jian，Chen Chuan-ming

Abstract：Succession of enterprisers' social capital has characters of social attribute and dynamic attribute. The research on the purpose of validity of succession has find two conclusions. Before the phase of succession，the enterpriser in service needs to construct the structure of social network，which appears the characters of centricity，strong ties and high density. This structure of social network can produce the supporting mechanism to spur the members of network to accept the decision of succession. But after the phase of succession，the structure of social network need to change into decentrality，weak ties and low density，which can help the enterprise to accommodate the dynamic change of surroundings. Accordingly，the validity of succession of enterprisers' social capital is the result of dynamic evolution of structure of network.

Key Words：family business，validity of succession of enterprisers' social capital，social attribute，dynamic attribute，structure of network

薪酬差距与企业绩效：来自国企上市公司的经验证据*

刘 春 孙 亮

【摘 要】国企高管与员工间的薪酬差距成为近年来的焦点话题之一，本文首次提供了我国国企内部薪酬差距与企业绩效之间关系的直接经验证据。研究结果表明，国企高管和员工间的内部薪酬差距与企业绩效显著正相关，从而支持“锦标赛理论”。并且，本文的结论不随企业绩效和内部薪酬差距的不同衡量方法而改变，在考虑二者之间的内生关系后仍然成立。进一步的研究还表明，内部薪酬差距的激励强度随地区及公司间差异而不同，并随年度和地区呈现出显著的边际递减效应。

【关键词】内部薪酬差距 企业绩效 锦标赛理论 社会比较理论

一、问题的提出

近年来，国企高管与普通员工之间的薪酬差距已成为热点话题。在普通民众被减薪裁员的2008年，国泰君安在2009年初又曝出“百万年薪”事件，声讨之声一时不绝于耳。2009年2月10日，政府非公开发布“金融类国有及国有控股企业负责人薪酬管理办法”征求意见稿，明确要求合理控制各级机构负责人薪酬，避免进一步拉大与企业内部职工收入水平的差距。国企高管与普通员工之间的薪酬差距再成焦点。

我国从完全的平均主义到提出“效率优先”的指导思想，国企内部薪酬差距的变化经历了一个比较完整的过程。改革开放之后，打破了国有企业的“铁饭碗”，也改变了企业吃大锅饭的局面，薪酬差距随之产生。2003年11月由国资委发布的“中央企业负责人经营业绩考核暂行办法”将国企高管的薪酬与企业绩效挂钩，其与普通员工之间的薪酬差距开始逐渐加大。从表1的统计数据可知，2004~2007年间，国企高管与普通员工之间的绝对薪酬差距从16万增加到29万，短短四年间扩大了近一倍。从增长速度来看，高管薪酬增长的平均速度为29%，而员工仅为11%。尽管高管与普通员工的薪酬都呈上升趋势，但

---

* 本文选自《南开管理评论》2010年第2期。

高管薪酬不仅基数更大且增长速度更快。

表 1 2004~2007 年国有上市公司薪酬统计

年 份	员工平均工资		高管平均工资		薪酬差距	
	均值	中位数	均值	中位数	均值	中位数
2004	46400.21	33182.05	210030.80	158450.00	163630.60	114274.90
2005	48992.00	36790.59	222756.00	170166.70	173764.00	123351.50
2006	56071.51	41011.46	257282.20	205416.70	201210.70	150534.80
2007	63513.93	47518.81	351145.10	259550.00	287631.20	190084.60

注：根据 CCER 及 Wind 金融研究数据库数据整理而成，单位为人民币（元）。

随着内部薪酬差距的扩大，国企薪酬改革的方向也开始变得模棱两可。可以说，我国目前的薪酬改革正处于一种相互矛盾的政策中。一方面，政府正谨慎地推进基于激励不足的“股权激励计划”。在国资委于 2007 年发布的“关于加强中央企业负责人第二业绩考核任期薪酬管理的意见”中，明确指出将进行央企负责人中长期激励的试点。受此鼓舞，截至 2008 年 5 月，已有 31 家国有上市公司公告了股权激励方案。另一方面，政府又对薪酬进行管制。不仅在“中央企业负责人经营业绩考核暂行办法”中限制高管薪酬的相对最高限额，而且基于激励过度的“金融类国有及国有控股企业负责人薪酬管理办法”征求意见稿，又于 2009 年在国有企业中广开言路。

相互矛盾的政策必然弱化国企薪酬激励制度改革的效果。而这一切都可部分归因于国有上市公司内部薪酬差距与企业绩效之间的关系我们并不是很清楚。事实上，关于企业内部薪酬差距的经济后果，学术界也一直存在着“锦标赛理论”和社会比较理论这两种竞争性的学说，二者具有完全相反的预期。尽管锦标赛理论得到了多数经验研究的支持，但是，鉴于我国特殊的政治、经济和文化背景，基于发达国家资本市场的证据未必直接适用。因此，在我国，内部薪酬差距与企业绩效之间的关系究竟如何？不同特征的国有企业对薪酬差距的敏感程度是否存在差别？又有何差别？都已成为亟待解决的问题。

本文选取 2004~2007 年国有上市公司为样本，首次为我国国有上市公司内部薪酬差距与企业绩效之间的关系提供了直接的经验证据。本文分别采用三个代理变量刻画企业绩效和内部薪酬差距，研究发现，国企高管与员工间的内部薪酬差距对企业绩效存在显著的激励效应，经验证据支持锦标赛理论。并且，这种激励效应随地区及公司间差异而不同。具体而言，内部薪酬差距对于中西部地区公司绩效的激励作用显著强于沿海地区，同时，企业薪酬在行业中的相对位置越低、行业内信息获取越利，薪酬差距的激励作用越强。进一步的研究还表明，内部薪酬差距的激励作用存在边际递减效应，随年度推移而逐渐减弱，且沿海地区的递减速度显著大于中西部地区。考虑到企业绩效与内部薪酬差距之间可能存在的内生性问题，我们采用两阶段最小二乘方法对模型重新进行系数估计和统计检验，主要结果仍然保持不变。

二、理论分析与假设建立

1. 内部薪酬差距与企业绩效

尽管无法直接观测到员工的努力程度，但其无疑成为企业绩效的决定因素之一。而无论基于经济人或社会人的视角，比较工资都被视为决定工人努力程度的重要因素。Lallemand 等就曾指出，员工总是在企业内部及企业之间对工资进行比较，以此确定之后所需付出的努力程度，并进而影响企业的经营绩效。然而，薪酬差距对于企业绩效的影响方向却并不明确，长期以来一直存在两种竞争性学说，即锦标赛理论和社会比较理论，并且二者有着完全相反的预期。

前一种理论源自锦标赛制度，强调薪酬差距对企业绩效的正效应。在锦标赛理论的框架下，通过最大限度地奖励最有生产效率的员工，能够刺激其他员工的生产积极性，从而达到提高整个企业经营绩效的目标。由于锦标赛制与高管的提升和奖励颇为相似，因此，运用该理论验证高管之间的薪酬差距与企业绩效的关系风靡一时，大量研究都发现了高管间薪酬差距对企业绩效的正向激励作用。然而高管只是决策团体，员工却是各种决策的具体执行者，仅仅考虑对高管的激励显然是不全面的。因此，锦标赛理论也被用于解释员工薪酬差距与企业绩效之间的关系。例如，Winter 等、Hibbs 等、Bingley 等以及 Lallemand 等分别以澳大利亚、瑞典、丹麦及比利时的企业为样本，检验了内部薪酬差距与企业绩效之间的关系。总体而言，他们的研究结果支持锦标赛理论。

后一种理论则强调公平与合作的重要性。在社会比较理论的框架下，薪酬差距与工资水平共同作用于有效工资，因此，较小的薪酬差距能够产生持续的凝聚力，增进员工满意度，从而提高企业绩效。同时，过大的薪酬差距则容易滋生员工的不满情绪，并进而对企业绩效产生负面影响。实证研究同样为社会比较理论提供了一定的经验支持。例如，Cowherd 等发现，高管和员工间的薪酬差距与公司的产品质量显著负相关。Pfeffer 等则以大学职员为样本，发现随薪酬差距的增加，大学职员的满意程度、合作关系及研究成果都显著下降。

2. 研究假设的建立

与西方发达资本主义国家普遍崇尚自由竞争之思想不同，“平均主义”在我国源远流长，影响颇深。从孔子首先提出“不患寡而患不均”，到唐朝的“均田令”；从杜甫“安得广厦千万间，大庇天下寒士俱欢颜”到历代农民起义的口号“等贵贱，均贫富”、“无处不均匀，无人不保暖”等，无不体现中华民族几千年来所传承的平均与公平的思想。按照这种分配正义的逻辑，并给定我国作为全球最大社会主义经济体的现实，直观而言，社会比较理论的分析框架可能更适合我国的政治、文化背景，即所谓的家和万事兴。而内部薪酬差距的扩大似乎总难免和国企高管们“无耻的贪婪”相联系，并似乎肯定会对企业绩效产生负面影响。

然而，值得注意的是，尽管20世纪90年代中期以来，我国城镇、农村以及社会整体的基尼系数都在上升，收入分配不平等的程度在加剧，但正是这段时间，中国经济却始终保持着稳定高速的发展。[①] 其中，一个重要的原因在于，改革开放以来，由于打破了原有的"大锅饭"式的平均主义分配模式，收入差距的扩大逐步破除了原来束缚生产效率的障碍。分配模式的变化首先发生在农村，从人民公社、工分制到包产到户以及后来的包干到户，每一次变革都因激励的逐步扩大而伴随着农民们更为积极的生产活动，也伴随着农村生产力的迅速恢复和发展。及至1994年，中央与地方的分税制改革又成就了我国所特有的县级竞争体制。张五常认为，如果将整个中国视为一个合约组织，上下之间是层层承包，其结构为上下相连但左右不连。由于县拥有经济权力，可以独立使用，并部分享有经济发展所带来的收益，所以，每个县都可被视为一个科斯式的企业。在这样的合约安排下，县级政府的积极性被激发出来，因而勤奋地推动当地经济的发展，并与其他县展开激烈竞争。进一步地，县级竞争的结果是产生了相对的赢者和输者，地区间的收入差距被拉大。贫富差距的增加进而引起强烈的示范效应，激励了大量农民入城务工，这也助推了英国工业革命初期依靠"圈地运动"方可实现的"农转工"过程，从而推动着我国的工业化进程。

因此，从某种意义上说，我国的经济体制改革也可被视为一个通过拉开收入差距，逐步扩大激励从而释放生产力的过程。作为整个经济体制改革中的一个重要组成部分，国有企业的改革也概莫能外。政府从1979年开始向国企经营者让渡经营权，令其有限度地享有一定的剩余控制权和剩余索取权，即企业在增收基础上，可以提取部分利润留成，职工可获得相应奖金。企业职工之间的收入开始出现差距。从1987年开始，国企改革开始从经营权向所有权层面过渡，逐步涉及财产关系等深层次的问题。1987~1992年间，国有企业经历了两轮承包制改革。尽管承包制最终招致了全国各界强烈的批评和反对，但产权改革的趋势已不可逆转。无论是之后的股份制试点，还是1992年之后推动的建立现代企业制度的改革，都是国企所有权层面改革的重要突破。从某种角度来说，一部国企改革的历史，实际上也就是一个不断放权让利从而拉开收入差距以求扩大激励的过程。

在国企改革的过程中，极其重要的一环是对薪酬制度的改革。在我国，1978~1985年的员工薪酬制度可谓"收支两条线"，即国有企业的所有利润上缴国家，员工薪酬统一由国家以二次分配的形式发放，几乎不存在利润导向的激励机制，企业之间以及企业内部的薪酬差距极小。1985年劳动部第一次提出了利润导向的薪酬制度，具体而言，国有企业的基本工资水平由其前三年的绩效指标决定。而尤为关键的是，允许国有企业缴足国家利润配额及税收后，剩余利润可留存于企业用于发放浮动工资和奖金等自主项目，企业之间的薪酬差距开始出现，这极大地刺激了国有企业追求利润的积极性。1992~1995年间，国家进一步放权，从允许国有企业在国家工资预算内自主设置员工薪酬结构到遵循一定原则

① 从1978年到2008年这30年间，中国经济的平均增长速度为9.8%左右，是同期世界经济平均增长速度的3倍。2003~2007年年间，中国经济的平均增长速度更是高达10.6%。

下的完全自主设立员工薪酬计划。[①] 截至 2000 年，国有企业员工薪酬结构较 1995 年发生实质性变化，浮动工资在工资总额中的比例由 20%上升到 30%，企业内部薪酬差距开始逐渐出现。此后，为了进一步推动国有企业的改革，2003 年 11 月国资委发布“中央企业负责人经营业绩考核暂行办法”，将国企高管的薪酬与企业绩效挂钩，高管层与普通员工之间的薪酬差距开始加大。而随着 2007 年发布的“关于加强中央企业负责人第二业绩考核任期薪酬管理的意见”，股权激励计划又被提上日程，企业高管与员工之间的薪酬差距进一步扩大。

可见，随着国有企业所有权层面的放权和薪酬制度的改革，激励逐步深化，企业之间以及高管与员工之间薪酬差距出现并扩大。改革开放 30 多年来，国有经济也得到了迅猛的发展。1997~2000 年间，国有及国有控股大中型工业企业亏损企业数量减少近 75%。而随着改革的进一步深入，国有企业也开始显现出强大的经济实力。据新华社统计，2002~2007 年间，全国国有企业销售收入年均增长 1%，利润总额的年均增长率更高达 33.7%。尤其值得注意的是，上述成就是在国企数量明显下降、政府行政扶持行为明显减少的情况下，国有经济在民营和外资的双重夹击下取得的。因而，国企自身的改革历程和取得的成就说明，释放而非抑制经营者的积极性，才是提高企业绩效的根本。基于此，我们提出如下研究假设：在其他条件不变的情况下，国企内部薪酬差距的增加可以提高企业的经营绩效。

三、研究设计

1. 样本选择和数据来源

我们选择 2001~2007 年间在上海证券交易所和深圳证券交易所上市交易的所有国有上市公司作为初始样本。之后，我们依次执行了以下样本筛选程序：①剔除金融行业上市公司，因为这些公司存在行业特殊性；②为了使样本更好地体现总体的特征，我们剔除了那些股权性质曾经发生变化的公司，只保留自上市之日起一直为国有控股的样本；③剔除了 2001~2007 年间资料不全的公司。在检验过程中，为消除极端值的影响，我们还对上下 1%的样本数据进行了 Winsorize 的处理。最终，我们的样本中一共包括 2965 个观测值。[②] 2003 年 11 月，国资委发布“中央企业负责人经营业绩考核暂行办法”，国企高管薪酬开始与企业绩效挂钩，国有上市公司内部薪酬差距扩大的趋势日臻明显。因此，我们选择 2004~2007 年作为本文的研究期间，如此既可避免受政策变化的影响而导致数据产生结构

---

① 上市国有公司自主设立薪酬计划时应当遵循的原则：工资总额增长速度小于税后利润增长速度或者工资增长速度小于劳动生产率增长速度。

② 2004~2007 年度分别包括 713、715、744 和 789 个样本。

性差异，使研究结论更为稳健，也可提高本文结论的政策价值。同时，由于在内生性检验过程中，我们需要追溯样本公司前三年的数据，所以，本文实际的数据起始期为 2001 年。

我们所使用的高管薪酬和公司治理数据均来自 CCER 金融研究数据库，员工人数、股票日交易行情和公司财务数据均来自 Wind 金融研究数据库，对于可疑的薪酬数据，我们将来自 CCER 的信息和来自 Wind 的信息进行了核对。本文的数据处理全部采用 Stata 9.0 计量分析软件进行。

2. 内部薪酬差距的衡量方法

我们借鉴 Eriksson [5] 及陈震和张鸣 [8] 对高管间薪酬差距衡量的基本思想，采用以下程序测算企业高管与员工之间的薪酬差距。具体来说，内部薪酬差距的计算过程如式（1）、式（2）所示：

TSemployee(1) = 支付给职工以及为职工所支付的现金 - 董事、监事以及高管薪酬年度报酬总额 (1)

$$BWD = \frac{\text{前三名高管报酬}}{3} - \frac{TSemployee(1)}{\text{员工人数} - \text{高管人数}} \quad (2)$$

其中，TSemployee（1）表示企业一般员工的年度总薪酬，可由现金流量表中“支付给职工以及为职工所支付的现金”项目减去公司年报中所披露的高管层总薪酬来估算。BWD 即为所估算的企业内部薪酬差距，可由企业高管的平均个人报酬和普通员工的平均个人报酬之间的差额来衡量。

在现金流量表中的“支付给职工以及为职工所支付的现金”科目中，包括企业为职工所支付的养老保险金等社会基本保障费用。因此，我们也考虑扣除这些社会保险费用①后所得到企业净内部薪酬差距，用 NetWD 表示，其计算过程如下式（3）、式（4）所示：

TSemployee(2) = 支付给职工以及为职工所支付的现金/1.56 - 董事、监事以及高管薪酬年度报酬总额 (3)

$$NetWD = \frac{\text{前三名高管报酬}}{3} - \frac{TSemployee(2)}{\text{员工人数} - \text{高管人数}} \quad (4)$$

统计显著，则支持本文所提出的研究假设。

我们还考虑高管层持有本公司股份的情况，② 此时的企业内部薪酬差距用 HWD 表示，其计算过程如式（5）所示：

$$HWD = \frac{\text{前三名高管报酬} + \text{前三名高管持股数量} \times \text{年末股价}}{3} - \frac{TSemployee(1)}{\text{员工人数} - \text{高管人数}}$$

3. 模型设定及主要变量的定义

我们建立以下多元回归模型以考察内部薪酬差距与企业绩效之间的关系：

① 我们以 56%的比例估算应扣除的企业为员工所负担的社会保险费用，具体项目及比例如下：福利费（14%）、养老保险（20%）、医疗保险（12%）、失业保险（2%）、住房公积金（7%）、生育保险（0.5%）、工伤保险（0.5%）。

② 即使高管层所持有的股份并不构成企业为其所支付的薪酬的组成部分，但作为财富的象征，也可能会增加普通员工对于收入差距的不平衡感。

$$Performance_{i,t}=A_0+A_1\times LnWD_{i,t}+B_j\times District+C_n\times District \times LnWD_{i,t}+D_q\sum Controll_{i,t}+E_k\times\sum Industry_{i,t}+F_m\sum Year_{i,t}+\xi$$

其中，$Performance_{i,t}$ 表示 i 企业在第 t 年的经营绩效，分别使用调整后总资产收益率、净资产收益率和托宾 Q 值衡量。LnWD 表示企业的内部薪酬差距，分别由前述所计算的 BWD、NetWD 及 HWD 取自然对数而来。我们关心的是 LnWD 的系数 A_1，显然地，如果 $A_1>0$ 且统计显著，则支持本文所提出的研究假设。

由于我国改革开放中对各地区实施不同的优惠政策，导致我国经济发展不平衡，各地区职工薪酬之间以及内部薪酬差距之间存在实质性差异，① 因而，本文也在研究中引入地区哑变量以对此实施控制。② 同时，通过考察内部薪酬差距与地区哑变量之间的交互作用，我们也得以进一步考察地区差异对于公司绩效与内部薪酬差距之间关系的影响。参照之前的研究，我们对可能影响企业经营绩效的规模及风险因素进行了控制。同时我们也控制了行业和样本年度的影响。本文所涉及的主要变量的定义和衡量方法如表 2 所示。

表 2　主要变量定义

变量描述		变量符号	变量说明
被解释变量	企业绩效(Performance)	Adj-ROA	当年主营业务利润/年末资产总额
		ROE	当年净利润/年末净资产
		Tobin Q	(年末流通股数×年末股价+年末非流通股数×每股净资产+年末负债总额)/年末资产总额
解释变量	内部薪酬差距	LnWD	参见“研究设计”中关于“内部薪酬差距的衡量方法”中的描述
	地区	District	地区哑变量。属地为东部沿海省份，District1 取值为 1，否则为 0。属地为中部省份，District2 取值为 1，否则为 0
控制变量	企业规模	Size	年末资产总额的自然对数
	风险	Risk	年末负债总额/年末资产总额
	行业	Idustry	归属于某 CRSC 行业时取值为 1，否则为 0
	年度	Year	归属于某样本年度时取值为 1，否则为 0

① 根据《中经网经济统计数据库》相关统计数据，东部地区、中部地区及西部地区职工的平均薪酬差距均在 1%统计水平上显著；内部薪酬差距的均值分别为 11.99、11.55 和 11.25，均在 1%水平上显著。

② 关于具体地区的划分，参见《中经网经济统计数据库》的划分标准和秦朵和宋海岩撰写的论文“改革中的过度投资需求和效率损失”，载自《经济学》(季刊)，2003 年第 2 卷第 4 期。

四、检验结果与分析

1. 描述性统计

表 3 给出了主要变量的描述性统计结果。可以看出，2004~2007 年间，调整后总资产收益率的均值为 12.63%，这表明国有上市公司大多具有较强的主营业务获利能力，经营绩效良好。在三个衡量经营绩效的变量中，ROE 具有最大的变异性，其最大与最小值之间相差达 32%。在三个表征内部薪酬差距的变量中，考虑高管持股的 LnHWD 拥有最大的均值和变异程度。

表 3 主要变量的描述性统计

变量名称	变量符号	均值	中位数	最大值	最小值	标准差
企业绩效	Adj-ROA	0.12630	0.10957	0.68494	-0.16355	0.08338
	ROE	0.03372	0.06214	7.36224	-24.97883	0.75613
	Tobin Q	1.43507	1.17510	11.34784	0.76963	0.74874
薪酬差距	LnBWD	11.74732	11.86702	15.35071	4.79323	1.09231
	LnNetWD	11.94322	11.99327	15.35574	8.74047	0.89923
	LnHWD	12.06032	12.06001	21.23858	4.79323	1.32113
企业规模	Size	21.6015	21.4919	27.6251	18.6160	1.0834
风险	Risk	0.5066	0.5102	3.5199	0.0207	0.2116

表 4 提供主要变量之间的相关系数。可以看出，无论采用何种衡量方法，企业绩效与薪酬差距之间均存在正向关系，这与我们的研究假设是一致的。进一步地，当企业绩效以调整后总资产收益率表征时，其与内部薪酬差距之间的相关性最强，以净资产收益率表征时，其与薪酬差距之间的相关性最弱，最小值仅为 0.05。值得注意的是，净资产收益率与另两个绩效变量之间的相关关系也很微弱，这说明尽管同为企业绩效的表征变量，但净资产收益率与调整后的总资产收益率及托宾 Q 值之间存在较大的异质性。

表 4 主要变量间的相关系数

		薪酬差距			企业绩效		
变量名称	变量符号	LnWD	LnNetWD	LnHWD	Adj-ROA	ROE	Tobin Q
薪酬差距	LnWD	1.00000					
	LnNetWD	0.96075	1.00000				
	LnHWD	0.77954	0.76028	1.00000			
企业绩效	Adj-ROA	0.27363	0.29765	0.25113	1.00000		
	ROE	0.06212	0.07336	0.05089	0.09810	1.00000	
	Tobin Q	0.11063	0.12635	0.14327	0.24909	0.04223	1.00000

2. 多元回归分析

回归结果如表 5 所示，实证结果支持本文所提出的研究假设。并且，尽管我们分别采用三种不同的方法衡量企业内部薪酬差距和经营绩效，但九个模型的估计结果基本相同，这说明我们的回归结果比较稳健。具体而言，我们发现，在 1%的统计显著水平上，内部薪酬差距的增加可以提高企业的经营绩效。以 LnBWD 为例，回归结果表明，以全部样本公司在整个样本期间内的平均总资产和平均净资产为基数计算，薪酬差距每增加 1%，平均而言，可以提高公司主营业务利润 171 万元，净利润 90 万元。显然，这在经济意义上也是非常显著的。

我们还发现，沿海地区内部薪酬差距的激励效应显著弱于西部地区，而仅有微弱证据支持中西部地区之间存在此差异性。如表 5 所示，与西部地区相比，沿海地区公司样本的会计绩效对内部薪酬差距的敏感程度显著更低。由于沿海地区公司的内部薪酬差距明显更大，所以，上述差异很可能是由于激励的边际递减效应所引起的。在以市场绩效作为因变量的回归模型中，由于引入交互项所增加的共线性问题，上述差异不再显著。但在仅保留交互项的回归检验中，该差异在 5%的水平上统计显著，与会计绩效为因变量的回归结果一致。限于篇幅，我们没有报告此检验结果。此外，在中部与西部地区的比较中，仅当以 ROE 为因变量时上述差异显著为负，故只有微弱的证据支持中西部地区之间内部薪酬差距的激励效应存在差异性，这可能是因为中西部地区内部薪酬差距较小，边际递减效应更不明显。

五、进一步的研究

1. 内部薪酬差距对企业绩效激励效应的影响因素

Baker 等指出，企业成长性的差别可能会对绩效与薪酬差距之间的敏感程度产生影响，由于成长性高的公司可以通过职位提升而非现金奖励达到激励效果，因而其员工对薪酬差距的敏感程度更小。他们还指出，薪酬差距的敏感程度可能还受到获取行业内其他企业员工报酬信息难易程度的影响。具体来说，信息获取越便利意味着行业中的劳动力市场越发达，由此伴随劳动者较高的流动性，进而引起竞争者的增加。而更多的竞争者必然要求更高的竞赛奖金，故只有更大的薪酬差距才能够提高相同的企业绩效，因而，业绩对薪酬差距的敏感程度降低。同样，考虑薪酬差距的敏感程度，Pfeffer 等则着眼于薪酬决定的程序正义。他们认为，当薪酬标准更合理、决定程序更合法时，员工更可能愿意接受既定的薪酬差距。Cowherd 等则从薪酬分布的相对位置入手。他们发现，薪酬较高的员工对薪酬差距的敏感程度要弱于薪酬较低的员工。由个体推及整体，对企业而言，其平均薪酬在行业中的相对位置可能会影响员工对薪酬差距的敏感程度。

因此，我们在基本回归模型中引入表征企业成长性、薪酬评价体系、企业薪酬在行业

表 5　内部薪酬差距与企业绩效

Equation：$Performance_{i,t}=A_0+A_1\times LnWD_{i,t}+B_j\times District+C_n\times District\times LnWD_{i,t}+B_j\times District+C_n\times District\times LnWD_{i,t}+D_q\sum Controll_{i,t}+E_k\times\sum Industry_{i,t}+F_m\sum Year_{i,t}+\xi$

变量	因变量：Adj-ROA						因变量：ROE						因变量：Tobin Q					
	系数	T 值	系数	T 值	系数	T 值	系数	T 值	系数	T 值	系数	T 值	系数	T 值	系数	T 值	系数	T 值
Constant	-0.17***	-4.16	-0.24***	-5.24	-0.11**	-2.56	-0.75***	-8.53	-0.88***	-8.86	-0.69***	-8.68	4.62***	12.73	4.47***	11.07	4.66***	15.57
LnBWD	0.03***	8.74					0.04***	6.78					0.05*	1.93				
LnNetWD			0.04***	10.00					0.06***	7.85					0.08**	2.39		
LnHWD					0.02***	5.63					0.03***	5.94					0.05**	2.30
$Distict_1$	0.11***	2.63	0.13***	2.65	0.09**	2.27	0.23***	2.77	0.29***	3.02	0.25***	3.42	-0.07	-0.20	-0.11	-0.3	-0.08	-0.29
$Distict_1$ × LnWD	-0.01***	-2.90	-0.01***	-2.94	-0.01**	-2.46	-0.02***	-2.94	-0.03***	-3.22	-0.02***	-3.55	0.00	0.00	0.00	0.09	0.00	0.01
$Distict_2$	0.03	0.60	0.06	1.14	0.04	0.87	0.17*	1.88	0.26**	2.50	0.18**	2.43	0.15	0.41	0.30	0.73	0.16	0.57
$Distict_2$ × LnWD	0.00	-0.81	-0.01	-1.3	0.00	-1.05	-0.02**	-2.03	-0.02**	-2.44	-0.02**	-2.61	-0.02	-0.63	-0.03	-0.91	-0.02	-0.85
Size	0.00	-0.19	0	-1.66	0.00	1.23	0.02***	7.22	0.02***	6.12	0.02***	7.90	-0.14***	-15.8	-0.15***	-16.23***	-0.14***	-15.9
Risk	-0.07***	-8.10	-0.07***	-7.94	-0.07***	-8.01	-0.09***	-4.26	-0.09***	-4.07	-0.09***	-4.15	-0.17***	-2.43	-0.15**	-2.27	-0.15**	-2.21
Industry	已控制		已控制		已控制		已控制		已控制		已控制		已控制		已控制		已控制	
Year	已控制		已控制		已控制		已控制		已控制		已控制		已控制		已控制		已控制	
N	2.965		2.965		2.965		2.965		2.965		2.965		2.965		2.965		2.965	
F 统计量	39.29***		42.74***		34.00***		20.28***		22.33***		18.52**		63.06***		63.53***		63.29***	
Adj-R^2	0.2940		0.3197		0.2835		0.1747		0.1885		0.1658		0.5206		0.5233		0.5240	

注：* 表示在 10%的水平上显著，** 表示在 5%的水平上显著，*** 表示在 1%的水平上显著。因模型存在不同程度的异方差，因此，我们采用 White 修正方差对 t 统计量进行了修正，表内报告的 T 位即为修正后的结果。

中的相对位置以及行业内信息获取难易程度的变量，我们的目的是要进一步地考察影响企业绩效对内部薪酬差距敏感程度的因素。考虑到中部与西部地区薪酬差距不存在显著性差异，故我们将中部与西部地区合并为中西部地区进行回归和报告。多元回归检验的结果如表6所示，在加入上述因素后，薪酬差距与企业绩效依然高度正相关，这也表明我们的研究结论是比较稳健的。我们发现，薪酬的相对位置和行业内信息获取的难易程度会影响企业绩效对内部薪酬差距的敏感程度。具体而言，企业平均薪酬的相对位置越低，薪酬差距对绩效的激励作用越大，这与Cowherd等的研究结论是一致的。同时，行业内信息获取越便利，薪酬差距对绩效的激励作用越大，这与Backer等的研究结论是一致的。分地区样本的回归结果还表明，对于沿海和中西部地区的公司而言，影响企业绩效对内部薪酬差距敏感程度的主要因素有所不同。内部薪酬差距对沿海地区公司绩效的激励强度主要受到公司所处薪酬位置和成长性的影响，而对中西部地区公司绩效的激励强度则主要受到信息获取难易程度的影响。

2. 内部薪酬差距激励作用的边际递减效应

既然内部薪酬差距对企业绩效具有正向激励作用，那么，似乎可以通过无限地拉开薪酬差距而实现提高企业绩效的目的。这既有悖于我们的直觉，也不符合之前分地区检验中所发现的激励效应边际递减的趋势。因此，我们进一步地分析企业绩效对内部薪酬差距敏感程度的变化趋势，表7为分年度考察的结果。显然，如果边际递减效应确实存在，我们应当可以在分年度的回归结果中观察到内部薪酬差距的回归系数呈逐年下降的趋势，并且，通过正式的年度回归系数之间的t检验，这种下降的趋势应当是统计显著的。

表7的检验结果表明，内部薪酬差距对企业绩效的激励效应呈下降趋势且统计显著。就全样本而言，2004~2006年，企业的绩效对内部薪酬差距的敏感度基本保持不变，2007年开始呈显著下降趋势。2006~2007年的敏感系数由0.0185下降至0.0167，系数差异的T值为-12.80，在1%水平上显著。沿海地区敏感系数的下降趋势更加明显，由2004年的0.0205减少至2007年的0.0152，系数变化的T检验值分别为-26.84（1%水平上显著）、0.76（不显著）和-2.85（1%水平上显著）。中西部地区的敏感系数总体上大于沿海地区，虽然其在2004~2006年间呈上升趋势，但2007年开始下降，2006年与2007年敏感系数的差异在1%统计水平上显著，T值为-10.06。

表7的结果揭示了内部薪酬差距激励效应的边际递减趋势。事实上，边际递减效应的存在意味着内部薪酬差距的二阶导数应小于零。因此，我们在回归模型中引入表示公司内部薪酬差距变动速度的变量ChangeWD，对边际递减效应做进一步的检验，我们预计ChangeWD的回归系数应显著小于零。实证结果如表8所示，除中西部地区外，检验中ChangeWD的系数均在1%水平上显著为负，研究结果支持激励效应的边际递减趋势。中西部地区样本的回归结果并不显著，这可能是由于内部薪酬差距拉大的时间和幅度滞后于沿海地区所致，这与之前分地区样本的回归结果也是一致的。因此，我们对激励作用边际递减效应的考察表明，尽管内部薪酬差距对企业绩效存在激励效应，但其遵循边际递减规律，通过无限扩大内部薪酬差距以期实现企业绩效的提升并不可行。

表 6 内部薪酬差距对绩效敏感程度的影响因素

Equation：$Performance_{i,t} = A_0 + A_1 \times LnWD_{i,t} + B_j \times Controll_{i,t} + C_k \times \sum Industry_{i,t} + D_q \times \sum Year_{i,t} + E_1 \times Factor_{i,t} + E_2 \times Factor_{i,t} \times LnWD_{i,t} + \xi$

变量名称	变量符号	全样本				沿海地区				中西部地区			
		(1)	(2)	(3)	(4)	(1)	(2)	(3)	(4)	(1)	(2)	(3)	(4)
截距	Constant	-0.2033***	-0.0792	-0.0811	0.0211	-0.2230***	-0.0399	-0.0861	-0.0327	-0.2794***	-0.2015***	-0.1530***	-0.0797
薪酬差距	LnBWD	0.0224***	0.0198***	0.0228***	0.0107***	0.0247***	0.0163***	0.0230***	0.0130**	0.0237***	0.0273***	0.0265	0.0186***
成长性	Growth	0.1114**				0.2072**				0.0224			
成长性×薪酬差距	Growth × LnBWD	-0.0065				-0.0144**				0.0015			
薪酬评价	Committee		-0.0044				-0.0433				0.0331		
薪酬评价×薪酬差距	Committee × LnBWD		0.0004				0.0038				-0.0031		
薪酬位置	Position			0.1238***				0.1265**				0.094	
薪酬位置×薪酬差距	Position × LnBWD			-0.0089***				-0.0092**				-0.0054	
信息获取	Information				-0.0009**				-0.0002				-0.0013***
信息获取×薪酬差距	Information × LnBWD				0.0001***				0.0000				0.0001*
规模	Size	0.002	-0.0009	-0.0029	-0.0005	0.0012	-0.0013	-0.0032	-0.0009	0.0059	0.0021	-0.0003	0.0025
公司风险	Risk	-0.0623***	-0.0689***	-0.0625***	-0.0695***	-0.0517***	-0.0556***	-0.0503***	-0.0566***	-0.0919***	-0.1016***	-0.0921***	-0.1022***
行业	Industry	已控制	已控制	已控制	已控制	已控制	已控制	已控制	已控制	已控制	已控制	已控制	已控制
年度	Year	已控制	已控制	已控制	已控制	已控制	已控制	已控制	已控制	已控制	已控制	已控制	已控制
N		2.965	2.965	2.965	2.961	1.712	1.712	1.712	1.708	1.253	1.253	1.253	1.253
F 统计量		49.40***	45.92***	46.85***	43.56***	28.08***	26.54***	28.02***	26.31***	26.80***	24.29***	26.85***	24.74***
Adj-R^2		0.2743	0.2904	0.3042	0.2949	0.2994	0.2873	0.2989	0.2883	0.3575	0.3343	0.3579	0.3386

注：* 表示在 10%的水平上显著，** 表示在 5%的水平上显著，*** 表示在 1%的水平上显著。为节省篇幅，此处仅报告回归系数和以 LnBWD 为回归元、Adj-ROA 为回归子的结果，改变回归元或回归子，主要研究结论不变。Growth 以企业前三年平均主营业务增长率表示，Information 以行业内公司数目表示。企业没有薪酬委员会对 Committee 取值为 1，否则为 0；企业平均薪酬高于行业中位数时 Position 取值为 1，否则为 0。模型不存在需要引起关注的共线性问题。假设检验时，我们采用的是 White 稳健标准误。

表 7　企业绩效对薪酬差距敏感度变化趋势

Equation: $Performance_{i,t} = A_0 + A_1 \times LnBWD_{i,t} + B_j \times \sum Controll_{i,t} + C_k \times \sum Industry_{i,t} + \xi$

Panel A：全样本

变量名称	变量符号	2004 年		2005 年		2006 年		2007 年	
		系数	T 值	系数	T 值	系数	T 值	系数	T 值
截距	Constant	-0.2342***	-3.50	-0.0701	-1.00	-0.1315**	-2.10	-0.1063*	-1.84
薪酬差距	LnBWD	0.0187***	7.46	0.0184***	7.41	0.0185***	7.07	0.0167***	5.65
成长性	Growth	0.0325***	3.65	0.0390***	3.54	0.0646***	4.77	0.0296***	4.58
薪酬评价	Committee	0.0070	1.52	0.0011	0.24	0.0056	1.20	0.0008***	4.21
薪酬位置	Position	0.0231***	4.20	0.0214***	3.53	0.0129**	2.40	0.0140***	2.68
信息获取	Information	0.0003***	3.61	0.0000	0.08	-0.0001	-0.40	0.0000	0.07
规模	Size	0.0037	1.28	-0.0023	-0.72	0.0008	0.27	-0.0001	-0.05
公司风险	Risk	-0.0558***	-4.53	-0.0639	-5.05	-0.0693***	-5.58	-0.387***	-2.54
行业	Industry	已控制		已控制		已控制		已控制	
年度	Year	已控制		已控制		已控制		已控制	
N		713		715		744		789	
F 统计量		13.78***		15.25***		17.03***		18.75***	
Adj-R^2		0.2917		0.3093		0.3305		0.3044	

Panel B：沿海地区

变量名称	变量符号	2004 年		2005 年		2006 年		2007 年	
		系数	T 值	系数	T 值	系数	T 值	系数	T 值
截距	Constant	-0.2303***	-2.77	-0.1059	-1.12	-0.1324	-1.62	-0.1368*	-1.82
薪酬差距	LnBWD	0.0205***	6.92	0.0157***	4.54	0.0158***	4.33	0.0152***	3.25
成长性	Growth	0.039***	2.92	0.0539***	3.13	0.0418**	2.32	0.0274***	2.99
薪酬评价	Committee	0.0110*	1.87	0.0052	0.80	0.0117*	1.88	0.0006***	3.66
薪酬位置	Position	0.0234***	3.51	0.0216***	2.84	0.0076	1.12	0.0110	1.58
信息获取	Information	0.0003***	3.02	0.0008*	1.92	0.0005	1.16	0.0006	1.49
规模	Size	0.0019	0.55	-0.0020	-0.47	0.0002	0.06	0.0003	0.09
公司风险	Risk	-0.0441***	-3.05	-0.0616***	-3.68	-0.0556***	-3.88	-0.0304**	-1.97

续表

Panel B：沿海地区

变量名称	变量符号	2004 年		2005 年		2006 年		2007 年	
		系数	T 值	系数	T 值	系数	T 值	系数	T 值
行业	Industry	已控制		已控制		已控制		已控制	
年度	Year	已控制		已控制		已控制		已控制	
N		415		411		428		454	
F 统计量		8.85***		8.87***		8.65***		13.53***	
Adj-R^2		0.3215		0.3063		0.2918		0.2687	

Panel C：中西部地区

变量名称	变量符号	2004 年		2005 年		2006 年		2007 年	
		系数	T 值	系数	T 值	系数	T 值	系数	T 值
截距	Constant	-0.4158***	-3.57	-0.115	-1.10	-0.2180**	-2.44	-0.1923**	-2.15
薪酬差距	LnBWD	0.0195***	4.08	0.0249***	6.31	0.0268***	6.26	0.249***	5.88
成长性	Growth	0.0268**	2.30	0.0239*	1.72	0.0868***	3.70	0.0342***	4.06
薪酬评价	Committee	-0.0001	-0.01	-0.0059	-0.76	-0.0037	-0.52	0.0044	0.62
薪酬位置	Position	0.0322***	2.80	0.0321***	2.79	0.0288***	3.21	0.0251***	3.27
信息获取	Information	0.0004***	4.80	-0.0012**	-2.05	-0.009*	-1.81	-0.0006	-1.00
规模	Size	0.0113**	2.16	0.0005	0.01	0.0032	0.72	0.0024	0.53
公司风险	Risk	-0.0899***	-3.68	-0.0700***	-2.83	-0.0965***	-4.31	-0.0887***	-2.84
行业	Industry	已控制		已控制		已控制		已控制	
年度	Year	已控制		已控制		已控制		已控制	
N		298		304		316		335	
F 统计量		8.04***		7.31***		11.52***		11.15***	
Adj-R^2		0.2783		0.3238		0.4220		0.3939	

注：* 表示在 10%水平上显著，** 表示在 5%水平上显著，*** 表示在 1%水平上显著。此处仅报告 LnBWD 为回归元、Adj-ROA 为回归子的结果，改变回归元或回归子，主要研究结论不变。变量定义同前，模型不存在需要引起关注的共线性问题。但模型存在不同程度的异方差，因此，我们采用 White 修正方差对 t 统计量进行了修正，表内报告的 T 值即为修正后的结果。

表 8　内部薪酬差距变动速度与企业绩效

Equation: $Performance_{i,t} = A_0 + A_1 \times ChangeWD_{i,t} + B_j \times \sum Controll_{i,t} + C_k \times \sum Industry_{i,t} + D_q \times \sum Year_{i,t} + \xi$

变量名称	变量符号	全样本		沿海地区		中西部地区	
		系数	T 值	系数	T 值	系数	T 值
截距	Constant	0.8613	-0.46	-0.0124	-0.19	-0.1347*	-1.93
薪酬差距变动速度	ChangeBWD	-0.00001***	-17.02	-0.00001***	-10.35	0.00000	0.18
成长性	Growth	0.0371***	7.71	0.0310***	4.46	0.0448***	7.47
薪酬评价	Committee	0.0011**	2.15	0.0010***	2.10	0.0017	0.44
薪酬位置	Position	-0.0190***	-6.80	-0.0147***	-4.16	-0.0305***	-6.28
信息获取	Information	0.0001	0.50	0.0004**	2.03	-0.0005**	-1.79
规模	Size	0.0059***	4.33	0.0038**	2.24	0.0125***	5.72
公司风险	Risk	-0.0618***	-7.80	-0.0524***	-5.52	-0.0890***	-6.88
行业	Industry	已控制		已控制		已控制	
年度	Year	已控制		已控制		已控制	
N		2946		1698		1248	
F 统计量		69.43***		62.62***		21.01	
$Adj\text{-}R^2$		0.273		0.2626		0.3020	

注：* 表示在 10%水平上显著，** 表示在 5%水平上显著，*** 表示在 1%水平上显著。此处仅报告 ChangeBWD 为因归元、Adj-ROA 为因归子的结果，改变因归元或因归子，主要研究结论不变。ChangeWD 表示内部薪酬差距的变动速度，其计算过程为 ChangeWD =（本年薪酬差距 - 上年薪酬差距）/上年薪酬差距，其他变量定义同前。模型不存在需要引起关注的共线性问题。但模型存在不同程度的异方差，因此，我们采用 White 修正方差对 t 统计量进行了修正，表内报告的 T 值即为修正后的结果。

六、稳健性测试：考虑内生关系

薪酬差距激励着企业绩效的提高，企业绩效的提高也可能进一步拉大内部薪酬差距，即企业绩效与薪酬差距之间可能存在内生关系。借鉴周黎安等的做法，我们以企业滞后三期的内部薪酬差距作为工具变量，采用 Hausman 方法对可能的内生性问题进行检验。追溯多期的历史内部薪酬差距对企业当期绩效的影响应当较低，同时，由于薪酬制度存在传承，其变化是一个连续且缓慢的过程，因而，企业当期的薪酬差距应当与其历史的薪酬差距高度相关。事实上，滞后三期与当期内部薪酬差距之间的相关系数达到 0.47，而与企业当期绩效的相关系数则低于 0.05。这也说明我们对工具变量的选择是恰当的。

检验结果如表 9 所示，在以调整后总资产收益率为回归子的模型中，残差系数为-0.006，并在 10%的水平上显著，而以净资产收益率和托宾 Q 值为回归子的模型中残差的系数并不显著，表明仅以调整后总资产收益率为企业绩效的表征变量时，其与内部薪酬差距之间存在内生关系。因此，当以调整后总资产收益率为企业绩效代理变量时，我们运用 2SLS

估计方法重新验证薪酬差距与企业绩效之间的关系。回归结果如表 10 所示，可以看到，薪酬差距的系数符号保持为正且仍在 1%的水平上显著，这说明本文的研究结论在考虑内生性问题后仍然成立。

表 9 企业绩效与薪酬差距的内生性检验

Equation：$Performance_{i,t} = A_0 + A_1 \times LnWD_{i,t} + B_j \times Resid + C_k \times \sum Controll_{i,t} + \xi$

		因变量：Adj-ROA		因变量：ROE		因变量：Tobin Q	
变量名称	变量符号	系数	T 值	系数	T 值	系数	T 值
截距	Constant	-0.0499	-1.3163	-0.2517	-0.6343	5.6322***	15.14104
薪酬差距	LnBWD	0.0243***	10.32635	0.0070	0.2961	0.0510***	2.687793
残差	Resid	-0.0060*	-1.7352	0.0329	0.9620	0.0249	0.8337
规模	Size	-0.0045***	-2.357	0.0202	1.0230	-0.1509***	-9.5471
公司风险	Risk	-0.0723***	-6.2328	-0.2359***	-2.8584	-0.2473***	-2.0620
行业	Industry	已控制		已控制		已控制	
年度	Year	已控制		已控制		已控制	
N		2017		2017		2017	
F 统计量		26.8721		0.2212		54.0163	
$Adj-R^2$		0.2502		0.0026		0.4061	

注：* 表示在 10%水平上显著，** 表示在 5%水平上显著，*** 表示在 1%水平上显著。为节省篇幅，此处仅报告以 LnBWD 为回归元的结果，若以 LnNetWD 或 LnHWD 为回归元，主要研究结论不变。Resid 表示以 LnBWD 为回归子，工具变量 IVLnBWD 为回归元的回归残差，IVLnBWD 系滞后三期的基本薪酬差距，回归模型为：$LnWD_{i,t} = A_0 + A_1 \times GJLnWD_{i,t} + B_j \times \sum Controll_{i,t} + C_k \times \sum Industry_{i,t} + D_q \times \sum Year_{i,t} + E_t \times Factor_{i,t} + \xi$

表 10 薪酬差距与企业绩效的 2SLS 回归结果

Equation：$Performance_{i,t} = A_0 + A_1 \times LnWD_{i,t} + B_j \times \sum Controll_{i,t} + C_k \times \sum Industry_{i,t} + D_q \times \sum Year_{i,t} + \xi$

		因变量：Adj-ROA		
变量名称	变量符号	系数	T 值	p-value
截距	Constant	-0.0499	-1.3168	0.1881
薪酬差距	LnBWD	0.0243	11.9018***	0.0000
规模	Size	-0.0035	-2.0093**	0.0446
公司风险	Risk	-0.0716	-7.058**	0.0000
行业	Industry	已控制		
年度	Year	已控制		
N		2017		
F 统计量		33.4422		
$Adj-R^2$		0.2584		

注：* 表示在 10%水平上显著，** 表示在 5%水平上显著，*** 表示在 1%水平上显著。为节省篇幅，此处仅报告以 LnBWD 为回归元的结果，若以 LnNetWD 或 LnHWD 为回归元，主要研究结论不变。

七、结　论

在我国，由于丰厚的薪酬，国企高管们正陷入媒体和公众的口诛笔伐之中，相应的限薪政策也正在陆续推出。① 然而，与发达市场经济体相比，我国国企高管与员工之间七倍的薪酬差距也许并不很高，在日本，首席执行官的平均收入是工人平均收入的 20 倍；在英国是 35 倍；而在美国，早在 20 世纪 90 年代初期，这一数字就已达到 120 倍。更重要的是，我国经济体制改革和国企自身改革的历程与取得的成就都表明：激发而不是限制生产经营者的积极性，才是释放生产力的根本途径。因此，科学分析国企内部薪酬差距与经营绩效之间的关系，不仅与提升企业价值从而保护投资者的利益有关，也与巩固和扩大我国国企改革所取得的现有成就相联系，具有重大政策意义。

本文首次提供了我国国有上市公司内部薪酬差距与企业绩效之间关系的经验证据。鉴于我国职工薪酬的地区差异性，我们首先分地区采用多个代理变量对该问题进行了探讨，而后将内生性问题纳入考虑，主要结论无实质性变化。我们发现，虽然不同地区的公司其经营绩效对薪酬差距的敏感程度存在差别，比如沿海地区的敏感程度显著低于中西部地区，但是国企高管和员工之间的内部薪酬差距与企业绩效却都显著正相关，经验证据支持锦标赛理论。进一步的研究则表明，在行业薪酬中的相对位置越低、行业内信息越容易获得，企业薪酬差距的激励作用越强。此外，我们还发现，内部薪酬差距的激励作用具有边际递减效应，正随年度推移而逐渐减弱，且沿海地区的递减速度显著大于中西部地区。因此，我们认为，虽然内部薪酬差距对于企业绩效在现阶段表现为激励效应，但无限扩大差距以提升企业绩效也是不可行的。

我们的研究对于理解我国国有企业内部薪酬差距的经济后果及其影响因素具有重要意义，也因而为当前关于国企高管限薪的争论提供了一个有益的视角。同时，作为来自全球最大社会主义经济体和转型经济体的证据，我们的研究也为理解锦标赛理论和社会比较理论这两种竞争性的假说增添了新的视角。

参考文献

[1] 邢莉云. 171 号文收口股权激励业绩考核指标“三选一”. 21 世纪经济报道，2008 年 12 月 13 日，http：//www1.21cbh.com/HTML/2008-12-15/HTML_B4I82MWK0YFH.html.

① 早在 2008 年 5 月份，中组部就指示要对国有控股企业主要负责人的薪酬管理进行规范。同年 12 月，保监会要求其直属的 5 家国有保险公司坚决防止发放过高薪酬。几乎同时，银监会相关人士也委婉建议 2008 年国有商业银行高管年薪参考国资委此前为央企定下的 150 万元上限。前不久，河北省国资委又下发指导意见，要求国有企业在金融危机面前，领导层带头降低薪酬。2009 年 3 月 9 日，财政部也正式颁发“关于国有金融机构 2008 年度高管人员薪酬分配有关问题的通知”。

[2] Thierry Lallemand, Robert Plasman, Franfois Rycx. Intra –Firm Wage Dispersion and Firm Performance: Evidence from Linked Employer–Employee Data. Kyklos, 2004 (57): 533–558.

[3] Lazear, Edward P., Sherwin Rosen. Rank–order Tournaments as Optimum Labor Contracts. Journal of Political Economy, 1981 (89): 841–864.

[4] Main, Brian G., Charles A., O'Reilly, James Wade. Top Executive Pay: Tournament or Teamwork. Journal of Labor Economics, 1993 (11): 606–628.

[5] Eriksson, Tor. Executive Compensation and Tournament Theory: Empirical Tests on Danish Data. Journal of Labor Economics, 1999 (17): 262–280.

[6] Heyman, Fredrik. Pay Inequality and Firm Performance: Evidence from Matched Employer Employee Data, FIEF Working Paper, 2002, 186, Trade Union Institute for Economic Research, Stockholm, Sweden.

[7] 林浚清，黄祖辉，孙永祥. 高管团队内薪酬差距、公司绩效和治理结构. 经济研究，2003 (4): 31–40.

[8] 陈震，张鸣. 高管层内部的级差报酬研究. 中国会计评论，2006 (6): 15–28.

[9] Winter–Ebmer, Rudolf, Josef Zweimuller. Intrafirm Wage Dispersion and Firm Performance. Kyklos, 1999 (52): 555–572.

[10] Hibbs, Douglas A. Jr., Hakan Locking. Wage Dispersion and Productive Efficiency: Evidence for Sweden. Journal of Labor Economics, 2000 (18): 755–782.

[11] Bingley, Paul. Tor Eriksson Pay Spread and Skewness, Employee Effort and Firm Productivity. Working Paper, 2001, Department of Economics, Faculty of Business Administration, Aarhus, Denmark.

[12] Akerlof, George A., Janet L. Yellen. Fairness and Unemployment. American Economic Review, 1988 (78): 44–49.

[13] Cowherd, Douglas M., David I. Levine. Product Quality and Pay Equity between Lower–level Employees and Top Management: An Investigation of Distributive Justice Theory. Administrative Science Quarterly, 1992 (37): 302–320.

[14] Pfeffer, Jeffrey, Nancy Langton. The Effect of Wage Dispersion on Satisfaction, Productivity, and Working Collaboratively: Evidence from College and University Faculty. Administrative Science Quarterly, 1993 (38): 382–407.

[15] 杨汝岱，朱诗娥. 公平与效率不可兼得吗. 经济研究，2007 (7): 46–58.

[16] 吴敬琏. 经济学家、经济学与中国改革. 经济研究，2004 (2): 8–16.

[17] 张五常. 中国的经济制度，http: //blog.sina.com.cn/zhangwuchang.

[18] 张五常. 中国的经济制度（中译版），http: //blog.sina.com.cn/s/ blog_47841af701009u95.html.

[19] Groves, T., Y. Hong, J. McMillan, B. Naughton. China's Evolving Managerial Market. Journal of Political Economy, 1995 (103): 873–892.

[20] Linda Y. Yueh. Wage Reforms in China during the 1990s. Asian Economic Journal, 2004, 18 (2): 149–164.

[21] 张卓元. 30 年国有企业改革的回顾与展望，网易新闻：http: //news.163.com/08/0213/09/44IR4JLQ000121EP.html.

[22] 陈玉明. 辉煌 30 年：国有经济在市场化改革中逐步发展壮大，新华网：http: //news.xinhuanet.com/newscenter/2008–10/01/ content_10138381.htm.

[23] 南开大学公司治理研究中心公司治理评价课题组（负责人：李维安）. 中国上市公司治理指数与

公司绩效的实证分析——基于中国 1149 家上市公司的研究. 管理世界，2006（3）：104-113.

[24] 杜兴强，王丽华. 高层管理当局薪酬与上市公司业绩的相关性实证研究. 会计研究，2007（1）：58-65.

[25] Baker, Jensen, Murphy. Compensation and Incentives: Practice vs. Theory. Journal of Finance, 1988, 593-616.

[26] 周黎安，陶婧. 政府规模、市场化与地区腐败问题研究. 经济研究，2009（1）：57-69.

A Study on Relation of Salary Difference and Firm Performance: Evidence from State-owned Enterprises

Liu Chun, Sun Liang

Abstract: Salary difference between the top executives and the employees of state-owned enterprises becomes a focus for its upward trend years after years. However, we know a litter about this field so that our policies of pay reform in state-owned enterprises display ambiguous even opposite directions. For example, on the one hand, the government encourages the firm to apply an equity incentive plan, which leads to enlargement of the salary difference between the top executive and the employees. On the other hand, they try to decrease the effect of salary difference by restricting the maximum wage of top executive. It is fact that there exist two competitive hypotheses to predict the economic consequences of intra-firm salary difference. One focus on the role of the social justice called social comparison theory, which insisted that equity is more important. The other is tournament theory, which pays more attention to competition effect of intra-firm salary difference. In the two theories, which one is better to explain the phenomena? There hasn't a consistent conclusion. So, it becomes an important and interesting topic to test the economic consequence of salary difference between the top executive and the employees in our country. Using state-owned listed enterprises as sample and selecting 2004 to 2007 as our research period, this paper studies the effect of the salary difference of state-owned enterprises on the firm performance at the first time in our country. In spite of accountings for endogeneity problem and using different measurement, we still find that there is significant positive relation between salary difference and firm performance, which supports the tournament theory. Further study also indicates that the incentive effect is unequal for different regions. Specifically, the incentive effect is stronger in the middle and west region. At the same time, we find that the incentive effect is stronger in firm which has low employee salary or more information about labor –market. Further study also finds that the incentive effect shows significant marginal decrease effect. Moreover, the marginal decrease effect is gradually weakened as the year goes on and the speed of decreasing is more pronounced in the coastal areas than the Midwest.

Key Words: salary difference, firm performance, tournament theory, social comparison theory

福建省人力资源管理学科发展研究报告*

福建省人力资源管理学科发展研究课题组①

【摘　要】 人力资源管理学科发展短却迅速，福建省人力资源管理学科发展也很迅猛。本研究从人力资源开发、战略人力资源管理、招聘与就业、绩效管理、薪酬管理、职业发展、员工关系管理、团队管理、跨文化管理、闽台人才交流合作等方面，对福建省人力资源管理研究者研究成果或人力资源管理研究者在福建省学习期间的研究成果进行综述。分析福建省人力资源管理学科发展的趋势，提出福建省人力资源管理学科发展的对策与建议。

【关键词】 福建省　人力资源管理　学科发展

人力资源管理学科发展短却迅速。十几年前，大多数人还不熟悉人力资源一词；如今，人力资源已家喻户晓。管理学、经济学、行政管理杂志，人力资源管理的专栏、文章随处可见，甚至，许多大众化的媒体上也常见人力资源管理的文章；高等学校纷纷开设人力资源管理专业，以至成为福建省高校控制新增专业的对象；企业“人事处”、“劳工科”均改设为“人力资源处（科）”，并以“以人为本”管理理念为荣；公共事务管理部门人力资源管理改革成为热门话题。福建省人力资源管理学科发展也很迅猛，并呈现出其特点，回顾总结其发展状况，有助于其更好发展。

一、福建省人力资源管理学科发展概述

（一）福建省人力资源管理学科总体状况

人力资源管理作为一门学科发展历史并不长，其整体发展还处于初级阶段，在学科建设上还不成熟。相对于欧美国家，我国高校在人力资源管理学科建设上更是刚刚起步，发展历史很短。1992 年，中国人民大学将人事管理专业调整为人力资源管理专业，并于

---

* 本文选自《海峡科学》2010 年第 1 期。

① 第一执笔人：吴贵明，福建商业高等专科学校副校长、教授、博士、硕士生导师。

1993年开始招生。这是人力资源管理专业在我国高校的首次开办，标志着人力资源管理专业进入初创时期。在国内的人力资源管理学科发展历程中，福建省的人力资源管理学科建设有着特别重要的地位。其一，国内公认的人力资源管理学科的三名杰出代表，其中一名是福建省的专家廖泉文教授；其二，国内第一本本土化的《人力资源管理》(1991）教材来自厦门大学的廖泉文教授；其三，两门人力资源管理国家精品课程之一，是厦门大学廖泉文教授负责的人力资源管理课程；其四，厦门大学是国内早期人力资源管理硕士学位和博士学位授予点；其五，厦门大学人力资源研究所是南方最有成效的人力资源研究所。可以说，福建的人力资源管理学科在国内领先并享有较高的声誉。

（二）福建省人力资源管理人才培养基地

根据课题组对福建省高校人力资源管理专业设置情况的网上资料调查发现，当前福建省具有人力资源管理博士点的高校有厦门大学和华侨大学，两个博士点的学术带头人都是廖泉文教授；具有人力资源管理方向学位授予点的有厦门大学、华侨大学、福建农林大学、福建师范大学；具有人力资源管理本科学士学位授予点的有厦门大学、华侨大学、福建农林大学、漳州师范学院、莆田学院和闽江学院；开设人力资源管理专业的高职高专院校有福建商业高等专科学校、闽西职业技术学院等10所高职高专院校。厦门大学是福建省最早获得人力资源管理博士与硕士授予点的学校，1991年正式招收硕士生，1999年正式招收博士生；福建农林大学是我省最早申报人力资源管理专业的本科院校，于2000年开始正式招生；福建商业高等专科学校是我省最早申报人力资源管理专业的专科院校，于2002年开始正式招生。

人力资源管理人才的另一主要培养基地是社会培训机构。据调查，福建省人力资源管理人才培训咨询机构有69家，影响力比较大的机构有厦门博格咨询公司、南强同科理咨询公司、厦门希尔咨询公司、天行健等机构。它们培训的人员成为企业人力资源管理不可忽视的一支队伍。随着企业对人力资源管理的不断重视，福建省人力资源管理师认证工作呈现出欣欣向荣的发展态势。福建省人力资源与社会保障厅职业技能鉴定中心于2003年开始企业人力资源管理师认证工作，2009年开始一级企业人力资源管理师认证。至今福建省获得企业人力资源管理师一级证书的有32人，获二级证书的有1500人，获三级证书的有8000人。福建省人事厅也从2000年开始培训人力资源管理从业人员，至今已有1200人取得从业资格证。

（三）福建省企业人力资源管理状况

人力资源管理理论和实践的发展历史，经历了两次重要转变：第一次是从20世纪上半叶的人事管理到人力资源管理的转变；第二次是从20世纪下半叶的人力资源管理到战略人力资源管理的转变。进入21世纪后，世界是平的，人力资源管理的关注点开始转向人力资源虚拟管理、基于文化的人力资源管理等。

福建省的企业特点是中小企业比例大、民营企业比例大，而中小企业、民营企业对人力资源管理的重视程度和管理水平远不如外资大型企业。虽然企业越来越重视人力资源管理，许多企业不惜重金借用“外脑”，聘请人力资源管理咨询机构帮助其提升人力资源管理水平，但仍有许多企业人力资源管理还未达到战略性人力资源管理阶段，相当多数的私营中小企业甚至只是将部门牌子换为人力资源部，管理实质却依然停留在人事管理制度建设上。像网龙公司那样，应用“快乐工作”理念开展人力资源管理的企业可谓凤毛麟角。

（四）福建省公共人力资源管理状况

福建省公共部门人力资源管理坚持党政人才、专业技术人才、经营管理人才、技能人才和农村实用人才“五支队伍”一起抓，并抓住人才队伍建设的薄弱环节，将人才工作的重心和着力点向基层一线倾斜。在用人机制上引入了竞争机制，三次较大规模的全省副厅级干部公开选拔和各地市副处级干部选拔都取得较好的效果，但总体上公共部门还主要是“内部输血”的用人机制。福建省公共部门职位分类制度尚未科学化，“单位人”、“官本位”观念根深蒂固，人力资源的配置不够优化，经常出现“错位”的现象。同时，公共部门管理的运行机制是自上而下的“垂直式”管理，受儒家文化影响较深，向人们灌输的是群体化和等级化的生活准则，扼杀了个人对于传统或权威的怀疑、反判与超越意识，人格的独立与个性的鲜活也受到了极大的约束，可谓仍存在精英淘汰与择劣机制。公共部门需要进一步确立“能力本位”的核心价值观，建立公正、合理的激励机制，促进人力资源的优化配置，提高人力资源的利用效率。

在人力资本投资上，各地区往往只停留在政策宣传层面，还没有建立一个完善的人力资源投资市场，人力资本投资短缺。1995 年以来，福建省努力加大教育投入，财政性教育经费逐年增长，但财政性教育经费占国内生产总值的比例一直低于全国平均值。在人力资本投资过程中，各地区往往只重视教育方面的投入，而不注重人力资本建设其他方面的投入，如农村合作医疗系统等。在人才培养方面，各地培养出现福建集聚少、本地人才又大量流向外地的逆流现象。

在绩效管理上，福建省机关效能工作抓得紧，工作卓有成效，但绩效考核仍缺乏科学性。考核信息渠道有限，缺乏定量指标的设计，实际操作性较弱，绩效考核目的与组织任务目标有机结合不够，没有开展有效的绩效面谈，等等。

在公共服务方面，福建省从就业、培训、社会保障等方面出台多项措施，探索建立海西人力资源市场，逐步形成海峡西岸统一的人力资源信息系统和就业服务体系，并逐步向中西部和海峡东岸拓展。建立城乡统一的就业政策、就业管理制度、就业（失业）登记制度和覆盖城乡的就业培训体系，实行平等的公共就业服务制度。围绕“把海峡西岸建设成东部沿海地区先进制造业基地”的目标，建立面向全体劳动者的职业教育培训制度，建立公共实训基地，加强高技能人才工作。

二、福建省人力资源管理学科的研究进展

（一）人力资源开发研究综述

从早期的廖泉文教授《试论人才的连续性与时代性》首次提出的人才断层现象，即知识结构断层（高级专业技术人员存在潜在断层）和年龄结构断层（年龄分布呈橄榄型），到近期的许多研究以知识经济为背景，探讨福建省人力资源开发战略及对策，多是针对区域性的人力资源结构和存在的问题进行研究。福建省人才研究所也做了大量工作，组织力量对构建海峡西岸经济区人才支撑体系、公共服务体系建设进行研究。兰启发和郑瑞玲（2006）以受教育年限、文盲率、人才效能等指标，对其他省市自治区的数据进行横向比较，指出福建省人才战略所面临的各种不利因素，以此提出相关对策。苏天恩、连明伟（2006）分别以福建省国内生产总值，社会从业人数，固定资产投资，普通、专业技术人员，教育科研投资额这 5 个指标，得出 4 个回归模型。朱秀玉（2004）、张向前（2000）等提出福建省人力资源开发战略及对策分析。洪传春、许文兴（2006）运用实证分析方法，分别构造索洛模型、有效劳动模型和人力资本外部性模型，指出在 1978~2003 年福建省物质资本存量对经济增长的贡献率是人力资本存量对经济增长的贡献率的 3 倍左右。张其春、郗永勤（2006）以闽东南沿海地区和内陆地区为划分依据，指出闽东南沿海地区高层次人才相对富集，而内陆区域人才流失则相当严重，人才与经济发展之间陷入了恶性循环。华侨大学商学院许培源、胡日东（2008）分析发现人力资本水平的高低直接决定了贸易技术溢出的效果，提升人力资本水平将提高贸易对福建省经济增长的贡献率；教育通过调节人力资本结构，优化人力资本分布对贸易溢出产生直接影响，在保证教育公平的前提下发展异质性教育，这有利于整个社会人力资本的积累，有利于贸易的技术溢出。许文兴教授等提出应开发人力资源，海西建设的支撑体系之一应是人力资源，并提出了一系列政策性的对策。福州大学公共管理学院郗永勤教授特别关注福建省人力资本与产业结构协同状况，发表了系列论文：《福建省人力资本与产业结构协同现状分析》、《福建省人力资本与产业结构协同现状及发展研究》、《区域人力资本与产业结构调整的互动关系》（张其春、郗永勤，2006）、《人力资本城乡协调发展的多重矛盾与破解路径》（张其春、郗永勤，2008），《基于面板数据的福建省人力资本对地区经济发展影响的研究》（温志彬、郗永勤，2008），分析了目前福建省人力资本与产业结构的矛盾，说明人力资本与产业结构之间存在着一种正相关关系，提出了实现福建人力资本与产业结构协同发展的对策建议。

大量的由福建学者出版的书籍、硕士博士论文也是围绕劳动力市场加以研究。这些政策性对策主要涉及教育投入、人才环境和创新机制等，结论基本相似。总体上，福建人力资本存量与我省国民经济和社会发展不相适应。福建各行业人力普遍偏低，事业单位人才

质量高于企业单位，行业内大专及以上人员所占比例高过全国平均水平的仅有农林牧渔业一项，行业内高中及以上人员所占比例高过全国平均水平的有“金融保险业”、“科学研究和综合技术服务业”、“国家机关政党机关和社会团体”三项。对福建省三次产业人才的配置，学者提出第一、第三产业的人力与产业相对重要性的匹配相对合理，但第二产业匹配状况问题严峻。其产业相对重要性较高，但人力相对地位却很低，跟不上产业发展的需要。高中阶段教育（含普通高中教育、中等职业教育）和高等教育规模偏小，经济建设急需的大量高层次人才得不到及时有效供给，影响核心竞争行业的形成。较突出的是，工科人才短缺已成为制约福建省高新技术持续发展的“瓶颈”。福建省作为海峡西岸经济区的主体，担负着经济“发展极”的关键作用，其人力资本投资与积累状况直接影响着海峡西岸经济区未来的建设。中国海峡人才市场曾仕鹏的《加快构建福建人力资本体系》、林勇的《教育投入对福建省经济增长影响的实证分析》等都提出了教育投资是实现福建省经济持续、高速、高效增长的重要的、不容忽视的环节。

福建学者还对专门人才开发做了深入研究，特别是农村人才和高技能人才。福建省人才配置的“二元经济”特征尤为突出，《福建农村人力资源对农村三大产业的贡献分析》（刘彦坤、郗永勤，2005），通过对福建农村人力资源对当地经济贡献率的分析，为今后农村的发展指出了一定的发展方向。农村人力资本开发可通过建设学习型新农村、实现海西农村人力资源开发投资多元化、完善海西农村人力资源市场、加速农村社保制度建设等措施实现（张向前，2008）。福建省高技能人才队伍建设的总体思路是：深入推进“人才强省”战略，以行业和市场需求为基础，以政府政策和信息服务为引导，以企业和高职院校为依托，着力推进全省高技能人才队伍建设（林思思、郗永勤，2008）。

相对于国外人力资源开发领域已经更多地关注对企业和组织中的微观教育、培训和开发的研究，福建省的这些研究成果由于偏向宏观和笼统，对实践的解释和指导不足。哪怕针对培训问题的研究，大多数对人力资源开发的研究还集中在普通教育之上，或者是非成人教育之上。即使是讨论成人教育，也大多数是在讨论学校的成人教育，而非终身教育体系。这样的研究效果导致企业在培训管理方面缺少理论上的指导。

（二）战略人力资源管理研究综述

对于人力资源管理的战略地位，福建省的研究队伍也给予较多的关注。人力资源管理与组织绩效的关系可归纳为三种模式（Delery & Doty，1996）：普遍观、权变观和形态观。研究角度之一是对战略人力资源管理的观点进行系统的综述．如龚瑞维等（2006）对“单个人力资源管理活动对组织绩效的影响”、“最佳管理实践对组织绩效的影响”、“战略性人力资源管理对组织绩效的影响”等不同观点进行系统评述。研究角度之二是将人力资源管理实践与企业战略两者之间建立联系，比如，万希（2009）着重从人力资源战略管理机制的构建出发，从工作分析、员工招聘、员工甄选、员工培训、员工职业发展、员工绩效考核、薪酬制度、人力资源保护、人力资源管理诊断等方面进行系统分析。林聪（2005）则是从人力资源规划方面讨论人力资源管理战略问题。研究角度之三是部分学者，特别是攻读 MBA 学位的富有实战经验的 HR 工作者，做了尝试性研究，从实证研究探讨企业人力资源战略问题，并取得一些建设性结果。比如，尝试构建战略人力资源问卷（严丁文，2007）、验证承诺型人力资源管理模式对企业绩效影响优于其他管理模式（林亚青，2008）。特别是林瑛（2008）通过对在全国 13 个省 28 个城市发放问卷，研究发现，不同性质的企业不同人力资源职能与绩效之间的联系是不同的，并对中小企业的人力资源管理实践提出有益建议。又如，林辉华（2008）以天宝矿业集团为例，实证分析用人力资源管理推动企业文化的变革。从这些研究可以看出，该领域的研究，我省正逐步与国际接轨，也为此不断做出努力。

（三）招聘与就业方面的研究综述

在招聘与录用方面，以厦门大学廖泉文教授的成果最为代表性，且在国内都颇具盛名。第一，其个人专著《招聘与录用》作为国家“十五”、“十一五”规划教材，被国内多个院校所采用，他把招聘录用中几个重要的内容给予了翔实的讨论。例如，校园招聘、企业内部竞聘、能岗匹配原理、诊断面试等方面都独具创新性，成为许多企业人力资源管理人士必备的工具。第二，能岗匹配原理的提出，受到国内许多企业界人士的肯定。能岗匹配原理，强调的是“人得其职”和“职得其人”，最优的不一定是最匹配的，最匹配的才是最优的。在能岗匹配中，强调了“人有能级的区别”、“人有专长的区别”、“同一系列不同层次的岗位对能力的结构和大小有不同要求”，“不同系列相同层次的岗位对能力有不同要求”、“能级大于岗位的要求，优质人才留不住，人员流动快”、“能级小于岗位的要求，企业生产率下降，企业团队建设受到阻力，人心涣散，企业会产生恶性循环”等观点。能岗匹配原理，在企业招聘中受到广泛地使用。第三，企业内部竞聘操作。在《人力资源的获取》一文中，廖泉文教授非常详细地讨论了企业内部竞聘的原理和操作流程，为企业提供了可以直接采用的操作思路。

在招聘方面的研究，福建省学者的研究一直都引导着最新的发展趋势。廖泉文等（2006）把企业面试分为普通面试（简称 N 面试）、可视电话面试（简称 T 面试）、网络电子面试（简称 E 面试）和其他面试（O 面试），并着重对 E 面试进行研究，分析 E 面试的优势和制约因素，提出 E 面试所需的准备工作，探讨了 E 面试的适用范围和应注意问题，最后结合企业实例来进一步分析 E 面试的操作。廖泉文教授的这些研究为福建省众多的企事业单位和机关部门提供了可供直接操作的根据和理论依据。如《素质模型建立的有效步骤》（廖泉文等，2008），指出素质模型的构建包括“选择研究职位”、“选择标杆”、“关键事件访谈”、“构建素质模型框架”、“建立素质模型”五个步骤，并以课题中的企业实例为背景，探讨了素质模型在实际中的运用问题。除此之外，一些硕博士论文研究也取得一定的突破。如孙武（2007）的《结构化面试研究》，对面试的测谎技术和结构面试题库进行研究，研究结论在国内该领域研究中属于领先水平。陈万思（2004）的《人力资源管理者胜任力模型研究》，采用访谈和问卷等实证研究方法构建了人力资源管理者胜任力模型，论文提出的胜任力模型研究方法可以供众多的职业和岗位胜任力研究提供理论基础。吴贵明

(2006)的《面试中的情结评判与情境评判》，把考官评判的方式分为情结评判与情境评判，认为情结评判是主观封闭的，情境评判则是客观开放的，考官评判应尽力避免情结评判。郑娟（2008）的《用人单位基于战略的招聘与高校职业生涯教育成功对接研究》从战略角度尝试链接校企。由此可见，招聘与甄选方面的成果在国内已经取得高水平的发展，能够在理论上抓住国际主流，在工具上与时俱进，在实践上专家操作。

（四）绩效管理方面的研究综述

虽然理论界在企业绩效评估的内容选择、机制设计、方法改进等方面的研究取得了很大进展，但传统的绩效评估仍是一个相对独立的系统，与组织的战略、组织文化以及内部管理系统是脱节的。福建省学者对于企业绩效评估的研究基本上沿袭了西方绩效评估的理论框架，且主要着力点仍放在对于国外理论的引进和吸收上，并尝试运用于提高国内企业的运营效率。在具体绩效管理工具的引进方面，一些管理咨询公司走在了学界的前面，他们侧重于实践操作，如对于平衡计分卡这样一种绩效管理工具（准确讲，应是一种战略管理工具），正是他们当下最热衷推介的对象，俨然找到了一种包治组织百病的灵丹妙药。就目前研究的大体进展程度而言，国内对于绩效管理的研究多侧重于通过组织目标及其分解、工作分析及设计、关键绩效指标建立及相关标准的确立，来构建绩效管理的组织环境和相关流程。比如，大量的 MBA 论文采用案例研究方法构建绩效考核指标，设计绩效管理制度。这些研究对推动我省企业的绩效管理具有相当好的示范效果。

（五）薪酬管理方面的研究综述

薪酬管理问题的研究与我国企业的发展进程直接联系在一起。一类可以归结为我国国有企业薪酬问题引发的研究。我国国有企业薪酬管理问题产生于计划经济模式向市场经济模式转变过程中所产生的各种“不适症”。主要表现为：①国有企业仍然未成为真正的分配主体，薪酬分配的行政色彩较为浓厚；②平均主义倾向依然严重；③企业分配自我约束能力不强，薪酬开支渠道不规范；④分配方式和方法单一，与业绩挂钩不紧密。由此导致了各种不良的连锁效应：不合理的利益机制挫伤了职工的工作积极性，导致人才流失、员工抱怨与不满、工作效率低下等。这些企业在吸引和留住人才方面一筹莫展。大多数企业在现实的操作中又往往顾此失彼，无法从根本上达到薪酬所能发挥的功效（何燕珍，2004）。基于以上的发展状况，薪酬管理的研究更多从理论上阐述，如廖泉文教授及其学生的一系列文章《论我国劳动报酬》（1998）、《论国有企业的劳动报酬管理》、《国有企业经营管理者薪酬体系设计的思路探讨》、《国有企业经营者薪酬模式的选择》等，均从理论上探讨国有企业薪酬问题，这些理论在具体的咨询工作中得到充分应用。刘国顺《国有企业薪酬管理研究及实证分析》则把理论应用于实证分析。

另一类为非国有企业的薪酬困境。鉴于自身在规模、经济实力上的不足，大部分非国有企业都是成本导向型。企业降低成本的方法主要集中在压低员工工资、延长劳动时间、提高劳动强度和引进新技术等上面，短期内这些措施有助于企业的发展，但从长期来看则非常不利于企业的健康长远发展。尤其是受2008年世界金融危机、人民币升值影响，大批中小企业破产清算、倒闭，许多勉强支撑的企业更是举起了裁员、减薪的大棒。福建省的大量私有企业均属于中小型企业，其薪酬管理的困境更有其独特之处——不规范。针对这些面对市场激烈竞争的企业，现有的一些文献均在阐述和传播规范完整的薪酬思想和操作方法，比如，《把握薪酬信息的透明度》（何燕珍，2002），指出了薪酬信息的公开与保密是许多企业面临的困惑，而由于"员工从不同渠道获得信息来推测薪酬公正性"，因此"需要企业强化薪酬信息的沟通"等观点。《国外企业薪酬政策及其对我国企业的启示》（何燕珍，2003），更是希望企业能够借鉴西方国家的经验，让国内企业少走弯路。何燕珍的《竞争力导向型企业薪酬水平政策探讨》、《美国企业薪酬发展的新趋势：整体型薪酬体系》、《企业薪酬管理发展脉络考察》、《浅谈企业薪酬政策的确定》、《敬业津贴：能让员工敬业吗》等文献均是属于这些领域的研究，期望企业能够更多考虑企业战略、发展时期、公正性、法律性等因素，更好地激励员工。

（六）职业发展方面的研究综述

20世纪90年代后期，厦门大学廖泉文教授开始探索职业生涯发展原理，经过长期的潜心研究，初期有"职业生涯发展的三维策划"、"三、三、三"理论、能岗匹配理论[①]等成果。后来又陆续提出了多个提升职业生涯成功概率的职业生涯管理理论，包括马论、球论、红叶子理论、交点理论、绣花理论、烧开水理论、豌豆理论、小河理论、成才捷径理论和人才环保理论等，[②]这些新的职业生涯理论，都是源自廖泉文教授自身对工作、生活和人生的真知灼见。该领域的研究成功相当丰硕。马力（2004）在其博士论文《职业发展研究：构筑个人和组织双赢模式》中，从个人和组织双重角度，分析个人职业发展中存在的问题，剖析影响职业发展因素，构筑个人和组织双赢模式。王友平（2005）指出职业生涯早期阶段的影响因素，最后提出了相应的管理措施。有意思的是，廖泉文教授一系列论文均涉及女性职业发展问题，从全方位考察女性职业发展特殊性，明确提出女性"一手要家庭、一手要事业"的见解。在此观点的指导下，吴贵明的博士论文《中国女性职业生涯发展研究》（2003）全面系统地对女性职业生涯发展进行研究，提出女性职业成功的关键因素。[③]

（七）员工关系管理方面的研究进展

通过建立有效的员工关系调整机制，确保员工关系主体双方有良好沟通的渠道和解决问题的有效途径，从而达到和谐的状态，对于企业管理的有效运行、工业秩序的和平稳

---

① 能岗匹配理论最早发表在《21世纪人才报》（2002年8月19日），之后的理论应用篇也陆续在《21世纪人才报》和《福建理论学习》上发表。

② 其中所列的职业生涯理论，大多数在国内的期刊、著作上公开发表。

③ 文中所提到论文皆是福建省人力资源管理研究者的研究成果或人力资源管理研究者在福建省学习期间的研究成果。

定、社会经济的健康发展至关重要。《劳动合同法》的出台，引发了国内对员工关系的众多关注，福建省在该领域的研究更有一些特殊性，那就是众多的私有企业紧张的劳动关系在研究中得到较多的体现。早在廖泉文教授的《论价值观对人力资源管理的影响》（1998）就已经提出了不同国家的文化，在"情理法"方面对员工关系产生深远的影响。到系列论文《中美人力资源法律体系比较》、《中国人力资源法律对策》等对劳动法律的关注，直至近期更多探讨《劳动合同法》对人力资源管理产生的影响，比如，郑孝华硕士论文《我国固定期限劳动合同制度研究》、黄信勇硕士论文《企业集体协商确定最低工资研究》，类似于《劳动法律与劳动关系和谐共存》、《新〈劳动合同法〉下人力资源管理观念的转变》的文章比比皆是，都是从法律视角研究员工关系问题。员工关系调整成为当今社会与企业管理的主题之一，郭铁民、黎元生《中国构建新型劳资关系的理论与实践》（2008）做了较系统的阐述。劳务派遣也成为热点之一，吴宏洛、陈月生（2007）的《劳务派遣：规范与发展》一文，提出规制派遣机构和用工单位之间的责、权、利关系，是促进劳务派遣事业健康发展的关键。2008 年省人事厅人才研究所完成了《福建省劳务派遣研究》课题，对国内外劳务派遣进行研究，并对福建省劳务派遣工作提出对策。

（八）团队管理方面的研究综述

团队管理研究，在 2000 年以后逐步受到国内学者的广泛关注，其相应的研究成果也在呈几何级数增加。在团队管理研究方面，福建省学者的研究起步较早，研究成果在国内也是较为领先。《工作团队管理》（2001）和《现代企业团队人力资源管理的变革》（2002），是省内关于工作团队管理的一般性讨论。主要讨论团队管理理念对传统管理理念的挑战以及团队运作对企业人力资源管理的影响。在 2003 年出版的《人力资源管理》一书中，廖泉文教授则从如何构造优秀团队角度，系统分析了团队的含义、类型和团队的生命周期，总结出优秀团队的十大特征，并进一步探讨了如何塑造以人为本的团队文化。

在具体的团队类型的研究方面，主要集中在企业项目团队的研究。在企业项目团队的研究方面，集美大学黄玉清副教授先后发表了系列的研究论文和专著《创建高绩效的项目团队》，就项目团队信任的构建、团队授权、团队增强凝聚力、项目团队的冲突管理、项目团队的绩效管理、项目团队的多样化管理等方面进行系统的研究，同时对如何构建项目团队有效性模型进行专门的探讨。在项目团队的绩效考核方面，丰琳（2004）在其硕士论文《项目团队的绩效测评体系研究》中系统探讨了项目团队的绩效管理问题，详细分析了如何结合项目团队的特点进行绩效测评体系的构建，如何对项目团队绩效测评的结果进行分析、反馈和运用。

（九）跨文化管理方面的研究综述

文化差异主要体现在价值观的差异、传统文化的差异、宗教信仰的差异、种族优越感、语言和沟通障碍五个方面（廖泉文，2003）；文化差异，包括文化背景差异、企业文化差异和个体文化差异三个层次；当跨文化冲突产生时，可以有"凌越模式"、"折衷模式"、"融合模式"和"移植模式"四种供选择。跨文化冲突通常有以下表现：①民族性格、思维模式不同导致文化冲突；②行为模式不同导致文化冲突；③对文化意义符号的不同理解导致文化冲突；④语境障碍导致文化冲突；⑤政治体系不同导致文化冲突；⑥宗教信仰不同导致文化冲突（廖泉文、李鸿波，2003）。不同国家背景下的跨文化管理已经成为现行的热点问题，集中研究跨国经营或跨国并购中的文化冲突问题。值得注意的是，廖泉文教授提出同一母国下的跨文化管理问题，这个概念在国内也是首次提出。她特别指出，需要对大陆—台湾的企业中的跨文化问题进行研究。对于跨文化管理的研究，早期的研究主要关注对外派管理人员的培训问题。如黄玉清（2001）对外派高级管理人员培训与境内高级管理人员的培训进行比较，系统分析了外派高级管理人员的培训。更为系统的外派人力资源管理研究是李鸿波（2004）的博士论文《跨国企业外派人力资源管理研究》。论文就跨国公司外派人员的管理问题进行探讨，所涉及的内容，除了上述研究中提到的外派人员的选择与跨文化培训外，还对外派人员的任职期间调整、薪酬管理、绩效考核和归国调整等问题进行详细的研究，最后对台湾企业的外派管理人员进行实证研究。近期，中国企业跨国并购的人力资源和文化整合成为一个新的亮点，《中国企业跨国并购中的文化整合》作为自然科学基金项目正在进行中，该项目由厦门大学管理学院的项目团队承担，目标在于采用国际逐渐兴起的扎根理论和实证研究方法探寻影响海外并购成功的文化和人力资源因素。这样的研究在国内也已经属于较为领先的水平。

（十）闽台人才交流合作研究进展

近年，闽台人才交流合作研究成为研究与实践的热点。华侨大学工商系张退之的《闽台人力资源开发比较及合作研究》（国家社会科学基金项目），发现台湾与福建在民间人力资本投资动机、人才就业分布、高素质人才现状、科教投入、科技产出等方面有许多相似之处，闽台人力资源开发存在不少互补，积极进行有效的闽台人力资源开发合作，对闽台经济的高速发展，将起到关键性的作用。《论海峡两岸人才交流与合作》（李非、刘严毅，2009）等较全面地分析了两岸人才交流与合作的进程、现状、特点，并提出扩大两岸人才交流与合作的建议。学者和政府官员还对在闽台湾居民的具体人事问题进行研究并采取积极措施，如陈鼎杰（2009）对在闽台湾居民职称问题进行探讨，建议福建省向台湾居民全面开放国家职业技能鉴定工种、建立闽台职业培训网等。两岸交流，教育先行。两岸校际合作如火如荼地开展，福建省教育厅积极组织力量对两岸教育特别是职业教育的交流与合作开展研究。闽江大学黄鸿鸿教授等在此方面都有深入研究与独到见解。

与国内研究情况相比，福建省在人力资源管理领域方面的研究，基本能够跟踪业界的热点和难点问题，对人力资源管理的研究已经比较丰富，但总的看来，还是定性研究和基于操作层面的成果居多。一些不足在于：

（1）割裂了微观（个人）与宏观（组织）研究的联系。关注细节是微观研究的特点，但过分着眼于细微，往往会忽视整体的和谐。研究者越来越关注一个相对狭窄的单个 HRM 实践的现象时，常常会看不到组织整体的 HRM 实践的最终目标。而宏观研究就恰好相反，重视组织的整体效应，却常常忽视了实施特定的HRM实践的技术或细节方面，从而导致一项很好的政策在实际运作过程中往往会背离管理者的初衷。因为HRM政策再完善，也必须通过实际的HRM运作来体现，员工只对实际的HRM实践（而不是公司制定的政策与战略）做出反应。

（2）忽视了不同人力资源管理实践之间的匹配。对单个HRM实践进行研究固然很重要，但研究者经常会忽视其他可能存在的HRM实践对观察结果的影响。影响组织绩效的是HRM实践的系统，而非单独的HRM实践。组织实施的HRM实践是复合的，HRM实践是相互作用、相互影响的。管理者应该以"匹配"的观点来指导设计HRM实践，注重横向匹配与纵向匹配，把不同的实践整合成系统来进行评估。

（3）研究方法上单调，基本以定性研究为主，无法从理论上给予突破。

三、福建省人力资源管理学科发展的趋势分析

福建省人力资源管理学科的发展存在着自身的特色，其优劣势影响着未来的发展趋势。

（一）福建省人力资源管理学科发展的优势分析

第一，人力资源管理学科建设起步早，在国内享有较高的声誉。厦门大学管理学院学科带头人廖泉文教授被国内同行的专家和学者公认，是本土人力资源管理研究的代表人物，其所著的《人力资源管理》（同济大学出版社，1991）被誉为第一本本土化的人力资源管理著作。在1995~2000年，又出版了《人力资源开发与管理研究》、《企业招聘系统研究》、《人事管理实务》、《企业考评系统》、《企业协调系统》、《企业报酬系统》、《企业发展系统》、《我国劳动力市场研究》等系列丛书的出版，进一步奠定了厦门大学人力资源管理学科在全国的影响力和知名度。其后，出版的《招聘与录用》（中国人民大学出版社，2002）和《人力资源管理》（高等教育出版社，2003）在国内很多高校被作为指定的人力资源管理教材。《人力资源管理》还被定为国家百门精品教材。

第二，人力资源管理研究较丰富，特别是招聘和职业生涯管理领域在全国颇具影响。廖泉文教授的《招聘与录用》是全国有关招聘研究的权威专著之一。他的关于提高职业成功概率的理论，如马论、球论、红叶子理论、交点理论、绣花理论、烧开水理论等，得到大陆和台湾高校、企业界人士的高度认同。

第三，一些人力资源管理实践活动领先全国。早在1999年，中共福建省委组织部就采用关联矩阵法在全省范围公开竞聘企业高管人员，并发挥带头示范作用。之后，中组部邀请廖泉文教授主要参与公开竞聘高层管理人员工作。

（二）福建省人力资源管理学科发展的弱势分析

福建省在人力资源管理学科方面取得了不少的成就，但人力资源管理学科发展方面也存在一些明显的弱势。

第一，定量研究方法和工具使用存在明显的不足。福建省在定性研究方面居多，而使用数学模型、统计工具、量化研究方面存在明显的弱势。

第二，学科发展存在地区不平衡。福建省的人力资源管理学科，特别是企业人力资源研究与咨询成果较集中于厦门大学，表现出福建省人力资源管理研究队伍分布不平衡。

第三，福建省高校在人力资源管理学科建设方面将面临着新的挑战，即学科发展的后备力量需要进一步提高在国内的学术地位。目前，在北京、上海、广东等地，出现了一批年轻的国内第二代人力资源管理知名专家，但福建省缺乏在全国学术地位较高的第二梯队接班人。福建省唯一的人力资源管理博士生导师廖泉文教授在停止招收博士生后，人力资源管理博士点将面临停招的尴尬。

（三）福建省人力资源管理学科发展的趋势分析

第一，根据学科发展的特点，进一步引入其他学科的研究方法和工具，特别是心理学、经济学和统计学方面的研究方法和工具。

第二，企业将更加重视人力资源管理，有更多的企业会把人力资源管理提升到企业战略层面，有更多企业将人力资源管理硬功能还原给直线主管。

第三，人力资源管理学科将会更多关注劳动关系的处理，劳资关系的协调，劳动合同法的实施等社会热点话题和焦点问题。

第四，福建省经济是外向型经济，人力资源管理虚拟管理将更多得到应用。相关组织为适应组织结构变革而采用虚拟现实技术。人力资源虚拟管理常见的策略是将人力资源管理外包化、合作化、信息化。以人力资源管理职能业务外包的形式，对组织的智力资本进行获取、培训、薪酬和开发的管理新架构。

第五，人力资源外包、人力资源培训、人力资源测评、人力资源咨询、人力资源认证等方面的社会机构组织将进一步发展，为促进我省人力资源管理学科的繁荣提供更多支持。

第六，政府服务开始以市场观念为主导，更强调绩效，政府公共管理模式向企业人力资源管理模式靠拢，其管理方法与工具更多借鉴企业人力资源管理。

第七，《中华人民共和国劳动合同法》出台后，劳动关系进行一系列重新调整。

四、福建省人力资源管理学科发展的对策与建议

（一）加大培育福建省人力资源管理学科带头人的力度

从前文的分析可以知道，福建省人力资源管理学科发展态势良好，但也面临着人才梯队问题。因此，为了保证我省人力资源管理学科能更好发展，保证福建省人力资源管理学科在全国范围内的影响力和地位，必须大力培育人力资源管理学科带头人，并促进一批青年学者成长，形成学术梯队。

（二）进一步加强人力资源管理学科的理论研究

要提升人力资源学科的发展，需要进一步加强我省人力资源管理的理论研究，这需要福建省人力资源管理研究人员做出更多的努力。同时，科研机构应加大对人力资源管理研究课题的支持力度，扶持人力资源管理学科的发展。更好地发挥省人事人才研究所等机构的作用，整合力量，通过成立跨区域、理论研究者与实践工作者相结合的科研团队等，争取高级别的课题资助，提高研究水平。

（三）鼓励和资助福建省人力资源管理研究成果的推广

提高我省人力资源管理学科影响力的一个重要途径，就是及时地把福建省的人力资源管理研究成果向全国推广和介绍。政府、高校、科研机构应制定相关政策，加大对人力资源管理学科的投入，鼓励和资助人力资源管理研究成果出版，并促进研究成果更快更好地应用于海西建设。

（四）促进福建省人力资源管理研究与企业人力资源管理实践的进一步结合

管理理论，需要为企业管理实践服务，同时需要企业实践的进一步检验。人力资源管理学科，本身就是一个融理论性和实践性为一体的学科，更需要实现理论与实践的有机结合。福建省私营中小企业多的特点，既是对福建省人力资源管理研究人员的挑战，也为福建省人力资源管理研究人员提供了丰富的研究空间。福建省人力资源管理研究人员，特别是高校老师，在进行理论研究的同时，要敢于走出校门，走向企业，开展更具针对性的研究，将理论与实践更好地结合。

（五）丰富人力资源管理研究方法与工具

为使福建省人力资源管理学科有更好、更快的提升，必须注意当前学科研究的新方法、新工具。目前，管理学科研究应用较多的方法与工具有结构方程模型、多元分析、相

关性统计分析、博弈论等。福建省人力资源管理研究人员在今后的研究中可丰富人力资源管理研究方法与工具，拓展定量研究领域，提高定量研究水平。

参考文献

[1] 廖泉文. 试论人才的连续性与时代性 [J]. 福建论坛（文史哲版），1985（4）.

[2] 龚瑞维，万希. 人力资源管理系统对组织绩效影响之相关研究综述 [J]. 南昌航空工业学院学报（社会科学版），2006，8（3）：25-29.

[3] 万希. 论人力资源战略管理的机制构建 [J]. 现代管理科学，2009（3）：100-102.

[4] 林聪. 基于战略层面的人力资源规划 [J]. 龙岩学院学报，2005，23（4）：17-19，28.

[5] 何燕珍，林瑛. 中小企业人力资源管理实践对组织绩效的影响——基于中国制造业背景的实证分析 [C]. 第十一届西湖国际中小企业研讨会，2009.

[6] 廖泉文. 招聘与录用 [M]. 北京：中国人民大学出版社，2002.

[7] 廖泉文. 能岗匹配之原理 [N]. 21 世纪人才报，2002-08-19（25）.

[8] 廖泉文. 人力资源的获取——兼析竞聘上岗的原理与规程 [J]. 中国人力资源开发，2002（1）.

[9] 廖泉文，李元勋. E 面试方法刍议 [J].中国人力资源开发，2006（5）.

[10] 廖泉文，等. 素质模型建立的有效步骤 [J]. 中国人力资源开发，2008（7）.

[11] 何燕珍. 把握薪酬信息的透明度 [J]. 企业管理，2004（3）：46-48.

[12] 何燕珍. 国外企业薪酬政策及其对我国企业的启示 [J]. 外国经济与管理，2003，25（6）：30-34.

[13] 廖泉文. 职业发展道路的三维策划 [J]. 厦门大学学报（哲学社会科学版），1998（2）.

[14] 廖泉文. 职业生涯发展的三三三理论 [J]. 中国人力资源开发，2005（4）.

[15] 马力. 职业发展研究：构筑个人和组织双赢模式 [D]. 厦门大学管理学院博士论文，2004.

[16] 王友平. 职业生涯早期阶段的管理 [J]. 技术经济，2005（2）：8-10.

[17] 何燕珍. 工作团队管理 [J]. 中国人力资源开发，2001（2）.

[18] 王友平. 现代企业团队人力资源管理的变革 [J]. 技术经济，2002（5）：17-19.

[19] 廖泉文. 人力资源管理 [M]. 北京：高等教育出版社，2003.

[20] 丰琳. 项目团队的绩效测评体系研究 [D]. 厦门大学硕士论文，2005.

Fujian Province Human Resources Management Development Research Report

Fujian province human resources management development research group

Abstract: Same as the development of human resource management, The development of Fujian province human resources management is rapid. From aspects of the human resource development, strategic human resource management, recruitment and employment, performance management, salary management, occupation development, employee relationship management, team management, cross -cultural management, personnel exchanges and cooperation in Fujian and Taiwan areas, this paper reviews the research results of Fujian province human resources management researcher. The paper also analyzes development tendency and gives countermeasure and suggestion of development of Fujian province human resource management.

Key Words: Fujian province, human resource management, the development of research

授权理论的研究逻辑

——心理授权的概念发展 *

刘 云 石金涛

【摘 要】 授权理论的研究沿着两条路径进行，即关系路径和动机路径。关系路径的研究者发展了结构授权模型，动机路径的研究者发展了心理授权模型。结构授权强调决策权力的分享，其核心思想在于给予员工权力和自主权，提高他们的参与度等；心理授权强调员工的授权体验，其核心思想在于提高员工对授权的认知从而激发其内在工作动机。众多学者认为心理授权才是提升组织效能与管理效能的关键，心理授权是结构授权与组织预期结果之间的中介变量。

【关键词】 授权 结构授权 心理授权

20 世纪 80 年代以来，日益激烈的全球竞争、日新月异的技术革命、动态的商业环境构成了企业运作的主要外部环境特征。这样的环境要求企业必须拥有一批主动积极、不畏风险、勇于创新和能容忍高度不确定性的员工才能在竞争中立于不败之地。加之知识经济的到来，各种类型的企业中多为追求独立自主和自我价值的知识型员工。这些因素对基于控制和监督的传统管理方法提出了挑战。在这种背景下，授权作为一种新型的管理方式越来越受到企业管理者的欢迎，学者们也对授权表现出了浓厚兴趣，因为授权可以促进员工的灵活性、决断力以及组织承诺，从而改进个人和组织的绩效。

授权的实证研究主要沿着两条路径进行，即关系路径和动机路径。关系路径的研究者发展了结构授权模型，动机路径的研究者发展了心理授权模型。在过去的 30 年里，西方学者不断发展授权理论并在实证研究中证明了授权的现实价值，然而在国内，授权的相关研究还十分稀少。本文的主要目的在于介绍授权理论的研究视角以及阐述心理授权的概念形成。

---

* 本文选自《上海交通大学学报（哲学社会科学版）》2010 年第 1 期。

一、授权研究的路径

文献表明，授权的实证研究主要沿着两条路径展开，即关系路径（Relational Approach）和动机路径（Motivational Approach）。20 世纪 90 年代以前，学者们沿着关系路径研究组织中的授权现象，涉及的学科领域主要为管理学。所谓关系，是指个体对其他人在控制、影响或支配方面的相对关系。从关系路径研究授权，授权意味着权力的分享或转移，或是一方对另一方控制的减弱。可以说，关系路径是站在组织的层次或者管理者层次来研究授权，研究者把授权看做企业的一系列管理措施，包括上级管理人员授予下属员工决策权力、为下属员工提供信息和资源、工作丰富化等，研究者假设这一系列措施将会导致组织期望的结果，而把授权的对象（员工）的心理状态当成一个“黑箱”或者抛开。因此，授权被称为“管理授权”（Management Empowerment）、“结构授权”（Structural Empowerment）、“宏观授权”（Macro Empowerment），本文把这类授权统称为结构授权。

20 世纪 90 年代以后，学者们沿着动机路径研究组织中的授权现象，涉及的学科领域主要为心理学。所谓动机，是指促使个体表现出行为的驱动力。从动机路径研究授权，授权意味着赋能，强调个人内在的心理状况。可以说，动机路径的研究者是站在微观层次或个体层次来研究授权，授权的核心内容就是创造条件来发展员工的自我效能感从而增强其工作动机。研究者认为个体的行为受到个体动机的影响，组织的授权措施未必就能直接导致组织期望的员工行为，有必要研究授权的对象（员工）的心理体验。因此，授权被称为“微观授权”（Micro Empowerment）、“有机授权”（Organic Empowerment）、“心理授权”（Psychological Empowerment），本文把这类授权统称为心理授权。

总之，组织中的授权研究涉及两个学科领域（管理学和心理学），两个研究路径（关系路径和动机路径），两个分析层次（组织层次和个体层次），两个研究阶段（20 世纪 90 年代以前和 90 年代以后），最后形成两种不同的授权模型，结构授权模型和心理授权模型，如图 1 所示。

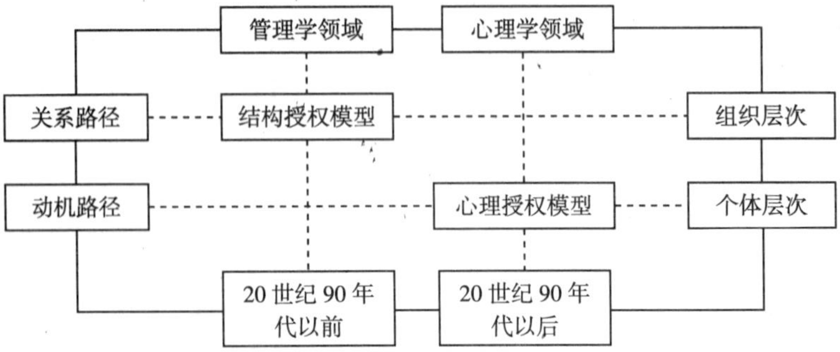

图 1　授权模型

二、结构授权模型简介

关于授权的研究最早沿着关系路径开始。可以说，Kanter 是从关系路径研究授权的代表人物。Kanter（1979）提出结构授权模型，把权力定义为“调动资源去完成工作的能力”。模型表明，权力结构包括三个维度：信息、支持和资源。信息指员工需要获得的工作所需的知识和信息，支持指来自同事、上级、下属的反馈与帮助，资源指为达成工作目标所需要的资金、原材料、报酬和其他资源。

Kanter（1979）认为，如果员工觉得自己可获得信息、支持和发展机会等资源时，就会产生授权感，从而提高工作效率。具有高度授权体验的员工还会与他人分享自己的权力并激励他人努力工作，从而在工作中形成授权气氛。如果员工无法获得信息、支持和机会等资源时，就会产生无权感，认为自己没有发展机会，不能参与企业的管理决策。当没有权力却必须对自己的工作承担责任时，员工往往会产生沮丧感和挫折感。

Kanter（1979）的结构授权模型被证明可以预测工作满意度、组织承诺、决策参与、管理中的信任和工作压力。因此，管理者的主要任务是保证员工通往各类资源的权力线畅通，确保员工能获得完成工作所必需的信息、支持、资源和发展机会，以此来为提高工作效率创造条件。

关系授权的研究者探讨管理者的授权行为和实践，组织结构的改变、沟通渠道的改善、给予员工更多的决策参与权和工作中的自主权等，关系授权的研究者的基本假设是授权措施会对员工的行为和态度产生直接的因果效应。但是关系授权的研究角度受到了质疑，Conger 和 Kanungo（1988）指出，关系授权仅仅从管理者的角度定义授权，而把授权的作用对象抛到九霄云外，这是不全面的。一些关系授权的实证研究结果也表明，员工的能动性并不一定是权力转移或管理干预的直接结果，研究者应该检验员工对授权措施的心理体验。

三、心理授权模型的形成

心理授权的概念沿着动机路径发展而来，从 Conger 和 Kanungo 的自我效能感授权模型，经过 Thomas 和 Velthouse 的认知评价授权模型，最后形成 Spreizer 的心理授权模型，如图 2 所示。下面，本文就对心理授权模型的发展历程进行简要介绍。

1. 自我效能感授权模型

Conger 和 Kanungo 最早从动机路径研究授权。根据 Lawler（1973）的期望理论和

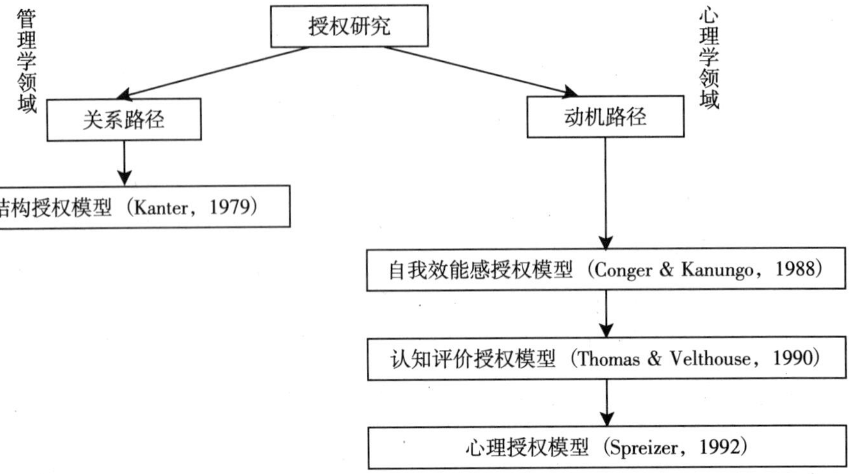

图 2 心理授权概念的形成

Bandura（1977）的自我效能理论，Conger 和 Kanungo（1988）把授权定义为组织通过一系列措施来增强员工的自我效能感的过程。自我效能感授权模型把苗头指向了授权的客体（员工），引入了自我效能感作为授权员工的心理结果，任何增强自我效能感的管理策略和技巧将使得员工感到更有力量控制所面临的事情，反之，任何弱化自我效能感的策略将使得员工感到无能，员工关于自我效能的信念和努力期望的信念会导致绩效。

尽管自我效能感授权模型把组织层次的授权干预与个体层次的动机结合起来了，但是它在授权概念和内容结构上是不完善的，仅仅考虑了自我效能感。另外，从动机途径来研究授权，调查的主要焦点是员工的体验，然而，员工对工作的特征以及工作的社会结构情境的感知会受到内在认知过程偏见的污染，管理措施的良好意愿未必就能保证员工体验到授权。自我效能感授权模型没有详细介绍授权体验的认知过程，Thomas 和 Velthouse 在授权的研究中特别考虑到了这一点。

2. 认知评价授权模型

Thomas 和 Velthouse（1990）认为，授权意味着通过内在激励使得员工充满活力，授权的员工有义务通过积极的行为回报组织。Thomas 和 Velthouse（1990）把自我效能感授权模型进行了改进，提出了认知评价授权模型，主要在三个方面有所不同：①把内在动机作为个体授权的核心元素；②指出内在动机源于四项任务评价（Task Assessments）；③描述了员工达成这些任务评价的认知过程。研究中，授权被当成存在于个体心中的心理状态，模型重点强调个体的心理状态是如何通过个体的感知达成的。

任务评价是个体对当前任务的四个方面（影响力、胜任力、意义和选择性）的评价，任务评价决定了个体的授权体验程度。影响力（Impact）是指在工作的完成过程中，行为在多大程度上能对结果产生影响；胜任力（Competence）指个体在多大程度上感到能熟练完成工作；意义（Meaningfulness）是指个体根据自己的价值观和标准对当前任务目标的价值判断；选择性（Choice）是指在个体多大程度上把个人偏好建立在所采取的工作行为类型上。

任务评价被看做是对客观现实的解释和建构，而不是对客观事实的简单记录。内在任务动机及其随后的行为不仅仅取决于外在环境因素，而且也取决于这些环境因素如何被解释。因此，任务评价会受到员工个性特征和认知风格的影响。

认知评价授权理论反映了授权的整个认知过程，而且也提出了授权的程度取决于员工对工作任务在四个方面的评价，丰富了自我效能感授权理论。但不足的是，Thomas 和 Velthouse 只是提出了认知评价授权的四个维度的概念，而没有开发相应的量表。Spreizer 在研究授权时，抛开了授权的整个认知过程，而是把注意力集中在认知授权的维度界定与量表开发上面。

3. 心理授权模型

在认知评价授权模型的基础上，Spreizer（1992）提出心理授权的概念。通过心理学、社会学和宗教学领域的文献的阅读，最后总结出四个心理授权的维度：意义（Meaning）、胜任力（Competence）、自我决定（Self-determination）和影响力（Impact）。这四个维度与 Thomas 和 Velthouse 提出的维度类似，后者把第三个维度命名为选择，前者命名为自我决定。Spreizer（1995）验证了这四个维度在工作环境中的效度，并开发出个四个维度 12 个题项的量表，该量表得到普遍认同和应用。

工作意义（或者目的）是指个体根据自己的观点和标准对工作目的进行的价值判断，反映了个体的信仰、价值观和行为与工作角色之间的一致性程度。工作意义是心理授权的“引擎”，在工作中发现意义的员工更愿意使用组织赋予的自主权来完成组织目标，更能把注意力聚焦于组织目标；在评价组织目标的价值时，员工受到个人观念和标准的引导。

胜任力（或者能力）是指员工对自己是否拥有成功完成工作所需的技能、能力和知识等的感知。胜任力是与自我效能感（Conger & Kanungo，1988）类似的观念；胜任感是指对当前所做工作或任务的胜任感。

自我决定指个体对自己的工作行为和过程进行控制、选择或者自主决策的感觉。自我决定意味着自己对行为的掌握；自我决定表现为员工能对完成工作的方法和程序进行自主决策；员工都希望把自己看成工作的原始主体，而不是被动的执行者。

影响力指员工关于自己能够影响组织战略、管理或者经营结果的信念。体验到影响力的员工能够积极参与组织决策，他们把自己看成是具有能动性的环境主体而不是具有无助感的环境客体；影响力不同于控制倾向，控制倾向是一个广泛的人格特征，它经过了跨情境的检验，而影响力仅被特定工作情境所影响。

四、心理授权的概念说明

Spreizer（1995）提出的四维度模型得到学者们的广泛认同，普遍应用到实证研究中。

我国学者李超平等（2006）首次在我国验证了 Speritzer（1995）开发的量表在我国使用的信度和效度。关于心理授权的概念有一些说明。

首先，心理授权不是一个稳定的、普遍的跨情境个性特征，而是在特定工作情境下形成的一系列认知，因此，个体的心理授权的程度会随着工作情境的变化而变化。

其次，心理授权导致一个积极的而非消极工作角色导向，这种积极导向能够使人努力向前而且感到有能力塑造工作角色和工作情境。

再次，心理授权的四个维度反映了授权结构的不同侧面而不是互为因果的关系。这四个维度累加起来构成心理授权的完整结构，缺少其中的一个维度，将会减少（但不会完全根除）整个授权的感知。因此，心理授权是一个连续变量，对于一个个体来说，可以认为他或者她在多大程度上有授权感知，而不能说有或者没有授权感知。Spreizer（1992）发展了授权指数的计算公式：心理授权=意义×个人控制（胜任力+自我决定+影响力）。

再其次，心理授权是一个内在动机概念。作为内在动机的一种形式，心理授权弥补和扩展了内在动机理论。内在动机理论很多，但最普遍的动机理论包括 Deci（1975）的认知评价理论和 Hackman 等（1978）的工作特征模型。Deci（1975）的认知评价理论认为，内在动机来源于个体的胜任感和自我决定感，任务的激励效果不是由任务活动的客观特征决定，而是由这些任务活动赋予人的心理意义所决定，由于任务给个体带来了选择感和胜任感，个体就会受到激励。Hackman 等（1978）的工作特征模型是被广泛使用的内在动机模型，该模型认为如果工作特征能给个体带来意义感和影响力，那么就能增加个体的内在动机。心理授权补充了这些内在动机理论，因为它把认知评价理论所强调的激励因素（自我决定和能力）和工作特征理论中强调的激励因素（意义和影响力）整合到一起，从而丰富了内在动机理论。

最后，关于心理授权和结构授权之间的关系。一些研究者认为心理授权可能是关系授权的结果。也有人认为，两种视角都关注于员工激励方面，通常情况下，员工的管理授权导致外在激励，心理授权导致内在激励。

五、授权研究的讨论与展望

我国学者普遍把“Psychological Empowerment”翻译成“心理授权”，台湾学者普遍把它翻译成“授权赋能”。到底哪种翻译较为恰当呢？对“Empowerment”的理解要从“Power”开始。“Power”可指权力，也就是对资源或他人的控制，“Empower”就意味着资源分享或权力委托；“Power”也可以指动力或能量，因此“Em-power”就意味着注入动力，赋予能量。由于“Psychological Empowerment”的本意是指员工通过对工作意义、胜任力、自主决策权、影响力四方面的评价而形成的内在工作动机（Spreizer，1995），因此本文认为翻译成“心理赋能”比较好。但是考虑到尊重国内研究者的习惯，所以还是翻译成心理授权。

20 世纪 90 年代以前，学者们从关系路径研究授权，验证了授权在提升组织和管理效率中的必要性，同时也提出了丰富的授权理论来为管理实践做指导。然而，事实证明，组织单方面的授权措施并没有带来显著的效果。如果把员工的行为看成是个体与环境相互作用的产物的话，那么员工的行为不仅仅受到环境的影响，还会受到自身的影响。关系路径的研究只考虑到了环境对个体行为的影响，而忽略了个体认知对自身行为的影响。对认知联系的忽略导致了授权实践与结果之间的微弱关系。例如，对参与管理的综述研究表明，有学者认为员工参与管理与绩效之间存在正向关系，也有学者认为参与管理与绩效之间没有显著关系，即使参与管理与绩效之间的关系是统计显著的，这种影响是如此的小，以至于它们很难为组织提供参考价值。这种微弱的关系可以这样解释，这些研究没有测量这些授权实践对认知产生的影响。Conger 和 Kanungo（1988）认为，如果员工没有感到授权，授权干预的实施不一定会转换成积极的绩效结果。

20 世纪 80 年代末期，关于授权的研究兴趣转向到个体层次，从动机路径研究授权。动机流派认为，授权干预的目标是个体，研究者应该检验个体对授权干预的感知以及对工作特征的感知。因此，心理授权就是个体关于工作特征及其组织社会结构特征的认知的解释（Corsun & Enz，1999）。心理授权的研究者认为，授权干预及其工作丰富化的努力不一定导致积极的结果，必须考虑个体通过对任务进行评价的授权体验的中介作用。心理授权研究者宣称，个体对授权措施的感知而不是措施本身决定了授权的程度（Spreitzer，1992）。

心理授权概念的提出大大丰富了组织授权的理论，给管理实践带来了硕果，然而，心理授权的研究中还存在一些不足，值得大家共同关注。

首先，既然个体行为是环境特征和个体特征的函数，那么不管是沿着关系路径，还是沿着动机路径来研究授权都是不完美的，应该把两者结合起来。心理授权与结构授权其实是授权的两个方面，不应该单独考虑，而应该联合考虑两者对个体行为的共同影响。那么心理授权与结构授权到底是一种什么关系呢？它们是如何联合作用于个体的行为呢？这种联合作用机制应该是未来的一个研究方向。

其次，关系路径的研究者，提出了很多授权措施，为管理实践做出了很大的贡献，而动机路径的研究者在这方面还做得远远不够，仅仅探讨了心理授权的重要性、影响因素和结果变量，而对如何提高员工的心理授权却很少提到。因此，探讨如何提高心理授权的具体措施是值得我们关注的热点。

最后，心理授权不是永久不变的个性特点，而是在特定工作环境下形成的一系列的心理认知，不同的工作环境下形成的心理授权水平是截然不同的。因此，随着经济环境和组织环境的发展变化员工心理授权的程度也会发生波动。以前的研究都是关于心理授权的静态研究，关于员工心理授权感知的形成过程以及怎样随着时间变化却没有得到更多的重视。

参考文献

［1］Conger J. A.，Kanungo R. N. The empowerment process：Integrating theory and practice［J］.

Academy of Management Review, 1988 (13): 471- 482.

[2] Heather K. Spence Laschinger. A Longitudinal Analysis of the Impact of Workplace Empowerment on Work Satisfaction [J]. Journal of Organizational Behavior, 2004 (25): 527- 545.

[3] Lawler E. E. Motivation in work organizations [M]. Monterey, CA: Brooks/Cole, 1973.

[4] Bandura A. Seli-efficacy: Toward a Unifying Theory of Behavioral Change [J]. Psychological Review, 1977 (84): 191- 215.

[5] Thomas K. W., Velthouse B. A. Cognitive elements of empowerment: An "interpretive" model of intrinsic task motivation [J]. Academy of Management Review, 1990 (15): 666-681.

[6] Spreizer G. M. When organizations dare: the dynamics of individual empowerment in workplace [M]. Unpublished doctoral dissertation. Michigan: University of Michigan, 1992.

[7] Spreitzer Gretchen M. Psychological Empowerment in the Workplace: Dimensions, Measurement, and Validation [J]. Academy of Management Journal, 1995, 38 (5): 1442-1466.

[8] Deci E. L. Intrinsic motivation [M]. New York: Plenum, 1975.

[9] Hackman J. R. Effects of changes in job characteristics on work attitudes and behaviors: A naturally occurring quasi-experiment [J]. Organizational Behavior and Human Performance, 1978 (21): 289-304.

[10] Corsun D. L., Enz C. A. Predicting psychological empowerment among service workers: the effect of support based relationships [J]. Human Relations, 1999, 52 (2): 205-224.

[11] 李超平，李晓轩，时勘. 授权的测量及其与员工工作态度的关系 [J]. 心理学报，2006，38 (1): 99-106.

[12] 陈永霞，贾良定，李超平等. 变革型领导、心理授权与员工的组织承诺：中国情景下的实证研究 [J]. 管理世界，2006 (1): 96-107.

Approaches to the Study of the Theory of Empowerment

——*The Concept of Psychological Empowerment*

Liu Yun, Shi Jin-tao

Abstract: Two approaches can be adopted to study the theory of empowerment, namely the relation approach and the motivation approach. Researchers of the former developed structural empowerment, while those of the latter invented psychological empowerment. Structural empowerment involves the delegation of decision-making authority, its focus being to transfer power and initiative to the employees and increase employees' involvement. Psychological empowerment, on the other hand, attaches importance to employees' perception of empowerment, focusing on enhancing employees' conception of empowerment and, in turn, arousing their internal motivation to work. Many believe that psychological empowerment is the key to the increase of organizational effectiveness and management efficiency. Psychological empowerment is a mediator variable between structural empowerment and the expectation of the organization.

Key Words: empowerment, structural empowerment, psychological empowerment

由案例构建理论的机会与挑战*

凯瑟琳·M.埃森哈特　梅丽莎·E.格瑞布纳　张丽华　何　威（译）　程卫凯（校）

【摘　要】《美国管理学会学报》（AMJ）近年来在各主要学刊中率先垂范，相继着力推出各种以充分利用丰富的实证数据见长的另类研究方法。本文将着重探讨由案例构建理论的相关策略，尤其是多案例的理论构建。

【关键词】案例研究　理论构建　扎根理论　质性研究　数据收集　理论抽样　研究策略

《美国管理学会学报》（AMJ）近年来在各主要学刊中率先垂范，相继着力推出各种以充分利用丰富的实证数据见长的另类研究方法。在该刊"主编特荐"系列中，学者们充分翔实地介绍了这方面的若干题目，诸如质性研究（Gephart，2004）、扎根理论（Sudda-by，2006）、数据丰富性的价值（Weick，2007）和单案例的说服力（Siggelkow，2007），等等。本文将着重探讨由案例构建理论的相关策略，尤其是多案例的理论构建。

迄今为止，学者们已经运用案例研究的方法在各色各样的题目上开发理论，如群体过程（Edmondson，Bohmer & Pisano，2001）、内部组织（Galunic & Eisenhardt，2001；Gib-ert，2005）、战略（Mintzbeirg & Waters，1982）。知名老牌学者（Chandler，1962；Whyte，1941）和 AMJ 上令人瞩目的新秀（Dutton & Dukerich，1991；Sutton & Rapheli，1988）一样，都使用过这种方法。事实上，那些由案例来构建理论的文章常常被认为是"最有趣"的研究（Bartunek，Rynes & Ireland，2006），并且成为 AMJ 中引用最频繁的文章（Eissen-hrdt，1989a；Gersick，1988），其影响力与数量恰成反比。因而最新一届 AMJ 最佳论文奖的获得者们（Ferlie，Fitzgerald，Hawkins，2005；Gilbert，2005）倚重这种方法，也就不足为奇。

通过案例研究构建理论是指运用一个或多个案例、根据案例中的实证数据创建理论构念、命题和/或中程理论的一种研究策略（Eisenhrdt，1989b）。案例研究是通常基于多途径数据来源、对于某种现象的具体表现进行丰富的、实证性的描述（Yin，1994）。案例可以是历史性回顾，例如，Weick（1993）对 1949 年明尼苏达州曼恩·高奇森林火灾惨痛教训的研究；但更多的是对当前事件的即时描述，如 Gilbert（2005）对报业公司适应非连贯环

* 本文选自《管理世界》2010 年第 4 期。

境变化的研究。案例研究的宗旨是以案例为基础从中归纳产生理论。而理论的产生完全是由于其根植于并升华于案例内或案例间的构念之间的关系的模式以及这些关系所蕴含的逻辑论点。

由案例研究构建理论的核心在于其可重复性（Eisenhardt，1989b），即每一个案例都可视为一个独特的实验，是自成一体的一个分析单元。而多案例正像一系列相互关联的实验室实验一样，通过这些不连续的实验对所产生的理论进行重复、对比、扩展（Yin，1994）。但不同的是，实验室实验要将研究现象从其背景隔离，而案例研究则突出现象发生的丰富、现实性背景。理论的构建就是通过在案例数据、所产生的理论及现有文献三者之间的反复循环而进行的。虽然由案例构建的理论常常看似“很主观”，但成功的案例理论却往往令人惊讶地“客观”，因为其与数据的唇齿相依而使得研究者保持“坦诚”。这些数据对理论的约束，与数学在正式的分析模型中的作用有异曲同工之妙。

由案例研究构建理论之所以引人瞩目并具显著意义，一个主要原因在于，它是沟通丰富的质性数据和主流的演绎式研究之间的最佳桥梁之一（如果不是唯一最佳桥梁的话）。由于归纳式的案例研究强调开发新的构念、量度和可验证的理论命题，使得它与强调理论的可验证性的主流演绎式研究保持一致。事实上，归纳法和演绎法的逻辑是相辅相成的：归纳式的案例理论构建从数据中产生新的理论，而演绎式的理论验证研究则通过数据来验证理论从而完成完整的研究周期。而且，由于案例研究是一种根植于丰富实证数据的理论构建方法，所以通过案例构建理论更有可能产生准确、有趣、可验证的理论。因此，案例研究是对主流的演绎式研究的自然补充。

虽然由案例构建理论变得日益引人注目，但要用这种方法撰写可发表的论文仍然存在诸多挑战。一些擅长大规模、假设验证型研究的论文评审者对这种方法存有误解（如期望随机抽样），或者想当然地认为他们自己的方法更优越。另一些采用其他研究策略的评审人，尽管也使用丰富的实证数据（如自然问询法），但强调长篇大论的描述，而对提出可验证的、普遍性的理论并不感冒。还有一些评审者虽然也赞成那些基于丰富实证数据的研究，但却被用来描述这些研究方法的形形色色的术语给搞糊涂了，包括扎根理论、质性研究、案例构建理论和自然问询法等。我们对这些作者特别同情，因为我们自己都曾参与过多项由案例研究构建理论的研究项目并撰写过多篇论文。因此，我们希望通过本文褒扬使案例构建理论有别于其他研究方法的优势，指出这种方法的一些共同挑战，并提出一些可能的解决之道。

一、证明理论构建的合理性

优秀的实证性研究通常以扎实的相关文献回顾开始，发现以往研究的不足，并提出解决此不足的研究问题。但当采用案例构建理论的研究方法时，研究人员还必须增加一个额外的步骤，来证明为什么理论构建式研究能比理论验证式研究更好地解决这个研究问题。这其中隐含的想法就是：与大规模假设验证式研究相比，案例理论构建研究不那么精确、客观、严格。而且，如果在文章头几页不能使评阅人相信理论构建研究的恰当性，那么他不等读到研究的结果部分就会将投稿弃之一旁。换句话说，评阅人会问：为何非得归纳性研究不可呢？

应对这一挑战的一个关键步骤就是澄清为什么这个研究问题是重要的，以及为什么现有的理论无法提供一个适宜的答案。仅仅指出现有理论的矛盾之处是不够的。相反，关键是要使读者相信这个研究问题对组织和/或理论是至关重要的，并且证明现有理论要么完全没有解决此问题，要么是解决得不充分或可能不对。

让我们以一项早期的有关快速战略决策的研究为例（Eisenhardt，1989a）。该文的导论部分开门见山地指出，快速战略决策对高速动荡环境中的公司的绩效来说是决定性的，并给出了一个因为管理层决策缓慢而导致公司破产的例子。然后，导论部分又继续说明现有的研究文献几乎忽视了这一重要的研究主题。文章的背景部分介绍了涉及决策速度问题的相关文献（即使很间接的）中的几种不同思路，但随后指出这些观点隐含的逻辑是不能令人信服的。例如，虽然一些文献暗示集权化战略决策也许很快，但集权化并不能解决诸如了解相关信息、决策实施、面临不确定性环境的决策信心等问题。因此快速战略决策不可能仅仅是集权化的问题。文章背景部分结束时，提出了“快照式决策”是否现实的问题。证明归纳性的案例研究方法正当性所面临的挑战，部分地取决于研究问题的性质。如果是那些以拓展现有理论为目的的理论驱动型研究问题（Lee，Mitchell & Sabylinski，1999），研究者必须在现有理论的背景下设想其研究，然后说明为什么归纳性理论构建是必要的。一般来说，研究问题需紧扣现有理论的背景，而要证明归纳性案例研究的合理性，很大程度上取决于质性数据能否对一系列复杂社会过程给出定量数据所不能轻易揭示的洞见。例如，Greenwood 和 Suddaby（2006）研究了处于一个行业核心中一项众人瞩目的制度变革是如何发生的（即会计行业著名公司对变革的推动）。他们认为自己所采用的方法拓展了制度理论，而且他们的质性数据能够揭示其所包含的复杂社会过程，因而是合理的。

与此相反，对于那些由现象驱动的研究问题来说，研究者在研究构思时必须强调此现象的重要性和现有理论的贫乏。此时研究问题界定宽泛，因而赋予研究者更多的灵活性。而对于归纳性案例研究的合理性的证明则依赖于研究现象的重要性以及强有力的理论与实证性证据的缺乏。例如，Bhghm 和 Eisenhardt（2006）在他们对“企业高管们在参与一种重复的组织过程（在他们的研究中，指的是企业国际化）时学到了什么”这一问题的研究中是这样证明自己的案例研究方法的合理性的：他们指出，学习是一种普遍存在的组织过程，但大量关于学习的实证性文献却都忽视了实际学习的内容。更广泛地说，由案例构建理论的研究一般在回答未开发研究领域中那些“如何”和“为什么”式的研究问题时特别有效（Edmondson & McManus，2007）。反之，这种研究方法在回答有关“频率”、“次数”和不同构念的相对实证重要性等问题时效果不佳。

二、案例的理论抽样

由案例构建理论的另一个经常遇到的挑战是关于案例的选择。一些读者错误地认为，挑选的案例应该具有一定的总体代表性，就像在大规模假设验证研究中的数据一样。换句话说，他们常常发出这样的疑问："如果这些案例不具有代表性，那理论如何能推广呢？"

应对此挑战的关键就是要澄清，案例研究目的是发展理论而不是检验理论，所以理论抽样（不是随机抽样或分层抽样）是合适的。理论抽样就意味着选择一个案例正是因为它非常适合说明和扩展不同构念间的相互关系和逻辑。正如实验室实验也不是从一个实验总体中随机抽样而是抽取那些能够提供理论新意的样本一样，案例也是根据理论原因来抽样的，如揭示一个不寻常的现象、重复验证其他案例的发现、对立重复、排除其他可能的解释、阐释新理论等。

单案例的理论抽样是直接的。选择案例的原因或者是因为它们非同寻常的启发性，或是极端的范例，或是难得的研究机会（Yin，1994）。例如，Weick（1993）就使用了一个在曼恩·高奇森林火灾中丧失感觉寻求的极端案例。Galunic 和 Ekenhrdt（1996，2001）研究了一家过去数十年来堪称典范的世界上绩效最高的技术公司的组织适应性。Dutton 和 Dukerich（1991）对纽约港务局进行了研究，因为他们通过朋友取得常人不易获得的数据。因此，单案例研究往往提供了在极其稀少或极端的情况下探究一种重要研究现象的机遇。

虽然单案例研究能充分地描述一种现象的存在（Siggelkow，2007），但多案例研究往往能为理论构建提供更坚实的基础（Yin，1994）。同样，与实验室实验类似，在其他条件相同的情况下，基于多案例实验的理论构建基础更牢固、更准确、更具普遍性。多案例能够相互比较，澄清是否新的发现仅仅是单案例所特有的，还是能不断被多个案例重复得到（Eisrahrdt，1991）。多案例也能创建更坚实的理论，因为其中的命题更深地根植于多种实证性证据。它同样也能更准确地描述不同的构念及其相互关系，因为从多案例中更容易确定准确的定义和构念抽象的适当层次。例如，Brown 和 Eisenhardt（1997）发现：虽然一些企业依靠结盟来探索未来，但另一些却依靠未来学家和试验性的产品。通过多案例的研究，作者确立了一个比个别事例（即结盟、试验性产品）更恰当的抽象层次（即探索）。多案例研究还能促进对研究问题更广泛的探索和理论提炼。例如，Brown 和 Eisenhardt（1998）又补充了成功和不成功的转变案例，从而为自己的理论增添了纵向成分。因为案例的数量一般很少，因此即使新增很少的案例也能显著影响理论的质量。比如，在一个单案例的研究里新增 3 个案例，就数量来说并不算多，但其分析效力却提高了 4 倍。因此，运用多案例研究来构建理论往往能产生比单案例研究更坚实、更普遍、更可验证的理论。

但虽然多案例研究可能产生更好的理论，可其理论抽样却更复杂了。案例的选择不再基于特定案例的独特性，而更多基于案例群对理论发展的贡献。也就是说，多案例的选择是基于理论原因，如可重复性、理论拓展、对立重复以及排除其他可能的解释（Yin，1994）。例如，在 Graebner 和 Eisenhardt（2004）从卖方角度来研究收购行为的研究中，作者首先使用了三个重复的案例即管理层卖掉了自己的公司；然后又研究了一个对立的重复案例，即管理层本来可以卖掉公司却没卖；随后作者又使用了来自不同行业的案例研究以探讨行业层面的解释。有一个非常重要的理论抽样方法就是“两极模式”：研究者抽取极端的案例（如绩效非常高与非常低的情况），以便更容易地发现数据中对立的模式。虽然这种方法由于所得到的理论总能为其实证数据所支持而令论文评阅人惊诧，但是这种抽样方法确实能够清楚识别所研究对象中的核心构念、关系、逻辑的模式。

三、处理访谈数据

案例研究适合于各种各样的数据源，包括访谈、档案数据、问卷调查、原生态研究和观察资料等。例如，Hargadon 和 Utton（1997）在其对 Ideo 设计与创新咨询公司的日常创新活动的案例研究中，综合了他们对该公司头脑风暴会议的观察、对公司主要人物的访谈，以及两个咨询项目过程中的原生态记录。但是，如果研究使用了多个案例，并且研究的关注点从日常工作现象转移到像收购、制定战略决策这些偶尔的、战略性的现象时，访谈经常成为主要的数据来源。访谈是获得丰富实证数据的一种高效方法，尤其是当研究现象非常偶然或十分罕见时。但访谈也会造成受访者下意识的反应，即出于印象管理和事后诸葛亮等机制导致访谈数据的偏差。因而细心的读者会问：“你这个理论是不是爱面子的受访者事后诸葛亮式的体会？”

访谈数据面临的挑战最好通过能够减少偏差的数据收集方法来缓解。一个主要的方法就是访谈多个了解内情、对研究现象有不同视角的对象。这些受访者可以包括各个组织内部不同层级、部门、团体、地域的主要人物，以及其他相关组织的知情者和外界观察员(如市场分析人士)。如此众多形形色色受访者全都进行事后诸葛亮式的美化和印象管理的可能性微乎其微。例如，在我们从卖方角度来研究收购行为的研究中（Gaebner & Kssenhardt，2004），我们的访谈对象包括了买卖双方各两级高管、双方的董事会成员以及提供并购背景信息的投资银行家们。

另一个消除偏差的主要方法就是将回顾式案例和实时性案例结合起来（Leonard-Barton，1990）。回顾式案例依赖于访谈（和档案数据），因而能迅速积累案例的数量和深度，由此能使研究者接触更多的访谈对象并增加案例的数量。如果所研究的事件是新近发生的，那这种回顾式访谈尤其准确。相反，实时性案例采用的是通过访谈并更经常是观察法来进行的纵向的访谈数据收集。这两种方法都有助于缓解回顾式方法所带来的事后诸葛亮式的美化效应和印象管理的影响。

还有一个更为微妙的挑战来自于质性数据和质性研究之间的混淆。理论构建型案例通常极大地依赖于从访谈和其他渠道，如观察、历史书籍、档案等取得的质性数据。这样的研究经常被冠以“质性”之名仅仅是因为它非常依赖质性数据。但质性研究还包括其他也使用质性数据的研究策略，这些研究并非将数据整理成为案例并使用重复性逻辑来构建理论。例如，Elslaach 和 Kramer（2003）在他们关于好莱坞个人面试的研究中积累了大量关于个人说服力的质性数据，但他们将这些数据汇总起来而不是将其组织成案例。更复杂的是，一些学者对什么是“质性研究”有着非常严格的定义，远远超出数据类型的范围。例如，Gephart（2004）将质性研究描述为“运用解释性的、自然主义的方式来研究问题的多种方法并用的研究”（Denzin & Lincoln，1994）以及“针对的是关于社会经验是如何产生并被赋予意义这一问题”（Gephart，2004）。根据这种观点，质性研究是高度描述性的，它强调现实的社会构建过程，关注的是现有理论在特定事例中如何发挥作用。这种观点在研究活动、目标和方法论上不同于更客观、更实证性的通过案例构建理论的方法，也不同于其他同被称之为质性的研究策略。这里的关键在于一些读者可能会混淆本非同类但却看似相似的研究，只因为它们都运用质性数据。而一旦这些研究不符合这些读者所理解的“质性研究”的定义，他们会觉得大失所望。

解决有关“质性研究”混乱含义的最直截了当的办法就是干脆避免用这个术语。另外，明确界定自己所用的研究策略，并强调其与其他有着不同方法论前提的“质性”方法之不同。特别是当从案例中归纳理论时，应当清楚说明构建理论的目标，并特意用脚注来注明质性研究的多重含义之间的区别。此处的关键在于明晰理论构建策略，同时避免含义混淆、哲学性陷阱以及不切实际的读者期望。

四、展示实证数据

实证性研究中至关重要的一个方面就是展示理论归纳所依据的证据。大规模演绎式的研究由被广为接受的一整套标准来介绍理论和实证型证据，通常是以紧凑的数据表格总括大量数据的统计分析结果。但是案例数据却不能总括得如此紧凑，因为其中包含太多的质性细节。

在单案例研究中，展示丰富质性数据的挑战可以轻易化解，只需在文中展现一个相对完整的故事描述。故事一般是叙述性的，分门别类地引用关键受访者的语录和其他支持性证据。然后故事与理论相互交融，由此揭示实证型证据和新理论之间的紧密联系。这种相互交融使得理论和数据在文中都异常突出。Gersick（1994）、Hargadon 和 Douglas（2001），还有 Mintzberg 和 Waters（1982）都是这方面的典范®。

但对多案例研究而言，对每个案例都进行一个相对完整连贯的介绍是不可行的，特别是随着案例数量的不断增加。如果研究者每个案例都面面俱到，那理论就会淹没其中，文章长度则急剧膨胀。因此多案例研究的挑战是在限定的篇幅内同时展示作为研究目的的新理论和支持这一理论的丰富的实证性数据。对于一本多案例的研究专著或一篇单例的论文而言，在丰富的故事情节和扎实的理论基础之间的权衡取舍较为容易。但是对于学术期刊论文，多案例研究者对理论的坚实性和实证资料的丰富性之间的取舍特别困难。尤其难办的是满足那些期望看到如单案例研究般大量的故事情节的读者。他们会问："案例研究的精彩故事怎么不见了?"

解决"要更好的故事还是要更好的理论"的矛盾，最好的办法就是分段形成理论，或者提出若干具体命题来构成理论，每一个命题都有实证型证据支持。因此，理论本身成为贯穿文章通篇的组织框架，而理论的每一部分都有来自至少某些案例的数据资料来证实。但由于在正文中用每一个案例来佐证每一项命题通常是不太现实的，因而大量使用表格和其他视觉手段来总结相关的案例证据对于显示实证基础的深度和细节性至关重要。换句话说，使用概括的表格和其他视觉辅助手段来总结案例数据，可以补充正文中选择性的故事描述的局限性，还可进一步强调理论的实证性基础的严密性和深度。每个理论构念都用一个单独的表格来概括其证据，是展示案例证据的一种特别有效的办法。这些"构念表格"概括了案例证据，而且还指出了该构念是如何"测量的"，这也就提高了理论的"可验证性"，并且建立了一座由定性证据通向理论验证的坚固桥梁。Graebner（2004）、Gilbert（2005）及 Zott 和 Huy（2007）都是把构念表格和有选择的正文描述相结合的优秀范例。

然而，对于那些期望看到来自实证数据的丰富的细节描述的读者来说，用表格概括案例数据、围绕理论来组织正文，会使他们大失所望。这种情况特别可能发生在那些研究兴趣重描述而轻理论的读者身上。因此，提醒论文评阅人你的案例研究的目的是开发理论通常还是有必要的，尽管听起来好像有些画蛇添足。更重要的是，在开发构思精巧的表格、附录和其他视觉辅助手段上多花些时间还是很关键的，因为这样可以充分展示理论潜在的实证性佐证和可预期的丰富的案例数据，并明确地将这些表格和正文统一起来。

五、新理论的撰写

由案例构建理论的目标就在于理论本身。但理论构建研究却不像大规模假设验证研究那样有"确定如此"的撰写新理论的标准模版。由于不同读者有各自的偏好，因而他们不免要问："为什么你的理论要采用这样的形式?"

解决这个问题的一个行之有效的方法就是以不同形式来撰写理论。首先，在文章导言部分勾勒出新理论的雏形。其次，在正文中就每一构念及构念之间的相互关系，逐一撰写每一命题（或明或暗地），并将其与支持性的实证证据联系起来。这样当研究完成时，这些命题会与大部分（或者甚至是全部）案例保持一致，因为研究者在理论和数据间进行了有效的"模式匹配"。同样，清楚地表述出隐含的理论论点也是至关重要的，这些论点指明了一个命题中构念之间的逻辑关系。这些论点可以从案例证据中（如某受访者提到了这种逻辑关系）和/或从不太相干的逻辑中提取。最后，要给出一个可视的理论总结，如一个“方块加箭头”的图示或总结性的表格。Eisenhardt（1989a），Gilbert（2005）及 Maurer 和 Ibers（2006）向我们提供了在同一篇论文中如何运用多种方法撰写理论的范例。运用多重撰写方法来展示理论往往是初次投稿的一个安全起点。

另一个更微妙的挑战来自于对“扎根式理论构建”含义的混淆。一些学者认为扎根式理论构建仅仅意味着在系统收集的实证数据中，通过观察发现模式来创建理论。这种观点经常包含分析时在理论和数据间的往返反复（因此可以持续比较理论和数据）的描述，并要求案例的理论性抽样（如前所述）。正如 Langley（1999）所言，这是一种被广为接受的关于扎根性理论构建的观点。这种观点认为，就研究质量而言，理论的质量及其扎实的实证性证据基础比理论构建过程的具体细节更为关键。

但其他学者认为扎根性理论构建有一个更严谨精确的含义，它源于 Glaser 和 Strauss（1967）对社会行为人对行为含义的解释的初始关注。例如，Suddaby 认为扎根性理论构建“最适合用于试图理解行为人从主体互动经验中构建行为意义的研究”（Suddaby，2006）。更有学者强调扎根性理论构建的细致过程和术语，即研究者应当使用层级式的分类结构来收集现场数据并发现理论（Corbin & Strauss，1990）。对这些学者而言，持续的比较和理论抽样具有确切的含义：“持续比较”意味着数据收集和分析同时进行；“理论抽样”意味着根据理论构建进展的需要来决定下一步收集哪些数据（Suddaby，2006）。这种观点认为，是否坚持具体的扎根性理论的构建过程对判断研究质量是非常重要的。但是严格的坚持也会造成对理论普遍性的限制（Langley，1999）以及对个别的实证性起始点的特殊路径依赖。

正如我们处理“质性研究”的多重含义的办法一样，解决“扎根性理论构建”的多重含义的有效办法也是尽量避免使用这个术语，除非研究者确实在使用 Glaser 和 Strauss（1967）的方法。另外一个行之有效的消除误解的办法，就是在论文中详细说明系统的数据收集过程和理论构建过程，特别是有关理论是如何从数据中归纳出来的过程（如对跨案例比较法的说明）。此处的关键是表明研究过程的严密性、创造性和开放性，同时避免混淆和哲学陷阱。

最后，一个意外的挑战可能会来自于那些对简约理论失望的读者。特别是当读者熟悉某些单案例研究的特殊细节时，他们会期望看到从这些案例中得出更复杂的理论。出乎意料的是，单案例其实能比多案例创造出更为复杂的理论。这是因为单案例研究者能使他们的理论更严格地符合某一特定案例的细节。反之，多案例研究者仅仅剩下了在大部分或全部案例中重复出现的关系模式。由于这些关系模式的数量往往少于在单案例中观察到的丰富细节的数量，因此，多案例研究所得出的理论也往往更简约（但也更坚实、更普遍）。应对这一挑战的关键方法就是从所有可能的细微差别、可选择的其他解释等方面来保证理论已经充分利用了现有的数据。当然，也有必要提醒读者，简约、坚实、普遍性才是优秀理论的共同特点。

六、结 论

通过案例研究来构建理论是一种日益普及、意义显著的研究方法，并以此为基础形成了一大批颇有影响力的研究。但是像任何一种研究方法的信徒一样，案例研究法的信徒也面临很多可预见的挑战，而其中的一些挑战恰恰是由于依赖丰富质性数据的研究日益普及而产生的。令人欣慰的是，这些经常是正当合理的挑战能够通过准确的语言和周密的研究设计来缓解，包括小心论证案例构建理论的合理性、案例的理论抽样、限制受访者偏差的访谈方法、用表格和附录来展示丰富的案例论证数据以及清楚的论点表达。这样所产生的新理论牢固地建立了一座从丰富的质性数据通向主流演绎研究的桥梁。这才是案例研究的真谛。

Theory Building from Cases：Opportunities and Challenges

Kathleen M. Eisenhart，Melissa E. Graebner，Zhang Li-hua，He Wei

Abstract：The Academy of Management Journal has taken the lead among major journals in spotlighting alternative methods that take advantage of rich empirical data. In this commentary， we focus on the related research strategy of theory building from cases， particularly multiple cases.

Key Words：case study，theory building，grounded theory building，qualitative research，data collection，theoretical sampling，research strategy

沃尔玛的合伙人政策*

彭剑锋　孟泽元

【摘　要】沃尔玛的成功有许多因素，其中最重要的一点是公司全体成员的共同努力。按山姆的说法，就是全体成员之间的“合伙关系”。沃尔玛将合伙人政策具体化，分为四个互补的计划，本文分别对这四个计划进行了介绍。

【关键词】沃尔玛公司　利润分享　普通员工　合伙人　奖励计划　合伙关系　福利计划　合作关系　公司利益　工会

沃尔玛的成功有许多因素，其中最重要的一点是公司全体成员的共同努力。能做到这一点是因为公司管理者与员工之间良好的合作关系，管理者视员工为事业合作伙伴。这种合作关系按山姆的说法，就是全体成员之间的“合伙关系”。

沃尔玛将合伙人政策具体化，分为四个互补的计划：利润分享计划、员工购股计划、投耗奖励计划和福利计划。

一、利润分享计划

沃尔玛员工的利益与公司紧紧相连。除了工资和奖金与员工自己的工作绩效挂钩外，沃尔玛还实行了利润分享计划。所谓利润分享计划，顾名思义，就是一项所有员工参与利润分享的计划。这是山姆最引以为自豪的举动，也是保证沃尔玛公司继续前进的动力。沃尔玛的利润分享计划有其独特的吸引力。在沃尔玛，员工之所以崇拜沃尔顿，忠实于公司的事业，很大程度是建立在该计划的基础上，这也是公司实施“合伙人”政策的重要措施之一。

山姆花了很长时间才想通应让普通员工参与利润分享计划。在沃尔玛发展初期，山姆付给普通员工的工薪一般比法律规定的最低工资还要略低一些，当时沃尔玛公司支付给员工的工资每小时只有 50 美分，只够员工勉强糊口。但是，经理们的报酬却相当丰厚，主

* 本文选自《中国机电工业》2010 年第 7 期。

要是除了固定的薪水外，还可按业绩分得固定比例的利润。例如，山姆为公司聘的第一个分店经理的条件就是将利润的1%作为红利。另外，每个经理还有权投资一小部分股份，但在每家店的投资不得超过1000美元，约占新店资本总额的2%，其中600美元算是借给公司的，400美元是自己的，保证每年都有红利。

山姆也在自传中对自己当初没能很快想到这个问题而感到懊悔不已，他回忆道："在很长的一段时间内我并没有意识到这个问题。事实上，我整个事业中的最大缺憾就是，当1970年我们的公司公开发行股票时，我们最初的利润分享计划只包括经理人员，而没有扩大到所有员工。由于我太担心自己的负债状况，也太急于让公司迅速扩展，因而忽视了这一点。"

是什么原因使得山姆·沃尔玛让普通员工也参与利润分享计划的呢？据山姆·沃尔顿自己说："分享利润和其他利益的想法甚至在我们公司公开发行股票以前就产生了，但这不是我，而是海伦想出来的。""也许，我们与零售职员工会，以及其他一些工会（如我们建筑工地的建筑工会，我们分销中心的司机、仓库工人、佣工兄弟会）的冲突确实迫使我们加快考虑了这一问题。"更重要的是他是这样思考利润分享计划的：利润率的高低不仅与工资数有关，也与利润量有关，而如何提高利润呢？有一个简单的道理，如果与员工共享利润——不管是以工资、奖金、红利或股票折让方式——公司的利润就越多，因为员工会以管理层对待他们的方式来对待顾客。如果员工能够友善地对待顾客，顾客们就会乐意再来这家商店，顾客越多，利润也就越多，而这正是该行业利润的真正源泉。仅靠把新顾客拉进商店，做一笔生意算一笔，或不惜成本大做广告都是达不到这种效果的。因此，在沃尔玛的发展中，顾客称心满意，反复光临，才是沃尔玛取得惊人利润的关键。而那些顾客之所以对沃尔玛忠诚，是因为沃尔玛的员工比其他商店的员工对待他们更好。

山姆一直坚决主张沃尔玛公司不需要工会。他认为，"理论上我是理解工会所提出的观点的，即工会的存在是因为员工们需要有人来做他们的代表等。但从历史上看，随着工会在这个国家的发展，它基本上只是在制造不和与分裂。它们使管理层和雇员相互对峙和敌视，自己则扮演中间人的角色，仰仗着两大阵营的对立，几乎成了一个独立的机构。而对立则破坏了直接的沟通，减弱了企业关照顾客、加强竞争和夺取市场份额的能力。我们在沃尔玛公司中实行的合伙关系——包括利润分享、奖金、股票折买计划，以及真正让员工参与进来使我们团结成一个整体的措施——对我们双方来说，比有工会干预的任何情况都好。我不是说我们比任何人付得都多，不过，我们的确在该行业以及所在的地区中具有竞争力；如果想吸引和留住人才的话，我们就必须这样。而从长远来看，由于信任公司并一直推动它沿着正确的方向发展，我们的员工也从收入及其他方面获得了好处。双方的合作使我们的事业如日中天"。

"另一方面，我得说：每当我们真正遇到麻烦，或工会极有可能插足公司事务时，原因都在于管理层的失误，在于我们没有倾听员工们的心声，或者亏待了他们。我认为每次公司雇员表示他们需要工会，都起因于管理层糟糕的管理方式，以及与下属的矛盾。通常，这种情况的发生与一线管理人员的工作有直接关系，诸如某些管理人员干了蠢事，或没有做应该做的好事。我们在克林顿和梅西科镇就遇到这样的问题。我们的经理不虚心听取意见，对下属缺乏应有的宽宏大量。他们不与员工沟通，不与他们共患难，结果我们就有麻烦了。”

与工会的冲突在沃尔玛的历史上曾经发生过多次，但密苏里州克林顿镇的第二十家商店及在梅西科的第二十五家商店开张时，工会所组织的两次罢工对沃尔玛公司触动特别大。当时为解决工会抗议问题，一方面，公司聘用了一位优秀的擅长解决劳资纠纷的律师；另一方面，推出一项“关怀计划”，让员工了解，无论他们遇到了什么困难，都欢迎他们向管理人员反映，让管理员有机会为他们解决困难。虽然两次冲突最终都是以沃尔玛公司的胜利而宣告结束，但是也促使沃尔玛公司和山姆本人开始重新审视公司与员工的关系。

1971 年，公司开始正式在全公司内推行利润分享计划。该计划规定凡加入公司一年以上、每年工作时数不低于 1000 小时的员工都有权分享公司的部分利润。公司根据利润情况按每名员工工薪的一定百分比提留，当员工离开公司或退休时连本带利领取，他们可选择现金，也可选择公司股票。总体来看，公司每年提留的金额大约是工薪总额的 6%。据统计，1972 年公司分红额为 17.2 万美元，共有 128 人分到利润。这笔款项随着公司的利润和股票的增值而增长。到 1985 年时达到 21800 万美元，1986 年为 30300 万美元，1991 年，公司为当年利润分享计划提留的资金已高达 12500 万美元。而到了 1992 年，这笔资金达到 18 亿美元。到 2009 年，全球当年共有 200 万员工有机会享受沃尔玛的此项利润分红。

利润分享计划所涉及的个人账户金额是惊人的。一名在沃尔玛已工作了 20 年的货车司机回忆说，他 1972 年加入沃尔玛公司时，山姆在讲习班上告诉他们：“如果你们跟我 20 年，我保证你们将从利润分享计划中得到 10 万美元。”这名司机当时根本不相信，因为他刚从一家工作了 13 年的运输公司出来，一共才领到 700 美元。而实际上到 1992 年，他的利润分享金不是 10 万美元，而是 70.7 万美元，而且这还不包括这些年来他添置家具，购买许多其他东西的花销。

随着公司销售额和利润的增长，所有员工的红利也在增加。这样的例子还有很多，所有沃尔玛员工都切身体会到了公司的回报是多么可观！而他们获得丰厚回报的实例激励了后来者。利润分享计划确实起到了鼓励员工将公司看做是自己的，努力为它工作，维护公司利益的作用；同时公司为员工提供了丰厚的退休金，解除了他们的后顾之忧。

利润分享计划使沃尔玛与员工的利益紧密相连，使员工把公司的利益放在第一位。沃尔玛的每个基层店，都挂有这样的标记牌：“今天我们公司的股票价格，就靠我们的工作。”

二、员工购股计划

与此同时，公司还实施了一些其他合伙计划。1972 年公司开始实施一项员工购股计划，员工购买公司股票享有比市价低15%的折扣，并可用薪水抵扣。这计划是公司福利的一部分，员工自愿购买。由于公司股票的升值，这一计划使许多员工积累了大量财富。例如，前述的那名货车司机，除利润分享金外，他还用买卖股票赚的钱买了房子和许多其他东西。当然，那些管理人员，包括在公司长期工作的中层管理人员积累的财富更多，不少人成了百万甚至千万富翁。

通过实施一系列的方案，员工分红信托基金组织成为沃尔玛的最大股东。1977年，该基金只有440万美元，到1983年已达9850万美元，随着沃尔玛的成长，该基金也不断增加。1982年，沃尔玛发给每一个员工的红利，相当于其年薪的5.6%。由于有大量员工的参与，沃尔玛股票从20世纪80年代开始成为纽约证券交易所的明星。从1977年到1987年，股票价格上涨了20倍，1992年，沃尔玛公司董事会宣布自1971年以来的第十次一分为二的股票拆细，20年的股票回报高达近4000倍，参加股票购买方案的员工都得到了丰厚的回报，沃尔玛大约有8% 的股票被雇员所拥有。

同时，沃尔玛在1993年1月3日提出了一个“合作者股票所有权计划”，大约有4000名管理合作者获得了股票期权。

三、损耗奖励计划

自然损耗大是零售业企业赢利的大敌，沃尔玛控制耗损的方法是与员工分享公司因减少损耗而获得的赢利。如果某家商店将损耗控制在公司的目标之内，该店的每位员工都可获得奖金，最多可达200美元。结果，沃尔玛的损耗只是行业平均水平的一半。而且，该计划还使员工之间彼此增加了信任感。

起初，沃尔玛的损耗平均是实际销量的2%，虽然这样的损耗率在同业中是很低的，但因为基数大，总量上也会很多。更甚者，曾有单个商店高达6%，其中原因有顾客拿走的，也有店员监守自盗的。山姆一直在想各种办法来减少损耗，但效果都不明显。最终，他从得克萨斯州欧文镇880号分店那里得到了启示，开始用激励的方法减少损耗。

该分店坐落在城市的贫民区，无论是员工还是顾客都很年轻，而且各色人种都有。分店的经理对员工和顾客始终有这样一种看法：这些白人、黑人和墨西哥人既年轻又贫困，他们随时都可能去偷店里的商品，而对此我无能为力。因此、在实际工作中，这个经理经常使用的方式要么是对员工大声责骂，要么是对他们的小偷小摸行为听之任之。结果这家商店成了沃尔玛旗下业绩最差的商店之一。它的损耗率也是在沃尔玛所有商店中最高的，达到6%。而且该店几乎每天都发生偷盗情况，偷窃者既包括顾客，也有店员。该店每年损失达50万美元以上。

后来总店派去了一名新的经理人员。这名经理人员首先召集该店的经理和各部门主管，对他们详细讲述了沃尔玛的经营理念，并重新培训他们。他为这些以往对自己本职工作采取无所谓态度的"基层领导"设定了一些现实的目标，鼓励他们尽量做得更好，并指出其他公司不成功的原因正是在于没有让员工参与进来。他建立了一系列严格的员工行为规范，加强管理，并把责任落实到每一个店员身上。同时他还积极地引导大家建立起相互信赖、团结的关系。这个分店的员工因此以一种新的积极的态度加入商店的运作，努力做好自己的工作。结果，不过一年半，这家商店的面貌就焕然一新：损耗率降到2%，销售额直线上升，商店开始扭亏为盈。山姆正是从这种管理方法中得到启示：给员工责任，并信任他们，然后，才能期待他们做出好的成绩。

经过慎重考虑和广泛征求意见，1980年，沃尔玛总部做出决定一与员工共享公司因减少损耗而获得的盈利，即把奖金发给那些努力减少损耗的职员。这一计划实施后效果果然很好。因为这种做法在员工内部建立起互相监督的机制，也鼓励了员工自爱自重，减少了失窃现象发生。1988年，沃尔玛的官方损耗目标为1.5%；到了1989年，这一数字下降到最低的1.2%。直到现在，沃尔玛的损耗率大约只有行业平均水平的一半。沃尔玛尊重和信赖员工，而员工也以同样的热情来回报沃尔玛。

事实证明，正向激励的作用要远远大于责骂与惩罚，正向激励能促使员工心甘情愿从事某一个任务。它是从员工角度出发而采取措施，能使员工自觉地将自身行为与公司行为统一起来，主动把公司利益放在首位，从而取得一般强制手段所达不到的效果。

四、福利计划

随着利润分享计划的成功，在构建公司与员工融洽的关系上，山姆·沃尔顿又有了一些新的想法，例如，公司的福利计划。该计划包括员工的疾病信托基金、为员工子女而设的奖学金等。以1990年为例，沃尔玛的各项福利计划，加上分店经理奖和补偿方案等，使公司除了工资和基本补助以外多支付了1亿美元。

除了以上这些，员工还享受一些基本待遇，包括带薪休假、节假日补助、医疗、人身及住房保险等。其中一些计划在经济上体现了伙伴关系，每一项计划都是遵循山姆先生所说的"合作伙伴关系"而制定的。

此外，根据"员工折扣规定"，员工、员工配偶及其被赡养人，在沃尔玛连锁店、沃尔玛购物广场和沃尔玛美国HyperMart连锁店购物时，许多种正常价格的商品可以打10%的折扣。对于那些在沃尔玛工作一年以上的员工，沃尔顿基金会会向他们即将高中毕业的子女提供奖学金。那些还没有资格享受沃尔顿基金会所提供的奖学金的员工，也会得到公司的帮助。

Wal-Mart Partner Policy

Peng Jian-feng, Meng Ze-yuan

Abstract: There are many factors to the success of WAL-MART, among them the most important one is the joint efforts of all members. According to Sam, it is "partnership". WAL-MART partner policy is divided into four complementary plan. This paper introduces the four plans.

Key Words: Wal-Mart store, profit sharing, general staff, partner, incentive plans, partnership, benefit programs, cooperative relationship, the interests of the company, trade union

国际人才管理的战略新思维及其启示*

刘　昕

【摘　要】目前，人才管理已成为发达国家企业高度关注的一个新领域。这一是由于劳动力队伍结构的变化、全球化的深入发展以及知识型员工的增多，二是因为未来环境的不确定性使传统的人才开发与培养战略失效。现代人才管理的核心内容是在借鉴供应链管理以及流程再造的基本原则的基础上，努力寻找适用于不确定环境的员工队伍管理新途径，以满足组织未来的人力资源需求，同时提升总体生产率以及人力资源投资回报率。发达国家人才管理的战略新思维会对中国企业产生深远影响，因此，必须借鉴国际经验，深入探讨后危机时代中国企业人才管理的路径取向。

【关键词】人才　人才管理　人力资源管理　供应链

随着麦肯锡公司在1997年做了一项名为“人才战争”的专题研究并随后出版了一本同名论著，人才的吸引和保留问题愈发引起企业的关注。近年来，发达国家的人才管理理论和实践不断丰富，并逐渐形成了一些战略性的人才管理新思维。那么，到底什么是人才管理？国际人才管理的主要背景及其创新之处是什么？国际人才管理对中国企业的影响又是怎样的呢？本文拟对这些问题进行探讨。

一、人才管理是一种创新性战略性人力资源管理思维

（一）何谓人才

尽管关于人才管理中的“人才”到底应该是哪些人存在一些分歧，但总的来说，作为人才管理对象的人才通常具有以下两个方面的重要特点：

第一，人才不是抽象的，更不是绝对的。在人才管理中，作为管理对象的人才是与微观层面的组织和具体的职位相联系的。组织在不同的时期、不同的发展阶段以及不同的战

* 本文选自《江海学刊》2010年第3期。

略导向之下，所需要的人才类型是不同的。目前比较普遍的一种观点是，人才管理的对象应当是那些具有较高的当前价值或潜在价值的员工，尤其是会对组织的成功产生重要影响的关键岗位的填补者。换言之，对人才进行评价的重点在于绩效和潜力两个方面，绩效关注的是过去和现在，而潜力关注的则是未来。比如，英国人力资源管理协会就指出，人才指的是那些能够为组织绩效带来特殊贡献或具有特殊价值的人，其中既包括能够在当前做出特殊贡献的人，也包括那些因展示出很高潜质，从而能在长期中为组织做出贡献的人。美国联邦政府人事管理署也认为，人才管理的核心是管理对组织使命达成具有重要作用的那些职位的当前任职者以及潜在的胜任者，而并非全体员工。因为人才管理是一种通过执行和维护各种吸引、获取、开发、晋升以及保留高质量人才的计划，来解决胜任能力差距，尤其是对组织使命极为关键的职位上存在的胜任能力差距的系统。

第二，人才不仅仅是指组织中最优秀的、已经表现出卓越绩效的少数员工（A 类人才），它还包括构成员工队伍大多数的、有能力且绩效稳定的那些员工（B 类人才）。招募和留住绩效水平最高的 20%左右的 A 类人才固然重要，但随着知识型工作的不断增多，组织已经不能再忽略大量 B 类人才的作用。因为研究表明，顶级人才在一个有活力的内部员工网络中会变得更加有效，为了让 A 类人才充分发挥自己的潜力，就必须有大量的 B 类人才提供有力的支持和配合。总之，人才不是指最优秀或最重要的少部分员工，相反，它囊括了能够在当前或未来为组织做出重要贡献的在员工队伍中占相当大比例的各种人才。

（二）人才管理与人力资源管理的关系

人才管理最初起源于人才战争引起的组织对人才招募工作的重视，后来逐渐发展成为一种涉及范围更大的管理实践，涉及人才的吸引、保留、开发以及调整和使用等多个方面。其具体内容有：规划人才需求；梳理雇主品牌以吸引最优秀的员力确保新员工尽快达到高生产率；帮助组织留住优秀员工；确保人才在组织内能够不断流动到贡献最大的职位上去等。尽管人才管理不可避免地会涉及很多传统的人力资源管理职能，但它的关注点主要还是关键人才的吸引、保留及其使用。美国宾夕法尼亚大学的卡佩里教授指出，人才管理主要是着眼于预测组织未来的人力资源需求，然后再设法通过制订相应的人才吸引以及人才保留计划去满足组织的这种需求。美国联邦政府人事管理署也指出，人才管理的两个关键要素是人才招募和人才保留，对美国联邦政府而言，人才管理的作用就在于通过招募和保留这两个关键要素的共同作用，确保联邦政府的各个机构能够在正确的时间、正确的地点获得拥有正确技能的人。此外，人才管理与传统的人力资源规划在职能上尽管非常相似，但是两者之间存在以下两个方面的重要差异：

第一，传统的人力资源规划的目的在于根据组织未来的劳动力供求差距来制订各种方案，从而保证组织获得未来发展所必需的各种人力资源。因此，传统的人力资源规划重心在于人才的招募或获取，对人才的保留却重视不够。事实上，很多组织在雇用有价值、有潜力的员工方面做了大量的投资，但却很少思考如何留住他们、如何让他们把价值转化出来。人才管理恰恰是试图通过借鉴供应链管理、六西格玛、客户关系管理以及精益生产等的一些基本原则，将各种人力资源管理职能之间的壁垒彻底打破，实现整个人力资源管理流程的无缝链接，以确保组织通过吸引、保留并有效使用各类人才来实现组织的战略意图。因此，人才管理是一种更具整体性和延伸性的人力资源规划，其目的在于通过综合运用各种人力资源干预手段来强化组织能力，同时推动组织战略经营重点的达成。

第二，传统的人力资源规划在进入21世纪以来已经遇到越来越大的挑战，很难适应组织的需要。过去那种相对稳定的人力资源规划环境已经变得富有风险和不确定性，而组织未来的劳动力需求和供给也都变得很不稳定，这样，企业就不能再指望可以基于复杂的统计模型来推断组织未来的人力资源供求状况，相反，企业必须具备在不确定的环境中管理员工队伍的能力。人才管理与传统人力资源规划的一个显著区别恰在于此，它不是基于确定性环境来做工程式设计的，它要求组织在人才的获取和保留方面必须有较强的前瞻性、主动性和灵活性，能够针对外部环境变化做出更为快速的反应。

二、国际人才管理勃兴的背景分析：外部因素与内部因素

（一）人才管理兴起的外部环境因素

人才管理之所以在美国等发达国家日益受到重视，从根源上来说，是这些国家的企业所面临的外部环境发生了变化，从而使组织面临着一些新的挑战。这主要表现在以下三个方面：

1. 劳动力队伍结构变化带来的新挑战

很多发达国家都面临着劳动力队伍年龄结构老化的问题。以美国为例，据美国劳工统计局的预测，从2006年到2016年，美国的民用劳动力队伍的增幅将会比上一个十年下降，与此同时，其年龄分布也出现了不利的变化，数量增长最快的是年龄在55岁及以上的劳动力，25~54岁的劳动力小幅增长，16~24岁的劳动力人数将有所下降。这种趋势必然导致美国劳动力队伍的平均年龄上升，新成长劳动力数量不足。

在劳动力队伍年龄结构老化的同时，那些新成长起来的劳动力还普遍存在着技能和经验不足的问题。欧美等发达国家新创造出来的大多数职位，不仅对任职者的知识和技能水平提出了更高的要求，而且还要求它们能够得到不断更新。但与这种要求相反，新成长劳动力的受教育水平却有所下降。更严重的是，由于很多公司都希望能到外部劳动力市场上直接雇用有技能和经验的员工，而不愿自己培养人才，所以还削减了培训支出。这样，很多企业会发现，即使是在经济不景气时期也难以雇用到高技能的员工。此外，新成长起来的这批劳动力（即所谓的类似于我们所说的“80后”）也给企业带来了新的管理难题。与上一代劳动者相比，这一代人受互联网等多种因素的影响，对工作的灵活性、自由度以及工作意义、报酬、工作和生活之间的平衡等都有着更高的要求，但对组织的忠诚度却更低

了。随着这一代人在劳动力队伍中占的比重越来越大，很多组织在吸引和留住人才方面都将面临新的难题。

2. 全球化带来的新挑战

随着市场经济改革以及技术（尤其是通信技术）的发展企业需要管理的人才的范畴已经从本国员工日益延伸到世界上多个国家和地区的劳动者。劳动力跨国流动和移民已经变得越来越普遍，不仅发达国家的许多传统行业（如肉类加工、建筑、农业、服务业等）需要大量使用移民，在计算机软件开发等其他产业中，很多企业也因难以找到足够的本国员工，不得不将目光转向移民这一新的劳动力供给来源。大量移民的进入使发达国家的劳动力队伍变得日益多元化，这就迫使企业必须创新人力资源管理实践，以确保组织能够吸引和留住文化背景差异很大的各类员工并对他们进行开发。

在引进劳动力的同时，发达国家的许多企业还将一些业务和工作岗位转移到发展中国家，即采取所谓的离岸经营方式。这种经营方式一方面使这些企业必须选拔合适的高级管理人员到海外任职，另一方面还必须雇用各国的当地人才，尤其是那些既具有国际视野同时又通晓当地经营方式并了解当地核心客户的人才。此外，一些发达国家的企业尽管并不直接雇用当地人才，但却将一些业务外包给国外公司，这些国外公司的员工不仅可以为它们生产产品，而且开始越来越多地直接为它们的客户提供服务，这样发达国家的企业实际上间接雇用了发展中国家的人才。然而，尽管很多新兴市场国家的大学毕业生人数比发达国家多很多，但质量却良莠不齐。比如，麦肯锡公司通过对 83 名在相关国家工作的人力资源专业人员进行访谈之后发现，在中国拿到工程学位的每 100 名毕业生中，只有 10 人可雇用，而财务（会计）专业毕业生中，可雇用率也只有 15%，此外，英文技能较差、不适应团队工作等文化方面的问题，也会给发达国家的企业在这些新兴市场上寻找成功经营所必需的人才带来严峻的挑战。

3. 知识型员工与信息技术的相互作用带来的新挑战

在发达国家的大部分组织中，知识型员工的数量在快速增长，而对这类员工提供支持的各种技术（尤其是现代通信技术）使他们能够以更快的速度和更好的方式进行跨地域的沟通和交流。在相当一部分工作产出都可以通过网络来传输的情况下，很多人已经不必再遵循那种“朝九晚五”地到一个固定工作场所上班的模式，很多员工可以很容易实现工作活动和非工作活动之间的转换，有些知识型员工甚至还成了全球人才供应链的一部分。

知识型员工和技术发展的交互作用产生的另外一个重要发展趋势是，知识型员工无论是在工作中，还是在劳动力市场上，都有着越来越强的影响力。他们不仅掌握着很多管理层不熟悉甚至不知晓的专业知识和技能，因而在很多时候能够比管理层更适合于做出一些工作决策，而且可以通过互联网获得很多过去不曾得到的信息，如关于职位空缺、薪酬福利以及职业发展等方面的信息，这些信息使他们有能力对各种就业机会加以比较，从而能够利用这些信息与当前的雇主进行谈判，或者是在感到不满时跳槽。这种情况无疑也增加了组织人才管理的难度。

（二）人才管理兴起的组织内部因素

外部环境的变化使人才管理工作成为企业经营战略的一个必要组成部分，很多企业的高层管理人员都已经认识到这一点：麦肯锡 2006 年对全球一万多家企业所做的调查显示，管理层在今后五年中面临的最为重要的一项任务就是发现人才。但与这种要求相反，很多企业的高管人员都批评人力资源专业人员没有关注像人才战略以及员工队伍规划等这样一些长期性的事务。接受调查的 58%的直线管理者也认为，本公司人力资源部门缺乏必要的方法和手段来制定与公司目标相一致的人才战略。实际上，很多公司只是将人才管理问题视为一种短期的策略性问题，而不是将其视为长期经营战略的一部分，高层管理者既没有予以充分的重视，也没有进行足够的资源投入。翰威特咨询公司的一份调查就证实了这种情况。类似的，英国人力资源协会的调查也显示，60%的组织都没有制定正规的人才管理战略，80%的组织甚至还没有对人才做出正式的界定。

然而，即使企业能够看到这些外部因素的变化，并且力图制订计划来预测并设法满足组织未来的人力资源需求，也仍然很容易陷入困境。这是因为，基于稳定的商业环境设计的那种传统的内部人才开发与培养战略，已经无法适应当前这种充满不确定性的经营环境。20 世纪 50 年代，很多企业曾经大力推行内部人才开发战略，但是这种战略在 70 年代却遭遇困境，很多企业基于持续增长假设培养和储备的大量人才在经济衰退时期出现了过剩，结果导致 80 年代出现了大规模的裁员浪潮。虽然 90 年代的经济复苏带来了人才需求的逐渐回升，但由于 80 年代被解雇的人才还有很多可用，因此，很多企业都认为没有必要重回到自主培养人才的老路，都寄希望于到市场上直接雇用现成人才。企业的这种人才获取思路导致外部市场上的人才变得越来越稀缺，这也是导致人才战争出现的根本原因之一。

但现在企业面临的困境在于，一方面，必须面对未来的不确定性所导致的人力资源供求预测难题以及外部劳动力市场上人才短缺的状况；另一方面，人才战争导致自己培养的人才很难留住。那么，在这种情况下，企业怎样才能满足自己未来的人才需要呢？这时企业迫切需要一种新的人才开发与培养战略、人才管理战略。

三、当前国际人才管理的新战略与新思维

通过对目前的人才管理理论与实践进行归纳和总结，我们可以发现，当前国际企业界在人才管理方面已经形成了如下战略新思维和新对策：

（一）构建灵活多样的人才获取途径，实现动态人才匹配

在复杂多变的市场环境下，企业应当抛弃落后的被动反应型的员工队伍管理方式，持

续、适时地收集关于劳动力结构以及劳动者的态度、行为和技能变化等方面的信息，建立并不断更新包括员工的技能和兴趣等内容的人才数据库，动态运用这种数据库来进行人才匹配。此外，组织不仅要帮助员工为胜任某个未来的角色提前做好准备，甚至还需要为实现员工的发展人为创造新的工作机会。目前，为了帮助组织更为灵活地获取各类人才、了解人才的详细情况，实现人才的动态匹配，在国际上已经有一大批人才管理软件应运而生，并且在很多组织中得到广泛的运用。

从人才获取的角度来说，发达国家的企业在未来需要面对的员工类型更加多元化，这就要求企业必须与招募机构以及大学、军队等各种专业 机构建立紧密联系，通过临时就业服务机构、专业组织甚至在线网络获取各种员工。此外，企业还必须学会如何管理非全日制工作、灵活时间工作、临时性工作、远程工作、职位分享、随时待命工作、渐进式退休等各种新型工作形式。同时，为了缩短填补职位空缺所需的时间，企业还要学会运用综合性、战略性的员工筛选方法去找到最好的人才。

（二）形成有助于降低风险的新型人才队伍调节机制

20 世纪 80 年代以来兴起的零库存生产技术和供应链管理的一些基本原则，对于应对人才供求两个方面同时面临的不确定性是非常有帮助的。在新形势下，企业可能需要努力建立一种人才的“零库存”模式，这种模式要求企业：

其一，同时运用制造人才和购买人才两种策略来应对人才供求两个方面的风险，并保持适当的平衡。由于企业很难准确预测未来人才需求的变化，因此，一种明智的选择是，自己培养大部分人才，留出部分人才缺口，在必要时通过市场购买的方式来解决。这是因为，尽管从外部雇用人才的成本很高，但是培养和留住人才的成本可能更高：一旦培养过剩，有些人才便会因为能力得不到发挥而流失。在采取人才购买战略时，企业还应当借鉴供应链管理的一个有用原则，即不仅仅依赖一家供应商，而是建立多种购买渠道。

其二，适应人才需求的不确定性，小规模、多批次地培养人才。在生产管理中，小批量、多频次的原材料购买法可能会比一次性大规模采购的成本高些，但它却有一个很大的优点，那就是不必依赖对原材料长期需求的准确预测。在人才管理方面，由于预测未来人才需求的难度非常大，因此，企业可以采取分批次雇用以及动态培养和开发人才的做法，而不是一次招募和雇用很多人才，从而避免因预测失误而损失过多的培训开发成本。

其三，降低人才开发风险，提高人才开发投资的回报率。在人才忠诚度下降的情况下，企业还可以通过设法降低培训开发成本来提高人才投资回报率。一种最为通行的做法是要求员工分担培训成本，比如，让员工自愿选择是否参加培训，同时不占用员工的正常工作时间进行培训；与员工签订培训合同，要求员工在受训后至少在组织中工作一段时间，否则必须返还部分培训成本。此外，很多大型分权组织还应当考虑整合组织的培训和人才开发功能，避免重复设置机构和分散力量，进而通过规模化来降低人才培养成本。此外，组织还可以在员工离职后继续与他们保持联系，这样就能在需要时相对容易地获得现成的人才。

其四，通过平衡组织和员工之间的利益来保护组织的培训开发投资。企业应尽可能不去单方面为员工安排工作和进行职业开发，而是应当用内部职位空缺公告栏或内部人才市场的做法，让员工自己去申请晋升或组织内部调动的机会，自行挑选自己认为最为理想的项目或工作任务安排。此外，企业还可以客户化地定制全面报酬组合，赋予员工更多的报酬选择权。员工可以选择的内容除了传统的弹性福利之外，还可以包括工作任务的安排和工作地点、接受培训的时间和经费使用、工作时间的弹性安排等。有些企业甚至还采用了特殊的专业休假计划，让员工利用较长一段的带薪休假时间去学习新的知识、技能，或者是去从事一些个人爱好、旅游以及陪伴家人。这样一些客户化的总报酬菜单有助于组织在不增加太多的总报酬预算的情况下，吸引、激励和保留更多的员工。

（三）建立多元化的员工价值主张，培育新型组织文化

首先，面对当前新的市场环境和劳动力队伍多元化的新特征，企业必须为不同类别的员工到本组织中来工作提供一种令人信服的理由。由于不同年代、不同性别、来自不同文化背景和地区的员工可能会有不同的价值主张，因此，企业需要针对不同员工群体的价值观、抱负以及期望等来塑造不同的雇主品牌，而不是像过去一样，仅仅建立一种员工价值主张，塑造一种雇主品牌。

其次，企业必须转变领导者的角色，将传统的命令型领导转变为影响型领导。中高层管理人员的角色不再是简单地发号施令，而是要将重心放在传播组织使命、激励员工等方面，比如，确保员工理解怎样才能对组织的使命做出贡献，对知识分享进行奖励，指导员工进行信息收集和处理，帮助他们成为自我领导者，等等。这种分散、民主型的决策将会使组织结构变得更加灵活和扁平，同时使职位描述变得更加富有弹性，有利于充分挖掘员工的知识和经验，从而缓解人员短缺所带来的负面影响。

最后，企业需要建立统一、平等且富有同情心的组织文化。一方面，组织文化必须关注员工的最基本的和个人的工作需要，强调人性、尊重、尊严，强调员工应当有机会参加到有意义的工作之中并且能够得到认可；另一方面，组织文化也要推行集体主义价值观，强调对集体性的贡献提供报酬，建立共享的目标、标准、努力方向以及共同利益。此外，在多元化背景下，企业还应当建立一种没有歧视的文化，设法为员工保持工作和生活之间的平衡以及缓解因工作保障性下降而带来的压力，提供更多的便利。

（四）加强人力资源能力建设，实现战略性人力资源管理

要应对人才管理面临的种种挑战，组织的人力资源管理能力建设显得至关重要，以下三点尤其应当引起重视：

第一，对相对独立的各种人力资源职能加以整合，强化各种人力资源职能对于人才招募和保留的支撑作用。大部分组织的人力资源部门都是根据职能模块设计的，各个模块都有自己的目标、衡量指标以及预算且相对独立运行，这种情况非常不利于组织调动各种资源来吸引和留住人才。而现在，企业则必须采用一种视野更为开阔的战略性的方法来实现

各种人力资源管理职能之间的整合，以达成良好的内部一致性和外部一致性。

第二，将员工管理流程整合到标准的企业流程当中，让各级管理者切实承担吸引和留住员工的责任。人才的吸引和保留不是人力资源部一个部门的事情，必须让直线管理者意识到，人才管理并非与提高生产率和产出以及降低成本等目标相分离的另外一项活动，相反，它是他们每天都必须完成的一种持续性活动，没有有效的人才管理，他们就很难达成自己的产出目标。为此，企业需要建立一个衡量以及奖励和认可管理者在人才管理方面取得的卓越成绩的体系，以引导管理者正确对待人才管理，不断开发和管理好自己的下属。

第三，将企业的经营战略转化为详细的人才战略，改善人力资源管理流程，同时增强人力资源管理专业人员的经营意识。大多数人力资源管理者都过于专注于制定和管理标准化的人力资源管理流程，在影响经营战略以及为其他管理人员提供支持方面没有发挥出应有的作用。今后，人力资源管理部门应当更加深入地去理解不同员工群体的需求，创造并界定出各种不同的员工价值主张，制定清晰的人才战略，并营造一个良好的内部人才市场。同时，人力资源管理者还必须获得更为丰富的经营知识，因为有效的人才管理要的是结果，它的最终衡量指标是组织在人才管理方面的投资回报率，而不仅仅是人才管理活动本身。

四、后危机时代中国企业人才管理的路径取向

综上所述，在国际上兴起的人才管理运动的宗旨在于解决如何在人才争夺战中获取并留住人才的问题。在全球化的今天，西方发达国家的这种人才管理运动不可避免地会对我国企业产生深远的影响，因为会有越来越多的发达国家的企业将争夺中国的人才作为其经营战略中的一个重要组成部分。目前，国际金融危机导致的世界经济不景气已经引起了欧美企业对中国市场的进一步关注，而这会导致中国本土企业在吸引和留住人才方面面临更大的挑战。由于全球竞争正在从产品或服务市场上的竞争，进一步延伸到劳动力市场上的竞争，并且这种竞争的深度及其范围都会不断升级，所以，如果中国企业仍然陶醉于劳动力市场表面上存在的“人才过剩”，对人才的吸引和保留抱着一种无所谓的态度，那么，我们原本就极其稀缺的人才很可能会被国外企业通过各种形式网罗走，中国企业的国际竞争力就岌岌可危。因此，中国企业必须密切关注人才管理的新动向，不断提高自身的人才管理水平，尽快学会在一个动态的、不稳定的环境中做好人才的吸引、储备、开发等工作，以避免在与国外企业争夺人才的过程中陷入被动。为此，我们需要做好以下几点：

第一，做好各项基础性的人力资源管理工作，同时强化人力资源管理的系统性和战略性。当前的人才管理是以传统的人力资源管理体系作为基础的，如果传统人力资源管理体系的各个模块都不成熟，就很难通过整合这些职能模块来应对复杂环境下的人才管理挑战。而我国很多企业的人力资源管理基础工作并不扎实，尤其是人力资源管理职能与组织

战略和文化之间的契合性以及人力资源管理内部各职能之间的匹配性，都需要进一步完善。

第二，建立灵活的人才获取渠道。在 21 世纪，可能会对企业经营产生影响的很多因素都是不稳定的，企业的业务增长、组织规模甚至经营模式都不可能是一成不变的，从 20 世纪 90 年代发生的亚洲金融危机到这次席卷全球的世界性金融危机都已经告诉我们这一点。因此，企业不能完全基于一种稳定增长的假设来构建自己的人才队伍，而是必须做好应对各种市场风险的准备，努力确保组织具有针对外部环境变化来调整自己的人力资源队伍的灵活性。为此，企业必须在员工的招募和使用以及培训和开发等方面拓展更多的渠道，同时提前设计好相关的预案。

第三，加强人力资源管理的信息化建设。这里所强调的并不是传统意义上的那种简单地把传统的各项人力资源管理工作从纸面转移到网上的信息系统，更不是一个类似于传统的员工档案管理的那种数据库。相反，这种人力资源管理信息系统必须能够及时、动态地收集员工的知识、技能、个性特征、绩效评价信息以及职业发展期望等方面的大量信息，同时具有复杂的统计分析功能，能够帮助组织对各级各类人才的流动方向、职业发展路径以及组织的各种人才管理需求提供详细的分析报告，不仅能够为组织的人才管理活动提供重要的决策依据和预警系统，而且能够帮助组织对自身的人才管理工作的有效性进行评估。

第四，强化组织的中高层管理人员以及人力资源管理专业人员在人才管理中应承担的责任，并提高其能力水平。其中，高层管理人员必须认识到人才管理的重要性和形势的严峻性，投入足够的时间和精力来思考和研究组织所面临的新的人才管理环境，思考如何将人才管理工作纳入组织的战略管理流程。企业的中层管理人员是与企业的各类人才接触最为紧密，同时对人才的吸引、保留、使用和开发有着非常直接的关系的一个群体，组织必须通过正确地晋升和培训中层管理人员，使他们意识到自己的人才管理责任，提高他们的人才管理能力，从而将人才管理工作融入组织的日常工作流程。至于企业的人力资源管理专业人员，一方面要不断提升自己的战略性思考能力，努力使人力资源管理系统与组织战略相匹配，不断提高人力资源管理的系统性及其运营效率；另一方面要就人才管理的最新发展趋势以及组织内部的人才管理状况和需求，不断向高层决策者提供可靠的信息和政策建议。

参考文献

[1] Ed.Michaels, Helen Handfield Jones, and Beth Axelroc J. The War for Talent. Boston Harvard Business School Press, 2001.

[2] CIPD. Reflections on Talent Management Change Agenda. CIPD, London, 2006.

[3] US Office of Personnel Management. The Talent Management System, Human Capital Assesment and Accountability Frame Work (HCAAF). Resource Center, September 2005.

[4] Thomas J. Deloig and Vileate Vijayaraghavan. Let's Hear it for B Players. Harvard Business Review, June 2003: 96-101.

[5] Noma E. Annunzio-Green. Managing the Talent Management Pipeline Towards a Greater Understanding of Senior Managers, Perspectives in the Hospitality and Tourism Sector. International Journal (Comtemporary

Hospitality Management, 2008 (20): 807-819.

[6] Peter Cappelli. Talent Management for the Twenty-first Century. Harvard Business Review, March 2008: 1-8.

[7] Iles, P. Employee Resourcing and Talent Management, in Storrey J. (Ed), Human Resource Management: A Critical Text Thomson London, 2007: 6.

[8] Bureau of Labor Statistics. Employment Projections: 2006-2016. News Relbasee, December 4, 2007.

[9] Matthew Guthridge Asmus Bi. Komm, and Emiy Lawson. Making Talent a Strategic Priority. The MtKinsey Quarterly, 2008: 52-54.

[10] Hewitt Associates. Preparing for the Workforce of Tomortow. Hewitt Associates Timely Topic Survey Report, February 2004.

[11] Sarah E. Needleman. Demand Rises for Talent-Management Software. Wall Street Journal, January 2008.

[12] E. Jossi. Taking Time off from Advertising. Workforce, April 2002.

New Strategic Thinking about International Talent Management and Its Implications

Liu Xin

Abstract: Talent management has become one of the highly concentrated fields in the society of companies in developed countriesat present. It is emphasized due to two reasons. The first is the change of labor force structure, globalization and the increasing number of knowledge employees. The second is that the uncertain environment has made the traditional talent development and training strategy not valid anymore. The core of modern talent management is to explore the new roads to manage the workforce under an uncertain circumstance, on the basis of fundamental principle of supply chain management and business process reengineering. It tries to improve the productivity of the whole employee forces and the return rate of human resource investment, while fulfilling the human resource demand of them in the future. The talent management trends in developed countries will unavoidably have some direct influences on Chinese enterprises. Thus, it is necessary to discuss the route tendency of talent management of Chinese enterprises at the time of post-crisis by way of borrowing international experiences.

Key Words: talent, talent management, human resource management, supply chain

人力资源管理促进创新的十大作为*

曾湘泉　周　禹

【摘　要】创新能力的薄弱严重影响了中国经济的发展，本文从十个方面探讨了我国如何提高创新能力进而提高企业竞争力。

【关键词】人力资源管理　创新能力　中关村　主要问题　企业层面　企业文化

众所周知，我们的确是一个劳动成本低的国家，这个优势在一二十年前比较明显。中国的劳动生产率、企业的绩效、管理有效性、企业文化等这些指标在全球都排得非常低，主要问题就是创新能力的薄弱。为什么创新能力薄弱？是我们现在强调的尊重知识、尊重人才、尊重创造这方面有一些问题，大的背景就是文化空间粗放式的管理，官本位倾向非常严重，大大阻碍了中国的创新。

在这次刚刚召开的中央工作会议上，胡锦涛总书记指出，我国的人才发展总体水平，与世界经济水平相比还有很大的差距，与我国经济发展相比还有很多不适应的地方，特别是创新型人才匮乏，人才创新创业能力不强。在我看来，造成这种情况的原因在于人才资源开发投入严重不足。从这个意义上讲，中国要解决创新创业的问题，要提高企业的竞争力，我觉得以下十个问题将在企业层面上会受到关注。

第一是树立和引导企业的创新战略。好的企业的创新，各个国家的创新，地区的创新，都是跟它的战略联系在一起的。中关村的企业之所以能在IT行业做得很好，很大程度上是其在组织的使命、愿景以及战略目标上都树立了创新的战略，把创新作为终极目标来考虑。企业战略从人力资源管理来讲应该进行全面性的匹配，来适应这种创新要求。企业首先应该有清晰明确的战略，应该把创新要素放在这个战略上很高的位置。中关村的很多企业做得很好。

第二是基于多样化的能力导向进行人才的选聘。从招聘层面来讲，企业非常强调价值观，像现在办的企业大学，GE、中粮模式，等等。领导力首先强调价值观的认同，但是人力资源管理模式上、个性上应该尊重多样性，在“和而不同”中发生“化合反应”，激发创新。

第三是推进工作的丰富化与授权。通过工作权限的自主性，树立专家权威，推行自我

* 本文选自《人力资源管理》2010 年第 7 期。

管理的团队，等等，就像我们大学一样。现在把绩效管理推到大学去了，大学就出现了很多问题，包括考核。有一个东北大学的教授一年写了将近 100 篇 SPI 的论文，这其实跟我们人力资源管理问题是有关系的。

第四是建立推行正式的跨部门沟通与员工建议机制。20 世纪 90 年代这是非常重要的研究命题和领域，国外的企业实际上都在强调这些，3M 的经验共享、教训共享与问题共享都是非常重要的。其强调的是通过员工参与和建议制度将个人知识组织化，包括内部专利申报制度。我看中关村的中心国际就做得很好。

第五是全面实施发展导向的培训。我原来研究创新问题的时候对此没有很好的认识，通过中关村的企业访谈我就发现，要搞好创新，很重要的是要把创新的教育和培训在人力资源管理层面上提到议事日程上来。因为创新不是盲目的、不加管理的、自主形成的，是可以通过组织化的方式能够实现的东西，这里面包括典型的创造性思维能力的培养，如需要发散思维、逆向思维、探索性认知、典型的创造性人格、独立判断、广泛兴趣、不确定性容忍、保险倾向、自信、敏锐知觉、想象力、审美意识等。我最近在做就业能力的研究时，突然发现能力分两种：一种叫硬能力，通过认知而获得的能力，还有一种叫软技能，是非认知技能。现在在中关村做调查时发现，企业普遍认为软技能是大学生最欠缺的。软技能分三个层面：第一个层面是应用层技能，这是通过一般的训练就可以解决的，包括学习能力、沟通能力；第二个层面就是现在企业认为大学生缺乏的东西，就是责任心，责任心不是硬层的东西，而是修炼层的东西；第三个层面是所谓的天赋层，天赋层无法改变，因为江山易改本性难移。

所以我们在软能力研究中发现，有一部分软能力是短期内可以通过培训解决的，有一部分软能力需要长期的修炼，通过长期的教育培训可以解决的，有一部分能力可能不是我们需要就能够解决的。创新其实是需要积累的，包括技术力、领导力等，在这方面人力资源管理是很大的弱项，中国的人力资源以前以职位为基础，学美国的东西，其实中国人力资源管理应该从以职位为基础转向以能力为基础。

第六是指导改进性的绩效管理。一个创新型的文化体现在人力资源管理的各个流程方面，比如，员工绩效改进支持，关注绩效结果而放松对工作过程的密切监控，在绩效评估之后对员工进行发展型的反馈，提出改进意见。

第七是提供内外结合的整体报酬激励。中国企业的人力资源管理从无到有、从重视外在报酬开始逐步地重视到内在报酬，包括现在提出的总报酬或者全面报酬理论的概念。国内在 2007 年调查中发现，影响员工敬业度的首要因素是总报酬的职业发展；2009 年我们在中关村做就业能力的调查也发现，大学生选择就业单位首要因素也是职业发展，当然总报酬除了职业发展还有工作生活平衡。外在报酬很重要，其实内在报酬更重要，这是战略性的转变。国外有些研究认为物质报酬产生负面的东西，外在货币报酬对激发人员的创新行为有基础性作用，但却可能存在过度侵蚀效应。创新行为来自于内在动力，内在激励与外在报酬同时使用，对促进人员创新效果更显著，创新成果发明人的内部产权和累进式的激励制度，专利命名荣誉，对创新都是非常重要的。

第八是建立多元化的职业发展渠道。职业倦怠弥漫全社会，这是整个中国社会人力资源管理中突出的问题。由于我们缺乏职业管理，中国连“什么叫成功的职业”这个概念都没有搞清楚。官做得越大越好，这就是成功吗？如果用这个衡量，中国 90%以上的人都失败了，有几个人能当到总理，有几个人能当到部长？这里面的问题是多元性的，所以我们提出“职务与职级并行”的概念。企业层面来讲也是双通道的问题，比如，我们的 CEO、VP 都是有限的，总监也是有限的，如果不能够在制度层面上建立双通道的模式来强调职业的发展，我们的创新文化就不可能形成，创新也就是一句空话。中国官本位方面的问题比较突出，可能跟中国几千年的封建社会有关系。像前苏联也是计划经济，但苏联的人并不是官本位，包括开会。笔者去俄罗斯、白俄罗斯开会，跟中国完全不一样，我们的会议先是领导讲话，而他们的会根本没有领导。

第九是强化推进与外部智力资源进行合作。对美国国家创新的研究发现，在 500 项重要的工业创新中有 3/4 以上的创新来源于用户的建议，即用户的直接发明，只有 1/5 的创新源于企业技术人员的新思想。通过与客户、供应链、销售商等进行有效的沟通与合作，有利于从各自角度获得改进企业运营和产品的建议和契机；通过与大学、科研机构或者专业性的咨询服务机构进行合作，有利于企业充分积累和开发社会资本和智力资源，为自身的创新服务。美国硅谷很多这样成功的案例，北京也是这样。但也有不好或者失败的案例，比如，陕西西安市拥有的大学数量在北京、上海、武汉之后排中国第四位，但却很少为陕西地方经济服务。为什么呢？就是因为没有很好地整合。

第十是推动建设创新管理的职能平台。创新不是虚无缥缈的，也不是创造简单的理念。通过世界级公司的经验来看，他们之所以能够成功，都有独立的创新管理单元，包括对各自创意进行收集、管理和研究，策划企业的创新创业项目，推动创新决策并组织实施，对创新成果进行评估，提供内部咨询服务，与外部智力资源进行长效的联系与合作，等等。

人力资源管理上明显的差异，都在以上十个方面。这个结论基本上是结合国外的经验，对中国特别是中关村地区研究以后得出的。

从结论来讲，知识经济时代和知识创新要求人力资源管理必须认识到，对人力资源投资是长期的持续性的过程，企业必须拿出勇气和远见。中国进入新的时代、新的阶段，过去我们没有道路，没有桥梁，没有港口，没有机场，现在四万亿投资下去，到处都在发生变化。但是人的投资、人力资本的投资方面成了中国特别突出的问题，包括基础教育，包括研发的投入，国家和企业需要拿出勇气，应该有远见，把创新作为一个长期的企业发展的东西来看待，开放、授权、参与、共享、合作与发展是有利于人才创新的管理导向。人力资源管理从业者应该积极推动创新型人力资源最佳实践的应用，真正成为支持企业创新的战略合作伙伴。回到专业来讲，就是建立人力资源专业化的队伍，包括能够实行专业化的人才创新机制和体制这样的制度设计，这样的管理行为。

Ten Human Resource Management Practices to Promote the Innovation

Zeng Xiang-quan, Zhou Yu

Abstract: The weakness of Innovation ability has seriously affected China's economic development, this paper discusses how to improve the ability of innovation and improve the competitiveness of enterprises in China.

Key Words: human resource management, innovation ability, Zhongguancun, main problems, the enterprise level, corporate culture

第二节

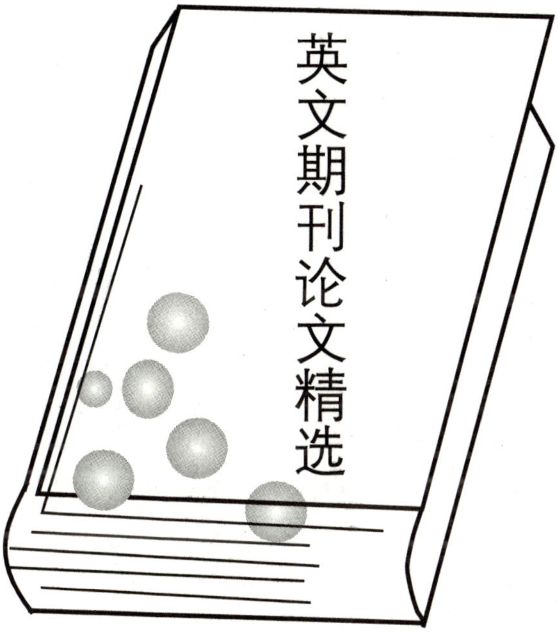

国外期刊论文主要选自人力资源管理杂志、人力资源开发杂志、管理学期刊、组织行为学期刊等，考虑到人力资源管理理论发展的系统性、前瞻性、融合性、实用性等方面的要求，从研究内容、研究方法、研究视角等方面，选出 15 篇英文期刊优秀论文。论文主题涉及工作设计、员工培训、职业生涯、薪酬管理等理论。

题　　目：工作设计研究的未来

作　　者：格雷戈·奥德汉姆，理查德·海克曼

期　　刊：组织行为学期刊

日　　期：2010 年 1 月

内容简介：工作设计在组织中无处不在，这也证明了工作设计这个课题的重要性。工作设计是管理者确定工作内容的方法以及构建和修改工作的过程。工作特征模型（Job Characteristics Theory，JCT）是比较成熟的工作设计方法之一，是由本文两位作者在 1975 年提出的，经过改进现已成为目前最著名、影响最大的工作设计模型之一。

在本文中，作者首先对其早期的工作设计研究内容进行了介绍，包括工作特征模型、工作诊断调查表（Job Diagnostic Survey，JDS）等，随后论述了现在的情况已经不同，工作本身的定义已经发生了改变。作者深信人们之间的关系、人们从事的工作、提供工作的组织都已经发生了变化，工作设计理论和研究也有了新的方向。这篇总结性的评论探讨了工作设计研究和理论未来可能的方向。论文尤其关注当前工作的社会方面，工作人员创造自己岗位的过程，不断变化的执行工作的环境，及日益突出的团队工作。

Title：*Not What It Was and Not What It Will Be*：*The Future of Job Design Research*

Author：*Greg R. Oldham and J. Richard Hackman*

Periodical：*Journal of Organizational Behavior*

Date：*January 2010*

Abstract：Work design is everywhere in organizations，which attests to the importance of the topic. We wonder how extensively that carefully maintained resource is consulted these days，since the very meaning of the concept of "job" is changing. It is true that many specific，well-defined jobs continue to exist in contemporary organizations. But we presently are in the midst of what we believe are fundamental changes in the relationships among people，the work they do，and the organizations for which they do it. This summary commentary explores the likely future directions of research and theory on the design of organizational work. We give special attention to the social aspects of contemporary work，the process by which jobholders craft their own jobs，the changing contexts within which work is performed，and the increasing prominence of work that is performed by teams rather than individuals. The paper introduced the core of our approach was the job（JCT，Hackman & Oldham，1975，1976，1980）firstly，then discoursed there is a difference between then and now.That is，rather than specific jobs it is the often-fluid relationships among people and their various work activities that are most in need of empirical research and conceptual attention.

题　　目： 工作特征对于工作再设计干预的调节作用：一个有重要收获的准实验

作　　者： 戴维·霍尔曼，卡洛琳·阿克斯特尔，克里斯汀，斯普里格，彼得·托特德尔，托比·沃尔

期　　刊： 组织行为学期刊

日　　期： 2010年2月

内容简介： 长期以来，人们使用工作再设计干预来改变工作特征，希望以此来提高员工福利。这样的做法是建立在工作再设计干预通过改变工作特征能影响员工福利的假设之上，即工作特征是工作再设计干预对员工福利起作用的中介因素。其假设依据来源于2003年Parker对精益生产引进的研究，但它并不是一个使用工作设计来提高员工福利的工作再设计干预，而只是通过精简工作来提高生产效率的管理领导干预。此前也有两个研究对工作特征的中介作用进行检测，但这两个研究都局限于一个工作特征（工作控制）的改变，而并没有研究多工作特征发生改变的工作再设计干预。因此本文作者也并不确定工作再设计干预引起的所有工作特征的变化是否都对员工福利起到改善作用。

这篇文章主要目的是考察五个关键的工作特征对工作再设计干预和员工福利关系的中介作用。作者对长达九个月的员工参与工作再设计的准实验进行多元分析，结果显示除了工作障碍外，工作控制、参与、技术利用和反馈的变化都能充分说明干预与工作福利的关系，而且每一个工作特征都独立地对员工福利的改善起作用，干预与工作特征的变化对员工福利改变的贡献率占到29%。总之，这个研究证明，工作再设计干预对员工福利产生影响的确是通过改变工作特征这一机制起作用的。至于是否存在其他机制，则还有待探讨。

Title: *The Mediating Role of Job Characteristics in Job Redesign Interventions: A Serendipitous Quasi-experiment*

Author: *David J. Holman, Carolyn M. Axtell, Christine A. Sprigg, Peter Totterdell, Toby D. Wall*

Periodical: *Journal of Organizational Behavior*

Date: *February 2010*

Abstract: There is a long history of using job redesign interventions to change job characteristics in the expectation that this will improve employee well-being (Parker & Wall, 1999). It is generally assumed that the change in job characteristics is the mechanism through which job redesign interventions affect employee well-being. Yet this is rarely tested; either because data to allow tests of mediation have not been collected (e.g. assessments of job characteristics) or because data have been collected but mediation has not been tested using accepted procedures (Baron & Kenny, 1986). To date, studies in which tests of mediation have been made have focused exclusively on changing one job characteristic, job control (Bond & Bunce, 2001; Logan & Ganster, 2005). Evidence that the effects of interventions can be mediated by a wide range of job characteristics comes from Parker's (2003) study of the introduction of lean manufacturing. However, this was not a job redesign intervention using the principles of job design to improve employee well-being. Rather, it was a management-led intervention that simplified jobs to improve production efficiency. The effect of the change was to increase job-related depression and this was fully mediated by decreases in three job characteristics-job control, skill utilization and participation in decision-making. Thus, although this study showed the mediating effects of multiple job characteristics in an organizational intervention, I was not a job redesign intervention aimed at improving employee well-being. Many job redesign interventions aim to alter a range of job characteristics, as they are based on job design theories which assume that job characteristics have independent direct effects on well-being (Le Blanc et al., 2007; Mikkelsen et al., 2000). Multiple changes should therefore add up to a greater change in well-being. But studies of job redesign interventions that make multiple changes have not tested for mediation. So it is not clear which, if any, of the intervention induced changes in job characteristics are responsible for the change in well-being.

The aim of this paper is to examine the mediating role played by five key job characteristics in the relationship between employee participation in a job redesign intervention and employee well-being. In studies of job redesign interventions, it has been assumed that any effects of employee participation in job redesign on well-being are a result of changes in job characteristics rather than participation in change per se. It is therefore important to statistically test for mediation in job redesign intervention studies to help establish that the change in job characteristics is the mechanism through which job redesign interventions work. However, this has rarely been tested directly, either because data to allow tests of mediation have not been collected (e.g. assessments of job characteristics) or because data have been collected but mediation has not been tested using accepted procedures. This makes it unclear whether changes in job characteristics explain the effects. Results from multilevel analyses of a longitudinal 9-month long serendipitous quasi-experimental participative job redesign intervention showed that changes in job control, participation, skill utilization and feedback, but not task obstacles, were sufficient to account for the relationship between the intervention and employee well-being.

题　　目：相关工作设计与薪酬的理论分析
作　　者：杰德·巴罗
期　　刊：组织行为学期刊
日　　期：2010年2月

内容简介：自从海克曼和奥德汉姆开创性地建立了工作特征模型（JCM），工作设计一直是学者感兴趣的领域，该领域产生了很多新的理论模型。尽管很多人认为工作设计的研究已经达到了成熟的状态，但格兰特呼吁我们需要进一步扩大研究领域。在最近的研究中，有一个特别有前景的研究取向，它强调关注工作的相关方面，这与传统的关注与任务结构的取向完全不同。在这篇文章中，作者试图进一步促进这一方向的发展。本文的一个研究目标是使工作设计与薪酬更好地结合，形成一个新的模型。第二个目标是突出结合不同学科的方法发展全新理论的可能性。文章提出的新模型融合了经济学和组织行为学最新的工作设计理论。

在综合组织行为学和经济学观点的分析中，论文提出了一个整合了相关工作设计和薪酬的新理论模型。在这个模型中，雇主以利润最大化为目标选择薪酬水平和相关工作架构水平（工人和雇员会联系到其从工作中得到的收益以及工作给他们带来的提高生活水平的机会）。高薪酬能增加新雇员的平均生产率，而高水平的相关工作架构能激励已有员工努力工作。文章从这个理论提出了几个重要预测：①高水平的关系架构，以及有时候高水平的薪酬能使工人更加努力；②随着工人预测其货币薪酬的增加程度，工人的独立程度呈倒U字型；③公司服务和产品价格的提高会增加薪酬，也能改变关系架构，这依赖于相关架构的各个部分对员工努力工作的薪酬的影响方式。

Title: *A Theoretical Analysis of Relational Job Design and Compensation*
Author: *Jed De Varo*
Periodical: *Journal of Organizational Behavior*
Date: *February 2010*

Abstract: Since the seminal work on the job characteristics model (JCM) by Hackman & Oldham (1976, 1980), job design has remained an area of considerable interest for scholars of workplace management (Fried & Ferris, 1987; Parker, Wall, & Cordery, 2001). The basic thrust of theoretical models of motivational job design, many of which are in the spirit of the original work by Hackman and Oldham, is that enriched jobs give rise to motivating psychological states that in turn translate into desirable outcomes both for workers and employers (e.g., Morgeson & Campion, 2003; Parker & Wall, 1998). The literature on motivational job design has reached a mature stage, and while some have argued that a tapering off of academic research interest in job design is justified (e.g., Ambrose & Kulik, 1999), Grant (2007) has observed that recent calls for research in related areas demonstrate the need to further expand the research frontier. One particularly promising strand of recent research in job design focuses on relational aspects of jobs (as opposed to the traditional focus on task structures), and in this paper I aim to further develop the theory in that area. One goal of this paper is to bring the literatures on job design and compensation closer together by developing a new model that incorporates both decisions of the organization in a unified theoretical framework. A second goal is to highlight the potential synergies from combining distinct disciplinary methodological approaches to the development of new theory. The theoretical model I propose blends recent job design theory from organizational behavior with economics.

In an analysis that blends ideas from organizational behavior and economics, I propose a new theoretical model that integrates relational job design and compensation. In the model, employers choose both a level of compensation and levels of relational job architecture with an eye toward maximizing profit. Higher levels of compensation increase the average productivity of new hires, whereas higher levels of relational job architecture motivate existing employees to work harder. Several key predictions emerge from the theory: ①higher levels of relational architecture, and sometimes higher levels of compensation, yield greater worker effort, ②the response of worker effort to an increase in the degree to which the worker values monetary compensation has an inverted-U shape, ③increases in the price of the firm's service or product yield increases in compensation, and also changes in the provision of relational architecture that depend on the way in which both components of relational architecture affect the worker's cost of exerting effort.

题　　目：无边界职业生涯的新方向：不断变化世界中的组织结构及其相互依存
作　　者：斯文渣·塔姆斯，迈克尔·亚瑟
期　　刊：组织行为学期刊
日　　期：2010年7月

内容简介：20世纪90年代早期，人们开始思考职业的本质。在争论的过程中，人们设计组织的方式也发生了深刻的变化。1993年管理学年会的主题是“无边界组织”，这使人们提出了“无边界职业生涯”的提议，提议得到了迅速的响应，大量的相关文献和书籍发表出来。争论的中心是新形式的职业越来越取决于外部环境、外部网络和信息，而很少依赖传统的职业规划。

本文回顾了20世纪90年代无边界职业生涯观点形成时的学术环境。基于17多年的累计研究，作者拓展了无边界职业生涯观点，超越不同形式的焦点（例如，承包商或者全球行商）。作者认为，对一些基本议题的讨论和对职业生涯组织结构更系统的理解，能够促进该领域深层次的研究。比如，关于职业生涯组织结构中相互依存概念的研究，能给我们更多的启发。为进一步研究，本文确认了组织结构的六个特征：个体差异、社会关系、实践、成果、背景和学识。在文章中，作者讨论了本领域的相关文献对于这六个特征的论述，并认为每一个特征都显示了职业生涯独立和相互依存两种对立假设的鲜明对比。无边界职业生涯观点的适用性取决于其对职业生涯挑战的开放性程度。因为，现在的职业生涯存在于一个天然的充满活力的、不确定的和复杂的、相互依存的全球环境。

关 键 词：职业生涯，组织结构，环境，跨学科的相互依存，个体差异，重要的管理学研究，社会学，社会建设

Title: *New Directions for Boundaryless Careers: Agency and Interdependence in a Changing world*
Author: *Svenja Tams, Michael B. Arthur*
Periodical: *Journal of Organizational Behavior*
Date: *July 2010*

Abstract: In the early 1990s, fresh thinking about the nature of careers took hold. Profound changes in the ways practitioners redesigned-and scholars rethought-organizations were reflected in a debate about the changing nature of work in a changing economy. The 1993 theme of the Academy of Management annual meeting was "The Boundaryless Organization" which in turn gave rise to a modest symposium proposal on "The Boundaryless Career". This was quickly followed by a job special issue and wider book collection on the same topic (Arthur, 1994; Arthur and Rousseau, 1996) . Central to thc cmcrging debate was the argument that there were new forms of careers depending increasingly on criteria determined by the external environment (such as marketability of expertise), external networks and information, and less on traditional organizational career arrangements (Arthur & Rousseau, 1996: 6).

This paper reconnects to the intellectual climate from which the formulation of the boundaryless career perspective emerged in the 1990s. Based on 17 years of cumulative research, we develop the case for extending beyond a primary focus on boundaryless careers as forms (e.g., contractor or global itinerant). We argue that opportunities for further theory development in this field can emerge from addressing some of its fundamental debates, and developing a more systematic understanding of career agency. In this respect, we see promise in research that develops our understanding of interdependent notions of career agency. To guide further research, the paper identifies six features of agency related to individual variation, social referencing, practice, outcomes, contexts, and learning. We propose that each of these illustrates contrasting assumptions about independent and interdependent views of the career. We discuss how the other papers of this special issue inform our understanding of these six features and identify promising directions for further research. We conclude that the future relevance of the boundaryless career perspective will depend on its openness to the challenges of careers within the inherently dynamic, uncertain, and complex arena of an interdependent global society.

Key Words: careers, agency, context, interdependence interdisciplinary, individual differences, critical management studies, sociology, social construction

题　　目：培训迁移：元分析综述

作　　者：布瑞恩·布鲁姆，凯文·福特，提摩太·鲍尔温，杰森黄

期　　刊：管理学期刊

日　　期：2010 年 7 月

内容简介：美国培训与发展协会最近的一项研究显示，美国企业每年在员工培训与发展上的投资都超过 1250 亿美元。尽管企业管理者在培训上投放大量资本，也明白培训具有潜在的益处，但他们仍不确定员工绩效实际上有多大程度的提高。影响培训效果的一个重要因素就是培训迁移能力。培训迁移是指受训员工将培训所学知识、技能有效地、持续地运用于工作之中。有效的培训迁移也就是受训员工能很大程度上迁移培训所学，提高工作绩效。

尽管学习迁移是早期心理学家探讨的重要问题，但现存的文献仍然存在着迁移的测量不一致和调查结果显著不同的问题。这篇文章提供了一个对培训迁移的元分析综述，通过对 89 个实证研究的元分析，探讨了当培训迁移到不同的任务和背景时，预测因素（例如，受训者特征、工作环境、培训干预）对迁移的影响。结果证实了迁移和预测变量（例如，认知能力、自觉性、积极性和支持性的工作环境）之间的正相关关系。文章还考察了一些调节变量对预测变量和迁移之间关系的影响。比如培训目标的性质对迁移有重要的影响。具体地说，当培训的重点是开放的（例如，领导力的发展），而不是封闭的（例如，计算机软件）技能时，大多数被考察的预测变量与迁移有更强的相关关系。

关 键 词：培训迁移，元分析，受训者特征，工作环境，培训干预

Title： *Transfer of Training: A Meta-Analytic Review*

Author： *Brian D. Blume，J. Kevin Ford，Timothy T. Baldwin，Jason L. Huang*

Periodical： *Journal of Management*

Date： *July，2010*

Abstract： According to a recent American Society for Training and Development study, U.S. organizations spend more than $125 billion annually on employee training and development (Paradise，2007). At the same time，organizations continue to question the true yield of their training expenditures. Despite the large investments in and potential benefits of training, organizational decision makers are often not sure to what extent employees perform differently once back on the job. In organizational contexts，original learning in a training experience is rarely enough to render that training effective. Rather it is the positive transfer of training—the extent to which the learning that results from a training experience transfers to the job and leads to meaningful changes in work performance—that is the paramount concern of organizational training efforts（Goldstein & Ford，2002). we define transfer as consisting of two major dimensions：（a）generalization –the extent to which the knowledge and skill acquired in a learning setting are applied to different settings，people，and/or situations from those trained, and (b) maintenance—the extent to which changes that result from a learning experience persist over time.

Although transfer of learning was among the very first issues addressed by early psychologists, the extant literature remains characterized by inconsistent measurement of transfer and significant variability in findings. The purpose of the current study is to provide a comprehensive meta-analysis of predictors of transfer of training. This article presents a meta-analysis of 89 empirical studies that explore the impact of predictive factors (e.g., trainee characteristics, work environment, training interventions) on the transfer of training to different tasks and contexts. Results confirmed positive relationships between transfer and predictors such as cognitive ability, conscientiousness, motivation, and a supportive work environment. We also examine moderator effects of the relationships between these predictors and transfer. Several moderators had significant effects on transfer relationships, including the nature of the training objectives. Specifically, most predictor variables examined (e.g., motivation, work environment) had stronger relationships to transfer when the focus of training was on open (e.g., leadership development) as opposed to closed (e.g., computer software) skills.

Key Words: training transfer, meta-analysis, trainee characteristics, work environment, training interventions

题　　目：员工退休：关于进一步研究的评论和建议

作　　者：王莫，肯尼斯·舒尔兹

期　　刊：管理学期刊

日　　期：2010 年 1 月

内容简介：尽管退休对于员工、用人单位和劳动力市场都是非常重要的，但是最近一次关于组织科学领域内员工退休问题的综合评论出版于 20 年前，因此，本研究的首要目的是对 1986 年以来关于员工退休研究的关键理论和实证发展进行总结，另一个目的是通过不同的研究方法对之前所研究的同一个问题进行回答，通过识别和仔细观察这些不一致的发现，希望能够提供一些新的建议来促进员工退休研究领域的理论发展，从而弥补先前研究的不足，该研究也将引起组织科学领域内大量学者的兴趣，包括人力资源管理、组织行为学、组织理论和研究方法等。

人口统计预测表明，截止到 2012 年，将近 20%左右的美国劳动力年龄将达到 55 岁或以上，远远高于 2000 年的不到 13%，导致接下来的 10 年大量劳动力将过渡到退休。这反映了一个事实，基于一些原因整个人口将变得越来越老，这些原因包括大婴儿潮一代的老龄化、低出生率和更长的平均寿命。人口和劳动力模式的改变也被从其他国家得来的数据所证明（西欧、日本、中国、印度等），表明退休是一个具有全球意义的领域，此外，退休带来的重大人员调整正挑战着老员工，据了解，退休政策或程序处理不好将导致饮酒的增加和心理疾病。

尽管退休对于员工本身和他们的家庭、公司及更大的社会范围都有重要的影响，最近一次管理和组织科学领域内员工退休问题的综合评论出版于 20 年前，当然也有其他的评论集中在老龄化和工作等问题上，但是它们都没有彻底考察员工退休问题，没有收集和整理新的概念和新的理论观点，这些观点正是人们更好了解退休程序和政策的关键。在这些新概念和新观点的指导下，研究人员确实在理解退休决策和退休流程方面取得了重大进展，然而，也有一些不一致的发现，需要人们运用创造性的理论和方法做进一步的研究。

此外，员工的退休环境在过去的 20 年内已经发生了显著的变化，例如，现在的退休人员不得不工作更长的时间来获得完整的社会保障金，此外，私人公司的大多数雇主已经将退休员工固定养老金改变为养老金计划，将投资风险转嫁到员工一方，大多数雇主也取消了退休员工的健康保健福利。美国商务部也报道称私人储蓄率在过去的 20 年有所下降，是大萧条以来最低的，这些变化在一定程度上改变了研究的方向，把更多的注意力集中到桥梁模式和退休计划等问题上，这些都是之前研究从未涉及的。

因此，研究的首要目的是提供一个总结，该总结囊括了自 1986 年以来在员工退休研究领域内的关键问题，具体来说，通过对 1986 年以来有关文献的研究和总结，本次研究已经取得了理论和实证两方面的进展。另一个目的是强调不一致的研究结果，通过识别和仔细观察这些不一致的结果，为进一步退休研究领域的理论发展提出建议，来更好地解决这些问题。期望此项研究能够在组织科学领域内引起学者们的兴趣，包括人力资源管理、组织行为学、组织理论和研究方法等。此外，除了管理学，研究也可以引起其他领域的广泛关注，如心理学、老年学、社会学和经济学，因为退休在这些领域中同样是重要的话题。

关 键 词：退休，退休计划，提前退休，退休过渡和调整，桥梁模式就业，老龄化

Title: *Employee Retirement: A Review and Recommendations for Future Investigation*

Author: *Mo Wang, Kenneth S. Shultz*

Periodical: *Journal of Management*

Date: *January 2010*

Abstract: Despite the obvious importance of retirement to employees, their employing organizations, and the larger society, the last comprehensive review of employee retirement in the field of organizational science was published more than 20 years ago. As such, the first purpose of this review is to provide a summary of key theoretical and empirical developments in employee retirement research since Beehr in 1986. A second purpose of this review is to highlight inconsistent findings revealed by studies that were designed to answer the same research questions. By identifying and scrutinizing those inconsistent findings, this study expects to provide suggestions and recommendations to further the theoretical development in the field of retirement research to address these research gaps. As a result, this proposed review would be of interest to scholars in a wide variety of areas within the organizational sciences, including human resource management, organizational behavior, organizational theory, and research methods.

Demographic projections have shown that by 2012, nearly 20% of the total U.S. workforce will be age 55 years or older, up from just less than 13% in 2000, leading to a sizable increase in the number of people who will transition into retirement in the next decade (Toossi, 2004). This reflects the fact that the population as a whole is getting older due to several factors, including the aging of the large Baby Boom generation, lower birth rates, and longer life expectancies (Alley & Crimmins, 2007). These demographic and labor force change patterns are also demonstrated by data from other countries and regions (e.g, Western Europe, Japan, China, and India; Tyers & Shi, 2007), suggesting retirement is an area of global significance. Furthermore, retirement poses significant adjustment challenges for older employees (Quick & Moen, 1998). Maladjustment to retirement has been shown to lead to increased alcohol use (Perreira & Sloan, 2001) and decreased mental health (Wang, 2007).

Despite the obvious importance of retirement to employees, their families and employing organizations, and the larger society, the last comprehensive review of employee retirement in the field of management and organizational science—Beehr (1986) appeared in Personnel Psychology—was published more than 20 years ago. Although there have been other reviews that focused on aging and work issues (e.g., Hedge, Borman, & Lammlein, 2006; Kanfer & Ackerman, 2004; Shultz & Adams, 2007), none of them has thoroughly examined employee retirement and incorporated new conceptualizations and theoretical perspectives that could be applied to understanding retirement processes as well as the consequences of retirement since Beehr (1986). Guided by these new conceptualizations and theoretical perspectives, researchers have indeed made significant advances in understanding factors that influence retirement decision making and unfolding the retirement processes to reveal both long-and short-term consequences of retirement. Nevertheless, there are also inconsistent findings and research gaps that call for a critical review and creative theoretical and methodological solutions for further examination.

Furthermore, the context within which employees retire has changed significantly in the past 20 years. For example, employees who retire now have to work longer to receive the full Social Security benefit. In addition, most employers in the private sector have replaced defined-benefit pensions with defined-contribution plans, which put investment risks on the employees' side. Most employers are also eliminating health care benefits for retirees. The U.S. Department of Commerce (2005) also reported that the private saving rates have been decreasing over the past two decades and reached an all-time low since the Great Depression. Changes such as these have altered the research questions investigators ask, drawing more attention to topics such as bridge employment and retirement planning (Cahill, Giandrea, & Quinn, 2006), which were not covered by Beehr's (1986) review.

As such, the first purpose of this review is to provide a summary of key developments in employee retirement research since Beehr (1986). Specifically, both theoretical and empirical advancements since Beehr are reviewed and critically analyzed. A second purpose of this review is to highlight inconsistent findings and research gaps revealed by empirical studies. By identifying and scrutinizing those inconsistent findings and research gaps, we provide suggestions and recommendations to further the theoretical development in the field of retirement research in order to address these issues. As a result, we expect this review to serve the interest of scholars in a wide variety of areas within the organizational sciences, including human resource management, organizational behavior, organizational theory, and research methods. In addition, this review may also inform research outside of the management literature, such as research in development psychology, gerontology, sociology, and economics, as retirement is also an important topic in those fields.

Key Words: retirement, retirement planning, early retirement, retirement transition and adjustment, bridge employment, aging

题　　目：裁减员工的原因及影响：综述与整合

作　　者：迪帕克·达塔，詹姆斯·格思里，黛娜·巴兹尔，阿伦奎沓·潘迪

期　　刊：管理学期刊

日　　期：2010 年 1 月

内容简介：伴随全球竞争压力的不断加大以及经济危机造成的衰退，许多公司开始重新审视内部成本结构，采取各种措施以节省成本，裁减员工便是其中重要的一个环节。自 2007 年 10 月经济危机以来，仅美国就缩减了 650 多万岗位。日本、中国香港、韩国、中国台湾及欧洲各国都经历了大规模的裁员。基于裁员的规模与影响之大，裁减员工理应被视作本世纪最具重大意义的研究问题之一。

虽然关于裁员的研究越来越多，但现有的研究还是远远不能满足现实实践的需要。现在比以往任何时候都更需要组织学研究者应用相关的方法解决这些重要的、复杂的问题。过去，学者们从不同的学科角度讨论了裁减员工问题，本文主要是通过评论、整合过去 25 年来的 91 份研究，提供了一个综合性的分析框架。这个框架包括裁员的环境、裁员的组织原因以及裁员对组织和个人的影响四部分。文章评论了一些关键的实证研究，分析了一些主要的模型及其之间的矛盾，讨论了现存文献有关的理论和方法，并且为未来的研究提出了建议。

关 键 词：裁减员工，解雇，冗余，回顾

Title: *Causes and Effects of Employee Downsizing*: *A Review and Synthesis*

Author: *Deepak K. Datta*, *James P. Guthrie*, *Dynah Basuil and Alankrita Pandey*

Periodical: *Journal of Management*

Date: *January 2010*

Abstract: Global competitive pressures coupled with ever-changing demand conditions have caused firms to critically examine their cost structures, including those associated with human resources. The magnitude of the downsizing activity has been exacerbated by the current recession. In the United States alone, more than 6.5 million jobs have been "downsized" since the recession began in December 2007, with the numbers expected to grow in the foreseeable future (Krugman, 2009). The past year has witnessed significant employee reductions in countries such as Japan, Hong Kong, South Korea, and Taiwan. Large-scale layoffs have also become commonplace in Europe, resulting in a spike in unemployment figures in many countries. Given the high incidence of employee downsizing and its implications from an economic and social standpoint, it is not surprising that the topic of employee downsizing has figured prominently in both the academic and popular business press.

Given the multifaceted nature of the topic, employee downsizing has been addressed by scholars in different disciplines (e.g., economics, finance, strategy, organization behavior, organization theory, human resources [HR], and sociology), using multiple theoretical and methodological perspectives. This article represents a "progress report" on the state of downsizing research. Our goal is to review, critique, and synthesize the relatively fragmented body of scholarship (involving 91 studies) that has emerged over the past 25 years (1984-2008) to provide a coherent and integrated portrait of extant research. This article develops an integrative framework that incorporates environmental and organizational antecedents as well as the implications of downsizing for individuals and organizations. Key empirical studies are reviewed and major patterns and contradictions are identified. The authors identify and discuss theoretical and methodological concerns related to the extant literature and provide recommendations for future research aimed at developing a better understanding of employee downsizing. Although research on downsizing is growing, it is still dwarfed by the magnitude of this phenomenon in the marketplace. There are a host of theoretically and practically important issues in need of additional research. Now, more than ever, organizational researchers need to apply relevant methodologies to these important and complex research questions.

Key Words: employee downsizing, layoffs, redundancy, review

题　　目：理解组织结果的变化

作　　者：克里斯托弗·奈伊，布拉德利·布伦，弗里茨·德雷斯哥

期　　刊：管理学期刊

日　　期：2010 年 11 月

内容简介：在评价组织的变化结果时，真实的实验能提供强有力的因果解释。然而由于资源、时间和伦理等原因，研究者很难去做真实的实验。例如，为了评估性骚扰干预措施的有效性，研究者就无法创建合适的考察组和对照组，他们通常会利用调查的方法估测这些措施实施前后的性骚扰现象。而且，研究者对于结果的评估会受到许多因素的干扰，以至于调查结果的有效性大大受到影响。具体来说，调查可能会受到反馈失真、沟通规范性、有限的受访者及提问措辞等影响。最后，研究者对于调查结果的解释也可能会受自身或外部的限制，如历史的影响、个人成熟度、无反应歧视等。

尽管有一些方法能减轻这些因素对结果有效性的影响，但并不能消除所有的潜在干扰。因此，本文认为在得出最终的调查结果之前还需要做进一步检测以排除相应的人为干扰因素。

心理学中对测量等价和关系等价方法有较成熟的研究，但研究者很少会在一个研究中同时使用这两个技术。作者认为这两种技术可以提供调查结果不一致的不同信息，因此同时使用了测量等价和关系等价技术对美国军队性骚扰问题进行了研究。研究结果表明，1995~2002 年美国军队报告的骚扰水平的下降存在组织管理中人为有效控制的原因。以此为例，文章讨论了组织变化的潜在含义。

关 键 词：歧视，测量等价，组织变化，性骚扰

Title： *Too Good to Be True? Understanding Change in Organizational Outcomes*

Author： *Christopher D. Nye，Bradley J. Brummel，Fritz Drasgow*

Periodical： *Journal of Management*

Date： *November 2010*

Abstract： When evaluating change，true experimental designs allow the strongest causal interpretations. However，these designs are often difficult to implement in organizational settings. For example，Kraiger（2003）suggests that "strong experimental designs（i.e. those with pretesting and control groups）are not possible due to lack of resources，poor timing，or ethical considerations of withholding treatment from control group subjects"（p. 186）. Sexual harassment provides a compelling example of this problem because it can be both legally（Faragher v. City of Boca Raton，1998）and ethically irresponsible to withhold harassment training and other organizational interventions from a subset of the population for use as a control group. Therefore，organizations frequently evaluate sexual harassment interventions by administering surveys to assess the prevalence of these behaviors before and after implementation.

However, it is well known that survey responses are susceptible to a number of artifacts that threaten the validity of their interpretation. Specifically, surveys may be affected by response distortion, communication norms, limitations on the memory of respondents, scaling, reactivity, and the wording of questions. Moreover, the interpretation of surveys may be confounded by threats to their internal and external validity such as history effects, maturation, nonresponse bias, and so forth. Although some have suggested methods for mitigating these threats to validity (i.e., the internal referencing strategy; Haccoun & Hamtiaux, 1994), these techniques cannot account for all potential contaminants of survey responses.

Although methods for detecting measurement and relational nonequivalence are well established in the psychological literature, they are rarely examined together in a single study (Millsap, 1995). Research on invariance in psychological measures typically assesses either measurement equivalence or relational equivalence, but not both. However, because these techniques provide different information about nonequivalence in survey responses, several articles have suggested using both (Drasgow, 1982, 1984; Millsap, 1995; Reynolds, 1982). The present study illustrates the importance of this practice. This article explores a method for detecting response artifacts, using measurement and relational equivalence techniques. The large drop in the reported levels of sexual harassment in the U.S. military between 1995 and 2002 provides the context for testing this method. The results suggest that at least part of the reported decrease in harassment was artifactual. The implications for evaluations of organizational change are discussed.

Key Words: bias, measurement equivalence, organizational change, sexual harassment

题　　目：组织政治和人力资源管理：类型学和以色列经验

作　　者：亚摩斯，伊兰·维格达盖尔

期　　刊：人力资源管理杂志

日　　期：2010 年 5 月

内容简介：研究提供了一个针对组织政治对于人力资源管理意义的关键考察，讨论主要分为三部分：第一，解释了组织政治通常的负面形象，并提出组织政治对于理解人力资源管理是有一些正面作用的。第二，基于基本原理和先前的著作，研究对于人力资源管理中的政治提出了一个平衡且非判断性的方法。第三，将讨论扩展到了一个特定模型，以便更好地解释组织政治对于人力资源管理的意义。模型包括正面/积极的人力资源管理，负面/消极的人力资源管理、无效的人力资源管理和虚拟的人力资源管理。最后，研究检验了模型在不断改变的以色列文化环境下的影响，这种历史—文化分析方法同样可以适应全球化的改变，并且指明了以色列以及全球在未来将面对的人力资源管理挑战。

40 多年来，无论是管理理论还是管理实践都把焦点放在了与组织权力、影响和政策相关的话题上，由于本身具有普遍性和神秘性，并且可以给管理者带来潜在的利益（前提是它们了解如何运用组织政治进行资源竞争），组织政治的管理受到了极大的关注。因此，组织政治不仅可以在市场导向的环境中用来促进利益的形成和获得竞争优势，还可以在非市场导向的环境中（非营利组织和政府机构）发挥作用，即使在今天，经过多年的研究，组织政治还是在学术研究和实践管理领域内受到极大的关注。人力资源管理研究较少涉及组织政治方面，所以需要进行进一步的理论探索和理解，早期的著作《组织政治—人力资源管理关系》中表明，管理者应开发一个能更好地了解组织政治和它如何影响人力资源决策的环境，从而避免不良结果的产生，本研究目的是通过以色列的文化视角，从理论上和实践上对这一挑战进行回应。

因此，研究的目的主要有三个：首先，基于历史观念提供一个关于组织政治最新的研究讨论。其次，构建一个组织政治和人力资源管理结合的基本框架，以便在以后的研究中进行应用。最后，考察该框架在以色列环境下的应用状况。由于组织政治和人力资源管理的关系在很大程度上依赖于文化，研究的结尾部分将集中在文化视角，并从文化的视角加以分析和理解，这种借助文化的分析方法将有助于人们从理论上和实践上对于人力资源管理的理解。研究对组织政治和人力资源管理的类型学研究以及对以色列环境和背景的分析对未来理解组织内部动态和文化发展之间的联系起到作用。虽然组织政治一直被认为是组织中不可避免的灾祸，但是很明显，它的全面发展和被理解需要一个比目前更加宽广和无偏见的环境，正如研究前两部分中提出的，组织政治对于组织的影响可能是负面的也可能是正面的。研究的第三部分告诉人们，民族文化、历史、标准和价值观可能会对组织政治有强烈的影响，但是，以文化为基础的分析，能够考虑到相关文化、政治和社会的影响，它们正是决定一个特定文化和社会中组织政治发挥作用的因素。这种分析方法通过集体/个体的视角并根据以色列的例子，说明了为什么组织政治的影响不会是单方面的，学者和实践者们也应该在开发新的人力资源管理策略和组织政治策略时考虑到这一点。如此非常

规的、开放的、独创的思维方式，是保证现代组织（无论是营利机构还是非营利机构）在混乱的全球经济危机时代和文化、国家、企业进行快速全球转换的环境中安全运营的唯一途径。

关 键 词：组织政治，类型学，以色列，文化，人力资源管理

Title: *Organizational Politics and Human Resource Management: A Typology and the Israeli Experience*

Author: *Amos Drory, Eran Vigoda-Gadot*

Periodical: *Human Resource Management*

Date: *May 2010*

Abstract: This paper provides a critical examination of the meaning of organizational politics (OP) for human resource management (HRM). We develop our discussion in three main sections. First, we explain the commonly negative image of OP and argue that it also has some positive dimensions useful for understanding HRM. Based on this rationale and on previous writings we present a balanced and non-judgmental approach towards politics in HRM. We extend the discussion to suggest a specific typology and model that, in our view, better explains the meaning of OP for HRM than current definitions. The model includes aspects of positive/constructive HRM, negative/destructive HRM, ineffective HRM and virtual HRM. Finally, we examine the implications of the model in the context of the changing Israeli cultural environment. This historical-cultural analysis pertains to similar global shifts and points to future HRM challenges in Israel and around the world.

For over four decades, managerial theory and practice have been preoccupied with issues related to power, influence, and politics in organizations. The politics of management and the management of politics in the workplace have received a great deal of attention due to their image of pervasiveness, mystery, and the potential benefits for those who know how to use them in the struggle over resources. Politics in organizations is thus used to promote interests and gain advantages over competitors in a market-oriented environment but also in non-market arenas such as the non-profit sector and governmental agencies. Even today, after many years of study, organizational politics (OP) enjoys popularity in academic research as well as in the discourse on practical management. Its significance for human resource management (HRM) is one of its least studied aspects, and awaits further theoretical exploration and understanding. In one of the early writings on the OP-HRM nexus, Ferris and King (1991: 70) concluded that "for managers the most appropriate perspective would seem to be to develop a better understanding of politics and how it affects human resources decisions so that its dysfunctional consequences can be prevented". It is our intention to respond to this challenge theoretically, practically, and with the addition of an Israeli culture perspective.

Therefore, the goals of this paper are threefold: ①to provide an up-to-date balanced discussion of OP in light of the history of the concept; ②to suggest a basic typology for the integration of OP and HRM that can be used in future studies; ③to examine the application of this typology to the case of Israeli society. This closing section of the paper will focus on a cultural perspective; we will argue that the OP-HRM relationship is largely culture dependent and must be analyzed and interpreted as such. This cultural analysis will serve to demonstrate the usefulness of the typology for both theoretical and practical thinking in HRM.

We believe that our typology of OP and HRM and analysis of the Israeli case and context can be useful in furthering an understanding of the link between intra-organizational dynamics and more general national and cultural developments. While OP has traditionally been perceived as a necessary evil in organizations, it is obvious that its full-scale development and understanding requires a much wider and more balanced perspective than has so far been put forward. As was suggested in the first two sections of this paper, organizational politics can be negative or positive, bad or good for organizations. In line with the third section, however, national culture, history, norms and values may have a strong influence on them. We believe that the culture-based analysis provides an opportunity to consider some of the relevant cultural, political and social influences that may determine the nature of OP in a particular culture and society. The proposed analysis via a collectivistic/individualistic lens and in light of the Israeli case exemplifies why politics in organizations is by no means one-dimensional. Scholars and practitioners should consider this point when developing new strategies of HRM and OP. Such an unconventional, open and ground-breaking way of thinking is the only way to ensure the safe navigation of modern organizations, whether for-profit or not-for-profit, in turbulent times of world economic crises and in the rapid global transformations of cultures, nations, and businesses.

Key Words: organizational politics, typology, Israel, culture, HRM

题　　目：团队边界跨越：对过去文献的综述及对未来的建议

作　　者：珍妮佛·玛洛尼

期　　刊：管理学期刊

日　　期：2010 年 7 月

内容简介：面对日益复杂的工作任务、越来越扁平的组织结构及不断变化的环境，工作团队必须越来越多地协调边界性的工作，并且积极地管理团队自身之外的外部关系。团队边界跨越或团队边界管理，即一个团队努力建立并管理外部关系，这些关系既可以发生在企业内部，也可以跨越企业。具体的团队边界跨越行为包括与其他组织协调工作任务、从外部专家获得信息以及向股东汇报等行为。

尽管有大量证据证明团队边界跨越对组织和团队的绩效具有重要作用，然而，关于团队边界跨越的本质、团队边界跨越的有效方法和适当时机，除绩效外团队边界跨越所产生的其他影响，我们的理解还远远不能满足现实的需要。这篇文章试图通过提供团队边界跨越行为的分类、多层次的分析回顾现有的团队边界跨越的文献、把其他边界跨越研究领域的结果和观点与本研究整合，以推动这一领域理论的发展，并促进未来更成熟的研究。

文章首先评论了早期安科纳的开创性工作和随后的实证研究、回顾了相关概念的发展历程，在此基础上提出了一个团队边界跨越活动的分类方法，并从三个层次分析了边界跨越的结果：成员、团队和组织。紧接着，通过把这些文献与组织边界跨越、社会网络理论、市场营销等其他有关的研究整合到一起，文章详细地探讨了未来研究的五个主要方向。通过综述与整合，这篇文章不仅推进了团队边界跨越及相关领域的研究，也利于组织学习、革新和适应当今不断变化的商业环境。

关 键 词：边界跨越，团队，组织进程

Title: *Team Boundary Spanning: A Multilevel Review of Past Research and Proposals for the Future*

Author: *Jennifer A. Marrone*

Periodical: *Journal of Management*

Date: *July 2010*

Abstract: In response to increased complexity of work tasks, flatter organizational structures, and changing environmental conditions, organizational work teams must increasingly coordinate efforts across their boundaries and actively manage key relationships external to the team itself. Commonly referred to as team boundary spanning or team boundary management, a team's efforts to establish and manage external linkages can occur within an organization (e.g., across marketing and manufacturing teams) or across organizational boundaries (e.g., to external customers, suppliers; see Ancona, 1990). Specific team boundary spanning behaviors may include representing the team to stakeholders, coordinating task activities with other groups, and seeking information from outside experts (Ancona & Caldwell, 1992a) and have been shown to be critical drivers to team performance (e.g., Gladstein, 1984) and organizational innovation (e.g., Hargadon, 1998).

Despite evidence of the importance of these processes –referred to as team boundary spanning–for both team and organizational success, significant gaps exist in our understanding of the nature of team boundary spanning, how and when these behaviors are carried out by teams, and the resulting impacts of team boundary spanning beyond that of enhanced team performance. Therefore, this article seeks to advance knowledge in this area by offering a taxonomy of team boundary spanning actions, reviewing the existing stream of team boundary spanning literature across multiple levels of analysis, and integrating this body of work with findings and perspectives from other boundary spanning research areas, so as to stimulate fruitful avenues for future research. Early seminal work by Ancona and subsequent empirical and conceptual advances were reviewed to devise a taxonomy of team boundary spanning actions and present extant findings across three levels of analysis: member, team, and network. Next, through integrations of this literature with related studies in organizational boundary spanning, social network theory, marketing, and other work, five primary directions for future research were explored in detail. Through this review and integration, this article seeks not only to advance team boundary research and related fields but also to benefit organizations seeking to maximize their efficiency, learning, innovation, and adaptability in today's changing business environment.

Key Words: boundary spanning, teams, group processes

题　　目：正面工作身份的建设：四个角度的正面身份与社会资源的建设
作　　者：简·达顿，劳拉·摩根·罗伯茨，杰夫瑞·贝德纳
期　　刊：美国管理学会评论
日　　期：2010 年 4 月

内容简介：我们成年生活的很大部分是在工作。作为每个人生活的重要组成部分，工作对个人自我定义具有重要作用。文章假设身份是在与其他人的关系中、在大量的日常工作活动中创建的。关于正面工作身份的定义有很多种，这篇文章在文献综述的基础上把正面工作身份分成四种类型，分别从道德角度、评价角度、发展角度、结构角度比较了正面工作身份的定义。从道德角度讲，当一个人充满高尚的品质或性格优势，也可以说是品行端正时，他的工作身份可以被称作是正面的。评价角度注重把人和他们的工作身份联系起来，关注作为单个人、作为工作同事的一员、作为社会群体的一员的主观感受。发展的角度假设自我定义是动态的、逐步改善的，注重一个人的身份随时间的变化，即改善、成长或者在某些方面的进展。从结构角度讲，当一个人的各个方面是平衡的或者与其他人是互补的关系时，他的工作身份是被认为是更正面的。

对正面工作身份定义的分类是为了说明正面身份如何提高员工工作表现。文章假设提高员工工作表现的关键是社会资源的建设，即拥有更多社会资源的员工更能承受压力、应对挑战，工作更努力。资源通常被定义为对自己有重要价值的东西，文章中的社会资源包括员工具有的与工作相关的社会关系的数量、广度、多样性及质量。作者利用资源守恒理论的核心观点解释了四个不同角度的正面工作身份如何为个人社会资源的建设提供不同的路径。本文的正面工作身份定义的分类及把正面身份建设与社会资源相联系的命题，不仅深化了我们对于正面工作身份的理解，也为其他学者的研究提供了新的视角。

Title：*Pathways for Positive Identity Construction at Works*：*Four Types of Positive Identity and the Building of Social Resources*
Author：*Jane E. Dutton*，*Laura Morgan Roberts*，*Jefrey Bednar*
Periodical：*Academy of Management Review*
Date：*April 2010*

Abstract：Work as a life domain is important for selfconstruction. Most people will spend large portions of their adult lives at work. In addition，research assumes that identities are created in relationships with others（Gecas，1982；Gergen，1994），and the large number of work -based friendships（Berman，West，& Richter，2002）and daily work interactions（Dutton & Ragins，2007）make work a central domain for the construction of the self. As a result，organizational researchers have begun to examine how individuals construct identities that are positive in a variety of ways（e.g.，Roberts & Dutton，2009）. Four observations motivate our focus on developing theory about positive work-related identities. Each perspective on positive identity-virtue，evaluative，developmental，and structural highlights a different source of positivity and opens new avenues for theorizing about identity construction.

We use these four perspectives to develop propositions about how different forms of positive work-related identity construction can strengthen employees through building social resources. This paper opens up new possibilities for seeing and appreciating the different pathways to positivity in work-related identity construction. In this paper we developed the logic for four different pathways for positive identity construction, and we provided illustrative propositions for seeing how positive identities can strengthen individuals through the cultivation of social resources. In a world where workplaces leave their marks on employees through a variety of means, we hope to open up consideration of and investment in how organizations can be sites of positive identity construction in ways that add value to the individual and beyond.

题　　目：人力资源环境维度影响职场友谊发展的概念模型

作　　者：易卜拉欣，卡洛琳·迪奇

期　　刊：人力资源管理杂志

日　　期：2010年12月

内容简介：尽管职场友谊是一个普遍存在的现象，但是组织的人力资源管理中对这种关系的开发和研究是比较少的。确实，对任职者认知和行为反应的评估已经进行了大量的研究，但是人力资源管理环境维度的概念是否为职场友谊的发展提供平台还有待进一步探究。本研究探索了人力资源管理的环境维度，包括员工福利、参与程度、工作自主权、跨部门和跨层次整合、监督水平、成熟的培训计划等，为职场友谊的研究提供了机会。概念模型的提出将促使人力资源管理实践者和学者清楚地认识到，人力资源管理环境维度是职场友谊发展的决定性因素。

一旦经过实证检验，研究将对商业从业者很有意义，因为他们关注人力资源管理实践对于组织底线的贡献，研究结果将证明人力资源管理的各种举措对职场友谊产生影响，对于职场友谊研究的积极成果又会被用来作为一种低成本的方法来处理诱发承诺和员工保留。同时，研究结果将会对当地管理人员和人力资源实践者具有现实意义，它能促进对组织产出（人力资源决策基础上）的更好预测；反过来，可能会引起后续行为的改变，从而影响组织绩效。理解这种现象将帮助人力资源管理实践者更好地了解员工行为和控制组织产出，通过施加一定的人力资源管理政策和程序，来得到需要的人力资源管理环境和商业成果。

尽管组织中职场友谊无处不在，但它曾经被认为是最不值得研究的职场关系类型，本研究提供了大量关于职场友谊功能、发展过程和结果的观点，不断协调着职业和个人领域。鉴于这些关系在个人和组织上的重要性，个体如何发展和维持这些友谊将会是学者和实践者面对的至关重要的问题，研究结果能够满足该领域进一步研究的需要，使实践者更好地理解人力资源管理实践和政策，从而促进职场友谊的发展和稳定。

关 键 词：职场友谊，人力资源管理环境，机会，普遍，人力资源管理实践

Title：*A Conceptual Model of the Human Resource Climate Dimensions That Influence the Development of Workplace Relationships*

Author：*Endah Ibrahim，Carolyn Dickie*

Periodical：*Human Resource Management*

Date：*Dec. 2010*

Abstract：Despite the ubiquity of the phenomenon of workplace friendships（WFs），the antecedents to the development of such relationships as manifested in an organisation's human resource management（HRM） climate remain relatively unexplored. Indeed a great deal of investment has been made to evaluate perceptual and behavioural responses of job incumbents in work arrangements，but the notion of HRM climate dimensions providing the platform for the opportunity and development of WFs has yet to be entertained. This paper explores the concept of HRM climate dimensions which includes employee welfare, level of participation, job autonomy, interdepartmental and cross hierarchical integration, level of supervisory support, and sophistication of training programmes, as antecedents to the opportunity and prevalence of WFs. The conceptual model will facilitate HRM practitioners and theorists in the understanding of HRM climate dimensions as powerful determinants in the opportunity for and development of workplace friendships.

Once empirically tested, the research would have significance to business practitioners interested in the contribution of HRM practices to the organisations' bottom line as the outcome of the current study will demonstrate the impact of HRM initiatives on WF. The positive outcomes of these WFs could in turn be used as a low cost means of eliciting commitment and staff retention. In addition, the findings of the study will have practical implications for local management and central HRM practitioners as it will facilitate better prediction of organizational outcomes based on the HRM decisions that exert indirect influence by enhancing or depressing the work climate. In turn, this could produce subsequent behavior changes, thereby, influencing organisational performance. Understanding this phenomenon will assist HRM practitioners to better understand employee behaviour and manipulate organisational outcomes to some degree by imposing certain HRM policies and procedures to influence desired HRM climates and business outcomes.

Despite the ubiquitous nature of WFs in organisational life, it is considered among the least researched type of workplace relationships. Research into these relationships has provided a number of insights into the functions, developmental processes and consequences of these unique friendships that blend the professional and personal realm. Given the importance of these relationships to both the individual and the organisation, how individuals develop and maintain these friendships is a critical issue for both scholars and practitioners. The findings from the study will satisfy the calls for further research in this area and provide practitioners with an understanding of the HRM practices and policies that will facilitate WF development and maintenance.

Key Words: workplace friendships, HRM climate, opportunity, prevalence, HRM practice

题　　目：通过对瑞士中小型企业的研究得出人力资源管理实践与知识型员工组织承诺之间的关系

作　　者：大卫·吉奥克，法比安，迈克尔

期　　刊：人力资源开发杂志

日　　期：2010 年 4 月

内容简介：本研究探讨了人力资源管理在瑞士中小型企业中的实践效果。具体来说，研究的主要目的是评估人力资源管理实践对知识型员工组织承诺产生的影响，通过测量和收集超过 198 名知识型员工的数据，调查不同的人力资源管理实践对员工的影响，表明了进一步加强人力资源管理实践的重要性。结果显示，组织层次的支持、公正的程序以及组织机构的声誉都会显著影响知识型员工的承诺，而其他的人力资源管理实践，如参与决策、技能管理或是薪酬满意度都不会对知识型员工的承诺产生影响。

研究做出了以下几点文献方面的贡献。首先，最初的发现认为人力资源实践可能会对知识型员工的组织承诺产生影响，因此本次研究确认了之前的研究结果，配置了具有较高工作实践性的人力资源管理系统的公司会对员工的承诺产生显著和直接的作用。因此，人力资源管理在中小企业中更应该得到重视，特别是当他们想保留住高附加值的劳动力时。但是人力资源管理在小企业中比较落后，因为他们没有专门的人力资源管理部门或是负责人没有受过人力资源管理的培训。此外，中小型企业中的就业实践比大型企业的要随意很多，并且人力资源管理在中小型企业中被限制在最简单的形式：继续教育和薪酬。虽然这两个职能看上去很重要，但是研究表明他们并不能确保长期的组织承诺。

知识型员工的组织情感承诺取决于组织的实践支持、他们关于程序公平的看法、组织的声誉以及员工的资历。实践支持是那些给予员工充分的空间去规划私人生活和职场生活的管理活动，使他们能够在一个促进积极主动和聆听的组织环境中有效地承担责任，提供能够让知识型员工取得成就的最低限度保障。因此，研究强调了集中于员工发展的人力资源管理实践。通过精确的研究发现，组织支持主要在于实现灵活的工作条件、给员工规划的空间、促进员工的主动性并且倾听他们的要求。在这一点上，本次研究肯定了之前的调查结论。

程序公平涉及员工在组织中感受到的公正、平等的对待。因此，定义明确的规则，即员工认为是合法且可以提供一个对待个体的公正度，可以促进员工的承诺，研究显示，个体对程序公平的看法可能会促成员工的承诺。换句话说，今后的研究必须清晰地考察程序的公平对于中小型企业展开的为了保持他们的劳动力，尤其是知识型员工的承诺策略的重要性。

人们可能会想象，特别是在这个研究的范围之内，薪酬会成为中小型企业用来吸引知识型员工的重要手段。但是调查者指出事实并非如此，因此本研究无法确认其他研究得出的薪酬是组织承诺发展核心的结论。

研究结果同时也为中小型企业带来了一些挑战性的信息，组织承诺的决定性因素是组织的声誉。为组织工作应该给员工带来一种荣耀感，因此组织的形象对于员工对公司的承

诺感起着很大作用。人们可能会假设：组织在国内和国际上的名气越大，组织在招聘和留住知识型员工方面就有更强的竞争力。这个结果同时还表明，知识型员工应该能够认识到他们的组织传递给别人的价值观。这也体现出了组织定位战略中内部和外部交流的重要性，同时还指出知识型员工会关心他们在就业市场上的个人声誉。拥有好名声的组织意味着更容易在职场上取得成功，至于这种声誉的规格，近年来相关的研究还很少，因此未来的研究必须重视这一问题。

从一个更加理论的方面而言，本次研究证明了社会交换理论的重要性。这一理论假设了信任，甚至承诺和参与，会在两方的重复利益交换中不断出现。社会交换是基于互惠原则的基准之上，强调了随着时间发展的关系并指出一个成功的社会交换循环包括了信任和不确定性。社会交换行为会对未来共同改善的回报和相互关系的积极贡献产生期望。知识型员工的组织承诺可以被看做是一个交换。

研究也考察了资历在组织承诺中的重要性。员工为组织工作的时间越长，员工的情感承诺越大。在公司策略方面，留住员工形成了一个良性循环，即知识型员工为组织工作的时间越长，越会对组织产生更强的情感承诺，结果证明了频繁的人员流动可以被认为是员工脱离的指标。因此，中小型企业应优先考虑长期人力资源管理策略，避免那些经常用来应付紧急状况的劳动力调整。

同所有社会科学方面的研究一样，本次研究在方法论和概念的选择上有内在的局限性。在一部分指标指出特定的人力资源管理工具会影响知识型员工的组织承诺时，可能会有另外一些没被考虑进来的变量同样对组织承诺的程度有着显著的影响（例如归属感、组织的价值观、组织匹配等）。这就意味着人们不可能毫无保留地相信正是研究所认定的那些人力资源管理实践解释了组织承诺。

关 键 词：知识型员工，承诺，人力资源管理原则与实践，保留

Title: *The Relationship Between HRM Practices and Organizational Commitment of Knowledge Workers: Facts Obtained from Swiss SMEs*

Author: *David Giauque, Fabien Resenterra & Michaël Siggen*

Periodical: *Human Resource Development*

Date: *Apr. 2010*

Abstract: This paper explores the effects of human resource management (HRM) practices in Swiss small-to-medium enterprises (SMEs). More specifically, the main objective of this study is to assess the impacts of HRM practices developed in Swiss SMEs upon the commitment of knowledge workers. Using data from a survey of over 198 knowledge workers, this study shows the importance of looking closer at HRM practices and, furthermore, to really investigate the impacts of the different HRM practices on employees' commitment. Results show, for example, that organizational support, procedural justice and the reputation of the organization may clearly influence knowledge workers' commitment, whereas other HRM practices such as involvement in decision-making, skills management or even the degree of satisfaction with pay do not have any impact on knowledge workers' commitment.

This study makes several contributions to the literature. First, the initial finding is that HR practices may indeed have an impact on the organizational commitment of knowledge workers. Therefore, this study confirms previous research having demonstrated that firms which deploy a HRM system characterized by high performance work practices were found to have a significant and direct effect on employee commitment (Taylor et al., 2008; Whitener, 2001). Human resource management should therefore be taken seriously in small-to-medium enterprises, especially if they wish to retain their high value-added workforce. But human resource management is often underdeveloped in small structures, either because there is no dedicated HRM department, or because the person responsible is not trained in HRM. Furthermore, there is a far greater degree of informality in employment practices in SMEs than in larger workplaces (Bacon and Hoque, 2005), and HRM at SMEs is limited to its most simple form: continuing education and remuneration. These two practices, however important they may seem, are not the ones which can ensure long-term organizational commitment according to this study.

As can be seen from Table 3 above, the affective organizational commitment of knowledge workers depends on the support practices developed by their organization, on their perception as regards procedural justice, and also on the reputation of the organization and the seniority of the employees. Support practices are all those management activities which give employees significant room to manoeuvre in organizing their private and professional lives, enabling them to undertake their duties efficiently within an organizational context that promotes initiative-taking and listening. Support corresponds to implementing minimal organizational conditions with a view to enabling knowledge workers to achieve fulfilment. In this sense, this study underlines the importance of HRM practices focusing on employee development. In the precise context of our study organizational support mainly consists in implementing flexible working conditions, giving room for manoeuvre to the employees, in facilitating their initiatives and in listening to them. In this respect, the results of this study confirm the conclusions of previous research (Barnard and Rodgers, 2000).

Procedural justice is concerned with the equity and equality of treatment perceived by employees within their organization. Thus it seems reasonable that the definition of clear rules, which employees consider to be legitimate and which thus provide a degree of 'justice' in the treatment of individuals, may help to develop commitment among employees. Tzafrir (2005) in his study aiming to investigate the relationship between trust, HRM practices and firm performance, has demonstrated that HRM practices mediate the impact of trust in organizations. Our own study shows that the individual perception of procedural justice may shape the employees' commitment. In other words, future research must clearly investigate further the importance of trust in the commitment strategies deployed by SMEs in order to retain their workforce, more specifically knowledge workers.

We would have imagined, especially within the scope of this research, that remuneration would represent a major asset that SMEs could use to attract knowledge workers. But our survey indicates that this is not the case. We are therefore unable to confirm the results of other studies which indicate that remuneration is central to the development of a feeling of commitment within organizations.

The results of our survey also bring some challenging news to small-to-medium enterprises, as the determining factor of organizational commitment is the reputation of the organization. The very fact of working for the organization should give employees a certain feeling of pride. Therefore, the image of the organization to which they currently belong plays a major part in the degree of commitment employees feel towards their company. Consequently, one may be led to formulate the following hypothesis: the higher the reputation of an organization at a national and international level, the more the organization may benefit from a competitive advantage in recruiting and retaining knowledge workers. This result may also indicate that knowledge workers should be able to identify with the values communicated to others by their organization. This shows the importance of internal and external communication in organizational positioning strategies, and also indicates that knowledge workers are concerned about their own reputation on the employment market. An organization with a good reputation is clearly easier to refer to and use to good effect in a professional career path. With respect to this "reputational" dimension one may clearly notice a lack of recent studies focusing on this subject. Therefore, future research must be undertaken regarding this issue.

Concerning now a more theoretical aspect, this study demonstrates the importance of the social exchange theory (Whitener et al., 1998). This social exchange theory assumes that trust, or even commitment and involvement, emerge through the repeated exchange of benefits between two parties. Social exchange is based on the norm of reciprocity. "This norm establishes the expectations that recognition, empowerment, investment in human assets, and other favours, will be returned. (. . .) Social exchange emphasises relationship development over time, and indicates that a successful social exchange circle involves trust and uncertainty. Social exchange behaviour generates an expectation of some future return of Joint improvement and positive contribution to the relationship" (Tzafrir, 2005). The organizational commitment of the knowledge workers can be thus considered as an exchange. This commitment comes true within the framework of a reliable relation, which necessitates some time to happen.

With respect to what has just been said, we note, in this study, the importance of seniority in the process of organizational commitment. The longer the working relationship between the organization and its employees, the greater the affective commitment of its workers.

In terms of company strategies, the retention of staff therefore seems to represent a virtuous circle, as the longer the period of employment of knowledge workers within an organization, the more they feel an affective commitment towards it. This result proves that a high turnover may be considered an indicator of employee "disengagement". As a result, SMEs have an interest in prioritising long-term HRM strategies and avoiding the practices of workforce adjustments which are often used to cope with urgent situations.

Like all studies in the field of social sciences, this one contains inherent limitations relating to the methodological and conceptual choices made. While a cluster of serious indicators indicates that certain HRM tools affect the organizational commitment of knowledge workers, there are probably other variables, not taken into account in this research, which may have an equally significant influence on the degree of organizational commitment (for example, pride of belonging, organizational values, the P-O fit, etc.). All this means that it is not possible for us to confirm without reservation that it is primarily HRM practices, at least those which we have identified, that explain organizational commitment.

Key Words: knowledge workers, commitment, HRM principles and practices, retention

题　　目：引入授权或信任的参与型领导方式能否提高工作绩效？对管理和非管理层的不同影响

作　　者：黄旭，乔伊斯，刘爱力，龚亚平

期　　刊：组织行为学期刊

日　　期：2010 年 1 月

内容简介：动力模型和交换模型被广泛用于解释参与型领导方式对下属工作绩效的影响。动力模型认为，若有更多的机会参与决策的制定，下属就可以获得更大的收获和更高水平的心理授权，从而促进下属提高工作绩效。交换模型主张，参与型领导方式传递了一个管理者对下属尊重、关心和有信心的信号，这会提高管理者的信任水平，最终下属更可能通过高的工作绩效水平来回报管理者和组织。

很多研究者频繁地交替使用这两个模型解释参与型领导方式与工作绩效的关系，但却没有对这两个模型进行比较。作者认为参与型领导方式通过不同的机制对下属的工作绩效产生不同程度的影响。本文的研究目的有两个：①研究心理授权和管理者的信任对于参与型领导方式与工作绩效关系的调节作用；②考察参与型领导方式对管理层和非管理层的绩效的不同影响机制。

通过分析来自财富 500 强公司的 527 名员工数据，论文发现，对于属于管理层的下属，参与型领导行为对下属的工作绩效及组织公民行为（OCBO）的影响是受由员工的心理授权调节的。然而对于非管理层的下属，诸如支持性员工和一线员工，参与式领导行为对工作绩效和组织公民行为的影响是受领导者信任调节的。最后，文章还阐述了研究结果对于实践和其他领导理论的意义及研究缺陷。

Title: *Does Particip Ative Leadership Enhance Work Performance by Inducing Empowerment or Trust? The Differential Effects on Managerial and Non-Managerial Subordinates*

Author: *Xu Huang, Joyce Iun, Aili Liu, Yaping Gong*

Periodical: *Journal of Organizational Behavior*

Date: *January 2010*

Abstract: Two theoretical models are widely used to explain the effect of the participative leadership behavior of superiors on subordinates work performance. The motivational model holds that more opportunities to participate in decision making provide subordinates with greater intrinsic rewards from work (Conger & Kanungo, 1988; Thomas & Velthouse, 1990) and higher levels of psychological empowerment (Spreitzer, 1995), which may result in improved work performance. The exchangebased model asserts that since participative leadership behavior sends a message that the superior has confidence in, and concern and respect for the subordinates, such leadership behavior is likely to foster higher levels of trust in the superior (Dirks & Ferrin, 2002, p. 614). As a result, the subordinates are likely to reciprocate their superiors as well as their organizations by exhibiting a higher level of work performance (e.g.,

Cohen, 1992; Zallars & Tepper, 2003). To date, the majority of studies have used the motivational and exchange-based models interchangeably to explain the association between participative leadership behavior and work behaviors (e.g., Mulki, Jaramillo, & Locander, 2006; Spreitzer, 2007). However, to the best of our knowledge, no studies have compared the relative explanatory power of the two models. Therefore, the purpose of the current study is twofold: ①to examine the relative mediating roles of psychological empowerment (motivational mediator) and trust-in-supervisor (exchange-based mediator) in the link between participative leadership behavior and work behaviors; ②to investigate whether the mechanisms by which participative leadership has its effects on performance outcomes would be different for managerial versus non-managerial subordinates.

Based on data collected from 527 employees from a Fortune 500 company, we found that the link between superiors " participative leadership behaviors and subordinates" task performance and organizational citizenship behavior toward organizations (OCBO) was mediated by psychological empowerment (motivational mediator) for managerial subordinates. Yet, for non-managerial subordinates such as supporting and front-line employees, the impact of participative leadership on task performance and OCBO was mediated by trust-in-supervisor (exchange-based mediator).

题　　目：透过业务系统看人力资源管理和企业绩效——最佳搭配，最佳时间，或者二者兼有

作　　者：艾莱尼·斯塔弗若克里斯，克里斯·布鲁斯特，克里斯·查拉兰布斯

期　　刊：人力资源管理杂志

日　　期：2010年6月

内容简介：本研究利用业务系统理论来探讨地理环境对于人力资源管理和组织绩效的重要性，基于对人力资源管理竞争优势的分析和来源于欧洲私人企业大量调查的证据，研究通过使用多种分析方法，发现了3个明显不同的地理区域和21个人力资源管理竞争优势，其中有10个优势在一个或多个区域与组织绩效有显著联系，研究结果引起了人力资源管理绩效普遍适用性以及人力资源政策和实践标准的讨论。

总的来说，本研究加入了证实人力资源管理和组织绩效之间联系的新文献。拓展了先前的研究（Aycan，2005），不仅展示了不同国家之间的相互联系，而且这些国家可以被假定为不同区域的代表，研究结合了Wood的最佳搭配理论和Pfeffer的最佳实践理论，结合的复杂性可能是导致迄今为止研究证据缺乏的原因，两种理论有其各自的优点，争论的核心在一般原则（培训和发展、员工关系、薪酬福利、沟通和参与、计划等）与它们的执行方式之间，如何处理好二者之间的关系并在特定的环境中发挥对组织绩效的积极作用显得尤为重要。

研究提出的跨区域变化表明了文化融合和制度先行的重要性：在许多情况下上述讨论都需要做一些制度上的解释，从而指导未来在该领域上的研究，无论是制度理论还是文化理论都意味着组织既要具有合法性，又要使他们的组织活动适用于特定的领域。

对于学者，研究的论据呈现强化了考察不同地理区域中不同业务系统的必要性，总之，结果证实了最佳搭配理论与最佳实践理论结合对于人力资源管理的价值：在欧洲，人力资源管理实践和企业绩效的关系有时是固定不变的，然而有时会随着地区的变化而变化，进一步深入的调查研究需要人力资源管理和企业绩效微观观点的支持。

另外，未来的研究应该致力于更多的国家和地区，以便对本研究的核心观点进行充分的考察，研究正努力将相互关系转化为因果关系，但是引用的数据不能满足人力资源管理实践对于企业绩效影响的时间间隔，将企业绩效变化的原因归结为人力资源管理实践是有风险的，因此研究结果展示了二者的相互联系而不是因果关系。

对于实践者，研究结果同样表明，某些跨区域的标准化人力资源管理实践将得到类似的竞争结果的假设，应该被小心应用。当然，研究也在一定程度上提供了关于实践与绩效的关系的证明，同时说明了在多大程度上和在哪些区域可以帮助人们了解当地人力资源管理的相关实践。

总的来说，建立一个人力资源管理实践与组织绩效之间联系的框架是很复杂的，跨国跨地区的联系更是增加了研究的复杂性。虽然有诸多的局限，此次研究首先提供了人力资源管理实践与组织绩效之间联系的相关证据，这些证据来自能够反映区域环境多样化的大量样本，从而揭示二者之间的联系，同时也说明了，至少在欧洲，这些联系是随着区域的

变化而变化的。最后，证据表明，人力资源实践的两种方法：最佳搭配和最佳实践不一定是相互排斥的，相反，它们能够相互弥补为调查提供完整性的理论基础，其中有价值的观点可以支持进一步对于人力资源管理与组织绩效关系的研究。

关 键 词：比较人力资源管理，欧洲，绩效

Title: *Human Resource Management and Firm Performance in Europe Through the Lens of Business Systems: Best Fit, Best Practice or Both?*

Author: *Eleni T.Stavrou, Chris Brewster & Chris Charalambous*

Periodical: *Human Resource Management*

Date: *Jun. 2010*

Abstract: This study uses the lens of Business Systems theory to explore the importance of geographic context on the link between human resource management and organizational performance. Basing the analysis on "HRM bundles of competitive advantage", drawing evidence from a large-scale survey of European private sector businesses, and using multiple methodologies, we find three distinct geographic regions and 21 "HRM bundles of competitive advantage". Of those bundles 10 were significantly related to performance in one or more regions. The results raise issues about the universal applicability of HRM-performance research and have implications for the standardization of HRM policies and practices within internationally operating organizations.

Overall, the study adds to the burgeoning literature confirming a link between HRM and performance. It extends previous studies (e.g., Aycan, 2005) by showing not only that such a link reaches across countries but that those countries can be identified as components of different regions. Our results combine what Wood (1999) describes as "best fit" and what Pfeffer (1994, 1998) calls "best practice": this complexity might explain the lack of research evidence to date that one approach outperforms the other in the HRM-performance literature (Gerhart, 2005). There may be merit in both approaches (Boxall and Purcell, 2003), where the debate is between general principles/bundles (training and development, staffing, compensation and benefits, communication and participation, and planning) and the manner in which they are carried out, and in turn the strength of their relationship to performance, in specific contexts.

The aforementioned variations across regions show the importance of combining cultural and institutional antecedents: in many ways the discussion above has required institutional explanations, which should inform future studies on the subject. Both institutional and cultural theories would imply that the need for organizations to obtain legitimacy or adapt their activities in specific contexts is likely to make for isomorphism in line with local practices (Kostova and Roth, 2002).

For researchers, the evidence presented here reinforces the need to consider the different business systems found in different geographical contexts. Overall, the results confirm the value of a combination of the "best fit" and "best practice" approach to the HRM-performance link: the correlation between HRM practices and performance is sometimes consistent across Europe while other times it varies with region. However, further in-depth investigation would require a more focused (micro) perspective on each HRM bundle and performance within context.

In addition, further research is advisable among a larger set of countries and continents, in order to explore in greater scale the "best fit, best practice or both" argument. We have been careful about moving from correlation to causality (Wright and Haggerty, 2005): the data used here cannot deal with the time-lag required for HRM practices to have an effect on performance or runs the risk of overlooking the possibility of reversed causality in linking HRM with performance. For a variety of reasons, therefore, while we can show correlations, we cannot prove causality.

Beyond research, for practitioners, too, the evidence presented in this study reinforces the need for caution in applying any assumption that certain HRM practices, if standardized across territories, would be linked to similar competitive outcomes everywhere. At the same time, it provides them with specific leads as to which practices are more likely to be connected to performance and to what extent in which regions, helping them begin to understand local HRM-related practices.

In summary, establishing a direct link between HRM and organizational performance is inevitably complex. Exploring the link across national borders adds extra complexity. Despite its limitations, this study is one of the first to provide evidence from a large sample reflecting diversity in national contexts and showing empirically a link between human resource management as a competitive tool and performance: and also showing, in Europe at least, that the link varies with different regional contexts. Given the evidence here, it seems that the "best fit" and "best practice" approaches of the HR-performance relationship are not necessarily mutually exclusive. On the contrary, they may be combined to provide a more holistic picture of the subject under investigation. In turn, the valuable insights that such an attempt provides should encourage further investigation of the issues outlined in this study.

Key Words: comparative HRM, Europe, performance

题　　目：土耳其公司的战略定位、人力资源管理实践和组织产出的证据来源

作　　者：大卫·科林斯，穆罕默德·德米巴尔，卡莫，艾克林

期　　刊：人力资源管理杂志

日　　期：2010 年 11 月

内容简介：基于对土耳其 340 家公司的调查研究，本研究考察了人力资源管理与员工技能和能力、员工积极性以及组织财务状况三个组织产出之间的联系，同时进一步考察了组织整体战略下的人力资源管理实践和三个组织产出之间的关联。在人力资源管理的战略匹配作为影响三个产出变量的前提下，得出的结果为权变理论提供了支持，调查结果还对西方人力资源管理的最佳实践在土耳其环境中的适用性提供了有趣的见解。

研究为人力资源管理、绩效讨论以及更广泛的人力资源管理实践全球化的讨论提出了一些重要的见解，同时也为人力资源管理和绩效的权变观点提供了强有力的支持，清晰地指出人力资源管理的战略匹配是唯一一个对员工技能和能力、员工的积极性以及组织财务状况三个组织产出都有较强影响的变量，这也强调了人力资源管理政策的一致性和实行组织全面战略的重要性。当组织为了将业务和人力资源管理战略统一而做出努力，让人力资源管理部门参与到战略规划中并将人力资源经理视为企业管理中的合作者时，会对三个结果产生正向且显著的影响。先前的研究显示人力资源管理功能在土耳其公司中的战略作用正在逐渐增加，而本研究表明这可能是土耳其公司成功的重要因素。此外，值得注意的是，单一的人力资源管理实践并不能对组织的财务状况产生很大的影响，只有员工培训、基于业绩的薪酬和内部沟通在各自的研究假设下表现出了与组织财务状况的一定关系。

将注意力放到个体水平的产出上时，研究发现员工技能和能力与绩效考核、基于业绩的薪酬、晋升和授权有关联，值得注意的是，内部沟通和员工的培训都与员工技能和能力无关，后者情况的发生可能是缺乏相关培训需求分析和评估，因此限制了任何外部干涉的影响。

同样地，以业绩为基础的晋升、内部沟通和授权与员工的积极性相关，有趣的是，尽管绩效考核和以业绩为基础的晋升与员工的积极性有着强烈的关系，它们却与组织的经济收入无关，这一点很难解释，但是有些人可能会认为这个问题源于土耳其的绩效考核和晋升系统的发展水平和应用状况。特别地，由于土耳其的文化，绩效考评是趋向于单方向的，假设员工会因为得到负面的绩效而情绪化，管理者就会倾向于给出较高的评价来缓和这种不安，虽然这种做法可能会对员工的斗志和动力产生积极的影响，但是错误的系统排名可能会产生很明显的负面效果。

另一个从研究中得出的结论与管理实践全球化的趋同相关，尽管制度理论家们认为，单一管理模型的趋同忽视了国家制度差别是一个不可避免的结果，而本研究提出了其他观点，特别地，这里缺少一系列假设的支持（这些假设都是建立在其他的研究结果的基础上），可以在很大程度上被认为是土耳其特殊的制度和文化环境所引起。很多土耳其文化的关键特征（低前途定位、高权力距离等）似乎与本研究中西方广泛认可的人力资源管理最佳实践的观念有所不同，因此调查结果支持了 Aycan 关于“土耳其有着与西方工业化社

会所不同的社会、经济、政治和文化特征”的主张。特定人力资源管理系统的成功应用需要一个适应过程，对于土耳其的公司来说，这意味着他们直接将西方的人力资源管理方法照搬过来，而不针对土耳其的环境进行调整的做法持有怀疑的态度。同样地，土耳其跨国公司的管理者也要警惕那些没有针对土耳其的具体环境进行调整，就直接将标准化的人力资源管理政策和实践引入的做法。

本研究为该领域内的进一步研究提供了一些方法。首先，在土耳其的环境下，员工对不同人力资源管理实践的态度和看法应得到重视，这将为目前研究所发现的假设提供更深刻的见解。其次，在西方人力资源管理实践是否适用于土耳其公司这一背景下，探究根据环境调整人力资源管理政策和实践程度也是很有用的。同样地，土耳其公司和跨国公司的人力资源管理实践之间的比较也会表现出令人感兴趣的结果，但是，人力资源管理学者们应该尽可能地在主观的数据中补充更多的客观数据。最后，虽然首席执行官和人力资源管理者作为调查对象加强了研究的说服力，但是多样的组织调查对象肯定要比单一的调查对象更令人满意。

关 键 词： 偶然性，人力资源管理，产出，绩效，土耳其

Title: *Strategic Orientation, Human Resource Management Practices and Organizational Outcomes: Evidence from Turkey*

Author: *David G. Collings, Mehmet Demirbag, Kamel Mellahi & Ekrem Tatoglu*

Periodical: *Human Resource Management*

Date: *Nov. 2010*

Abstract: Based on a survey of 340 firms in Turkey, this study examines the link between human resource management (HRM) practices and three organizational outcomes namely employee skills and abilities, employee motivation and organizational financial performance. The study also examines the association between the alignment of HRM practices with the overall strategic orientation of the organization and the three organizational outcomes. The results provide support for the contingency approach, with HRM and strategy fit being the only variable which impacts on all three outcomes considered. Our findings also provide some interesting insights on the applicability of western HRM "best" practices in the Turkish context.

This study provides some important insights into the HRM and performance debate as well as to broader debates on the convergence of HRM practices globally. We begin by looking at the former. This study provides strong support for the contingency view of HRM and performance. The clearest implication from this study is that the only variable which impacted strongly on all three outcomes, employee skills and abilities, employee motivation and organizational financial performance, was HRM-strategy fit. This highlights the importance of alignment of HRM policy and practice with the organization's overall strategy. Where organizations made an explicit effort to align business and HRM strategies, involved the HRM department in the strategic planning process and viewed HRM managers as partners in the management of the business, this had a positive and significant impact on all three outcomes. Previous research has suggested that the HRM function is gaining an increasingly strategic role in Turkish firms (Ozcelik and Aydinli, 2006) and our study suggests that this is likely to be an important contributor to the success of Turkish firms. What is also noteworthy is that no individual HRM practice had a strong impact on organizational financial performance. Only employee training, performance -based compensation and internal communication demonstrated any link with organizational financial performance with moderate and weak support for the respective hypotheses.

Looking at individual level outcomes, we find that employee skills and abilities are linked to competence-based performance appraisal (strong support for the hypothesis), performance-based compensation (strong support), merit-based promotion (weak support) and empowerment (moderate support). Interestingly, internal communication and somewhat paradoxically employee training are not associated with employee skills and abilities. The latter is perhaps explained by a lack of focus of training efforts with regard to training needs analysis or evaluation thus limiting the impact of any intervention.

Similarly merit -based promotion, internal communication and empowerment are linked with employee motivation. This is an interesting finding in that; while competence based performance appraisal has a strong association and merit -based promotion has a moderate association with employee motivation, neither has a relationship with organizational financial outcomes. This is difficult to explain but one could argue that the problem may lie with the development and application of performance appraisal and promotion systems in Turkey. Specifically, owing to the high power distance in Turkey, performance appraisal tends to be one way (Aycan, 2001), given that Turkish employees get emotional when receiving negative performance feedback managers may be inclined to give inflated assessments of employee performance to ease such tensions. While this may have a positive effect on employee morale and motivation, the inaccurate rankings may have a significant impact on the effectiveness of the systems. Furthermore, that Turkish based firms have somewhat negative attitudes toward scientifically-based knowledge (Aycan, 2001, p. 258) the criteria which underscore the systems may be premised on inaccurate assumptions.

A second and equally significant conclusion from this study is related to the convergence of management practices globally. While institutional theorists would argue that convergence on a single model of management regardless of national institutional differences is an inevitable outcome of isomorphic tendencies (Powell and DiMaggio, 1991), our findings suggest otherwise. Specifically, the lack of support for a number of the hypotheses presented here, which were premised on empirical findings in other contexts, could be explained in a large part by the idiosyncratic Turkish institutional and cultural context. Many of the key characteristics of

Turkish culture (e.g., low future and performance orientation, high power distance etc.) seem at odds with the broadly western notions of best practice HRM explored in this study. Hence our findings support Aycan's (2001, p. 258) assertion that Turkey has social, economic, political as well as cultural characteristics which are distinct from those in western industrialized societies. Successful application of a particular HRM system requires a process of "adaptation". For Turkish firms this means that they should be skeptical of applying western best practice approaches to HRM without adapting them to the Turkish context. Equally managers of multinational enterprises (MNEs) in Turkey should be cautious of introducing standardized HRM policies and practices in their Turkish context without adaptation to host traditions.

The findings of this study also suggest a number of avenues for further study. Firstly, it would be worthwhile to explore employee opinions of various HRM practices in the Turkish context. This could provide some further insights on the posited reasons for the findings of the present study outlined above. Secondly, in the context of the findings around the questionable applicability of western HRM practices in the Turkish context, it would be useful to explore the extent to which MNE subsidiaries in Turkey deploy standardized HRM policies and practices vis-a-vis the extent to which these are adapted to take account of the local context. Equally the comparison between HRM practices in Turkish firms and MNE subsidiaries would represent an interesting contribution. It should also be acknowledged that relying on the perceptual measurement of performance constructs is always a problematic issue in such studies like ours. Although it is difficult to develop objective measures, HRM scholars should be encouraged to supplement subjective data with more objective data whenever possible. Finally, although the study is strengthened by having CEOs and HR managers as the respondents (the most appropriate respondents one could have for a study of this nature), it would be much more desirable to have multiple organizational respondents rather than relying on single respondents.

Key Words: contingency, HRM, outcomes, performance, Turkey

题　　目：人力资源战略如何支持创新型商业战略——一项对于印度公司制度环境和组织实践的调查

作　　者：方·里库克，黛比·塞尼

期　　刊：人力资源管理杂志

日　　期：2010 年 5 月

内容简介：本研究考察了印度不同所有制形式的企业如何进行人力资源管理及人力资源战略的实施程度，揭示了人力资源管理实践如何支持创新型企业战略。基于对 54 个来自不同公司经理的定性研究，强调了印度的环境因素对于人力资源管理战略的影响，研究可能会与西方的研究方法和人力资源实践模型有所不同，但是研究本身对于人力资源专业人员、人力资源实践者和全球背景下的组织是具有现实意义的。

这项探索性的研究为印度人力资源管理做出了成长性的贡献，人力资源的战略角色更加显著地推进了创新型企业的战略发展，所做的更多的是定性研究，获得的观点均来自于主管级别的高级经理，同时也采用了理论方法说明组织是如何实践的，这样便“从里到外”地研究了整个问题。涉及中层管理者对于人力资源政策的认知，使人们在采用创新型企业战略时更好地识别了人力资源管理实践的关键特征，正像西方关于人力资源管理战略和改革的著作中所提及的一样，研究强调了印度人力资源管理战略的制度环境并揭示了人力资源管理实践在印度公司的实施程度。定性的数据收集方法和多角度分析方法相结合，促使研究不论从实证角度还是理论角度都对主题有所了解。通过被采访者详细的回答和其他的信息来源，如公司网站和媒体报道，能够确定一定数量的制度因素和组织结构因素，这些因素共同影响着样本公司人力资源管理的效果。

本研究是印度第一项关于人力资源管理角色对创新型企业战略影响的研究，先前关于人力资源管理和改革的研究重点主要集中在技术和一定程度的管理创新上，这些往往是内部驱动的。鉴于商业策略和人力资源管理都在竞争中起着至关重要的作用（创新可以使公司获得抑或失去技术或是拥有技术的相关人员），所以人们何时学习人力资源管理和创新，扩大创新范围，使创新覆盖员工各阶层是非常重要的。为了探索人力资源管理实践对于创新型企业战略的作用，样本公司涉及不同的行业（包括商业部门），评估公司各阶层员工对人力资源管理的态度。

值得注意的是，公司经理提出的有效人力资源管理实践将促进创新和组织绩效，这与西方人力资源管理著作中提到的相一致，并且与各地不同公司的实践相吻合，这表明要么战略人力资源管理是普遍适用的，要么这些 EMBA 毕业的经理深受西方企业管理教材的影响，他们认为这就是最佳实践。印度公司正在追赶全球公司的步伐，境内也充斥着越来越多的跨国公司，所以不能排除这些跨国公司、人力资源顾问、人力资源管理专业协会的影响。

研究对于印度或全球范围内的人力资源专业人员和组织也具有实践意义，第一，公司可能主动实施创新型企业战略，但是他们的人力资源战略往往落后于发展战略，因此，公司需要开发它们的人力资源能力，制定人力资源政策以符合公司的实际情况，提高人力资

源管理职能的战略作用并培养员工的创造力。

第二，也许在短期内，以绩效为导向的人力资源战略和员工的期望是一致的，但是进行人力资源实践的公司所采用的方法和员工所期望的（各阶层员工的参与度和创造性都达到最大化）往往不协调，这表明，企业需要改变他们的管理方法来反映不断变化的文化环境，如何将员工期望与组织的产出相结合是一个关键问题。

第三，效率低下的原因可能是特殊的环境（印度）或是特定的公共部门，处于垄断地位的国有企业，往往具有组织惯性，结合他们的垄断地位，导致了低水平的人力资源管理效果和客户导向型创新。

第四，公司更愿意实施产品创新或产品流程创新，在商业流程创新和客户服务创新上并不积极，值得注意的是，商业流程创新和客户服务创新不仅受到公司技术能力的束缚较少，而且在当今的竞争环境中非常重要。

研究也包含了一些限制，第一，样本量比较小，只有54家大型企业，没有中小型企业包含在内，它们所处的商业环境、创新能力、管理模式可能与大公司有显著区别。第二，研究中相当大比例（三分之二）的样本公司是国有企业，可能使研究结果受到一定影响。第三，如此小的样本规模不能代表广泛的行业，也就不能建立起行业专有的模式。第四，每家公司仅有一个经理参加了这项研究，这个人也许不能提供一个对公司的完整描述，大部分受访者都是在公司运营层面的中层管理者，如果他们不清楚本公司的人力资源管理实践方法和创新策略，研究的结果也将受到影响。

最后，研究中不包含非管理型员工，经理的观点也许不能得到下属的支持，尤其是涉及人力资源管理实践对于员工认知的影响。未来的研究应当采用更加深入的案例研究方法，充分调查不同规模、不同所有制形式、不同行业的公司最有效的人力资源管理实践，特别是，扩大每家样本公司调查者的数量，增加数据的有效性和可靠性，采用跨国比较研究来识别不同制度与文化环境下人力资源管理实践的相似和区别，从而增强人们对概念的理解并最终指导实践。

关 键 词：商业战略，人力资源管理，印度，创新，绩效管理，战略管理

Title：（*How*）*Does the HR Strategy Support an Innovation Oriented Business Strategy? An Investigation of Institutional Context and Organizational Practices in Indian Firms*

Author：*Fang Lee Cooke，Debi S.Saini*

Periodical：*Human Resource Management*

Date：*May 2010*

Abstract：This paper investigates how human resources are managed in firms of different ownership forms in India and the extent to which strategic human resource management（hereafter strategic HRM）techniques have been adopted to support an innovation-oriented business strategy. Based on a qualitative study of 54 Indian managers from different firms，this study highlights the Indian institutional context for strategic HRM. It reveals the extent to which the Western approach to and configuration of high-commitment/performance models of HR practices may differ from those found in Indian firms. This study also has a number of practical implications for HR professionals, HR practices, and organizations in the global context.

This exploratory study contributes to the small but growing body of literature on HRM in India in general and the role of HR strategy in supporting an innovation-oriented business strategy more specifically. It is a response to the call for more qualitative studies to solicit views from informants below senior manager/ executive level. It is also a response to the call for adopting an institutional-political approach to interpreting organizational practices (e.g., Child & Tsai, 2005; Edwards et al., 2007; Farndale & Paauwe, 2007). In doing so, this paper has adopted an "inside out" approach (Tsui, 2004) to studying the issue from the perception of mid-ranking Indian managers on HR policies through a qualitative study. This has enabled us to identify the key characteristics of HRM practices that Indian firms have adopted to support their innovation oriented business strategy. It highlights the Indian institutional context for strategic HRM and reveals the extent to which the HRM practices adopted in Indian firms (as reported by the Indian managers) resemble that prescribed in the Western literature on strategic HRM and innovation. The combination of this qualitative method of data collection and a multi-perspective analytical approach has contributed to our empirical and theoretical understanding on the topic, which, despite its importance, remains relatively under-investigated. Through detailed answers from the informants and other sources of information such as company Web sites and media reports, we are able to identify a number of the institutional and organizational factors that influence our sample firms ability to deploy HRM practices effectively to support their innovation-oriented business strategy.

This is, to the best of our knowledge, the first study that investigates the role of HRM in supporting an innovation-oriented business strategy in the Indian context. In addition, previous studies on HRM and innovation have focused mainly on technical and to a lesser extent administrative innovations, thus being internal oriented. Given that business strategy and HRM both play an important role in competitiveness, and that innovations can take many forms with or without the involvement of technology and technical staff, it is important that when we study HRM and innovation, we broaden our scope to include all types of innovations that might involve employees of all levels. By exploring the role of HRM practices in supporting innovation oriented business strategy, we have been able to include firms in various industrial sectors, including those in the commercial sector, and assess the likely impact of HRM practices on employees at the firm/operational level.

It is interesting to note that what Indian managers see as effective HRM practices that will support innovation and organizational performance appear to be in line with those prescribed in Western HRM literature and what has been found being practiced by firms to various degrees in different parts of the world. This suggests either the universality of the strategic HRM principles as Kim and Bae (2005) suggest or that these EMBA graduate managers have been heavily influenced by Western business and management education materials and actually believe that these are the "best practices". Given the eagerness of Indian firms to catch up with the global firms as latecomers and the growing number of Western MNCs operating in the country, we cannot rule out the normative isomorphic effect facilitated by Western MNCs, HR consultants, and HRM/HRD professional networks and associations.

This study also has a number of practical implications for HR professionals and organizations in the Indian and global contexts. First, while firms may be more proactive and innovative in their business strategy, their HR strategy is often lagging behind in supporting the strategic development of the former. As shown in this study, innovation oriented Indian firms are adopting certain high-commitment/performance HRM practices consciously to support their business strategy.

Second, this study reveals a mismatch between the HR practices firms adopted and those employees desire if the level of employee engagement and creativity is to be maximized. The most fundamental difference is manifested, perhaps, in the short term performance-oriented HR strategy firms pursue and employees' desire for more humanistic HRM practices, although the two orientations may share certain common aspects. This suggests that firms need to adjust their management approach to reflect the changing culture. How to align employee outcomes with organizational outcomes is therefore a key issue.

State-owned companies, particularly those in a monopoly position, appear to be more bound by organizational inertia and, taken together with their monopoly position, lead to the lower levels of HR effectiveness and customer-oriented innovations.

Fourth, firms seem to be more likely to initiate product innovations and production process innovations but appear to be less proactive in developing business process innovations and customer service innovations. This is at least the case in the companies in our study, the majority of which are involved in manufacturing/engineering activities as part of their business. Yet, business process and customer services innovations are not only less constrained by the firm's technological path and therefore arguably easier to implement than product and production process innovations in the manufacturing environment, but also crucial in today's competitive environment, as cogently argued by Prahalad and Krishnan (2008).

This paper contains a number of limitations. First, the sample size of the study is relatively small with 54 firms that are mostly very large firms, though the study took place at the workplace level. No small and medium-sized firms were included in the sample; indeed, their business environment, innovation capacity, and management style may be significantly different from large firms, particularly those in the state sector. Second, a relatively large proportion (approximately two-thirds) of the sample firms in this study are SOEs, which might have skewed the aggregate findings, on the one hand, and made it difficult to identify distinctive patterns of innovations and HRM practices, if any, across different ownership forms, on the other. Third, the wide spread of industries within a relatively small sample size also made it impossible to establish industry-specific patterns, if any existed. Fourth, only one manager participated in the study from each company. This person may not have been able to provide a full picture of what is occurring in the company. The vast majority of respondents, however, were mid-ranking managers who are arguably the key layer of management at the operational level. If they are unaware of what HRM practices and innovations are taking place at their workplace, then perhaps these activities may not have really taken root despite espoused strategic intent at the higher level.

A fifth and related limitation is that no non-managerial employees were included in this study, and the managers' view may not be representative of those held by their subordinates, particularly regarding the employees' perception of the impact of the HRM practices and the level of support from their line managers. Future studies should adopt an in-depth case study approach to investigate more fully what seem to be the most effective HRM practices in supporting firms' innovation-oriented business strategy across firms of different sizes, ownership forms, and industrial sectors in the Indian context. In particular, the systematic use of multiple informants in each company studied will help increase the validity and reliability of the data. Cross-country comparative studies should also be conducted to identify similarities and differences in these orientations in different institutional and cultural environments to deepen our conceptual understanding and to inform management practices.

Key Words: business strategy, HRM, India, innovation, performance management, strategic management

题　　目：“员工—技术”概念模型：战略人力资源开发的新型价值创造模式

作　　者：休斯

期　　刊：人力资源开发杂志

日　　期：2010 年 3 月

内容简介：研究提出了“员工—技术”概念模型，介绍了关于人力资源开发和技术开发之间联系的五个关键价值：位置、使用、维护、改造和时间价值，概念模型提供了这样一个方案，它能够识别人力资源和技术如何发展可能改变组织成员和领导之间的关系，员工和技术之间的这种关系可以通过认知、行为、组织的文化观等更好的管理，提高组织的竞争优势。“员工—技术”概念模型为以后的研究和实际应用提供了一个理论框架，包括管理实践、培训实践、人力资源开发哲学和组织的人力资源开发战略等领域。

Aguinis 和 Kraiger 在 2009 年提出，存在一个关于培训实践的重要挑战，从而将培训职能整合到员工选择、绩效、管理、奖励和其他的人力资源实践中去，“员工—技术”概念模型也为以后的研究和实际应用提供了一个理论框架，包括管理实践、培训实践、人力资源开发哲学和组织的人力资源开发战略等领域，它不仅仅局限于特定的行业或组织，因此，研究具有很大的适用性。

“员工—技术”概念模型为学者和实践者提供了位置价值、使用价值、维护价值、改造价值和时间价值五个关键价值，使他们更清楚地了解人员和技术是如何提高组织的竞争优势的，认知、行为和文化观点作为系统状态存在于组织中，从而影响组织决策。

如果组织不能有效管理专业知识和使用技术，则难以获得竞争优势，并且，员工是获得竞争优势提升组织价值的关键，如果人员能被很好地融入到组织中，有着与技术相当的地位，那么价值创造和竞争优势可能会成倍增长。“员工—技术”概念模型的设计是用来帮助人力资源专业人员和经理寻求一种更好的方式来处理员工所带来的硬件（健康的体魄、员工能力）和软件（技能、信息等）方面的东西，通过对概念模型中五个关键价值（位置、使用、维护、改造和时间）的探索和研究，提高组织的开发和盈利能力。Woiceshyn 和 Falkenberg 在 2008 年发现，所有的公司都开发并引进了一系列资源，包括与公司相关的知识和价值、网络、技术及管理系统，但是这些资源的构成和组合是各不相同的。“员工—技术”模型表明了人力资源开发和技术的组合方式，了解并利用了五个关键价值在人力资源开发中的作用，从而为组织的壮大和取得成功提供了大量机会。

从历史上来看，一些学者反对员工与设备或是人员与技术的对比，“员工—技术”概念模型的目标是提供一种积极的方式将人员与技术联系起来，该模型指出，在一些工作环境中，人员相对于技术来讲受重视程度比较低，大部分组织都有自己的财务报表，考虑到了各方面的技术发展因素，但是它们很少考虑人力资源开发的重要性。由于员工不是一维的，而是复杂多变的，评估方法提供了关于员工作为一个整体的具体价值，而不仅仅是他们在组织中表现出的体力劳动，这样便可以通过多种方式来提高员工绩效。

深入的研究应包括对该概念模型的进一步评估，引入模型以外的其他建模方法和实证研究，从而测试模型的整体结构，开发模型中操作定义的关键价值。对认知、行为和文化价值进行三角测量，达到对模型有效性和可靠性的准确控制，当然对于不断变化的认知、行为以及组织的文化需要和价值创造的有效性测量还需要进一步的研究，从一个全面的角度看待技术和人力资源开发也许可以给组织带来更大的价值。

Aguinis 和 Kraiger 还表明培训的影响将会是巨大的（当它与其他人力资源管理实践捆绑在一起，并且在良好的政策和实证研究的基础上实施时），所以，“员工—技术”概念模型也有潜力通过良好的政策和实证研究影响实践。

法律、投资和教育公司经营的好坏取决于员工的认知能力，所以它们可以研究并使用“员工—技术”概念模型内的认知维度，模型的使用潜力是很大的，只有当研究人员的想法受到束缚时模型的使用才会受到限制。不仅模型中的个体观点可以被测量，还可以对各种观点的结合进行评估，从而为人力资源开发专业人员和经理提供一些经验。有一些关于组织运用行为观点的例子，它们同样可以借鉴“员工—技术”模型中的行为维度来评估其价值，例如，IBM 公司正在使用一个称为“模范劳工”的流程来提高生产力并进行自动化管理。一些组织运用了文化观点，员工越来越像技术一样嵌入到组织环境中，例如，像谷歌、SAS 研究所和戈尔特斯这样的公司，员工沉浸在浓郁的文化环境中，本身的生产力也被激发，这些组织可以研究并使用“员工—技术”模型中的文化维度。

关 键 词：战略人力资源开发，变化管理，技术开发

Title：*"People as Technology" Conceptual Model*：*Toward a New Value Creation Paradigm for Strategic Human Resource Development*

Author：*Claretha Hughes*

Periodical：*Human Resource Development*

Date：*March 2010*

Abstract：This article proposes a "people as technology" (PT) conceptual model that introduces five key values providing connections of human resource development and technology development：location，use，maintenance，modification，and time. The PT conceptual model provides a scheme for identifying how HRD and technology development may change and/or mediate the relationship between organization employees and leaders. The relationships between people and technology can be better managed through the cognitive，behavioral，and/or cultural perspectives of the organization，create five key values，and produce competitive advantage for organizations. The PT conceptual model provides a theoretical framework for further research and practical applications of management practices，training practices，HRD philosophy，and HRD strategies within organizations.

Aguinis and Kraiger (2009) suggest that there is "an important challenge for the practice of training...to integrate the training function with employee selection，performance，management，rewards，and other human resource practices (Aguinis，2009；Aguinis & Pierce，2008；Cascio & Aguinis，2005)" (p. 467). The PT conceptual model provides a theoretical framework for further research and practical applications of management practices, training practices, HRD philosophy, and HRD strategies within organizations. The PT model is not limited to a particular industry or organization; thus, its potential for research applicability is vast.

The PT conceptual model introduces location, use, maintenance, modification, and time values for researchers and practitioners to develop an understanding of how people and technology can enhance the competitive advantage of organizations. The cognitive, behavioral, and/or cultural perspectives exist as system states within organizations and influence organizational decisions.

Organizations struggle to achieve competitive advantages if they do not effectively manage the expertise of their people and efficiently use technology. Individually, employees are critical to gaining competitive advantage and adding value to organizations. If people were better integrated into and thought of as at least equivalent to technology in organizations, value creation and competitive advantage could increase exponentially. The PT conceptual model was designed to help HRD professionals and managers think in a more disciplined way about the hardware (physical well-being and human capacity) and the software (skills, information, etc.) that employees bring to the workplace. The five values -location, use, maintenance, modification and time -derived in this model can be explored and examined to enhance organizational development and profitability. Woiceshyn and Falkenberg (2008) discovered that "all firms employed a common set of resources (knowledge and value attached to it, networks, technical and managerial systems); however, they varied in the composition of these resources and how they are combined" (p. 86). The PT conceptual model suggests the combination of aspects of technology and HRD. Understanding the role of location, use, maintenance, modification, and time value in human resource development similar to the way it is already defined and understood within technology management provides many opportunities for organizational enhancement and success.

Historically, there has been opposition to the comparison of employees and equipment or studies that relate people to technology (Baptiste, 2001; Simpson, 1959; Vroom & Maier, 1961). A goal of the PT conceptual model is to provide a positive way to relate people to technology. This model points to ways that employees seem to be less valued than technology in some workplace environments. Most organizations have financial statements that take into consideration all aspects of technology development but show very limited consideration of HRD (Murray & Efendioglu, 2007). Evaluating ways to provide concrete value to the whole person as opposed to just their physical existence within the organization provides multiple ways to enhance employee performance. Employees are not just one-dimensional but complex (Baptiste, 2001).

Areas for future research could include further evaluation of this model by leading theorists in the field (Holton & Lowe, 2007), evaluation of the model using other model-building methods, development of empirical research studies to test the constructs of the model, and development of operational definitions of key terms from the PT model. Triangulation of cognitive, behavioral, and cultural values could be used to provide validity and reliability to the measurement features of the model. The ability to adjust to and effectively measure the changing cognitive, behavioral, and cultural needs of the organization and the values created requires further research. A comprehensive view from both the technology and the human resource development perspective may yield extensive value for the organization (Carrig & Wright, 2006).

Aguinis and Kraiger (2009) also suggest that the impact of training will be greatest "when it is bundled together with other human resource management practices and these practices are also implemented following sound principles and empirical research" (p. 467). The PT conceptual model has the potential to influence practice using sound principles and empirical research strategies.

Legal, investment, and educational firms that depend on the cognitive ability of employees could be studied using the cognitive aspect of the PT model. The potential uses of this model are limited only by the imagination of the researcher (s). Not only could the individual perspectives within the model be measured but also the combination of the perspectives could be evaluated to provide insight for HRD professionals and managers. There are examples of organizations operating from the behaviorist perspective in ways that can use the PT model to evaluate their value. For example, IBM is using a process called modeling workers that is "building mathematical models of its own employees...to improve productivity and automate management" In some organizations operating from the cultural perspective, employees are becoming embedded in the environment similar to technology. For example, at organizations such as Google, SAS Institute, and Gore-Tex, the employees are immersed in strong cultural environments that stimulate employee productivity. These organizations could be studied within the cultural section of the PT model.

Key Words: strategic human resource development, change management, technology development

题　　目：人力资源管理投资与国际化相关吗？一个关于新兴市场上创业型企业的研究

作　　者：苏珊娜，乔治·班森，迪帕克·达塔

期　　刊：人力资源管理杂志

日　　期：2010 年 7 月

内容简介：研究探讨了国际化与新兴市场上创业型企业的人力资源管理投资的相关性，通过研究印度、中国和南非的 171 家企业样本发现，当企业通过国际化进入到经济较发达的国家或具有较完善就业法规的国家时，都会增加在人力资源管理实践上的投资，而且，那些具有一般管理经验的首席执行官领导的企业，会更多地投资于人力资源管理，最后，具有广泛国际合作关系特点的创业型企业也会更多地投资于人力资源。总的来说，研究发现创业型企业在新兴市场上的人力资源管理投资与国际化是相互关联的。

研究目的是要促进越来越多关人力资源管理实践对创业型企业进入全球经济作用的文献。总的来说，研究结果对人力资源管理投资与国家化关系的争论提供了证据支持。从研究的角度，对于影响中国、印度和南非这些新兴市场上创业型企业人力资源管理投资的环境和组织因素的考察，填补了国际人力资源管理和国际创业文献上的重要空白，结果突出显示在国际扩张中增加新型市场人力资源投资的重要性。因为研究的大多数企业员工仍留在本土的新兴市场上，所以结果表明了跨越国际边界自愿传递职业规范的潜在重要意义。最后，从管理的角度来看，研究表明创新型企业着眼的国际扩张和各类海外关系都可能和本土的人力资源管理实践相关，在具有更严格法规和标准的发达市场中竞争的企业可能受益于人力资源管理的投资，这使它具有在这种市场中竞争所需的能力，当然，具有一般管理经验的企业家和拥有大量国际合作关系的企业使这项投资变得比较容易，未来的研究应该确定这些投资是否可以转化为卓越的业绩，或者作为创业型企业可以在新兴市场中长期生存的基础。

总而言之，更多的工作应建立在识别其他的组织和环境条件，这些条件与越发国际化的创业型企业，特别是位于关键新兴市场上的创业型企业的人力资源管理实践相关，希望此项研究能够促进这方面研究的进一步发展。

关 键 词：新兴市场，创业精神，国际化

Title: *Is Internationalization Associated with Investments in HRM? A Study of Entrepreneurial Firms in Emerging Markets*

Author: *Susanna Khavul, George S.Benson, Deepak K.Datta*

Periodical: *Human Resource Management*

Date: *July 2010*

Abstract: This study investigates how internationalization is associated with investing in HRM within entrepreneurial firms from emerging markets. Using a sample of 171 firms from India, China, and South Africa, we show that when firms internationalize either into more economically developed countries or into countries with stronger employment regulations, they also invest more in HRM practices. Moreover, firms led by CEOs with general management experience and those more concerned with meeting international standards invest more in HRM practices. Finally, HRM investments are also greater in entrepreneurial firms characterized by extensive international partnerships. Overall, our findings suggest that internationalization by entrepreneurial firms in emerging markets is associated with developing HRM practices.

In undertaking this research our objective was to contribute to the growing literature on the role of HRM practices as entrepreneurial firms enter the global economy. Overall, our findings lend support to the contention that internationalization is associated with investing in HRM practices. From a research perspective, our examination of environmental and organizational factors that influence investments in HRM by entrepreneurial firms in the emerging economies of China, India, and South Africa fills an important void in the literature on international HRM and international entrepreneurship. Our results highlight the importance of international expansion in stimulating investment in HRM practices in emerging markets. Because most of the employees in the firms we studied remain in their home countries within emerging markets, our results indicate potentially important implications for voluntarily transmitting employment norms across international boundaries.

Finally, from a managerial standpoint, our study suggests that the countries' entrepreneurial firms target for international expansion, and the types of relationships formed overseas are likely to be associated with HRM practices at home. Firms that can compete in more developed markets with more stringent regulations and standards are likely to benefit from investments in HRM that develop the capabilities needed to compete in such markets. Founders with previous general management experience and firms involved in a larger number of international partnerships facilitate this investment. Future research will have to determine if these investments translate into superior performance and survival of entrepreneurial firms in emerging markets in the long run.

In sum, much work remains in identifying other organizational and contextual conditions that are associated with the HRM practices among internationalizing entrepreneurial firms, especially those located in key emerging markets. We hope this study informs and stimulates further work in this regard.

Key Words: emerging markets, entrepreneurship, internationalization

题　　目：跨国公司人力资源功能的环境范围配置

作　　者：伊莲·法恩戴尔，杰普·鲍威，夏德·莫里斯，刚特·斯塔尔，菲利普·斯泰尔斯，乔纳森·特雷弗，帕特里克·赖特

期　　刊：人力资源管理杂志

日　　期：2010 年 1 月

内容简介：谈到人力资源管理时，大量的注意力都集中在跨国公司如何应对同时产生的全球化和地方化的压力，然而在这一过程中人力资源功能活动却较少受到关注。本研究确定了基于国际人力资源管理架构的企业人力资源功能应如何配置，探索如何塑造相互依赖的企业人力资源角色这一课题。基于 19 个国家 16 个跨国公司的 248 个访谈，研究结果用于开发一个可以概括跨国公司主要企业人力资源功能的基本框架，包括国际人力资源管理这种新的实践方法。研究充分考虑到跨国公司所处的复杂的现代市场环境，凸显了组织环境的限制和发展人力资源角色之间的重要关系，这样，利用国际管理和人力资源管理著作的研究结果拓展人们关于人力资源角色的知识。研究数据显示了企业人力资源功能的实验性证据，探索国际人力资源管理实践是如何发展的，这在未来的学术研究和实际应用中都是非常重要的。

构建一个国际环境下的人力资源配置框架必然是复杂的，但同时也可以带来很多启发，特别是在高度动态的国际环境下。跨国公司要解决是否可以独立使用国际化方法这样一个问题，特别是当一个组织变得很具有依赖性时问题显得更为迫切，这时，可以看到在组织中建立一个知识共享网络的重要性，这就提出了关于协调和平衡国际人力资源管理方法的问题，同时也表明国际化结构很少是静态的，它们通常是不断变化的。未来的研究应该探索企业处理这些动态结构的程度，从而帮助人们理解人力资源部门怎样从一个关注点转移到另一个，当然，个体公司案例研究（鉴于分析的程度）也是一种有价值的分析方法。同样，研究已经采取了一些初步措施来建立人力资源管理实践框架（主动的、迭代的、反应的、价值驱动的），但测试这些方法的有效性需要该领域的进一步研究，深入的研究可以揭示每种方法在不同跨国公司的运用程度，或者寻找到此次研究未提及的新方法。

关 键 词：人力资源职能，相互依存，国际人力资源管理，跨国公司，组织环境

Title: *Context-bound Configurations of Corporate HR Functions in Multinational Corporations*

Author: *Elaine Farndale, Jaap Paauwe, Shad S. Morris, Günter K. Stahl, Philip Stiles, Jonathan Trevor, Patrick M. Wright*

Periodical: *Human Resource Management*

Date: *Jan. 2010*

Abstract: Considerable attention has focused on how multinational corporations (MNCs) deal with the simultaneous pressures of globalization and localization when it comes to human resource management (HRM). HR function activities in this process, however, have received less focus. The study presented here identifies configurations of the corporate HR function based on international HRM (IHRM) structures, exploring how issues of interdependency shape corporate HR roles. The study is based on 248 interviews in 16 MNCs based in 19 countries. The findings are applied to develop a contextually based framework outlining the main corporate HR function configurations in MNCs, including new insights into methods of IHRM practice design.

Building a framework of configurations within this MNC context is necessarily explore the extent to which firms deal with these dynamic states to help us understand how the HR department handles the shift from one focus to another. Individual firm case studies (given the depth of analysis) may be a valuable means to achieve this. Equally, tentative steps have been taken toward building a typology of methods of HRM practice design (proactive, iterative, reactive, and value driven) . Further research is required in this area to test these approaches. Additional research could uncover the extent to which each typology is used in different MNC structures, and whether other approaches not uncovered by this research exist.

Key Words: human resource function, interdependency, international human resource management, multinational corporations, organization context

第三章　人力资源管理学科 2010 年出版图书精选

鉴于亚马逊网站的图书信息较为全面，中英文图书信息均以亚马逊网站检索到的 2010 年与人力资源管理相关的图书为准。本次文献资料整理共得到与人力资源管理相关的中文图书 48 本、英文图书 116 本。基于此，考虑到人力资源管理学科发展的系统性、前瞻性、融合性、实用性等方面的要求，从研究内容、研究方法、研究视角等方面，通过人力资源管理专家团队的一致评选，评选出 15 本优秀中文图书、20 本优秀英文图书。

第一节

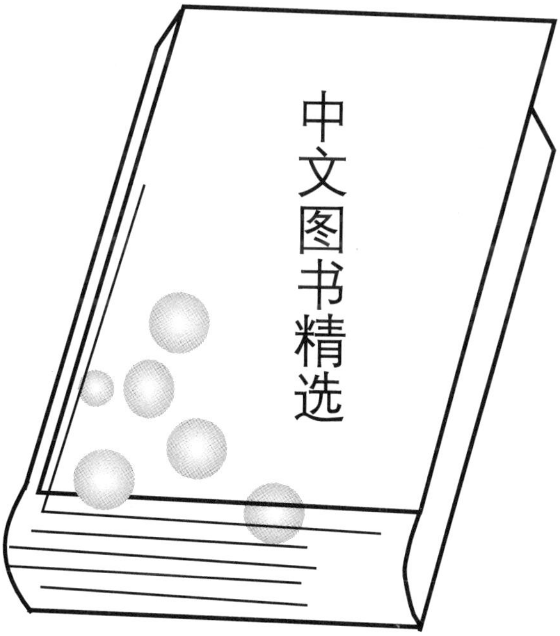

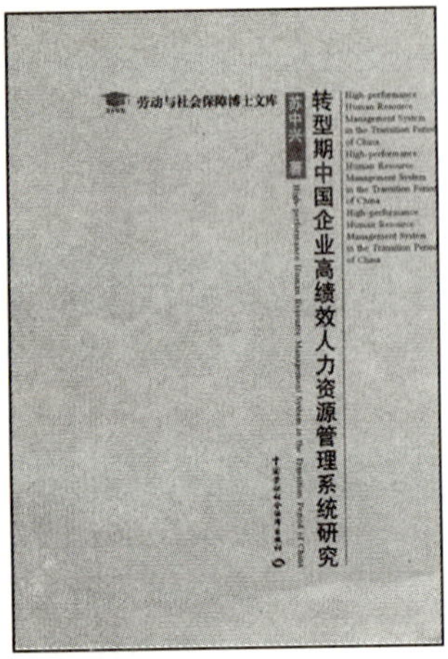

书　　名：转型期中国企业高绩效人力资源管理系统研究

作　　者：苏中兴

出 版 社：中国劳动社会保障出版社

出版时间：2010-06-01

Title：*High -performance Human Resource in the Transform Period of China*

Author：*Zhongxing Su*

Publisher：*China Labor and Social Security Publishing House*（*CLSSPH*）

Date：*June 1，2010*

书籍简介：

本书是作者研究转型期中国企业高绩效人力资源管理实践的一项重要成果。作者指出，中国正处在经济社会转型时期，在管理情境上和西方国家相比存在诸多差异。面对这种状况，作者深入分析了中国企业面临的管理情境。通过大量的文献、案例和问卷调查资料，对本土高绩效人力资源实践进行提炼和总结，揭示中国情境下高绩效人力资源管理系统的内容及其对企业绩效的影响机制，并就如何通过人力资源管理提升中国企业的核心竞争力提出了有针对性的对策建议。

本书首次立足于中国本土的管理实际，结合文献研究、案例分析、深度访谈和统计分析的结论，对中国本土的高绩效人力资源管理实践进行了归纳和提炼，并在此基础上编制人力资源管理系统的测量量表。这样做不仅提高了人力资源管理系统与企业绩效关系研究的效度，而且为国内战略人力资源管理实证研究提供了本土化的测量工具。在问卷编制过程中，我们结合使用T测试和多元回归分析来筛选对企业绩效影响显著的人力资源管理实践，并且根据自变量对因变量方差变异量的解释程度来判断不同维度人力资源管理实践对企业绩效的相对贡献度。

本书坚持用规范的实证方法研究本土化的管理问题，首次从社会、组织、个体、市场、制度、文化等不同层面和不同角度深入分析了中国管理背景的特殊性及其对人力资源管理系统有效性的影响。本研究得出的一系列重要结论，诸如与西方高绩效工作系统强调员工的技能、承诺和参与机会相比，中国背景下的高绩效人力资源管理系统增加了对员工竞争、纪律和制度化管理的强调；规范的绩效考核、严格的员工招聘、竞争与纪律等方面的“基础实践”对中国企业的绩效影响最为显著，而信息分享、广泛培训、参与管理、内部劳动力市场等方面的“高级实践”对企业绩效的影响程度相对要弱一些；西方学者普遍认为员工的角色外行为是高绩效工作系统的关键中介变量，而本书的研究发现，在中国背景下，员工的角色内行为对企业绩效的影响同样非常显著。这些结论都是本研究的独到贡献。

书　　名：企业中层管理人员绩效结构及影响因素研究
作　　者：覃成菊
出 版 社：人民出版社
出版时间：2010-05-01

Title：*Performance Structure and Influencing Factors of Study of Corporate Middle Managers*
Author：*Chengju Qin*
Publisher：*People's Publishing House*
Date：*May 1，2010*

书籍简介：

本书是在作者的博士论文基础上完成的，一共分为七个部分。第一部分绪论，介绍了研究的背景，提出了相关问题以及研究的目的和意义；第二部分是对绩效结构及其影响因素的研究；第三部分提出理论框架与研究假设；第四部分介绍基本概念界定与研究思路和方法；第五部分和第六部分是两项具体研究，研究Ⅰ：企业中层管理人员绩效结构研究，研究Ⅱ：企业中层管理人员绩效影响因素研究；第七部分是对这个研究的总结和建议。本书采用访谈法、回译法和理论分析的方法建构企业中层管理人员的绩效结构，提出中层管理人员的绩效结构可以划分为三个维度：任务绩效、个体特质绩效和人际绩效。通过验证性因素分析进行验证，发现中层管理人员的绩效结构确实可以进行这样的划分。

作者认为，中层管理人员的绩效不仅包括角色内的行为，还包括那些在角色外对组织有益的行为。本书主要探讨了绩效结构及其影响因素的研究，企业中层管理人员绩效结构研究，企业中层管理人员绩效影响因素研究等内容。

作者在书中提出，绩效对组织而言，包含了三个层面的含义：一是组织绩效，一般指组织的业绩和效益，它既包括经济方面的内容，也包括其他方面的内容，如社会效益和环境效益；二是部门或团队绩效，除了由职责或任务决定的目标完成情况，还包括该部门或团队给组织其他部门带来的利益或好处；三是指个体绩效，个体绩效主要指个人职责的完成情况。除此之外，个人可能还自觉不自觉地做一些不属于职责范围规定之内但有助于组织有效运转的任务，如主动承担临时性任务、帮助他人解决困难等，这些都是组织所期望但又没有在个体考核中明确提出来的指标内容。因此，组织如何定位个体绩效的考核内容，关系到组织对员工行为的有效引导。

书　　名： 基于行为业绩的高技能人才评价
作　　者： 张竞成　张甲华
出 版 社： 清华大学出版社
出版时间： 2010-06-01

***Title*：** *High Skilled Personnel Evaluation Based on Behavioral Performance*
***Author*：** *Jingcheng Zhang，Jiahua Zhang*
***Publisher*：** *Tsinghua University Press*
***Date*：** *June 1，2010*

书籍简介：

本书分为6章。第1章“走出迷局”，介绍了人才评价的国内外发展综述、职业资格鉴定的困惑剖析、技能人才评价的发展趋势、本书的特色和价值等。第2章“重新认识高技能”，从认知心理学的角度论述学习认知过程、技能的含义、技能的形成机理、技能的构成因素及其技能成长规律等。第3章“构建评价新模式”，研究了技能的可衡量性，提出了由综合素质评价、行为业绩评价、理论知识考试和现场实操考核模块构成的高技能人才评价模式。第4章“业绩考核与测量”，研究了业绩评价模型的构建、岗位业务模型的建立方法、高技能各级别的角色定位、评价指标体系的设计方法、指标体系权重的赋值方法等。第5章“指标设计与实证”，以某一个具体的岗位为例，研究了业绩评价指标体系的构建步骤和方法，包括指标体系的选取方法、信度分析、因子分析、差异性分析及其指标权重确定方法等。第6章“实施评价新模式”，介绍了高技能人才评价新模式的实施方法，包括等级评价的原则和流程、综合素质的评价方法、理论知识考试的方法和要求、行为业绩的评价过程和方法、现场实操考核的方法等。

本书采用理论研究与实证研究相结合的方法，从理念层面、方法层面、工具层面就如何开展企业高技能人才自主评价工作进行了系统研究。理念层面，研究了人才评价理论、认知理论，在此基础上对技能进行全新定义，构建了“技能获得机理模型”。方法层面，分析了技能的衡量方式、技能结构和高技能人才成长规律，验证了基于行为业绩的高技能人才评价的有效性。工具层面，基于参评工种的业务模型、关键活动，研究了高技能人才业绩评价的指标选取、因子分析、赋值方法。

书　　名： 心理契约视角：知识型人才职业成功的内外动力研究

作　　者： 余　琛

出 版 社： 浙江工商大学出版社

出版时间： 2010-09-01

Title: *The Psychological Contract Perspective: the Research of the Inside and Outside Power of Knowledge-based Talent Career Success*

Author: *Chen Yu*

Publisher: *Zhejiang Gongshang University Press*

Date: *September 1, 2010*

书籍简介：

本书共分七个部分，第一章是关于心理契约与职业管理的文献综述，包括以往研究回顾和心理契约研究，并介绍了职业生涯管理的相关理论研究；第二章关注的是知识经济与知识型人才，包括对知识型人才激励问题的理论研究，对人力资源政策、知识型人才心理契约与工作绩效关系的分析，提出了构建和谐劳动关系、强化对知识型人才责任的要求；第三章是关于职业成功及其影响因素研究，包括对知识型人才承诺的结构因素研究和职业生涯自我管理研究，以及知识型人才个体特征、组织支持认知、职业承诺和职业成功的关系；第四章是知识型人才职业生涯早期的研究，包括知识型人才早期职业生涯的特点、早期职业生涯管理策略、心理契约与组织公民行为关系等内容；第五章是知识型人才的职业生涯中期研究——“职业高原”，包括了什么叫做“职业高原”，“职业高原”的成因，知识型人才的“职业高原”与绩效研究等内容；第六章主要是案例研究及启示；第七章是综合讨论，包括了研究的总体结论和意义的阐述。

社会和谐在很大程度上依赖企业和谐，尤其是企业内部的和谐。要实现企业内部的和谐必须建立新型的企业与员工的关系，这种关系必须从强化企业对员工的责任开始。作者在书中提出，在我国和谐社会建设的大环境下，人才与组织之间的和谐是社会和谐的重要组成部分，他们之间的公平交换是一种基本的社会交换关系，他们之间的稳定与和谐是社会稳定、和谐发展的根基。因此，如何确立两者和谐发展、“双赢”互利的途径，职业生涯管理是一个有效的突破口。职业生涯的成功是知识型人才的最大发展；同时，这种成功离不开组织受益。

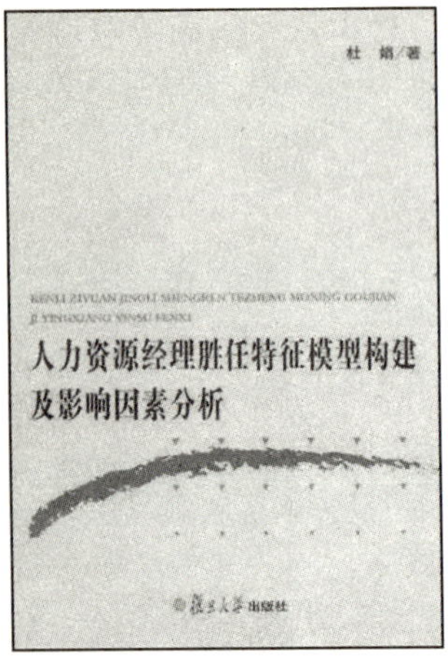

书　　名： 人力资源经理胜任特征模型构建及影响因素分析

作　　者： 杜　娟

出 版 社： 复旦大学出版社

出版时间： 2010-10-01

Title：*The Competency Model of Human Resources Manager and Its Influencing Factors*

Author：*Juan Du*

Publisher：*Fudan University Press*

Date：*October 1，2010*

书籍简介：

本书分为四篇：理论篇、探索篇、实证篇与应用篇，共八章。基于理论与文献，通过探索性分析，构建人力资源经理的发展性胜任特征模型，通过方差分析、层级回归、交互作用分析和路径分析，论证了心理资本作为胜任特征的前因，心理契约充当调节变量对胜任特征及个人绩效产生的显著影响。积极的心理契约促进了胜任特征与心理资本的发展，有助于提高个人绩效，而消极的心理契约则有碍于胜任特征与心理资本的发展，不利于个人绩效的提高。四篇内容紧密相连，体现了阐述的系统性。

作者以人力资源经理职业化的胜任特征为核心，从宏观和微观、理论和实证的角度出发，从个体因素和组织因素两方面系统而全面地对人力资源经理职业化胜任特征的理论和实践问题进行了实证研究和经验探讨。在宏观层面上，以建立岗位与组织维度的胜任特征模型为重心；在微观层面上，以个体层面的胜任特征为核心，分析了人力资源经理发展性胜任特征与个人绩效的关系，以及个体心理层面的“心理资本”与“心理契约”在胜任特征与绩效的关系中可能存在的影响作用，在该领域的理论研究上做出了自己的理论贡献。

本著作从四个方面来体现创新性。第一，研究内容。作者认为发展性胜任特征模型应该包括岗位性胜任特征和鉴别性胜任特征的内容，是高层人力资源管理人员应该具备的能力素质。第二，模型构建。构建了人力资源经理的发展性胜任特征模型，该模型认为，人力资源经理的发展性胜任特征应该包括专业知识和技能以及核心能力两个方面。第三，变量选择。结果显示心理资本作为胜任特征的前因，而心理契约也作为调节变量，对个体胜任特征的发展以及个体和组织绩效起到了重要的影响作用。第四，研究方法。通过对访谈结果的编码分析构建模型，运用 ATLAS.ti 分析软件进行数据分析，能够比较科学、准确地分析文本文件，探索文本数据中各层编码及其子项目之间的逻辑关系。本书基于理论和现有研究展开进一步的探索性分析，具有比较详尽的理论基础。在人力资本理论、胜任特征研究理论方面都有比较全面的梳理，同时对目前国内外关于胜任特征的研究，以及人力资源经理管理职能和角色的研究进行了全面的综述。

本著作的研究结论对于今后个体层面胜任特征的研究，以及胜任特征影响因素的研究都有重要的理论借鉴意义。同时，在管理实践中，该研究在人力资源管理实践、个体胜任特征的测评与开发、心理资本的干预措施以及心理契约对组织效能的影响方面都有着重要的实践意义。该研究对中国人力资源经理职业化的胜任特征理论研究和管理实践起到了积极的推动作用，同时促进了中国人力资源管理研究的创新与发展。

书　　名：人员测评——理论、技术与应用
作　　者：凌文辁　柳士顺　谢衡晓　李　锐
出 版 社：科学出版社
出版时间：2010-09-01

Title: *Personnel Evaluation: Theory, Techniques and Applications*

Author: *Wenquan Ling, Shishun Liu, Hengxiao Xie, Rui Li*

Publisher: *Science Press*

Date: *September 1, 2010*

书籍简介：

人员测评的学科基础是心理测量，心理测量的依据是人的个体差异，有差异就需要有测量和评价它的方法。将数学、统计学导入研究人的学科领域（心理学、组织行为学、人力资源管理、消费心理学等），借助于一定的测量工具对人的心理与行为的差异进行定性和定量的分析，即为心理测量。将心理测量运用于人力资源管理领域，即为“人员测评”。

本书重点讨论人员测评及其历史演进、人员测评的原理及程序、人员测评的方法及应用等方面的内容，兼顾理论性和可操作性。本书分为三大部分——理论篇、方法与技术篇和应用篇，共 15 章。理论篇主要讲述人员测评的基本概念、中国和西方人员测评的历史与发展、测评系统的构建与评价、测评工具的研制、人员测评流程等。在方法与技术篇中，详细地介绍了人员测评常用的问卷调查法、关键事件法、面试、评价中心及计算机化测评等方法和技术。应用篇介绍了职业人格测量、情商与逆商测量、态度测量、职业心理测量和健康测评等理论与方法。

书　　名：农民工人力资本培训评估
作　　者：戴　烽
出 版 社：社会科学文献出版社
出版时间：2010-09-01

Title: *Training Evaluation on the Human Capital of Rural Migrant Workers*
Author: *Feng Dai*
Publisher: *Social Sciences Academic Press*
Date: *September 1, 2010*

书籍简介：

本书在分析农民工培训动力、学习力与适应力及培训效果评价和培训期望的基础上，探讨影响农民工培训效果的主客观因素及培训动力、培训效果与培训预期的关系，并构建培训效果评估模型。

本书研究内容分为如下五个部分。

第一部分：导论。这一部分主要介绍了相关研究背景、目的及意义，分析我国农民工培训评估现状，提出问题，界定相关概念，根据文献及现有培训评估理论模型形成农民工培训评估的分析框架，确定了本研究调查的总体与样本，并设计调查方法、分析方法，为后续研究提供基础。

第二部分：培训准备。这部分一共有四章内容，综述了近年来农民工培训的相关研究成果。根据对农民工的培训动力的认知惰性与路径依赖、农民工学习力的代际变迁、农民工适应力的类型学三个方面的分析，探讨影响农民工培训动力的群体性因素，分析主客观因素对培训动力的影响，确定了学习力中心，并构建培训前的学习力中心评估模型。

第三部分：培训过程的评估。这一部分通过六个章节分别对农民工的培训需求评估、农民工培训机构的评估、培训效果的评价及其主客观因素的分析，综述影响农民工学习效果的潜在因素，探索学习力、适应力、培训动力对学习效果的影响，从而构建培训效果模型。

第四部分：培训反馈。这一部分以培训前、培训中和培训后的时间为轴，应用多种统计分析方法，探讨培训动力、培训预期和培训效果的关系，并构建培训预期模型。

第五部分：结论与讨论。这一部分概况总结了农民工人力资本培训评估模型的运用，探索人口学变量对培训效果的影响，分析培训动力模型、培训效果模型和培训预期模型的关系，整合农民工培训效果评估模型，并对该模型进行修订。

本书构建了农民工人力资本培训评估体系，通过对农民工培训前、培训中及培训后的评估和干预，增强农民工培训的针对性；并通过实验干预、信息反馈、整合资源，健全农民工培训体系，使其充分发挥培训功能；提高农民工素质，提升农民工群体的人力资本，从而增加农民工的就业机会，提高收入水平，增强社会流动性，进而从整体上实现提升我国产业竞争力，提高工业化和现代化发展水平的目标。

书　　名：国际企业：人力资源管理（第四版）
作　　者：赵曙明
出 版 社：南京大学出版社
出版时间：2010-05-01

Title: *International Business: Human Resource Management* (*IV*)
Author: *Shuming Zhao*
Publisher: *Nanjing University Press*
Date: *May 1, 2010*

书籍简介：

本书首先介绍世界各国人力资源管理的发展，特别介绍了美国、欧洲、日本和中国几个地区的人力资源管理特色；其次讨论国际企业人力资源开发与经济发展的关系以及国际企业组织学习；然后详细阐述了国际企业人力资源管理的基础理论，如人力资源管理系统、激励、领导、沟通、绩效评估和培训等内容；最后讨论了跨国公司人力资源管理的问题以及在此次金融危机下国际企业人力资源管理面临的问题与策略。

国际人力资源管理是人力资源管理的一个新的、重要的分支，它是以经济全球化和区域经济一体化为背景，以跨国公司、全球企业的人力资源为主要研究对象，以跨文化管理为主要研究方法的一门学科。它尚处在由不成熟到成熟的发展阶段。因而，研究国际企业人力资源管理，对于中国企业参与经济全球化的进程，积极对外投资，开展跨国经营，更好地走向国际，具有重要的意义。

本书是在1992年出版的《国际人力资源管理》一书的基础上改写修订的。主要研究和探讨世界各国人力资源的管理与开发、国际人力资源管理的组织基础、国际人力资源管理的方法论基础、跨国企业人力资源管理的问题四方面内容。本书侧重在以下几个方面进行研究和探讨：

（1）世界各国人力资源的管理与开发。其中，包括两个主要问题：一是人力资源的管理问题；二是国际人力资源开发与经济发展问题。

（2）国际人力资源管理的组织基础。主要从国际组织的角度，讨论人力资源的组织发展。作者提出，协调好组织与组织之间、人与人之间的关系，以保证社会生活的正常进行，就显得非常重要；而要在整个社会范围内，甚至全球范围内把人们有机地组织起来，协调好他们之间的关系，使每个人都充分发挥自己的作用，人力资源管理就必须加强国际组织的发展。

（3）国际人力资源管理的方法论基础。它包括：个人的工作动机和需要，国际企业怎样激发人的潜能；国际企业中如何实行有效领导，引导员工为组织目标服务等。

（4）跨国企业人力资源管理的问题。主要分两个问题进行讨论：一是探讨国际企业的发展给现代组织的人力资源管理带来的挑战，尤其是跨国企业的跨文化管理问题；二是研究国际企业中人力资源管理系统的具体问题，包括人员的配备、培训教育、工资报酬等待遇以及我国企业跨国经营的人才开发问题。

书　　名：中国式管理经典（柒）从管人到安人
作　　者：曾仕强
出 版 社：北京大学出版社
出版时间：2010-08-01

Title：*Chinese Classic（VII）from Managing to Stabilizing*
Author：*Shiqiang Zeng*
Publisher：*Peking University Press*
Date：*August 1，2010*

书籍简介：

本书根据《管理大道》（北京大学出版社，2004 年版）精心修订而成，内容更趋精练适用。被业界誉为中国式管理大师、华人三大管理学家之一的曾仕强教授，潜心研究管理多年，深知如何将古人的思想精髓与现代管理结合，一直大力倡导中国管理哲学的现代化应用，他通过对中西方管理的透视与鉴别，指出中国管理哲学是内在依托，西方的管理技术只是一种手段，技术可以借鉴，但绝不能完全照搬西方的管理模式来解决中国的管理问题。

作者在本书的序中提出“管人靠科学，安人靠哲学”的道理，引出七章内容：管理之道，在于修己安人；管理的最终目的是安人；安人的有效力量是感应；安人的根本精神在中道；情理法兼顾才能安人；守经达变才是安人的正道；具有象棋特色的安人模式。在书中，曾仕强教授结合对“大学之道”的精妙诠释，从文化的高度揭示了中国管理哲学的精义，同时，通过充分阐述中国管理哲学的现代化应用的实践问题，点明了中国管理哲学是个人安身立命、企业安和乐利的可行之道。

书　　名：中国上市公司高管薪酬指数报告（2009）
作　　者：高明华等
出 版 社：经济科学出版社
出版时间：2010-02-01

Title：*Report on Executive Compensation Index of China's Listed Companies*（*2009*）
Author：*Minghua Gao et al.*
Publisher：*Economic Science Press*
Date：*February 1，2010*

书籍简介：

如何评价目前中国上市公司高管薪酬，既是一个理论问题，又是一个技术问题。本报告所做的工作就是运用科学的方法，计算出上市公司高管的薪酬指数，在此基础上对相对于公司绩效的高管薪酬做出评估和排序。

本报告有如下主要特色：

（1）对中西方高管薪酬制度的起源和变迁进行了梳理。本报告通过整理大量文献，划分了高管薪酬制度演变的阶段，从不同角度总结了高管薪酬制度变迁的特征。

（2）立足于公司治理理论展开对高管薪酬指数的研究。本报告基于公司治理理论，强调薪酬指数必须反映对高管的激励因素，与公司绩效相匹配，使高管利益与公司及股东长远利益一致。

（3）基于公司绩效进行高管薪酬指数的计算及评价。本报告中薪酬指数的计算是采用薪酬与营业收入额的比值，体现了薪酬与绩效匹配的理念。

（4）高管薪酬指数计算及评价采用公开数据。本报告关于高管薪酬指数的计算和评价采用上市公司年报发布的公开数据，不包含主观判断因素，具有客观、透明的特点。

（5）对高管薪酬结构做了客观评价。本报告以最前沿的、权威性的薪酬结构评价理论为支撑，从业绩计量指标的确立、计量规则的控制、薪酬结构的合理安排等方面建立了比较全面的评价体系；采用描述性统计方法，从所有制性质、行业属性、地区分布三个角度，对中国上市公司高管薪酬结构的合理性进行了排序和评价。

（6）对垄断的"放大效应"做了深入分析。报告用模型证明了垄断的"放大效应"，使垄断企业业绩对高管努力的敏感度大于非垄断企业业绩对高管努力的敏感度。

（7）提出了高管薪酬指数的影响因素并进行了实证分析。本报告将高管薪酬影响因素划分为基本因素、治理因素和绩效因素三个方面，分别选取相应的指标来分析它们与高管薪酬之间的关系，然后依次考察了位于不同区间（激励过度、激励不足和激励适度）的上市公司在基本特征、治理特征和公司绩效方面的差异。

（8）案例分析有较强的典型性。结合 2008 年中国上市公司高管薪酬指数，从三个激励区间挑选出尽可能涵盖更多行业和地区的典型案例。

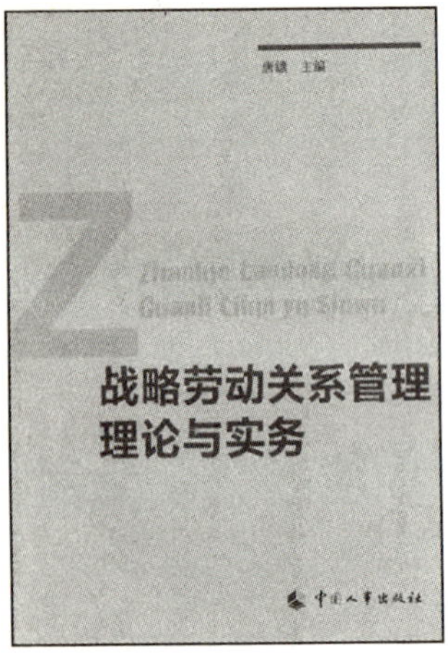

书　　名：战略劳动关系管理理论与实务
作　　者：唐镛　主编
出 版 社：中国人事出版社
出版时间：2010-08-01

Title：*Theories and Practices of the Strategic Labor Relations Management*
Author：*Kuang Tang*
Publisher：*China Personnel Publishing*
Date：*August 1，2010*

书籍简介：

本书从合法、合情、合理三个层面论述了企业战略劳动关系管理的基本原理和管理实践；探讨了企业劳动关系管理流程中的雇佣、招聘、职位管理、制度建设、薪酬设计、绩效管理、解除合同以及员工关系管理等各个环节所面临的法律问题、管理问题，目的是通过企业劳动关系的战略管理，改善组织绩效，实现员工和组织的共同发展。

本书概况总结了新形势下战略性劳动关系管理的创新和特点，提出战略性劳动关系管理对传统的企业劳动关系管理认知体系的四大突破：从静态的劳动合同管理突破到劳动关系的动态流程管理；从传统的冲突域合作管理扩展到确保雇主用工过程的确定性和可预见性，实现劳动关系的和谐平稳，化解劳动争议，避免劳动冲突的发生；战略性劳动关系管理把传统的劳动关系管理提升到战略的高度，构建企业战略性劳动关系管理理论并指导企业的管理实践；在强调成本控制和绩效管理的同时，着眼于构建企业劳动关系管理的最优模式。同时，本书还提出从经济学、管理学、心理学、法学等多学科交叉的视角，尤其借鉴人事管理经济学和法经济学的先进方法，对企业劳动关系管理进行评估。

作者提出，劳动关系管理包括宏观和微观两个方面。劳动关系管理在宏观层面上强调经济全球化与新技术革命对劳动力市场与劳动关系的影响，劳工标准与经济绩效的关系，劳资冲突与合作对资本市场、产品市场的交互作用。在微观层面上，劳动关系管理强调劳动力市场的微观基础研究，特别是企业劳动关系管理对组织绩效的影响、企业劳动关系管理的合法性以及劳动关系管理的经济学基础。战略劳动关系管理是劳动关系管理的一个方向，企业的战略劳动关系管理就是企业为能够实现战略目标所进行和所采取的一系列有计划、具有战略性意义的劳动关系部署和管理行为。企业战略劳动关系管理研究的核心问题是如何通过对企业劳动关系的有效管理，获取竞争优势、提高企业绩效，实现企业与员工的共同发展。

本书是中国人民大学劳动人事学院组建劳动关系教研室（系）三年来共同思考的结晶，见证了这个劳动关系研究团队的建设和发展的过程。本书中关于战略劳动关系管理的很多理论和观点都是劳动人事学院组建劳动关系教研室（系）成员第一次提出来的，具有开创性意义。

书　　名：中国的人力资源状况
作　　者：中华人民共和国国务院新闻办公室　编
出 版 社：人民出版社
出版时间：2010-09-01

Title: *China's Human Resources*
Author: *State Council Information Office of the People's Republic of China*
Publisher: *People's Publishing House*
Date: *September 1, 2010*

书籍简介：

国务院新闻办公室 2010 年 9 月 10 日发表的《中国的人力资源状况》白皮书。白皮书分为前言、中国人力资源的基本状况、人力资源开发的法律体系、履行政府公共管理服务职责、发挥市场配置的基础性作用、加强对劳动者权益的保护、积极开展国际交流与合作、结束语 8 个部分，全文约 14000 字。

白皮书说，中国是世界上人口最多的发展中国家，13 亿人口中蕴涵着极其丰富的人力资源。积极开发人力资源，充分发挥每个人的潜能和价值，促进人的全面发展，为国家现代化建设提供强大的人力和智力支撑，实现由人力资源大国向人力资源强国的转变，是中国政府始终面临的重大课题和不懈推进的重大事业。按照建立社会主义市场经济体制的要求，为推动科学发展，促进社会和谐，中国政府注重发挥市场配置人力资源的基础性作用，大力推进经济、科技、教育等体制改革，不断深化干部人事制度改革，实施科教兴国战略、人才强国战略和积极的就业政策，建立和完善人力资源培养、吸引、使用和保障机制，加快人力资源法制建设，走出了一条适合中国国情的人力资源开发道路。

白皮书指出，在新的历史起点上，中国政府将坚持以人为本，关心人的全面发展，鼓励和支持人人都作贡献，人人都能成才；坚持以促进教育公平为重点，以提高教育质量为核心，构建完备的终身教育体系，让全体人民学有所教、学有所成、学有所用；坚持就业是民生之本，更好地实施扩大就业的发展战略和更加积极的就业政策，促进以创业带动就业；坚持人才优先，更好地实施人才强国战略，突出培养创新型科技人才，大力开发国民经济社会发展重点领域急需紧缺专门人才，统筹推进各类人才建设；坚持管理创新，通过不断深化改革，扩大开放，破除不合时宜的体制机制障碍，营造充满活力、富有效率、更加开放的社会环境。在未来的岁月里，中国人民的智慧与力量一定会更好地迸发出来，国家的发展与进步一定会有更加坚实的人力与人才资源基础。

书　　名： 中国人力资源和社会保障发展研究报告（2010）

作　　者： 文魁　等主编

出 版 社： 中国劳动社会保障出版社

出版时间： 2011-01-01

Title: *Chinese Development Study of the Human Resources and Social Security* (*2010*)

Author: *Kui Wen et al.*

Publisher: *China Labour and Social Security Publishing House* (*CLSSPH*)

Date: *January 1, 2011*

书籍简介：

《中国人力资源和社会保障发展研究报告（2010）》（下文简称《报告》）是由国家发改委社会发展研究所与首都经济贸易大学携手合作完成的，是国家重点学科劳动经济学支持项目的成果之一。《报告》共选编三十篇专题报告，内容涉及劳动就业、社会保障、人力资源开发与管理、人力资本以及劳动关系等多个方面，涵盖面广，信息量大，具有很强的可读性，反映了编者对人力资源和社会保障领域中诸多现实问题的关注与思考。

人力资源和社会保障研究不仅有很强的理论性，同时也有很强的实践性。作为以人为研究对象的科学，不仅直接和“以人为本”密切相关，而且与“全面、协调、可持续”发展有着广泛的联系。因此可以说，人力资源开发和社会保障建设是构成科学发展观的重要组成部分，科学发展观也必然成为研究人力资源和社会保障问题的理论指南。人力资源和社会保障研究要紧密联系社会生产实践，将该领域中出现的新情况、新问题作为研究的课题，发现规律，寻求相关理论依据，提出适用方案对策，以切实保障人民群众的经济、社会、政治和文化权益及实现社会和谐为最终目的。

《报告》有如下五个特点：①论文的选题基本上是目前这方面研究的热点或难点问题；②论文集涵盖面广，信息量大，内容涉及人口、人力资源开发与管理、社会保障、劳动关系、劳动力市场与收入分配、就业与失业以及其他社会问题；③每篇论文所选题目都相对比较集中，体现出了研究的深度和难度；④大部分研究基本上都是作者自己熟悉或已做过一定研究的题目，跟踪和把握了学术前沿；⑤论文的写作方法比较规范，写作方式避免了教科书的形式。

书　　名：中国人力资源服务业白皮书 2010
作　　者：萧鸣政　郭丽娟　顾家栋　编
出 版 社：人民出版社
出版时间：2011-02-01

Title: *White Paper for Human Resources Service Industry in China (2010)*
Author: *Mingzheng Xiao, Lijuan Guo, Jiadong Gu*
Publisher: *People's Publishing House*
Date: *February, 2011*

书籍简介：

《中国人力资源服务业白皮书 2010》（以下简称《白皮书》）是由北京大学人力资源开发与管理研究中心和世博集团上海市对外服务有限公司共同完成的，是继 2007 年、2008 年、2009 年后的第四本中国人力资源服务业白皮书，既保持了前三本的总体结构，又在内容上进行了创新。

《白皮书》主体内容分为两大部分：第一部分是年度报告篇，主要包括中国人力资源服务业主要政策法规及其新变化、人力资源服务需求及其新变化、人力资源服务机构与人员及其新变化以及人力资源服务业的新发展等内容；第二部分是专题报告篇，主要包括新中国人力资源服务业的发展报告、部分人力资源服务企业的情况调查、人力资源服务产业走向预测以及大学生就业分析报告等。《白皮书》通过翔实的数据、多方向的比较和透彻的分析，向本行业及社会各界人士全景式地展示了我国人力资源服务业近年来的发展变化和发展趋势，并聚焦就业、劳动人事政策法规等热点议题。

《白皮书》归纳了现阶段中国人力资源服务业主要呈现出的四大特点：劳动保障法律体系基本建立健全，监察制度和体制进一步完善；服务企业规模逐渐变大，从业人员素质有所提高；跨文化人力资源管理面临挑战，整体薪酬回报渐成主流；人力资源服务市场潜力巨大，产业化趋势正在形成。

《白皮书》在社会上具有一定的影响力。它站在人才发展的高度，对中国历年来的人力资源服务业发展状况进行梳理和总结，为读者提供了丰富而系统的资料数据，并对中国人力资源服务业的发展趋势做出了预测建议，为实践提供了一定的指导意义。《白皮书》具有前瞻性，为人力资源的理论、人力资源的实践和人力资源的研究工作提供了一个很好的架构的桥梁。《白皮书》的发行，将配合《国家人才发展中长期规划纲要（2010~2020 年）》的有效贯彻，认真落实胡锦涛同志在亚太经合组织人力资源开发部长会议上关于优先开发人力资源、加快形成人力资源优先发展的战略布局，优先调整人力资源结构，优先投资人力资源开发，创新人力资源制度的讲话精神，进一步推动人才强国战略在人力资源服务领域中的深入实施。

书　　名：深圳劳动关系发展报告（2010）
作　　者：汤庭芬　主编
出 版 社：社会科学文献出版社
出版时间：2010-05-01

Title：*Annual Report on Shenzhen's Labor Relationship (2010)*
Author：*Tingfen Tang*
Publisher：*Social Sciences Academic Press*
Date：*May 1，2010*

书籍简介：

《深圳劳动关系发展报告 2010》（以下简称《报告》）由深圳市社会科学院、深圳市人力资源和社会保障局、深圳市总工会共同组织编撰。本书先通过《深圳劳动关系 2009 年发展状况与 2010 年发展对策》引出下面的社会保障篇、工会工作篇和专题研究篇三大部分内容，从三个层面对新时期劳动关系面临的新情况新问题开展专题研究：一是比较研究了经济危机时期美国、英国、日本等国调整劳动关系方面的成功做法和具体案例，并给予有建设性的借鉴启示；二是分析研究了劳动关系新法律实施后的难点热点问题，以全新的视角，从法学理论、新法条文、制度设计等方面进行深入研究，提出不断完善的积极建议；三是研究探讨劳动关系协调机制缺失与断裂的根源，分析劳资恳谈、非诉讼调解、集体谈判等新模式，倡导从源头上建立起企业与员工自主构建和调节和谐劳动关系的新机制。

2009 年是深圳在危机中前行的一年，更是在困难中取得显著成效的一年，《报告》给出了客观真实的答卷：一是全力打造充分就业城市，建立了政府为主导与社会多方合作的促进创业机制，构建具有深圳特色创业政策体系、资金扶持体系、教育培训体系、创业服务体系和宏观管理体系；二是社会保险参保人数创历史最高，2009 年 1 月深圳出现参保人数降到 2008 年 8 月份以来的最低点，到 12 月底，五险种的参保人数均达到历史最高水平；三是“双爱”活动成为应对经济危机的独特创举，深圳各级工会持续开展“企业爱员工，员工爱企业”活动，员工与企业同舟共济，推动企业、推动深圳经济走出危机、走向复苏；四是以工资增长为核心的集体协商机制正在成型，深圳在大型企业、外资企业中推行集体协商制度，尤其在工资增长机制上取得了突破性进展，对于如何平衡劳资利益，实现劳资双方的共决共赢、共建共享，给出了一个实实在在的答案；五是创建多样化劳动争议调解新机制，建立以劳动信访为依托、以劳动监察为保障、以劳动仲裁为后盾的“三位一体”综合调解模式，建立人民法院多元化大调解格局，实现诉讼机制与非诉讼机制的衔接互动，运转协调，纠纷解决方式的整体合力；六是劳动争议呈现“三下降”的良好局面，用人单位守法经营自觉性日益提高，劳动者维权日益理性，金融危机时期员工主动与企业共渡难关的多了，劳动关系更趋于和谐。

第二节

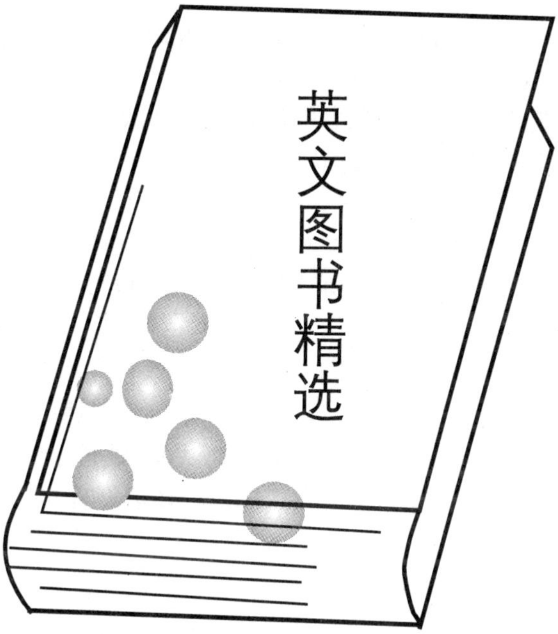

Title: *Conversations on Leadership*: *Wisdom from Global Management Gurus*

Author: *Lan Liu*

Publisher: *Wiley*

Date: *August 31*, *2010*

书　　名：领导力对话录：全球管理大师的智慧

作　　者：刘　澜

出 版 社：约翰威立出版公司

出版时间：2010 年 10 月 31 日

作者简介：

刘澜为北京大学中国战略研究中心研究员，北京彼得·F.德鲁克学院兼职教授，曾担任长江商学院案例研究中心副主任，连续 7 年担任 《世界经理人》杂志总编辑，同时是《中国商业时报》的专栏作家。其著作包括《领导力沉思录》、《管理的 10 大真相》、《先人后事》（合著）、《在哈佛学管理》、《领导者的鸡尾酒》。

书籍简介：

领导者的基本品质有哪些？如何培养领导者？文化在领导力中起何作用？领导和管理有何不同？如何才能卓有成效地发挥领导力？

就与领导力密切相关的问题，作者通过一系列的访谈，向当今世界最有影响力的 13 位大师寻求答案：来自美国的约翰·科特、沃伦·本尼斯、霍华德·加德纳、詹姆斯·马奇、吉姆·库泽斯、诺尔·蒂奇、比尔·乔治、彼得·圣吉、杰里·波拉斯和小约瑟夫·巴达拉克；来自欧洲的曼弗雷德·凯茨·德·弗莱斯；来自中国的许倬云；来自印度的德巴西斯·查特尔吉。

本书采取对话形式，使得大师们的见解以轻松易懂的形式得到呈现。他们不仅从管理学角度切入，而且融合了历史学、社会学、心理学和心理分析等学科的成果，对领导力提供了高屋建瓴的洞见。作者把大师们的思想整合为领导力的八项修炼：密切联系群众；讲故事；当老师；从失败中学习；反思；深思；认识自己；成为自己。

这本书的独特之处不仅在于对世界知名学者的领导力思想做出总结，而且在于在历史和文化的语境中进行了领导力讨论，为东西方领导力思想的交流打开了一扇门。作者引入了来自中国和印度的思想家，讨论了儒家式领导和印度式领导，让我们严肃思考如何丰富而非抛弃西方的模式。此外，本书还呈现了这些顶尖的领导力思想家们如何形成其思想的背后的故事。

本书最后一章为“领导力的难题”。作者创新性地跟彼得·德鲁克、詹姆斯·马奇、沃伦·本尼斯等大师们进行“虚拟对话”。比如，对跨文化领导力的探讨，是对德鲁克的应和、对本尼斯的质疑、对比尔·乔治的批评；对黄光裕与陈晓之争的分析，是对马奇的致敬；通过“阿里巴巴诚信危机”对马云的领导力的解剖，则是在吉姆·柯林斯、诺尔·蒂奇、凯茨·德·弗里斯等大师和马云之间进行传话。

总之，本书把当代最卓越的领导力思想家的最新思想集聚于一书，但又并不只是提供纯粹的管理理论，而是结合大师的管理实践，找到解决问题的方法，更有针对性，为有志于提升领导力的实践者提供了行动的指南。本书还为所有对领导力感兴趣的人们提供了基石，不管他们感兴趣的是领导力实践、领导力研究、领导力发展，或者仅仅是想管窥这个关键话题的最顶尖的思考。

Title: *The Truth about Leadership*: *The No-fads*, *Heart-of-the-Matter Facts You Need to Know* (*Hardcover*)
Author: *James M. Kouzes* , *Barry Z. Posner*
Publisher: *Jossey-Bass*
Date: *August 16*, *2010*

书　　名：领导力的真理（精装版）
作　　者：詹姆斯·M.库泽斯，巴里·Z.波斯纳
出 版 社：巴斯出版社
出版时间：2010 年 8 月 16 日

作者简介：

詹姆斯·M.库泽斯是圣塔克拉拉大学商学院领导力中心特聘教授，还是一位富有经验的经理，曾被《华尔街日报》提名为美国最受欢迎的 12 名经理人员教育课程提供者之一。2006 年，获得 Toastmasters Intm-national 的最高荣誉——金木槌奖。

巴里·Z.波斯纳曾任圣塔克拉拉大学立威商学院院长，现为圣塔克拉拉大学领导学专业教授，发表、合著了 100 多篇论文，还是多本领导力杂志编委会委员。

两位作者都是领导力研究领域的权威，被国际管理委员会提名为年度管理学/领导学教育家，这使他们跻身于肯·布兰佳、彼得·德鲁克、爱德华·戴明、李·艾柯尔、汤姆·彼得斯、斯蒂芬·柯维、范希斯·海斯本、罗萨比斯·莫斯·康特以及罗曼·文森特·皮埃尔等大名鼎鼎的获奖者之列。他们合作出版了一系列领导学方面的畅销书，例如《领导力挑战》、《领导需要工作规程》、《留下你的印记：体现领导力的最高境界》、《领导自我实践》等。他们还开发了世界上广泛使用的 360 度领导力评测工具“领导者习惯行为清单”（领越 LPI）。

书籍简介：

本书是继畅销书《领导力挑战》（《*The Leadership Challenge*》）之后，詹姆斯·M.库泽斯和巴里·Z.波斯纳合作推出的又一巨作。经过 30 年的研究，通过对 100 多万份领导力测评问卷数据的统计分析，作者总结出了 10 个领导力真理，包括信誉、保持学习、以身作则等。这 10 个领导力真理是经过时间检验的，在任何时代背景和环境下都适用的领导力理念，是领导力的核心所在。读者在本书中将找到一个全新的视角，重新认识领导的真谛。

本书谈及了新任的领导者需要了解和领会的知识，而对那些可能从长期从事的职业转向其社区或公共领域的老领导者而言，这些知识同样有着非常重要的意义。对于新上任的领导者，作者强调要富有想象力、充满热情和活力、敢想敢做，这是作为领导者最基本是素质。事实证明，专注于未来将使你与众不同。而对于经验丰富的领导者来说，有两点是要特别注意的：一方面，优秀的领导者必是优秀的学习者，学习是最重要的技能；另一方面，领导者是团队的榜样，不以身作则的领导者不是合格的领导者。然而现实中，很多富有经验的领导者都忘了这条最基本的定律：你的榜样是最有说服力的武器。在作者看来，这 10 个真理是紧密相连的，任何一方面的真理都不是孤立存在的。如果只具备其一，没有其他方面的支持，任何领导者都不会成功，也都不是一位优秀的领导者。

与《领导力挑战》相比，本书具有三大特色：第一，这是一本更具说服力、更大胆、更创新的著作。书中的每一项结论都有大量研究的支持。第二，本书数据基础和统计研究超过了作者以往任何一本著作。在过去的几年中作者收集了大量的数据和案例，仅在过去的两年中，就分析了来自 70 多个国家的 100 多万个调查对象对“领导者习惯行为清单”的反馈。第二，本书将服务于更广泛的读者，跨越国界、超越年龄界限。这些认识在 30 年前是正确的，在今天是正确的，相信在 30 年之后也是正确的。创业者需要学习这些知识，领导成熟企业的领导者也是如此；这些认识适用于训练场，也适用于政府的办公大楼；适用于美国、中国、巴西、欧盟和印度，以及你能想到的其他任何地方。

《领导力的真理》融合了两位作者从开始合作到现在所得到的最重要的认识，它集合了一系列指导和支持领导实践的基本原理。这些真理客观存在，它们并不神秘，也不是特定时代的产物，而是经得住考验的事实。领导者掌握了这 10 条领导力真理，就可以以一种全新的视角，在瞬息万变和充满竞争的市场环境中，找到解决问题的根本，从容应对各种领导力难题，在组织内起到更高效和更有影响力的作用。

Title: *Leading Under Pressure: From Surviving to Thriving Before, During and After a Crisis*

Author: *Erika Hayes James, Lynn Perry Wooten*

Publisher: *Routledge Academic*

Date: *July 25, 2010*

书　　名：压力下的领导行为：经历危机，从生存到兴盛

作　　者：埃里卡·海耶斯·詹姆斯，林恩·佩里·伍藤

出 版 社：劳特利奇学术研究

出版时间：2010 年 7 月 25 日

作者简介：

埃里卡·海耶斯·詹姆斯（密歇根大学博士）系吉尼亚大学达顿商学院企业管理教授，曾在杜兰大学、埃默里大学和哈佛大学教授过组织行为学、权力和领导力、危机领导力等课程。其研究侧重于领导力，尤其是危机时的领导力，许多研究成果被改编成课程教材，并因开发危机管理模拟系统被授予瓦霍维亚课程教材卓越奖。她还是《管理期刊》的编委会成员。

林恩·佩里·伍藤（密歇根大学博士）系密歇根大学罗斯商学院副教授，主要讲授公司战略、人力资源管理、领导和组织行为课程。其研究侧重于组织如何以弹性策略应对危机，著有多本劳动力多样性、董事会多样性和危机管理等方面的专著。其研究获得管理科学院及麦肯锡咨询公司的肯定，并被《金融时报》列为人力资源管理方面的“下一代商业思想家”。伍藤教授是《人力资源管理》杂志的副主编，并任《商业和教育》期刊的咨询主编。

书籍简介：

劳动者的生存压力日益增大，这可能还只是保守的说法。宏观层面上讲，经济全球化日益普遍，组织面临着来自全球的竞争；微观层面上讲，每个员工也都面临着竞争，都要以最低的成本给组织带来最大的回报。压力无处不在，越来越多的研究关注压力在工作中的影响。然而，我们也需要研究什么样的领导者能抵住压力带领组织渡过危机、蓬勃发展。

本书共由四部分组成：第一部分旨在界定危机领导的相关观念、关键术语（例如危机、危机管理、领导力等），介绍危机类型分析压力下的领导行为与一般领导行为（相对平稳时期领导行为）的区别，以及划分危机管理的五个阶段，为本书后续讨论提供了坚实的基础。第二部分重点讨论高度压力下有效的领导者需要具备的个人能力，分别探讨了危机前、中、后不同阶段的领导能力，并重点论述了压力下领导者的决策能力和危机小组的创建能力。在论述决策能力时，作者论述了理性决策理论、有限理性决策理论及影响决策的因素，最终提出了“伦理的决策框架”。第三部分分析了压力下的组织必须具备的核心能力，其中包括以信任和学习为特点的组织文化，这是经济全球化背景下的组织必需的经营思维。在论述组织学习的相关部分，作者重点分析了阻碍组织学习的几个因素。在此部分，书中还强调了技术在危机领导中的作用。书的最后一部分对全书做了总结论述，结合心理学理论，作者分析了将危机转变为潜在机会的情况，危机的发生也提高了组织变革的概率。本书还专门设立了一个部分叫做“从理论到实践”，并且附有一系列问题帮助领导者分析自己的处境以寻找应对之策。此外，作者提供了大量的资源链接，以帮助读者获取更多的关于领导行为的信息，其中既有学术研究也有实践经验分享。

领导者的各种决策极大地影响着利益相关者的利益。在压力下有效地进行领导是每一个领导者不可推脱的责任，危机下的领导能力也是一项核心管理能力。作者认为，在压力条件下，领导者需要更开放的心态，更多不同的能力，这些远比单纯的危机处理技术更为重要。本书的最终目的正是探讨如何培养领导者的这种心态和能力以提升危机领导能力。此外，本书对比强调了危机下的有效领导可以给组织带来的积极变化，以及领导不力可能带来的负面影响，并论述了如何利用危机并将其转化为组织优势。

本书的内容建立在权威的学术研究基础之上，并结合了现实案例阐述组织应该看待和处理危机，及如何制定有效的应对措施，为领导者提供了一个全新的、全面的视角。当然，本书并没有提供一套应对危机的具体的教条性做法；相反，本书只是提供了关于领导的新理念和一个新的分析框架，为领导者形成新的领导模式提供新思路。

Title: *Terms of Engagement: New Ways of Leading and Changing Organizations* (2nd Edition)

Author: *Richard H. Axelrod, Peter Block*

Publisher: *Berrett-Koehler Publishers*

Date: *October 11, 2010*

书　　名：参与式团队：领导与改变组织的新方法（第二版）

作　　者：理查德·H.艾克斯罗德，彼得·布洛克

出 版 社：贝瑞特-科勒出版社

出版时间：2010年10月11日

作者简介：

理查德·H.艾克斯罗德是阿克塞尔罗德集团公司（The Axelrod Group，Inc.）创始人之一。该公司专业为进行变革的组织提供员工参与方面的咨询。在创立该公司前，作者是通用食品公司（General Foods）组织规划发展部经理。该公司是美国第一家成立自我指导工作团队的企业。本书融合了作者25年的咨询、培训经验与个人思考。这些咨询项目对象包括波音、可口可乐、康宁、福特、惠普、英特尔等著名企业。

本书的前言作者彼得·布洛克是组织规划发展大师。他出版了许多有名的著作，像《完美的咨询和团体》。

书籍简介：

对每一个组织来说，员工参与都至关重要。但在传统的自上而下的强制性领导模式中，员工参与度非常小。虽然讨论了几十年，那种指挥控制式的领导方式到今天才真正开始走向衰落。领导驱动型的变革不仅难以调动员工的积极性，而且过多的官僚层级导致反应速度过慢。更为严重的是，那种领导方式不适合用来管理Y生代员工。

最近20年来，有许多关于提高员工生产力的研究，并且一些优秀的组织已经使用这些研究成果，如休憩室、赞赏性地咨询员工等。不幸的是，很少有领导力书籍真正地探讨提高员工参与度的关键性因素。员工参与的重要性是不言而喻的，但如何做到这一点，我们还是知之甚少。超过70%的组织变革最终失败。

本书中，揭穿六个常见的变革管理神话后，作者提供了一个已被实践证明的、操作性强的模型。该模型旨在让组织的每个人都真正积极地致力于组织变革。

这本书系统论述了组织为什么需要变革，如何使员工渴望变革，以及员工如何参与变革。作者分析了当前通行的组织变革流程：某个高层管理人员突然想到一个“高招”，不听取他人的意见，找几个亲信组织一个团队制订计划，然后号召所有人执行该计划，几年下来毫无成效，最后不了了之。鉴于此，作者提出了新的组织变革流程：员工和管理者坐在一起，各自陈述公司的问题和机会，然后共同描画一个愿景，并一起做计划去实现这个愿景。这种安排乃是基于对个人、组织思考与行动方式的深刻理解。因为，一定程度上，每个人都会把这个变革在看作是自己的决定。人们总是怀有更大热情去实现自己的决定。这种流程能转变每个人的心态，使员工能主动参与组织变革，变革过程变得更为顺利。

本书还论述了如何通过日常对话、工作会议和工作设计促进员工参与。此外，作者总结了成功让员工参与的四大基本原则：扩大员工工作关系圈，让员工彼此之间产生联系，创造行动共同体，促进公平。本书最后几章总结了书中的各种原则、方法，并讨论了处于不同层次的、各个阶段的管理者分别如何运用这些原则与方法。

书中的模型与策略既是作者多年管理、咨询经验总结，也有相关科学研究作为支撑。该修订版采用了大量的最新采访——从公司的副总到最佳采购员——和最新的神经科学研究成果。本书不仅可以提高员工参与度、工作满意度、创造力和对组织的承诺，还能培育管理者和员工的价值感、使命感和满足感。它告诉管理者和员工如何建立信任和有利的相互关系，以使组织更富有生命力和可持续发展。

Title: *Coach Anyone About Anything: How to Empower Leaders and High Performance Teams*

Author: *Germaine Porche, Jed Niederer*

Publisher: *The Eagle's View Company*

Date: *September 28, 2010*

书　　名：指导任何人任何事：如何授权领导者和高效团队

作　　者：杰曼·波尔琪，杰德·倪德勒

出 版 社：鹰视图公司

出版时间：2010年9月28日

作者简介：

杰曼·波尔琪曾任美国总统观察顾问，主要擅长生产率和生产性突破和企业领导力管理的研究。她长期为各个层次的高管、个人和组织进行培训，并在多元化管理、快速工作的重新设计，生产力突破、员工参与、培训方面有丰富的咨询经验。杰曼在美国华盛顿特区大学和NTL研究所（国家培训实验室）获得理学硕士学位，参与过多项有关团队劳动和管理人员培训研究。是公认的排名前十的美国女商业协会商人，并在2006年获联邦专业商业女性，在2008年获该奖项的卓越奖。

杰德·倪德勒有曾担任过企业的高级营销副总裁，有30多年的指导培训经历，作为一名培训者，他成功开发了个人效能、沟通、领导、销售等培训课程，已经在美国、加拿大、欧洲、远东、中东、南美和澳大利亚等地培训过10万多人，获得了西雅图华盛顿大学通信与广告专业的学士学位。

书籍简介：

本书以一种不同的视角解读了教练的概念：认为教练蕴藏在组织中。作者认为组织和管理者可以像教练指导运动员一样指导企业的员工，书中所列举的指导方法都可以应用到团队和个体中去。读者可以自己运用本书中介绍的所有技术和工具，而这些工具最大的作用是帮助员工在个人工作与组织环境之间建立联系。

在本书中，作者提出了一种可以帮助员工形成发现组织优缺点的敏锐视角的模型，同时也提出了一种程序与方法，以帮助员工发现自身存在的能够促进和阻碍高绩效产生的因素。本书还介绍了能有效地指导销售人员的一些独特的工具和技术，破除了认为销售指导只不过是销售管理或者销售培训中新的流行术语的误解。书中介绍的技术与工具对希望学会自我指导进而达到自己人生目标的人也有很大的帮助。

培训与指导有什么区别？许多人认为两者之间可以互换，其实两者之间存在着不小的差别。作者在书中从管理和领导的角度区分了培训和指导，在书中提出了一系列区分两者之间不同的原则。

指导是一种交流，其中有效的倾听至关重要。管理者可以指导员工选择合适的方法去倾听不同的人讲话。当员工用不同的倾听方式对待指导、领导和管理，他们会成长得更快，也更容易取得职业生涯的成功。本书介绍了各种倾听的方式，并揭示了为什么管理者总是会收到员工不合时宜反应的原因。

这本书可以帮助那些希望其员工的工作表现能有所提升的管理者们，告诉他们指导员工帮助员工发展，而不只是培训，会节省他们更多的时间。这本书也可以帮助那些希望创造并维持指导文化的首席执行官。这本书还可以帮助那些不仅只满足于引导新来员工融入到组织的传统和习惯中，而是希望为他们做更多的企业导师们。同样，这本书也会对人力资源管理的学生及研究者很大的启发。

Title: *Cultures and Organizations*: *Software of the Mind*, *Third Edition*

Author: *Geert Hofstede*, *Gert Jan Hofstede*, *Michael Minkov*

Publisher: *McGraw-Hill Professional*

Date: *May 3*, *2010*

书　　名：文化与组织：心理软件的力量

作　　者：吉尔特·霍夫斯泰德，格特·扬·霍夫斯泰德，迈克尔·明科夫

出 版 社：麦格劳·希尔专业出版社

出版时间：2010年5月3日

作者简介：

吉尔特·霍夫斯泰德于荷兰代尔夫特理工大学获得机械工程学位，于格罗宁根大学获得社会心理学博士学位，在荷兰的多家企业担任过技术和管理职务。后来进入IBM欧洲公司，创建了人事研究部并担任主任。他的学术生涯开始于洛桑的国际管理学院（IMD），后来加盟法国枫丹白露的INSEAD商学院、布鲁塞尔的欧洲高级管理学院、卢森堡的国际应用系统分析研究所、荷兰的马斯特里赫特大学。他在马斯特里赫特大学教授组织人类学和国际管理，直到1993年退休，是跨文化合作研究所（IRIC）的创始人和首任主任。

格特·扬·霍夫斯泰德，吉尔特·霍夫斯泰德的长子，于荷兰瓦赫宁恩大学获得人口生物学学位和运作管理博士学位，现任瓦赫宁恩大学社会科学院副教授。他应用吉尔特的理论框架创造了跨文化沟通的模拟游戏。目前，他的研究集中在国际供应链的透明度及组织网络等领域，以及跨国情境中的领导和应用模拟游戏研究组织间网络的沟通问题。

迈克尔·明科夫，保加利亚索菲亚国际大学的高级讲师。

书籍简介：

本书是一项革命性的研究和令人振奋的成果，揭示了我们生长的地方如何限制了我们的思考、感受和行为方式。本书也是一幅文化价值观的世界地图，基于在70多个国家和地区进行的持续30多年的研究结果，是对心理学、组织社会学和管理学中既有理论的普适性提出的质疑，并揭示了不同文化背景下的人在企业、家庭、学校以及政治组织中思考、感受和行动的规则。

吉尔特·霍夫斯泰德以IBM公司的40多个子公司的员工为研究对象，开创性地提出了分析国家文化的四个维度：个体主义—集体主义、权力距离、不确定性规避、阳刚气质—阴柔气质。该理论一经提出便几乎影响了社会科学的每个学科，凡是提到文化差异，都要以霍夫斯泰德的理论为主要依据。霍夫斯泰德的研究成果《文化的效应》于1980年出版，主要面对的是学术圈的读者，其中包含了很多的研究方法和统计分析方法。之后，霍夫斯泰德又重新编写了一本比较通俗的书——《文化与组织：心理软件的力量》。该书的读者群指向了普通大众，因而作者在书中尽可能避免使用社会科学的术语，如果实在必要则会对它们进行解释，为此，书中提供了术语表。通过阅读本书，任何对文化差异感兴趣的人都可以从中受到启发，都可以从中感受到文化的力量。之后，在加籍香港学者彭迈克的研究基础上，针对亚洲文化，格特·扬·霍夫斯泰德又发展出第五个维度：短期导向—长期导向，并得到吉尔特·霍夫斯泰德的认同。于是，这五个维度成为跨文化研究必然要引用的权威观点。30 年来，不断有学者重复、扩展霍夫斯泰德的研究，其理论观点也进一步得到了验证。

本书的第二版，霍夫斯泰德邀请了他的儿子格特·扬·霍夫斯泰德一起合著，在第三版中，又邀请了迈克尔·明科夫加入，并将他的世界价值观调查的研究成果融入到书中。作者在第三版主要做了以下的修订和内容的扩展：揭示了在国家社会形成中产生的“道德圈”和人们思想、感觉和行为中未被检验的规则；探究了国家文化在不平等、自信与谦逊、对不确定的容忍性上的差别；解释了组织文化与国家文化的不同，以及怎样管理组织文化；分析了 2008 年经济危机的文化根源，不同语言的差别及其他影响文化的因素。本书以大量数据和事实，分析了全球范围内 70 多个国家和地区在五个维度上的差异，并运用五维度模型剖析了政治体制、经济发展、社会生活、法律制度等的文化根源。

Title: *Successfully Transitioning to a Virtual Organization: Challenges, Impact and Technology (Research Quarterly series)*

Author: *Society for Human Resource Management*

Publisher: *Society for Human Resource Management*

Date: *September 1, 2010*

书　　名：成功向虚拟组织过渡：挑战、影响和技术（研究季刊）

作　　者：美国人力资源管理协会

出 版 社：美国人力资源管理协会

出版时间：2010年9月1日

作者简介：

美国人力资源管理协会是世界上最大的人力资源管理专业协会，成立于1948年，总部位于美国弗吉尼亚州的亚历山大，目前设有575个分会，拥有来自140多个国家的25万名会员。其使命是：提供最前沿、最充足的资源以满足人力资源管理专业人士的需求、提升人力资源的战略性地位以及推动人力资源管理事业的发展。

书籍简介：

今天，组织的工作越来越多地在虚拟工作场所进行，其雇员也许分布在不同国家、城市或同一城市的不同街道。凡是组织的大多数员工不在共同场所工作并主要依靠电话或电脑等技术手段沟通，就都可以归类于虚拟组织。虚拟办公将是未来发展趋势。随着技术进步和直播视频清晰度越来越高，真砖实瓦的办公室将日渐消失。

但是，不管相关技术或组织能力怎么提高，对于成功向虚拟组织转变，我们忽视了一些人员因素。这些因素是不可或缺的，也是无可取代的。与传统的面对面的工作环境相比，虚拟组织有截然不同的也更大的挑战。因为虚拟组织实际上同时与不同地区、市场、国家和文化下的合作伙伴和供应商网络一起工作。

优秀的组织运作模式给虚拟企业的利益相关者带来的利益是极其显著的，但如果没有强有力的战略人力资源功能支撑的话，这一切都难以实现。人力资源专业人士的一个重大挑战将是：如何让虚拟办公室内的人际互动像面对面交流那样清晰、高效。同时，虚拟团队的发展也为人力资源专业人士提供了更多与业务相关方合作的机会。此外，组织对沟通技术日益依赖的同时，领导的角色也正在发生变化。虚拟组织的最大黏合剂就是领导力。

为了解企业应如何有效地向虚拟组织过渡，并借鉴其他组织在虚拟工作场所管理方面的成功经验，美国人力资源管理协会采访了众多人力资源专业人士和研究人员，这些人士大多来自总部设在美国的全球性组织。

本书探讨了成功过渡到虚拟组织的关键因素，并分析了众多的实际案例，评论了现实中常见的过渡方法，指出他们为什么是有效或无效的。这些方法涉及领导风格、虚拟工作团队有效性、虚拟组织沟通方式的选择、虚拟会议以及全球虚拟团队等方面。

书中指出领导力是虚拟组织走向成功的最重要因素。虚拟组织中，领导者的角色必须由控制者角色向协调员或教练角色转变。领导者的工作就是制定基本的管理原则和共识，并在此基础上充分授权和促进信息共享。结合与 Global Dynamics 公司的访谈，本书总结了促使多元文化背景下的虚拟组织的领导技能模型，全面列举了促进和阻碍领导技能的因素。

此外，此书调查了 256 家企业的人力资源部在组织虚拟化过程中做的工作后，提出：在组织虚拟化过程中，人力资源部应该在三个方面努力，分别是提供利于组织合作的沟通方式、明晰地描述组织目标和充当员工教练。本书还提出了跨地区虚拟组织的会议与管理的九大建议，比较了跨地区虚拟组织会议与管理的常见交流手段的优缺点。此外，本书还有对虚拟组织其他方面问题的论述，并提出了一些重要观点，比如指出参与度与积极性是虚拟团队两大最主要的挑战。

本书加深我们对虚拟工作场所挑战的认识，并能启示我们寻找应对这些挑战、促使企业成功的新方法。

Title: *Organizational Trust: A Cultural Perspective*

Author: *Mark N. K. Saunders, Denise Skinner, Graham Dietz, Nicole Gillespie, Roy J. Lewicki*

Publisher: *Cambridge University Press*

Date: *July 12, 2010*

书　　名：组织信任：基于文化视角

作　　者：马克·桑德斯，丹尼斯·斯金纳，格雷厄姆·迪茨，妮可·吉莱斯皮，罗伊·J.勒维克

出 版 社：剑桥大学出版社

出版时间：2010 年 7 月 12 日

作者简介：

马克·桑德斯系萨里大学管理学院教授，主要研究商业研究方法。

丹尼斯·斯金纳任英国考文垂大学副院长，同时也是商业、环境和社会学院人力资源管理教授。

格雷厄姆·迪茨系杜伦大学商学院人力资源管理讲师。

妮可·吉莱斯皮是华威大学商学院组织行为学副教授。

罗伊·J.勒维克是俄亥俄州立大学马克斯·M.费舍尔商学院人力资源管理教授。

书籍简介：

对于任何组织，信任都是至关重要的。没有基本的信任，所有的组织都不能持续生存。建立与维系信任也有巨大的经济成本。更为重要的是，经济全球化给组织间建立有效的关系带来了新的挑战。组织及其员工越来越多地需要与陌生方建立并维持关系。这些关系不仅涉及不同国家文化，也涉及不同组织文化，不同专业文化，甚至组织内部不同团体文化。处理这些文化差异下的关系更是需要信任。

关于信任感，虽然已有大量研究，然而我们的了解还远远不够。该本书旨在解决这个当代难题：经济全球化时代，多元化的员工文化差异带来的信任问题。本书汇编了全球范围内关于文化差异下的信任问题的最新尖端研究。

在书中，该领域的权威学者主要研究了以下几个基础问题：①跨文化信任的本质、意义；②人们理解其他文化，并与其他文化背景下的人建立信任的方式与机制；③与相同文化背景和其他文化背景的人交往时，人们在建立、维持和修护信任方面有什么差异；④在各类组织中，不同人群建立并维持信任的有效模式。比如，不同国籍的高级管理者之间，管理顾问、审计企业和其客户之间，服务供应商及其服务的本地社区之间，组织内不同团体之间的信任关系。

编者认为，信任感的建立关键在于发出善意、友好的信号，然而，不同文化背景下的人对某种信号含义的解读极为不同。组织中来自不同文化的员工会带来彼此陌生的，甚至觉得不可思议的信念、价值观和行为。这些信念、价值观很大程度上彼此难以兼容。这种相互不理解就会破坏组织内部的有效沟通和高效合作。此外，本书在识别跨文化信任陷阱等方面有突破性成就。

本书全面地论述了我们目前对跨文化信任问题的相关认识，不仅收录相关的思辨研究成果，也有大量的实证研究。这些实证研究既有不同国家的同一产业的组织信任感建立与维持的差异，也有不同国家文化不同组织背景下的信任问题研究。本书所选文章研究范围极其广泛：不仅有中国、德国和美国的论述，还有尼日利亚和土耳其等国家的分析；不仅有跨国企业研究，还有家族企业研究；不仅有组织间的横向对比研究，也有组织历时性的对比研究，比如动荡时期的组织信任研究。书中的许多结论都挑战了我们先前对于信任问题的理解，为我们提供了许多新的研究点。

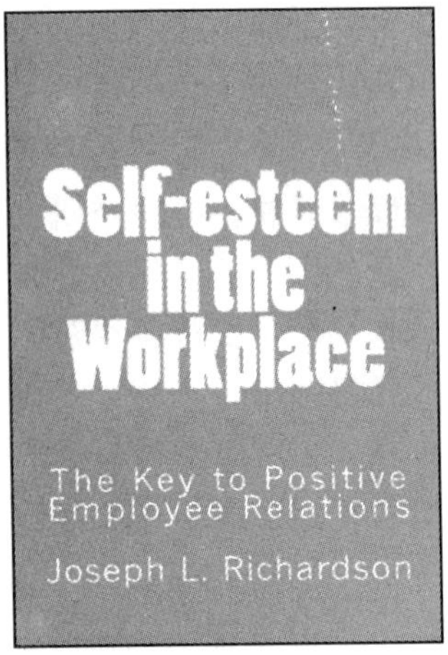

Title: *Self-esteem in the Workplace: The Key to Positive Employee Relations*

Author: *Joseph L. Richardson, Joan L. Richardson M.A.*

Publisher: *Create Space*

Date: *August 22, 2010*

书　　名：工作场所的自尊感：积极的员工关系的关键要素

作　　者：约瑟夫·L.理查森，琼·L.理查森

出 版 社：Create Space

出版时间：2010年8月22日

作者简介：

约瑟夫·L.理查森早年获亚拉巴马州大学行政管理专业理学士学位，在美国军队和国税局担任管理分析师和IRS数据处理中心首席管理专家，并作为肯尼迪航天中心首席管理与物流专家，在美国国家航空航天局工作了18年。

书籍简介：

每个管理者（尤其是一线管理者）都必须意识到良好的上下级关系、员工的积极心态和员工的自尊感的重要性。然而长期以来，一线管理者的选拔与任命更多地考虑其技术能力，而较少考虑其对员工的领导能力与合作能力。他们也很少得到这方面的专门培训。于是，新任的一线管理者们就不断地重复前任的错误。

任何组织中都有些人看似不求上进只是应付差事，其实只要一线管理者掌握基本的管理原则和技巧，这类员工也能被激励起来并做出更大的成绩。然而，更多的一线管理者遇见问题就暴跳如雷、伤害员工自尊心，这不仅表明管理者自身自尊感比较低，而且导致员工不开心也没有生产力。本书就是为了解决这个问题。

本书的受众定位于一线管理者，但是书中的内容对更高层级的管理人员也有重要启示。在前言中，作者区分了管理者和一线管理者/监管者（first-level supervisor）。作者认为，管理者的职能按重要程度上排序依次为：计划、组织、指导、评估；而一线管理者的职能按重要程度上排序依次为：指导、评估、组织、计划。也就是说，管理者最重要的是做出各种计划，而很少直接去指导和评估员工；一线管理者则是更多的在现场指导与评估员工，而对于计划和组织工作做得较少。这样，提高员工自尊感、建立良好的员工关系更多地成为了一线管理者的职责。

为此，这本书系统论述了自尊的含义、形成方式及测评方法、自尊感如何影响职场关系，并论述了一线管理者如何开展日常工作能更好地提升员工自尊感，进而与下属建立和维护良好的职场关系。

具体来讲，本书主要论述了以下内容：①什么是自尊；②影响自尊的因素有哪些；③培养高自尊需要哪些条件；④有什么专业工具可以评估自尊；⑤如何发现个人优势与弱点；⑥如何克服个人弱点；⑦管理者的行动和态度如何影响员工的自尊感；⑧如何提高员工的自尊感以提升其对组织的忠诚度；⑨如何高效地与员工良性互动；⑩如何使员工产生更高的生产力。

通过讨论这些问题，本书在员工交流、培训、目标设立、领导、授权、激励、时间管理和绩效评估等各个方面，做出论述并给予了指导。

根据上述内容的分析，作者总结：①一个优秀的一线管理者必须具备以下特征：真诚倾听、平等交流、积极回应、激励下属、给下属创造良好的工作环境并提供有效的培训和必备的设备。②一个有自尊感的员工必须具备以下特征：对组织有归属感与依恋感、对工作有掌控感和信心、对工作结果有成就感、对自我个性有认同感、对领导者有“崇拜感”(将领导者视为行为典范)。

如前所述，本书的受众定位于一线管理者。因此，此书有四大目的：①给予一线管理者关于高自尊的基本信息。②给予他们评估自我与下属自尊感的工具。③帮助他们理解其行为和态度如何影响下属的自尊感。④教给他们一些提升自身及下属自尊感的互动方法，以提高下属的生产力、胜任力和自信。对于想与同事和下属建立或维护良好职场关系的管理者，这本书也值得一读。此外，这本书也可以帮助普通员工提高其自尊感和改进其工作习惯，告诉他们如何成为一个有胜任力的员工。

这本书浓缩了作者在政府部门 36 年的工作经历和感悟，其中有 25 年是担任各种管理者和监管者职务。作者也从他的妻子那里得到了心理学专业的帮助，他的妻子有 30 多年的心理治疗工作经验。

Title: *The Birth of a New Workforce*: *21st -Century Strategies That Will Revolutionize Your Business* (*Deluxe Edition*)

Author: *Randall W. Hatcher*

Publisher: *Pursuit Books*, *LLC*

Date: *November 15*, *2010*

书　　名：新式劳动力的诞生：革新21世纪商业的策略（精装版）

作　　者：兰达尔·W.哈彻

出 版 社：Pursuit Books有限责任公司

出版时间：2010年11月15日

作者简介：

兰达尔·W.哈彻1978年毕业于佐治亚大学后，加入其父创办的家族企业：MAU（Management，Analysis and Utilization Inc.），专业提供劳动力解决方案的咨询公司。当时该公司只有7名全职员工（包括他自己、他的哥哥和父亲）和25名临时员工。现在该公司已走向国际，是北美最大的私有招聘公司之一。他曾是青年总裁组织（YPO）成员，目前为世界总裁组织（WPO）和首席执行官组织（CEO）成员。

书籍简介：

本书开篇简单回顾了美国劳动力市场历史，并指出以前企业总是希望在各方面都做得十分优秀。然而，在这个快速变化的世界，事情变得更为复杂，过去的成功并不意味着将来也能成功，甚至过去的优势将会阻碍企业的发展。之后，作者提出了21世纪企业要取得成功的一些专业方法。这些方法是作者从其30多年企业经营中总结出来并被证明行之有效的。

具体地讲，本书主要讨论21世纪企业：①如何识别核心和非核心职能；②如何采用新的劳动力战略，快速领先对手；③如何让组织瘦身，敏捷行动；④如何充分利用劳动力的转变；⑤如何选择最佳外包合作伙伴来管理非核心职责。

本书一个核心观点就是：企业应该将精力集中在价值增值的核心职能、最擅长的或独有的模块，非核心职能则应该外包给专门机构，让他们帮助管理。这样，组织的每一个部分都将最专业、最高效率地运行，这会给组织带来巨大优势，并在全球化背景下取得成功。

为区分核心功能和非核心功能，书中提供了一个同心圆模型（见图1），同心圆从里往外分别是核心职能、非核心但重要的职能和非核心也不重要的职能。其中，核心职能包括：研发、兼并重组、营销和销售、设备和自动化操作；非核心但重要的职能包括：制造、产品组装、招聘、设施维护、财会事物、供应商管理、信息技术管理、包装、福利和物流；非核心也不重要的职能包括：门卫管理、餐厅经营和安全管理。

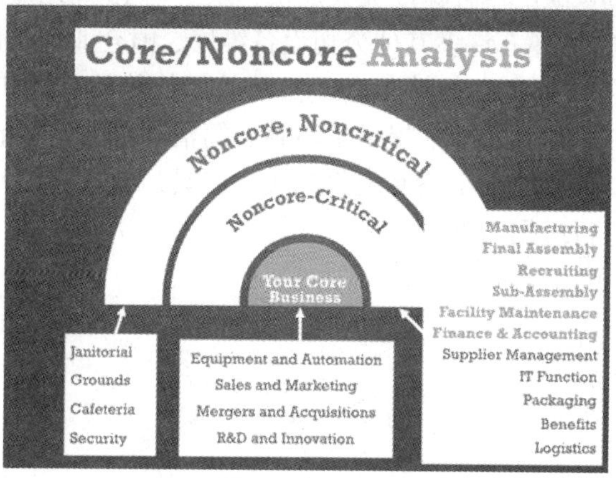

图 1　核心/非核心职能分析

作者还提出：虽然每个公司在许多方面有所不同，比如产品、服务和文化不同，但所有公司都有两个共同点：①使其区别于竞争对手的一组标志性特征；②大量的人事管理工作。这些事务性工作并不能给企业带来经济回报，但耗费了组织的大量时间和资源。作者详细论述了如何通过全职、合约、临时和兼职人员的混合搭配，以及如何通过整合供应商服务以提高组织生产力。这也需要与专业的人力资源公司合作，既降低员工管理成本，也使组织的精力集中于价值增值的核心功能，以获得核心竞争力。

因此，书中比较了传统家长式的员工管理模式（Partiarchal Model）与新式劳动力模式（Staffing Workforce Model），明显看出，后者需要更少的全职员工，并且公司的时间与资源更多地分配在核心功能上。之后，作者又进一步提出创新劳动力模式（Innovative Workforce Model），这种模式进一步将部分全职员工的工作外包，公司资源更为集中，公司能力进一步提升（见图 2）。书中举例，罗伯特·博世公司通过业务外包，生产力水平、

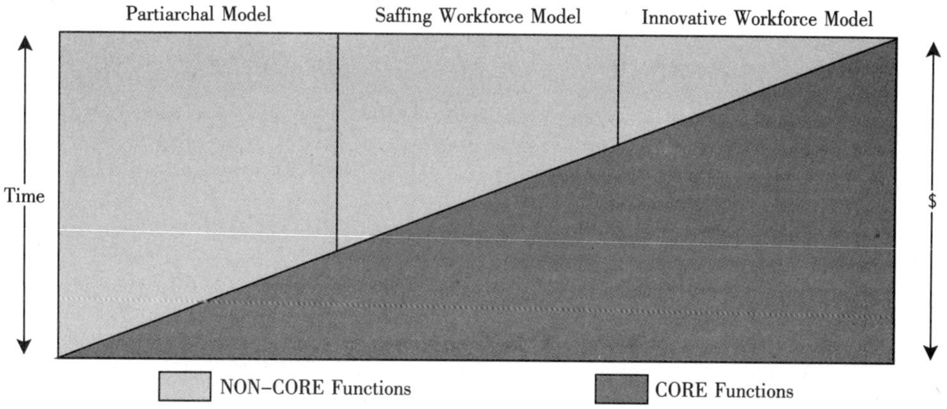

图 2　三种模式对比图

产品质量和发货速度都得到大限度提高，同时劳动力成本减少 69%。金百利克拉克公司人员招聘工作外包，岗位空缺的填补速度大大加快，从平均 13 周缩短到 6.7 周，每招聘一个员工节省 2625 美元。书中还有许多其他公司设备维修、财会业务外包前后的数据对比。

本书提出：未来公司的生存与繁荣必须借助外部伙伴关系；如果企业不持续自我革新，就会衰亡或被吞并。此外，本书提供了清晰、简洁和令人信服的战略帮助企业管理最重要的资产——员工。最后，书中还有大量的实用工具，包括图形、图表和流程图，读者可以根据自己的需要进行应用与修改。

Title: *The New Rules of Engagement: A Guide to Understanding & Connecting With Generation Y*

Author: *Michael McQueen*

Publisher: *Morgan James Publishing*

Date: *April 1, 2010*

书　　名：交往新规则：理解与连接Y生代指南

作　　者：迈克尔·麦奎因

出 版 社：摩根·詹姆斯出版社

出版时间：2010年4月1日

作者简介：

迈克尔·麦奎因是社会学研究者和作家。他于2004年成立了一个培训咨询机构，先后为85000多名学生做过培训和指导，包括职业生涯规划、面试技巧和理财能力等，是青年问题和Y生代研究的权威人员。

书籍简介：

何为Y生代？美国人图根和马丁在《管理Y代》中正式将出生在1980年前后的年轻人称为"Y代"。后来，学界普遍认同的是指出生在1978—1984年间，并在2000年后成长起来进入社会的一代人。这一代人比先前的任何一代都经历和看到了更多的事情，他们比婴儿潮人和"X代"更为乐观。他们接受过良好教育，拥有雄心壮志并有自信能改变世界。这一代人同时也被认为是不忠诚的、不懂得尊敬别人、有太多要求的一代，他们被认为不会等待，不会为任何东西真正努力的工作。如今Y生代已成为劳动力市场上的主力，有的已经成为企业主要的管理层人员，在工作中他们个性张扬、乐观、自由、藐视权威、强调个人主义、跳槽辞职频繁，与他们的前辈有明显的差异，这些使得企业不得不考虑改变自己的管理方式。如今，如何激励和管理Y生代员工已成为现代人力资源管理面临的一项挑战，同时也是学术界和实践界讨论的热点话题。

作者认为，对于Y生代我们必须给予理解，这也是家长、老师与管理者都面临的一个挑战：必须理解在不同世界中长大的Y生代人，明白他们思考问题和处理问题的方式，并学会与他们相处。本书是作者集5年的研究成果写作而成，语言通俗易懂、诙谐幽默，对Y生代思维方式、思考逻辑和做事方式做了严密系统的论述与分析。通过阅读本书，读者将明白为什么Y生代是如此的与众不同，也会明白人出生的时代为什么会以及怎样影响人的世界观和对世界的感知。作者在书中还列举了在家中、学校和工作场所与Y生代交往和相处的策略，这些策略对于企业管理人员有很好的参考价值。

中国企业同样面临着Y生代员工的管理问题，频繁出现的"富士康跳楼事件"更显示出中国企业在Y生代员工的管理上的不足与缺陷。Y生代已经不可逆转地登上了职业的舞台，成为中国各个企业不可或缺的一份子，已经或正在成为企业发展的中坚力量，在这种情况下，如何管理和激励中国的 Y 生代员工已成为中国人力资源管理研究者和从业者迫切需要解决的问题。相信本书会带给中国的管理人员一些启示。

Title: *The Executive Guide to High -Impact Talent Management: Powerful Tools for Leveraging a Changing Workforce*

Author: *David DeLong, Steve Trautman*

Publisher: *McGraw-Hill*

Date: *December 13, 2010*

书　　名：高效人才管理执行指南：变化中的劳动力的有效管理方法

作　　者：大卫·德龙，史蒂夫·特罗特曼

出 版 社：麦格劳-希尔集团

出版时间：2010 年 12 月 13 日

作者简介：

大卫·德龙，麻省理工学院老年研究中心研究员，巴布森学院副教授，教授 MBA 班的领导和管理变革课程。他是一位享誉国际的研究员、顾问和演讲者，其《Lost Knowledge: Confronting the Threat of an Aging Workforce》一书广受欢迎。他自己开有公司，帮助组织应对劳动力变化问题以实现劳动力投资和领导投资价值最大化。

史蒂夫·特罗特曼是美国著名知识迁移研究专家，在该领域的开创性成果已被作为行业标准。二十多年来，他为很多一流公司和公共部门提供知识迁移方面的解决方案。史蒂夫 20 世纪 90 年代在微软开发的知识迁移解决方案，现已在微软、波音、耐克等公司广泛应用。

书籍简介：

许多研究表明：未来几年，许多公司领导者和熟练工人可能会短缺一半。这种人才短缺在一些关键部门更为严重，如医疗保健、能源、航空航天和国防。为此，每个管理者都必须思考：为了未来的经营业绩，我们必须雇用谁？这是大多数高级管理人员面临的一大挑战，然而，他们往往不知道如何应对这一挑战。因为多数管理人员对财务、营运和产品极为熟悉，对于人才管理并没有得到应有的训练。而且，大多数领导者都觉得，组织没有从人力资源投资获得应有的回报。

此书揭示了领导者如何将人员投资极其重要的信念真正转变成能提高业绩的具体行动，论述了如何在降低人才短缺风险的同时使劳动力投资和领导力投资价值最大化。作者将大量的研究成果和现实经验结合起来，为领导者们描绘了一条清晰高效的道路。作者的各种观点是基于他们对 70 多位高级执行官（均来自思科、微软、辉瑞、宝洁、纽约人寿等创新企业）和顶级人才专家的访谈，并融合两位作者多年作为领导者和咨询者的经验。

具体的讲，本书主要讨论了以下几个主题：

①如何准确地找出威胁绩效的人才短缺风险，并列举了常见的人才管理问题。这里，作者提出了一个用于评估人才风险的 KSM 分析框架（The Knowledge Silo Matrix）。

②如何高效地评估与测量劳动力与领导力投资。这是本书的一个重要部分，作者提供了一个才能管理框架，指出了在提升未来劳动力竞争力问题上，领导者最有可为的几大方面。

③如何保证雇员的才能不断支撑公司业务战略。

④如何加速领导力发展和重要知识的传递、分享。

⑤组织文化是如何决定人才管理措施的成败。

⑥为保证人才投资有效提高绩效，管理者应该如何获取并获取哪些信息。

⑦为促进人员招聘、人员开发和人员保留项目，管理者应遵循哪些基本的沟通原则。

⑧如何评估领导团队在人才管理方面的情商。

本书还探讨了信息技术在人才管理中的作用及领导者在人才管理中的三大作用（发起、敦促和整合），介绍了微软的实习计划，总结了人才管理中的六大教训，并在附录里系统地列举了人才管理的问题清单。

在这里，重点介绍本书的 KSM 分析框架。该分析框架将组织重要的知识技能分为不同的 Silo，并用不同颜色标注每个 Silo 里有多少人能做导师、多少人能独立承担工作，多少人正在学习该项技能，这样很容易发现潜在的风险。比如以下的例子（见图 1）：（能独立承担工作；能指导他人；正积极学习；不需要该项技能；有风险）。

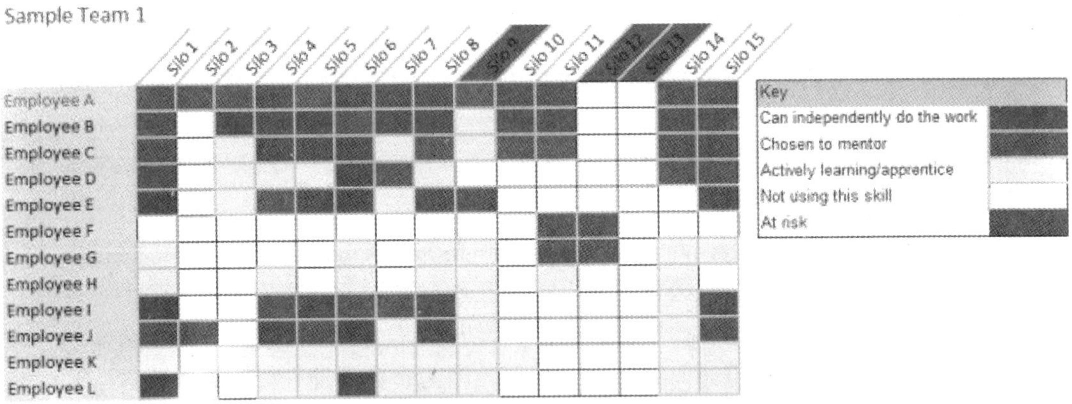

图 1　KSM 分析框架例子

根据 KSM 分析框架，可知：

①Silo 9 处在风险之中，因为该领域只有一个能指导他人，而且有过多的人向其一个人学习。

②Silo 12 处在风险之中，因为该领域没有一个员工能指导他人。

③Silo 13 处在风险之中，因为该领域无人能独立承担工作。

④员工 A 处在风险之中，因为组织的成功过于依靠他，他在多个 Silo 都承担了导师

角色。

本书虽然是从领导者的视角论述人才管理，但综合考虑了企业各大职能。因此，此书不仅可以帮助高层管理人员掌握人才管理方法，也适合人力资源经理，书中的大量实用性工具和分析框架可以让他们在人才管理问题上与直线管理人员更好地配合。本书并不是可以直接套用的教条手册，而是充分考虑了企业文化差异等因素，可以说，它给人更多的是一种分析思路和启示。

Title: *Outsourcing Human Resource Activities: Measuring the Hidden Costs and Benefits*

Author: *Thomas J. Norman*

Publisher: *Lambert Academic Publishing*

Date: *June 3, 2010*

书　　名：人力资源管理外包：测量潜在成本与收益

作　　者：托马斯·J.诺曼

出 版 社：蓝博特科学出版社

出版时间：2010 年 6 月 3 日

作者简介：

托马斯·J.诺曼是明尼苏达大学人力资源与产业关系学院教授。

书籍简介：

越来越多的企业选择将人力资源管理或其中的几项职能进行外包，以使得企业能集中精力发展核心业务、降低成本、提高效率并赢得竞争优势。人力资源外包是人力资源管理的一种新模式，已成为企业提高人力资源管理水平的有效途径和企业发展的一种重要策略工具。企业将人力资源进行外包主要目的是降低成本，从表面上看，企业人力资源管理成本是下降了，但这并不意味着组织总成本也必然下降，因为人力资源外包会对员工满意度、员工参与等产生影响，继而影响组织的运行效率，产生其他成本。因而，企业不能简单地将人力资源进行外包，而要根据自身情况慎重考虑。

本书的特色在于作者从收益与成本的视角对人力资源外包进行了分析，揭示了 34 种人力资源管理实践在不同的外包水平下的隐藏成本与收益。本书详细阐述和全面梳理了人力资源外包的概念、应用和方法，对企业是否应当进行人力资源外包，怎样进行人力资源外包等问题做了解答。本书对于人力资源外包研究的贡献主要表现在三个方面：首先，这是第一部对 34 种人力资源管理实践进行人力资源外包不同水平的研究著作。作者从公司的咨询报告、已出版的著作和学术研究中收集了大量的信息，系统地测量了公司的人力资源外包水平。其次，作者考察了人力资源外包对于组织运行和组织结果的影响，并试图发现不同水平的人力资源外包与组织中三个独立变量即员工流动率、员工满意度和顾客满意度之间的联系。最后，本书还汇集了专家对于 34 种标准的人力资源管理实践属性的评价，并分析了这 34 种实践的外包可行性。

在书中，作者建立了一个概念性模型来帮助企业测试人力资源外包的可行性，该模型包含的维度有复杂性、频率、公司特性、独立性、企业家和社会资本等。管理者可以运用此模型分析本公司进行人力资源外包的成本与收益，进而决定是否进行外包业务。不同的企业可适用人力资源外包的水平不同，不同的人力资源管理实践也具有不同的外包可行性。作者收集了大量的数据进行了实证研究，研究发现并不是所有的人力资源管理实践外包都会降低企业的成本，错误的外包一些人力资源管理实践会给企业带来大量的组织成本。本书兼具学术性与实用性，对于理解和运用人力资源外包策略有很高的参考价值。

Title: *Investing in People*: *Financial Impact of Human Resource Initiatives*（*2nd Edition*）

Author: *Wayne Cascio* , *John Boudreau*

Publisher: *FT Press*

Date: *December 18th*, *2010*

书　　名：人力资本投资：人力资源创新的财务影响（第二版）

作　　者：韦恩·F.卡西欧，约翰·W.布德罗

出 版 社：FT 出版社

出版时间：2010 年 10 月 18 日

作者简介：

韦恩·F.卡西欧是科罗拉多州丹佛大学的罗伯特·雷诺兹讲席教授，著有 150 篇期刊文章和 24 本书。1999 年，他被美国管理学会人力资源分会授予杰出成就奖。2008 年，他被《Journal of Management》评为过去 25 年最有影响的管理学者之一。2010 年，他获得了人力资源管理协会（SHRM）的迈克尔·洛西人力资源研究奖。卡西欧博士是美国人力资源管理协会、管理学会和心理协会会员，他还是《Journal of World Business》的资深编辑。

约翰·W.布德罗，曾任康奈尔大学教授，现为南加州大学马歇尔商学院管理和组织方向教授，高效组织研究中心主任。他对人力资本、才能管理和持续竞争优势间的相互关系研究取得突破性成果，受到学界广泛赞誉。他是战略、人力资源管理教育家和顾问，服务对象包括处创业早期阶段的公司、政府机构、财富 100 强和大型跨国公司。布德罗博士已出版书籍和文章超过 60 本（篇），许多作品在《哈佛商业评论》、《华尔街日报》和《商业周刊》等报刊发表。他曾获管理学会的学术奖项，并是美国人力资源管理协会会员。

书籍简介：

在不确定性日益增加的商业世界中，人力资源从业者越来越需要拿出具体数据，证明他们的工作与公司业绩的内在联系。本书主要论述怎样应用风险、报酬和规模经济等经济学概念来评估人力资源管理的各类实践。在书中，韦恩·F.卡西欧和约翰·W.布德罗教授阐述如何选择和使用一些度量指标，以提高人力资源决策的经济价值。

本书强调人力资源与企业战略结合，论述了将人力资源与企业战略、预算有效整合的方式，探讨了如何选择有最佳战略价值的人力资源投资项目。作者反对单纯降低人力成本和机械模仿其他企业的做法，强调系统考虑与测量人力资源的价值，主张人力投资要向技术等其他资源的投资一样，要选择能带来最大回报的项目。比如，不能为了公平性，平均给予每个员工培训，这种大范围的投资，每个员工都只能分得极少的资源，并不能给公司带来丰厚的财务回报。这种系统地与组织目标挂钩的人力资源度量理念，无疑是有重要意义的，使人力资源从业者真正成为企业战略伙伴。

因此，为了提高人力资源决策的效果，准确测量每个人力措施带来的回报就十分必要。本书提供了有效的技术工具，帮助我们：①分析人力资源与财务绩效之间的“黑匣子”；②选用可以测度人力措施和政策有效性的度量指标；③展示财务和业务线的内在逻辑关系。本书提供的并不是一些单纯、零散的测量技术，而是整合了逻辑、分析、测度和流程的一个系统方法：“LAMP”法（Logic Analytics Measures and Process）。作者不仅研究了各种人力资源措施与员工行为、财务绩效关系的逻辑图，也讨论了它们间的互动过程。此外，该书还提供了相应的计算公式、计算方法和相关软件，帮助读者用统计学知识分析数据，并测量人力资源管理实践的效果。比如，员工缺勤的隐性成本，员工离职的生产力损失，员工态度对财务绩效影响，员工健康计划的成本收益比，工作生活计划的成本收益比，人员招聘的成本收益比，培训项目的成本收益比等。此外，作者将培训投资与股价挂钩，将员工参与、客户服务与财务业绩挂钩等，都很有启示意义。

本书既有理念冲击性，也具有很强的操作性。书中的LAMP分析框架能很好地评价人力资源投资的经济价值。这样，人力资源从业者可以通过收集数据量化分析每个人力资源措施对企业绩效的贡献。该框架不仅有其内在逻辑，而且有外在实证支撑。本书既基于两位作者扎实的学术研究与丰富的咨询经验，也广泛吸收了心理学、经济学、会计学和财务管理方面的研究成果。某种程度上讲，本书使人力资源管理成为了一个需要专门知识与才能的决策科学，也大大提高人力资源从业者在组织中的地位。

Title: *Explaining the Performance of Human Resource Management*

Author: *Steve Fleetwood, Anthony Hesketh*

Publisher: *Cambridge University Press*

Date: *January 1, 2010*

书　　名：解释人力资源管理的绩效

作　　者：史蒂夫·福里特伍德，安东尼·赫斯基思

出 版 社：剑桥大学出版社

出版时间：2010 年 1 月 1 日

作者简介：

安东尼·赫斯基思是兰开斯特大学管理学院的高级讲师，主要研究领域是人力资源管理与组织绩效之间的关系。

史蒂夫·弗利特伍德是西英格兰大学布里斯托尔商学院教授，主要研究社会科学特别是管理学和经济学的方法论，撰写了大量的批判现实主义的文章。

书籍简介：

人力资源管理实践与组织绩效之间的关系长期以来都是学术界的热点话题。国内外学者对这一话题进行了大量的研究，虽然没有得出统一的结论，但其中绝大部分的研究都表明，人力资源资源管理实践对企业绩效有正面影响，并能提高企业绩效。这些研究大多为实证研究，将人力资源管理实践与组织绩效设为两组变量，对变量进行统计分析，进而得出两者之间的关系。综观这些研究可以发现，统计分析是此类研究必不可少的分析工具，被越来越多的学者所采纳，同时也被学术界认为是进行此类研究的科学方法。

如今，统计分析不仅受研究者的青睐，在实践领域，越来越多的企业人力资源部门也在使用统计分析，他们试图运用这种“科学”的方法证明人力资源部门对于提升组织绩效的贡献。在本书中，作者对过分使用这种所谓“科学”的方法进行了批判，认为使用统计分析解释人力资源管理实践与组织绩效之间的关系是存在局限的，因为统计分析并不能顾及组织的复杂性，也不能涵盖所有影响企业绩效的个人和组织的因素。作者在书中还对人力资源管理的绩效提出了解释，并提出了此类研究今后可采用的更合适的方法。

本书分为三个部分，第一部分作者解析了一些探究人力资源管理实践与组织绩效之间关系的研究，并指出这些研究并不能充分地解释人力资源管理实践与组织绩效之间的关系。第二部分，作者指出了运用统计分析解释人力资源管理实践产生组织绩效的缺陷。第三部分，探究了应当如何理解人力资源管理实践对于组织绩效的作用，并对人力资源管理实践者提出了建议。

Title: *The Psychology of Personnel Selection*
Author: *Tomas Chamorro Premuzic, Adrian Furnham*
Publisher: *Cambridge University Press*
Date: *January 21, 2010*

书　　名：人员甄选心理学
作　　者：托马斯·查莫洛·普雷姆兹克，艾德里安·弗恩海姆
出 版 社：剑桥大学出版社
出版时间：2010 年 1 月 21 日

作者简介：

托马斯·查莫洛·普雷姆兹克是伦敦大学金史密斯学院的高级讲师，他主要研究个性、智力和心理测验等在人员甄选中的应用。

艾德里安·弗恩海姆是伦敦大学的教授，主要研究领域为管理学和组织行为学，在 Mastering Management、Human Resources、Financial Times 等杂志上开设有专栏。

书籍简介：

人员甄选是企业人力资源管理活动的重要环节之一。人员甄选工作对企业的发展至关重要，成功的甄选能为企业赢得高绩效、高素质人才，从而有效提高组织效益，取得长远的竞争优势。因而如何能获得高素质、高潜力且与组织文化相匹配的人才成为管理者关注的主要问题之一。要甄选出这种人才，需要在甄选时测试员工的价值观、动机、态度等内在心理特征，显然传统的甄选技术已经不能满足要求，于是研究人员将心理学引入到人员甄选之中，希望通过心理学的研究找到更加有效的甄选技术。

本书介绍了人力资源管理领域现有的主要人员甄选方法和构念，从心理学角度对人员甄选技术的效度和背后蕴涵的理论进行了详细的分析和论述。在学术界，人员甄选技术的效度一直都是讨论的热点问题，特别是现代企业要求人员甄选更加关注对员工未来绩效的预测，这对甄选技术的效度提出了更高的要求。作者在书中列举了人员甄选领域主要的应用技术，对人员甄选的理论和研究进行了阐述，为研究者和实践者提供了确定工作绩效预测指标的方法以及测评这些指标的技术。作者还对现有的甄选方法，如面试、推荐信、传记特点、心理测试和学习成绩等甄选技术，做了综合的、客观的评论，并分析和探究了这些甄选技术预测个人绩效的内在机制。本书中对于甄选技术的阐述与分析对企业如何选择甄选技术具有重要的参考价值。

本书最大的特色在于揭示了人员甄选技术背后的心理学理论，强调企业在进行人员甄选时要更加关注员工的心理学特征，如个性、态度、能力等，并指出运用这种甄选技术能够帮助企业找到具有核心动机和特质的员工，也可确保甄选出的员工个人价值观与组织文化相吻合。

Title: *Employee Training and Development* (*5th Edition*)
Author: *Raymond A Noe*
Publisher: *Mcgraw-Hill Higher Education*
Date: *February 1, 2010*

书　　名：员工培训与开发（第五版）
作　　者：雷蒙德·A.诺伊
出 版 社：麦格劳-希尔高等教育出版社
出版时间：2010 年 2 月 1 日

作者简介：

雷蒙德·A.诺伊是美国俄亥俄州立大学管理学院的杰出教授，获俄亥俄州立大学心理学学士学位，密歇根大学心理学硕士和博士学位。诺伊教授长期从事人力资源管理的教学与研究，主题讲授人力资源管理、管理技能、定量方法、人力资源信息系统、培训与开发以及组织行为学等课程；学术研究成果颇丰，其《人力资源管理：赢得竞争优势》一书被大量引用，该书也是众多商学院指定教材。诺伊教授因其出色的研究和教学成就获得过很多荣誉，曾获赫伯特·赫尼曼优秀教师奖，欧内斯特·麦考密克杰出职业贡献奖，现为 Personnel Psychology、Journal of Business and Psychology、Journal of Organizational Behavior 等杂志的编委会成员。

书籍简介：

雷蒙德·A.诺伊的《雇员培训与开发》是员工培训与开发领域的开创之作，自 1998 年第一版出版以来就广受理论界与实践界的好评，并成为员工培训与开发课程的设计标准。本书探讨了培训与开发领域的最新发展动态、研究主题和培训实践。运用大量的案例详细阐述了员工培训与开发程序的设计、操作运行和控制改进等各个过程。同时，作者还对培训需求评估、培训成果转化、学习环境设计等做了理论的分析与探究，为培训活动奠定了坚实的理论基础。通过案例与理论分析，本书将理论研究和组织实践紧密结合起来，在理论与实践之间架起了一座桥梁。在第五版中，作者增加了员工培训与开发领域的新的发展趋势和理论成果，使本书的内容更加符合现状。

本书按内容可以分为五个部分：第一部分主要介绍了培训与开发的基本概念及战略培训的基本内容。第二部分介绍了培训需求评估、学习理论、培训成果转化、培训效果评估等员工培训与开发程序具体内容，并阐释了其理论基础。第三部分主要关注员工培训与开发的具体方法，包括传统方法和运用计算机网络的现代方法等；同时还讨论了人员开发中的一些热点问题，如多元化管理、继任者计划、跨文化准备（Cross-cultural Preparation）等。第四部分介绍了职业生涯、职业生涯管理及职业生涯管理面临的挑战等，例如工作与生活冲突、退休、社会化等问题。第五部分是对员工培训与开发发展趋势的展望。

Title: *Strategic Compensation: A Human Resource Management Approach (6th Edition)*

Author: *Joseph J. Martocchio*

Publisher: *Prentice Hall*

Date: *January 21, 2010*

书　　名：战略薪酬：人力资源管理方法（第六版）

作　　者：约瑟夫·J.马尔托奇奥

出 版 社：普伦蒂斯·霍尔出版社

出版时间：2010 年 1 月 21 日

作者简介：

约瑟夫·J.马尔托奇奥，美国伊利诺伊大学香槟分校劳动与雇佣关系学院副院长，拥有密歇根州立大学博士学位。主要研究领域为薪酬管理、雇员培训以及雇员缺勤等。在 *Journal of Applied Psychology*、*Personnel Psychology*、*Academy of Management Journal* 以及 *The Industrial and Labor Relations Review* 等业内顶尖杂志上发表了多篇论文。

书籍简介：

薪酬管理是一种职能管理活动，它必须服从于组织战略管理的需要。战略薪酬的设计应有利于强化组织的竞争优势，有利于组织宗旨的实现。同时，战略薪酬的设计又受到宏观环境、行业环境和企业内部环境的多重影响。因此，战略薪酬必须与企业的战略态势相适应，必须与企业的经营战略类型具有高度的相容性。公司必须在战略的高度，根据公司的竞争战略以及内外部环境的变化，制定相应的战略薪酬。

本书以战略薪酬为核心，以实施流程为线索，并结合具体案例，深入探讨了薪酬设计方案及科学的管理方法，将计划、工具与理念紧密联系起来，从评估、设计到应用，结构严谨、重点突出地介绍了一个完整的薪酬体系。书中既讨论了传统薪酬管理关注的问题，如薪酬导向的工作分析、薪酬调查、工资结构等，也讨论了如知识工资、可变薪酬、管理层薪酬等现代战略薪酬关注的热点问题。在第六版中，作者对之前的数据和观点进行了修订，并增加了新的案例。

作者强调员工是企业战略薪酬能否发挥作用的关键因素，并指出，如果薪酬体系和企业的战略目标相匹配，就能够提升企业的竞争优势；而设计不良的薪酬体系则会损害企业的竞争优势。本书将薪酬视为企业提升竞争优势的潜在手段，并探究了战略薪酬在提升企业竞争优势中的作用。作者对薪酬管理实践、雇员付酬标准、战略薪酬体系设计等做详细深刻的论述与分析，向读者展示了战略薪酬的科学性与艺术性。通过阅读本书，读者会对如何运筹资金，如何全面发挥薪酬的激励效果等问题产生解决的思路。

全书共分 6 篇 16 章，系统论述了薪酬实践的背景、制定薪酬的标准、薪酬体系设计问题、员工福利、为关键员工群体制定薪酬的挑战以及世界各地的薪酬和福利概况。每章都包含有本章概要、学习目标和讨论问题，还有两篇特别报道。"提升美元"的特别报道举例说明了公司或雇主是如何从对薪酬的支出和薪酬体系的制定中取得远远超过预期的利益的；"硬币的投掷面"的特别报道则指出了一些薪酬问题中可能存在的矛盾，并讨论了设计良好的薪酬条例为什么达不到公司或员工的利益要求。此外，每章还包括两组习题。第一组是为学生设计的，让学生对"薪酬在线"进行研究以撰写简短论文或进行辩论；第二组是专门为人力资源专家和薪酬专家编写的，以使他们了解到更多有关公司可能会面临的薪酬问题。

注：本书封面图片无法提供。

Title：*Human Resource Management in the New Economy*
Author：*Saritprava Das, Bharati Deshpande*
Publisher：*Excel Books*
Publication Date：*March 31, 2010*

书　　名：新经济时代的人力资源管理
作　　者：Saritprava Das，Bharati Deshpande
出 版 社：卓越书籍出版社
出版时间：2010 年 3 月 31 日

作者简介：

Saritprava Das 是印度孟买技术与管理学院商学院的副教授。

Bharati Deshpande 现在是科依诺尔商学院的副教授，之前是技术与管理学院商学院的副教授。

书籍简介：

“人力资源”的概念早由彼得·德鲁克在 1954 年其著作《管理的实践》中提出并加以明确界定。20 世纪 80 年代以来，人力资源管理理论不断成熟，并在实践中得到进一步发展，为企业所广泛接受，并逐渐取代人事管理。进入 20 世纪 90 年代，人力资源管理理论不断发展，也不断成熟。学术界和实业界更多地探讨人力资源管理如何为企业的战略服务，人力资源部门的角色如何向企业管理的战略合作伙伴关系转变。

以改革创新、创意、技术和信息爆炸为特征的新经济时代，一方面创造了大量的机会和前景，另一方面也带来了激烈的竞争和动态的不确定性。进入新经济时代，人力资源管理面临经济全球化、信息科技、社会知识化、城市化和管理变化等带来的一系列挑战，而战略化和全球化逐渐成为人力资源管理发展的新趋势，同时也带给人力资源管理更多的议题。在以绩效为导向和以员工为核心的新经济时代，组织被期望确立新的绩效标准，这种绩效标准更关心道德和社会责任、创新力、员工发展、具有传统利润和投资价值的员工关系管理等。在此背景下，本书对于这些现代人力资源管理的议题的探讨便具有了战略意义，这些议题包括：全球化下的人力资源管理实践包括招聘、甄选、培训与开发、薪酬管理和员工关系等；多元化管理的问题与挑战；E-HRM；品牌在组织文化建设中的作用；客户导向的人力资源管理；增速放缓经济体中的人力资源管理实践等。

新经济时代不仅仅表现出越来越多的不同于传统经济时代的经济现象，对于管理者来说，更为重要的是人力资源成为企业创造价值的重要源泉。在企业里，未来越来越多的人所从事的工作不再是简单的加工和处理，而是对数据中包含的信息的提取、知识的挖掘和创新，并在此过程中创造社会财富。由此带来的不仅是人力资源管理职能的转变，更是人力资源管理理念的转变。

这本书是科技与管理研究所（ITM）举办的“新经济时代的人力资源管理”研讨会上，一些代表实业界和学术界的专家的论文合集，文章观点新颖、内容丰富，具有很强的学术性。

Title: *Human Resources Management Changes in China: A Case Study of Banking Industry*

Author: *Irene Hon-Fun Poon*

Publisher: *Lambert Academic Publishing*

Date: *April 15, 2010*

书　　名：中国人力资源管理的变化：基于中国银行业的案例研究

作　　者：艾琳·潘

出 版 社：蓝博特科学出版社

出版时间：2010年4月15日

作者简介：

艾琳·潘是英国伦敦城市大学卡斯商学院管理学系教授。

书籍简介：

"唯一不变的就是改变"，这句写在3000年前的谚语时刻提醒我们，任何事物都在改变，除了改变本身。从2000年到2008年，中国的经济状况与市场环境发生了巨大的变化，作为一名管理者要时刻关注并理解这种变化，根据变化及时调整企业的战略及与战略相适应的管理制度和管理实践。伴随着经济的发展，中国银行业也有了巨大的发展，特别是2008年国际金融危机之后，中国银行一举成为世界瞩目的焦点。与此同时，中国银行的人力资源管理实践也发生了巨大变化，对于这种变化的研究可以为日后人力资源管理工作提供指导。

本书向读者展示了一个深入研究中国银行业的人力资源管理变化的案例，该案例研究运用历史对比的方法对中国银行业人力资源管理从2000年到2008年的变化做了分析。在变化的主题背景下，作者探讨了中国银行人力资源管理要为什么要变化，阻碍和导致变化的因素是什么，人力资源管理哪部分及哪个层次发生变化等问题。研究发现，中国银行在招聘、薪酬和培训等人力资源管理实践方面发生了很大的变化，同时也发现中国社会文化和组织文化对这种变化起着严重的阻碍作用。另外，本书还进一步探讨了中国银行人力资源管理实践变化的过程，重点讨论了变化的步骤、规模和时间，以及变化可能出现的结果。本书中得出的有关各银行集团之间、集团内部母公司与当地银行之间的人力资源管理实践的变化结论对银行从业者有重要的参考价值。

第四章　人力资源管理学科 2010 年大事记

本报告对 2010 年国内外与人力资源管理学科相关的会议和事件进行梳理，既注重学术性，又兼顾实践性，共选出国内会议 11 次，国内相关重大事件 11 项，国际会议 8 次。按时间顺序，现将会议及事件情况分别作如下简介：

第一节　人力资源管理学科国内会议

1. 会议名称：人力资产标准公会

会议时间：2010 年 1 月 15 日

会议地点：上海

会议纪要：2010 年 1 月 15 日下午，来自 20 多家全球著名公司的中国区、亚太区人力资源总监、副总裁、国内高校著名教授齐聚一堂，就“人力资源专业标准体系建立及本土人力资源发展”、建立人力资产标准公会暨人力资源行业公会等议题方向展开座谈。研讨会由协会人力资源专业委员会执委会主任张臻先生主持。会议开始，张臻先生从五个方面诠释了目前的社会发展，HR 行业的现状，个人发展，企业文化以及客观形势，并提出建立 HR 行业标准的可行性。与会嘉宾也纷纷提出各自的看法。

与会代表主要提出以下几个观点：

（1）目前全球经济环境下，跨国企业 HR 管理者需要考虑适合本土操作 HR 管理的模式，同时本土 HR 管理者也要思考中国的 HR 管理如何适应全球化进程。

（2）HR 需要建立行业标准，提供企业 HR 管理标杆参照，帮助需要提升 HR 管理的企业建立规范的 HR 管理体系。

（3）HR 管理急需评估手段，以便评估 HR 管理的投入产出以及 HR 管理的效率和价值。

（4）HR 管理急需评估手段，以便评估 HR 管理的投入产出以及 HR 管理的效率和价值。HR 行业标准应该是通过专业性的研讨总结出的规范的 HR 管理模式，是任何企业在 HR 管理中不可或缺的必需环节。在此基础上再寻求适合不同行业、不同企业的参照标杆。

2. 会议名称：“中国人力资源 3000 强”发起年会暨 2010（第七届）中国人力资源发展论坛

会议时间： 2010 年 1 月 21 日

会议地点： 北京

会议纪要： 由北京大学光华管理学院、中山大学管理学院、“中国人力资源 100 人”及中国人力资源开发网联合发起的“中国人力资源 3000 强”发起年会，在北京大学光华管理学院顺利召开。会议为期两天，北京大学光华管理学院院长张维迎教授等知名学者、中粮集团人力资源总监迟京涛先生、IBM 大中华区人本管理中心总经理白艳女士、万科企业股份有限公司执行副总裁解冻先生、联想集团人力资源副总裁高岚女士、葛兰素·史克（中国）有限公司副总裁张国维先生等国内外知名学者与企业人力资源最高负责人出席本次年会，真诚地贡献自己的智慧和经验。

“中国人力资源 3000 强”是由中国人力资源开发网诚邀北京大学光华管理学院、广州中山管理学院等中国知名商学院、中国人力资源 100 人、中国国内前 3000 强企业的人力资源最高负责人联合发起成立的组织，通过强强联手，为精英人力资源从业人员提供成长、交流、分享的平台；以最优秀的管理实践相互共享，以有效的方法、实用的工具、翔实的数据、鲜活的案例为相关企业排忧解难，最终实现推动中国人力资源开发与管理事业向前发展的目标。

在经济危机、环境危机、人文危机日益被认知、日益引起人们更多反思的今天，“中国人力资源 3000 强”发起年会。与会人员从精神、智慧、方法、工具等多角度，从行业、企业、专业等多维度共同探讨和分享“后危机时期人力资源的反思和展望”。

本次发起年会采取主题演讲、互动讨论及分会场讨论等方式，深入细致地探讨企业授权与管控及员工诚信管理体系建设；通过人才培养体系进行知识传承，提高企业竞争力；收购兼并中的人力资源融合等系列问题。活动更具现实性和实践价值，并由“中国人力资源 3000 强”发扬光大，让中国的 HR 人员通过这个平等沟通、深入交流聚会的平台，建造和找到自己心灵和工作的家园。

3. 会议名称： 2010 中国人力资本年——战略人力资源管理高峰论坛

会议时间： 2010 年 5 月 19 日

会议地点： 上海

会议纪要： 金蝶国际软件集团有限公司携手 150 位企业管理者、HR 领域精英、专家学者等有识之士在上海发起“2010 中国人力资本年——战略人力资源管理高峰论坛”，共同探讨新环境下企业人力资源管理发展方向和工作重点。会议认为，在产业转型与升级的时代大背景下，人力资源管理已快速跨入人力资本时代，企业应从战略投资角度思考人力资源管理，保证企业实现可持续健康发展。金蝶软件（中国）有限公司华东区副总经理赫赤、顶尖人物咨询有限公司首席顾问兼 CEO 吴岱妮、蓝白律师事务所首席合伙人陆胤等嘉宾出席活动。

金蝶把2010年定位成“中国人力资本年”，倡导业界共同关注和研究“人力资本”管理，希望通过对“人力资本”管理的研究，为国内企业探索出一条可持续发展的人才道路，帮助推动我国从人口大国向人力资本强国转型。本届论坛，政府领导和企业家代表从宏观和资本投资角度开始关注“人力资本”管理，以人才培养和潜能开发为核心的“人力资本”管理逐渐成为战略人力资源管理发展的新方向。论坛上，参与各方深入探讨如何从资本的角度“投资”人力资源，通过对人力资本有序的投资，合理地开发利用，使人力资本循序渐进地产生增值效应，为企业创造卓越绩效。

该论坛还有银川、成都（3月26日）等站的活动，中国人民大学劳动人事学院周文霞老师出席了成都站论坛活动，并作了演讲。

4. 会议名称：2010年北京夏季人力资源高峰论坛暨2010人力资源年终盘点

会议时间：2010年7月18日

会议地点：北京

会议纪要：本次会议以“HR如何打造完全竞争环境下的企业核心竞争力”为主题，分为上午的理论知识部分，下午实际操作讲解企业如何进行人才的“选、用、育、留”两个部分。来自全国有关政府部门、知名学府和企业单位的500多名同仁共同参加了本次盛会，与会演讲嘉宾的精彩演讲引起了与会者的热烈反响。

中国人事科学研究院主任、研究员董志超先生的演讲主题是“战略性人力资源管理与企业核心竞争力”，从以人为本和企业核心竞争力为主线对现代企业的人力资源体系的建设指明了工作中心与方向。

新华信集团人力资源总监赵瑾女士演讲的主题则为“如何构建具有竞争力的人力资源管理体系”，剖析了如何构建适合企业发展的具有竞争力的人力资源管理体系。

清华大学人力资源博士、机械工业经济管理研究院主任余玲艳老师则带来了“HR如何配合企业战略规划?”的演讲主题。运用各行业企业的实际案例剖析了我们面对企业种种问题，如何从战略规划的角度来应对。

“选人”——中国猎头联盟创始人，中华HR修养学院院长张凯集先生以一名猎头资深人士的角度讲解了人才选聘阶段应该注意的问题及对策。

“育人”——原中华职教社培训部部长、中国人力资源开发研究会专家讲师李富清先生则揭示了企业如何培育适合自己人才的方法。

“用人”——清华大学工商管理硕士、北大纵横高级合伙人韩嵩先生以其在人力资源界多年的指导经验，阐述了企业用人之道。

“留人”——中国人事科学研究院助理研究员朱国成先生对一直困惑于企业员工流动性高这一特点道出了自己的观点。

5. 会议名称：2010 年中国人力资源开发教学与实践研究会第十一届年会

会议时间：2010 年 7 月 24~25 日

会议地点：广州

会议纪要：本次由中国人力资源开发教学与实践研究会主办，广东商学院承办。应邀出席会议的嘉宾有：广东省人力资源管理协会常务副会长、原广东省劳动与社会保障厅副厅级巡视员梁满光先生，中国人力资源开发研究会秘书长李震先生，中国人力资源开发教学与实践研究会会长，中国人民大学公共管理学院院长董克用教授，广东商学院工商管理学院彭雷清教授，广东商学院副院长于海峰教授。来自国内政府机关，科研、出版机构，各大高校的 200 多名专家学者参加了此次会议。

在大会学术报告中，南京大学赵曙明教授做了“人力资源管理专业学生的培养要求与趋势”的主题报告；中国人民大学董克用教授做了“《国家中长期人才发展规划纲要》的有关理论问题”的主题报告；华南师范大学谌新民教授做了“广东珠三角地区劳动关系隐忧与人力资源应对策略”的主题报告。会议针对人力资源管理教学与学科建设、人力资源开发与实践研究、人力资源管理实践与学术研究、劳动关系理论与实践研究分别进行了讨论。

6. 会议名称：第五届亚太经合组织人力资源开发部长级会议

会议时间：2010 年 9 月 16 日

会议地点：北京人民大会堂

会议纪要：本次会议主题是“开发人力资源、大力促进就业、实现包容性增长”。来自亚太经合组织 21 个成员的代表团，亚太经合组织秘书处、亚太经合组织工商咨询理事会、太平洋经济合作理事会等组织的代表，我国有关部门负责人出席会议。

国家主席胡锦涛出席开幕式并发表题为“深化交流合作，实现包容性增长”的致辞。胡锦涛就本次会议主题提出四点建议。

一是优先开发人力资源，牢固树立“人力资源是经济社会发展第一资源”的理念，加快形成人力资源优先发展的战略布局，优先调整人力资源结构，优先投资人力资源开发，大力激发各类人力资源的创新活力和创造智慧。

二是实施充分就业的发展战略，把充分就业作为经济社会发展的优先目标，实施扩大就业的发展战略，最大限度地创造劳动者就业和发展机会，努力实现充分就业。

三是提高劳动者素质和能力，形成有利于劳动者学习成才的引导机制、培训机制、评价机制、激励机制，引导广大劳动者提高思想道德素质和科学文化素质，努力掌握新知识、新技能、新本领，成为适应新形势下经济社会发展要求的高素质劳动者。

四是构建可持续发展的社会保障体系，在经济发展的基础上建立覆盖城乡居民的社会保障体系，加大公共财政的社会保障投入，扩大各类社会保险覆盖面，不断提高社会保障水平。

国家主席胡锦涛强调，亚太区域合作正面临着前所未有的机遇。亚太经合组织各成员应该携起手来，充分运用亚太经合组织这一合作平台，深化合作、拓展合作，不断朝着持久和平、共同繁荣的目标迈进，不断造福亚太人民和世界各国人民。

7. 会议名称：第七届21世纪经理人研讨会暨清华经济管理学院人力资源校友分会2010年会

会议时间：2010年10月16~17日

会议地点：北京

会议纪要：在21世纪即将进入第二个十年之际，全球性金融危机影响尚未消退，中国人力资源管理也面临重大挑战，如何恰当应对，是人力资源管理者思考的课题。本次会议的主题是“企业软实力”，讨论了企业如何在复杂多变的经济社会环境中，通过企业软实力的提高使企业具备更强的适应能力与竞争能力。来自全国各地的清华经济管理学院历届人力资源系校友160多人以及人力资源与组织行为系张德教授、杨百寅教授、陈国权教授、王雪莉副教授、吴志明副教授、曲庆副教授、张勉助理教授、黄思源助理教授、王晓晔助理教授，北京大学光华管理学院马力校友等一同参加了本次活动。

多位教授分别就“一把手的家长式领导风格与高管团队的决策有效性”、“个体应对工作—家庭冲突事件的决策工作”、“中国企业文化建设中载体应用的系统性——基于内容分析法”、“社会网络与团队合作”、“绩效评估的新发展” 等题目，分享了各自最新的研究成果，阐述了自己的观点。国务院国资委分配局张丽瑛做了“职业选择与职场适应”的演讲，IBM（中国）高级销售顾问胡晓亮做了题为“人际互补与职场人际关系”的演讲。其他众多嘉宾也做了相应的发言，年会并围绕“职业生涯规划与企业可持续发展”、“从富士康事件看企业和谐劳动关系”、“科学发展观与企业文化”三个题目进行了广泛而深入的讨论。

8. 会议名称：2010年中国最佳雇主颁奖盛典暨第七届中国人力资源管理创新高峰会

会议时间：2010年10月24日

会议地点：北京

会议纪要：本活动由国际人力资源管理协会、中国最佳雇主年度评选组委会和国家人力资源和社会保障部《职业》杂志社主办，搜狐财经、中国企业报、北京市昌平区咨询产业集聚区建设办公室等单位联合发起。

盛典现场颁发了“2010中国最佳雇主企业”、“2010中国最关注员工发展企业家”、“2010中国杰出职业经理人”等中国人力资源年度大奖，还颁发了2010中国品牌雇主企业20强五项新增奖项。同时由国际人力资源管理协会和中国企业联合会雇主工作部、国家人力资源和社会保障部《职业》杂志社联合发布《2010年度企业雇主品牌建设状况调研结果报告》。详细调研结果报告收录于国际人力资源管理协会和中国企业联合会雇主工作部、国家人力资源和社会保障部《职业》杂志社联合推出的《中国雇主品牌蓝皮书4》——《公司如何卓越——2010中国优秀雇主品牌调查与实践》一书中，为我国的雇主企业社会责任的提升带来重大影响和推动。

9. 会议名称：2010 第三届人力资源战略与开发国际会议

会议时间：2010 年 10 月 30 日

会议地点：济南大学

会议纪要：本次会议由济南大学主办，济南大学管理学院、济南大学人力资源与战略研究所承办，邀请到了国内外人力资源领域的著名专家、知名教授、学者以及有关政府官员前来，针对人力资源战略与开发的先进经验进行交流和探讨。上海交通大学人力资源管理研究所所长石金涛做了主题为“后危机时代提升企业竞争力的隐形翅膀”的演讲，详细阐述了后经济危机下创新对企业的重要作用。台湾“国立”中兴大学科技管理研究所教授何建达同与会专家学者深入探讨了企业绩效评估。西安交通大学实证社会科学研究所教授李德昌从“势科学”的角度阐述了后危机时期的人才素质和战略管理。“双体系”大学生岗前实训项目策划人王钧做了主题为“HR = Heart + Relationship”的演讲。中信银行济南舜耕支行行长王军生、济南大学经济学院教授俞宪忠分别做了精彩的报告，从岗位人才培养与经包容性增长概念上阐述了人力资源管理应注意的问题。NLP 执行师/企业教练王绎，做了主题为“大学生零资本创业”的演讲。最后济南大学管理学院副教授，硕士生导师赵薇做了“儒家思想对鲁商崛起的引领作用”的讲座。河南理工大学经济管理学院人力资源管理系系主任王挺副教授做了 Motivate Mechanism Innovation of Virtual R&D Team Based on Human Capital Theory 的分组演讲。华北电力大学经济与管理学院博士李艳玲做了人力资源管理如何纳入企业会计系统的讲座。

10. 会议名称：第五届“新人力”高峰论坛

会议时间：2010 年 11 月 11 日、11 月 17 日、11 月 19 日、11 月 26 日

会议地点：上海、西安、深圳、北京

会议纪要：由新人力杂志社、易才集团人力资源学院、易才社会发展研究院主办，中国劳动保障科学研究院、易才集团协办的第五届“新人力”高峰论坛主题是“战略提升与变革管理”，透过全方位、深层次探讨中国“人才战略”的发展与未来，给中国企业制定科学的人力资源管理发展战略提供具有操作性、前瞻性的理论依据和决策参考，使其进一步提升核心竞争力。

易才集团“新人力”高峰论坛迄今已举办五届，本论坛以紧跟形势、前沿思想为亮点，定位高端。本次论坛正是结合当前时代与国家发展需求，探讨后危机时代，国家人才战略下的企业人力资源管理发展方向的问题。本次论坛除邀请到李瑾董事长外，还邀请到博鳌亚洲论坛咨询委员会委员龙永图、国家发改委对外经济研究所所长张燕生、中国劳动保障科学研究院常务副院长张新民、中银国际控股有限公司副执行总裁、首席经济学家曹远征等多位政府领导及学术界人士。参加本次论坛的媒体包括新华社、中央电视台、新浪网、第一财经日报、中国经营报、经济观察报、光明日报、经济参考报、21 世纪经济报等数十家。

除此外，易才集团还对外首发《CTG 中国（劳务用工）行业就业指数报告》和《2010

易才集团企业社会责任报告》。

11. 会议名称：中国人力资源开发研究会劳动关系分会第三届年会暨集体劳动争议处理与劳动关系的转型及挑战学术研讨会

会议时间：2010 年 12 月 11~12 日

会议地点：中国人民大学

会议纪要：由中国人力资源开发研究会劳动关系分会主办，中国人民大学劳动人事学院承办的“中国人力资源开发研究会劳动关系分会第三届年会暨集体劳动争议处理与劳动关系的转型及挑战学术研讨会”在中国人民大学隆重举行。政、劳、资三方的高层领导人，国家人力资源和社会保障部副部长杨志明，中华全国总工会副主席张鸣起，中企联执行副会长陈兰通等出席了大会。中国人民大学校长纪宝成，北京大学法学院教授、中国法学会社会法学研究会会长贾俊玲，中国人民大学劳动人事学院教授、中国人民大学劳动关系研究所所长、中国人力资源开发研究会劳动关系分会会长常凯，以及来自共有来自全国各地 102 家单位，其中包括 66 所高校，共计 240 余名专家学者出席。

在为期两天的会期中，大会的研讨分主题报告和分论坛讨论两个环节。另外，为鼓励和提携年轻学者，此次年会还在 12 日下午开设“劳动关系博硕论坛”，为有志于劳动关系研究和实务的博士、硕士们提供展示与交流的机会。

第二节 人力资源管理学科国内重大事件

1. 事件名称：失业动态监测在全国展开

事件时间：2010 年 1 月

事件简介：在总结应对金融危机对部分城市开展失业动态监测试点经验基础上，从 2010 年 1 月起，人力资源社会保障部部署全国 31 个省（区、市）和新疆生产建设兵团的 105 个城市开始建立失业动态监测制度，共监测企业 3568 家，涉及职工 500 多万人。现已形成每月数据汇总分析，每季情况综合分析的监测报告制度。

失业动态监测报告制度的建立，可以直接从企业获取岗位动态变化信息，弥补了我国就业统计上的空白，为及时、准确分析研判就业失业形势，采取积极有效的应对措施，防范失业风险，起着重要的决策参考作用。另外，2010 年失业保险减轻企业负担涉及资金达 249 亿元，为预防失业和稳定就业局势发挥了积极作用。

2. 事件名称：本田“罢工门”事件：关注中国劳动关系的新变化

事件时间：2010 年 5~6 月

事件简介：广州本田汽车零部件公司的数百名工人，因不满工资低、福利差及中日员工同工不同酬等原因而集体罢工。公司迅速解聘了两名“带头工人”，并随后提出加薪、补贴等方案，但未被工人接受。不久，“罢工”事件扩散，致使本田在中国的整车生产企业均被迫停工停产。其间，罢工工人与地方工会人员发生了“肢体冲突”，这使得罢工事件陡然升级。

在广东省总工会与地方政府的介入下，劳、资、政三方开始谈判，并最终签署协议——工人整体涨薪 24%。随后，南海本田零部件公司全面复工，罢工事件结束。

本田罢工事件，表达了中国工人对低收入现状的不满和抗争。部分劳动者已经意识到，个人行为势单力薄，只有团结起来才能争取到合理权益。同时这也标志着，中国的劳动关系，正在由“个别调整模式”向“集体调整模式”转变。如果对此变化不给予足够的重视并采取相应的措施，未来可能出现的“事件”，一定是非常可怕的。

3. 事件名称：高校毕业生就业工作的大规模调研

事件时间：2010 年 6~8 月

事件简介：为全面掌握高校毕业生就业情况，研究完善促进高校毕业生就业的政策体系，2010 年 6~8 月，人力资源社会保障部会同教育部在全国范围内组织各地区、各高校开展了大规模的高校毕业生就业工作调研。更加准确地掌握了高校毕业生的就业状况，发掘了各地高校毕业生就业工作的新鲜经验，查找分析了工作中存在的难点问题，研究提出了进一步做好工作的政策建议，作为国家完善现有政策并制定新的措施的重要依据。

4. 事件名称：首张乙肝就业歧视行政罚单开出

事件时间：2010 年 8 月 5 日

事件简介：2010 年 4 月，经过几轮面试，苏州某房地产公司决定录用求职者李晓娜（化名）。但是在公司要求的乙肝体检项目中，李晓娜有两项的检测结果呈阳性，属于传染性极小的乙肝病毒携带者。2010 年 5 月，该房地产公司以工作能力无法胜任为由，通知李晓娜解除劳动关系。后来，房地产公司承认，是因为“乙肝两对半”的体检不合格，才导致她被要求解除劳动关系的。

不久，李晓娜向吴江市人保局正式递交了行政投诉书，同时向法院提起民事诉讼，要求“乙肝就业歧视”赔偿。经详细调查并确认相关违法事实后，吴江市人力资源和社会保障局于 2010 年 8 月 5 日，向该房地产公司正式下达了“劳动保障监察行政处罚决定书”，对该公司将乙肝病毒血清学指标作为招用人员的体检项目做出 700 元罚款的处罚。此次罚款是我国首例对乙肝就业歧视行为做出的行政处罚。一个月后，该房地产公司与李晓娜达成和解协议，并向其支付了 3000 元的赔偿金。

我国《就业促进法》与《就业服务和就业管理规定》分别明文规定，不得以求职人员是传染病病源携带者为由拒绝录用。禁止用人单位在招用人员时，将乙肝病毒血清学指标作为体检标准。同时，法律还规定了用人单位强制检查乙肝病毒血清学指标的损害赔偿责任，劳动保障部门有权责令改正并处罚款。

5. 事件名称：华为奋斗者协议：关注劳动者权利的“被自愿”

事件时间：2010 年 8 月

事件简介：多家网站爆出“华为对抗《劳动法》的《奋斗者申请协议》”一帖。根据这份协议，华为提供两种角色让员工选择：一种是奋斗者，但要自愿放弃年休假、婚假、产假，从而得到公司在年终奖、配股分红、升迁、调薪等方面对他们的倾斜；另一种是劳动者，可以享受以上假期，但被取消年终奖和股票分红，并且升迁、调薪等均受影响。员工申请“华为奋斗者”，还需要在协议上添加“我申请成为与公司共同奋斗的目标责任制员工，自愿放弃带薪年休假、非指令性加班费和陪产假”的誓言。

华为此举，被认为是以员工自愿放弃的名义，使公司合理规避《劳动法》，规避潜在的法律风险。继 2007 年年底的“万人辞职门事件”后，华为以争议性的“奋斗者协议”再次引发了外界强烈的质疑和批评。但是在华为内部，该协议并未遭到强烈反对。很多人表示，选择当“奋斗者”，是自己的自愿行为。

6. 事件名称：《关于本市企业各类人才柔性延迟办理申领基本养老金手续的试行意见》

事件时间：2010 年 9 月 6 日

事件简介：根据该《试行意见》，上海成为了全国首“吃螃蟹”、试水“柔性延长退休年龄”的城市，打破了全国法定退休年龄的大一统格局。上海将在参加该市城镇养老保险的企业中试行柔性延退休政策，符合规定的人才到达法定退休年龄、符合在本市领取基本养老金条件，企业需要，身体健康，经本人申请与企业协商一致后，可以协商签订工作协议，推迟领取养老金。这样，男性可申请退休年龄延长到 65 周岁，女性可延长到 60 周岁。

上海人保局官方解释说，延迟申领养老金有利于发挥各类人才的作用和提高个人养老金待遇，对就业影响不大。不过，上海养老新政还是引起各方不同解读与声音：养老新政本意是为缓解社保压力，但可能加剧就业难矛盾，不应延长退休年龄。

7. 事件名称：《中国的人力资源状况》白皮书新闻发布会

事件时间：2010 年 9 月 10 日

事件简介：国务院新闻办公室举行的《中国的人力资源状况》白皮书新闻发布会，邀请人力资源社会保障部副部长王晓初介绍白皮书发表有关情况，并回答中外记者提问。王晓初说，国务院新闻办公室发表《中国的人力资源状况》白皮书，目的是向国内外全面系统地介绍中国的人力资源状况，表明中国在人力资源开发工作中的基本立场和观点，展示中国在人力资源领域所取得的成就和经验。

白皮书的发表，对宣传中国人力资源开发工作，扩大人力资源领域的国际交流与合作，将产生积极的推动作用。白皮书共 8 个部分，约 1.3 万字，具有 3 个明显特点：一是具有鲜明的时代特征；二是全面系统地反映中国人力资源开发事业的发展；三是以事实为依据，准确介绍中国人力资源状况。

8. 事件名称：《关于加强职业培训促进就业的意见》

事件时间：2010 年 10 月

事件简介：国务院下发《关于加强职业培训促进就业的意见》，这是新中国成立以来第一个由国务院专门就职业培训工作下发的文件。文件结合扩大和稳定就业需要，明确了进一步推进职业培训工作的目标任务和政策措施，在中国职业培训发展史上具有里程碑意义。同月，经国务院批准，财政部、国家税务总局联合下发《关于支持和促进就业有关税收政策的通知》，并与人力资源社会保障部联合召开会议进行部署，在继续实施鼓励企业吸纳人员的减免税政策的同时，大大扩展了鼓励劳动者自主创业的减免税政策对象范围。这些新文件的出台，为更加积极的就业政策体系增添了新的动力，对促进就业和创业具有重要推动作用。

9. 事件名称：富士康“N 连跳”事件：关注新生代员工生存状态

事件时间：2010 年 1 月 25 至 11 月 5 日

事件简介：2010 年地方劳动争议案件数量呈上升趋势。提高工资待遇的突发性职工群体性事件增多，提高工资待遇的突发性职工群体性事件增多，如 2010 年 1~5 月，富士康接连发生 9 名员工“坠楼事件”。这引起了公众的普遍关注。然而，就在“九连跳事件”余震未消时，第十三名员工也已纵身殒命。因此，富士康被网民戏称为“赴死坑”、“死亡工厂”。

经调查，富士康的工资待遇、福利水平、劳动条件等，均好于同地区同行业企业，并非所谓的“血汗工厂”。这些员工自杀的原因是多方面的，既有企业管理方的责任，也有员工自身认识上的不足，更有社会“大变革”给人们带来的心理冲击。但无论是出于什么原因，对员工生存状态的关注和主动调节，已成为我国企业必须要面对的新课题。

10. 事件名称：国务院常务会议——修改《工伤保险条例》

事件时间：2010 年 12 月 8 日

事件简介：国务院总理温家宝昨日主持召开国务院常务会议，决定对《工伤保险条例》做出修改。会议指出，《工伤保险条例》自 2004 年 1 月施行以来，对于维护工伤职工合法权益，分散用人单位工伤风险，规范和推进工伤保险工作，发挥了积极作用。针对工伤保险制度面临的新情况、新问题，修改后的条例草案从切实维护职工合法权益出发，完善了有关制度。

11. 事件名称：全国人力资源社会保障工作会议

事件时间：2010 年 12 月 30 日

事件简介：会议深入贯彻党的十七大和十七届五中全会精神，落实中央经济工作会议和全国组织部长会议部署，总结“十一五”时期的人力资源和社会保障工作，分析“十二五”时期的形势任务，部署明年的工作。中共中央政治局委员、国务院副总理张德江出席会议并作重要讲话，中组部副部长、人力资源社会保障部部长尹蔚民作工作报告。会议还表彰了全国人力资源社会保障系统 2008~2010 年度优质服务窗口单位。

国务院副秘书长肖亚庆，人社部副部长、国家外专局局长季允石，人社部副部长、党组副书记孙宝树，中组部副部长、人社部副部长李智勇，人社部副部长杨志明，人社部副部长、国家公务员局党组书记、副局长杨士秋，人社部副部长王晓初、何宪、胡晓义、信长星，中纪委驻部纪检组长袁彦鹏出席会议。

参加会议的有：国家外专局和公务员局领导班子成员，人社部部属各单位、公务员局各司负责同志，各省、自治区、直辖市、新疆生产建设兵团、副省级市人社部门负责同志，中央国家机关各部委、各直属机构等有关部门负责同志，军队有关单位负责同志，部分特邀单位代表，受表彰的全国人社系统 2008~2010 年度优质服务窗口单位代表。

第三节 人力资源管理学科国际会议

1. 会议名称：第四届亚太人力资源大会

会议时间：2010 年 3 月 22~23 日

会议地点：马来西亚首都吉隆坡

英文名称：4th Annual HR Congress APAC 2010

会议纪要：近百家国际著名人力资源研究机构和跨国企业参加了此次会议，共同探讨人才管理和人力资源市场发展的最新变革和应对措施。本次大会由国际知名的商业信息公司 MARCUS EVANS 主办，参加本届大会的知名企业还包括惠普、爱立信、尼尔森、渣打银行、戴尔、百事公司等。会议主题包括人才管理和领导艺术、战略性人力资源管理、变革管理和人力资源管理重建等。在持续两天的会议中，与会机构和企业代表围绕人才管理、机构变革管理、HR 重建、员工绩效评估等方面的问题进行了深入探讨。亚太人力资源年度大会（HR Congress APAC Series）由亚太人力资源管理联盟（APFHRM）发起，旨在为亚太地区人力资源专业人士提供一个有价值的交流平台，分享实践经验，探讨人力资源管理领域的新发展和新挑战。

2. 会议名称：第 62 届国际人力资源年会

会议时间：2010 年 6 月 27~30 日

会议地点：美国加州圣地亚哥市

英文名称：62th Society for Human Resource Management Annual Conference

会议纪要：SHRM 是全球人力资源领域最为专业的组织之一，每年的国际人力资源年会都会探讨各种 HR 最新成果、信息与技术，对未来国家企业与人才的国际竞争力具有关键重要性。本次会议主题包括人才管理、员工参与、沟通策略、裁员、员工福利、胜任力素质、领导力/职业生涯发展、健康计划及改革、全球人资源管理等。

3. 会议名称：2010 全球化人力资本高峰会议

会议时间：2010 年 9 月 24~25 日

会议地点：中国台北

英文名称：Summit on Globalization of Human Capital 2010（SGHC2010）

会议纪要：本次会议目的是通过不同的观点探讨人力资本的运用及策略，宏观角度强调人力资本投资对于国家总体经济发展，微观角度则着重于个人与组织发展，希望提升国家与企业整体核心能力，创造企业永续经营的局面。今年度的会议主题是“人才创新，永续经营”，探讨领域包含人力资本及策略、领导及管理发展、人才管理、组织发展及变革、专业职能发展、绩效管理和绿色人力资源等。

会议邀请欧美及亚太地区人力资源专家、学者与业界领导人，从不同角度与领域提供了人力资本的新思维、新观念与新做法。做会议演讲的学者有美国密西根大学戴夫·尤瑞奇教授，台湾“国立”中央大学副校长李诚教授，新加坡国立大学企业管理系主任理查德·哈维教授等。其中，戴夫·尤瑞奇被誉为“人力资源管理的开拓者”，2001 年被美国《商业周刊》评为管理教育家的第一名，2005 年时，荣获 *Fast Company* 杂志十位最具创新与创造性的思想家之一，2007 年获颁美国训练与发展协会（American Society of Training and Development）终身成就奖；他在 2009 年获选为 *Thinkers* 现今最具有影响力的 50 位管理大师之一，亦曾在 2006~2009 年连续四年获得全球最著名的人力资源期刊之一——《人力资源管理指南》评比最具影响力的人力资源管理者第一名，目前已经有超过半数《财富》500 强企业请他做过咨询和指导。其《人力资源最佳实务》从 1997 年出版之后，席卷了全球的 HR 热烈讨论风潮，经常被 HR 学术界或是实务界引用，是对人力资源领域产生最大的影响的一本书。

4. 会议名称：2010 员工卷入与人员保留研讨会

会议时间：2010 年 10 月 4~6 日

会议地点：美国波士顿

英文名称：2010 Engagement and Retention Conference

在现在的环境下，原始的自上而下的人力资源操作方法对于员工卷入已经起不到任何作用了，以后是不是能起到作用也是未知的，当今对于员工卷入的调查研究正是显示对于员工卷入的研究不足，表明还需要很长的时间才能通过研究发挥员工卷入的作用，而且，大量的投资和快速的职业通道也是目前所缺乏的。

但是，最新的、有效的员工卷入战略正在被开发和贯彻执行，包括如何进行员工授权，制定传统策略以适应特殊的情况，在新的领域利用技术等。

2010 Engagement and Retention Conference 提供了最先进和最新的想法来应对挑战，会议参与者接触到了最新的研究、案例和令人振奋的新观点，这些新研究、新观点不仅来自人力资源领导人，而且也来自公司高管和高绩效员工。会上讨论了最具有挑战性的针对员工卷入的最新方法，讨论的结果对于解决目前员工卷入问题有积极的意义。

5. 会议名称：第 69 届美国人力资源西南年会
会议时间：2010 年 10 月 10~13 日
会议地址：美国得克萨斯州沃思堡
英文名称：69th Annual HR Southwest Conference
会议纪要：美国人力资源西南年会是美国最大的地区性会议，每年召开一次。会议每年都会邀请世界知名学者做主题发言人。参会人员能够接触到最新的人力资源的产品、理念和技术，并能与世界顶级企业的人力资源从业者和著名人力资源管理专家交流。

2010 年在美国得克萨斯州沃思堡市召开了第 69 届美国人力资源西南年会，本次年会有 2000 多人参加，会议围绕团队合作、相互依赖、诚实价值、社会媒体对招募的作用等人力资源管理领域的热点进行了讨论。Shane Yount 作为会议的主题发言人，做了“Leadership GPS-Growth，Performance，Sustainment”主题演讲。本次会议对如何提高各个规模的组织员工参与度做了深入的分析，并讨论了如何根据企业战略雇用员工。

6. 会议名称：第五届全球人力资源论坛
会议时间：2010 年 10 月 26~28 日
会议地址：韩国首尔
英文名称：5th Annual Global HR Forum
会议纪要：2010 年全球人力资源论坛的主题是“开放并为明天做好准备”。来自 52 个国家的 200 多名学者和实践者参加了论坛。其中演讲嘉宾包括：联邦储备银行前主席 Allan Greenspan 和行星财经主席 Jacque Attali；朱丽亚学院主席 Joseph Polisi；伊顿公学院校长 Tony Little；诺贝尔经济学奖得主、哥伦比亚大学经济学教授 Robert Mundell；斯坦福大学组织行为学教授 Jeffrey Pfeffer，比尔和梅林达·盖茨基金会首席人力资源官 Franci Phelan。在此次大会上，国际的一流学者和世界顶级企业的 CEO 就新世界经济秩序建立后的危机、平衡增长、创新型人才的发展和社会公正管理等议题进行了深入的讨论。参会者在会上反应积极，许多公司都认为参与论坛有助于增强企业的远见和洞察力，从而帮助企业找到解决人力资源开发问题的方法。本次会议特别得到世界银行和联合国教科文组织的财政支持，邀请了来自 12 个亚太地区国家的 50 个州长基本的官员参加座谈会。会议还对政府如何利用教育和通过开发人力资源应对饥饿、疾病、收入差距、人口老龄化、气候变化和能源供应等问题做了深刻的探讨。

7. 会议名称：第九届国际人力资源开发学会年会亚洲分会
会议时间：2010 年 11 月 13~14 日
会议地点：中国上海

英文名称： 9th International Conference of the Academy of HRD Asia Chapter

会议纪要： 本次会议的主题是：工作场所学习——致力于个人、组织及社会的可持续发展。国际人力资源开发学会主席 Darlene Russ-Eft 教授、国际人力资源开发学会亚洲分会主席 Ahad M.Osman-Gani 教授到会致辞。华东师范大学人才资源研究中心教授、中国人才研究会兼人才学专业委员会理事长叶忠海做了题为《中国人才学三十年：成就、特色和展望》的主题报告。美国得克萨斯大学泰勒分校商业与技术学院教授 Andrea D. Ellinger 做了题为《收获百倍：管理者与领导者在工作场所学习和可持续性组织的综合角色》的主题报告。

Jeong Ho Jeon 做了《组织公平和就业保障对韩国雇员组织承诺的影响：探索信任最高管理层的调节作用》的演讲。他从马斯洛需求理论提出了一个假设模型，说明组织公平和工作保障对于组织归属感的影响。研究结果认为，组织公平和长期的工作安全都深刻地影响了员工对高层的信任和组织归属感，社会需求同员工的个人需求与经济需求都应被维护。Kim Tae-Jun 做了《亚洲学生的公民认知：东亚五国和太平洋地区的比较》的演讲，通过对 2009 年参与国际公民和公民教育研究活动（ICCS）的亚洲学生的公民意识和公民角色准备程度进行研究，比较了印度尼西亚、韩国、泰国、中国香港、中国台北五个国家和地区的学生公民感知程度。Song Sun-Li 做了《基于岗位胜任力开发系统的非正式学习》的演讲，他通过对现代起亚汽车公司（HKMC）的案例研究，从构建工作胜任力开发系统的角度，探讨了韩国企业中员工非正式学习的问题。Sun Xiao 做了《在跨文化语境中用利益相关者的办法评价管理培训和发展》的演讲，她通过问卷和访谈的方式，以海外培训中利益相关者为调查对象，在总结了各个经典评估模型的基础上，建立了跨文化语境中的管理者培训和开发评估模型。

Tomasz Ingram 做了《人才管理：根据理论领域和组织实践》的演讲，他认为，人才管理的实践研究对理论发展具有显著促进作用。研究中运用了实证研究方法，并首次针对组织人才管理模式进行纵向的研究。Kwak Jae-Duck 主讲了“在韩国企业培训背景下设计一个培训转化的一体化模型”，得出了培训迁移模型，此模型有四个变量：组织支持、自我效能感、自我调节学习能力和培训的内容，为企业在培训迁移方面提供了很好的借鉴意义。Lee Chan 主讲了“中小企业的工作满意度、对人力资源开发的投入和组织绩效之间的关系”，他认为员工的工作满意度会影响到雇主对人力资源开发的投入多少，同时对组织绩效的提高也有很大的影响作用。Wang Zun 主讲了“中国大型企业 HRD 实务工作者的胜任力需求分析”，文章从中国前 20 强企业中选取了 300 名人力资源开发从业者进行了调查，最终开发出 15 项胜任力素质，研究结果对我国人力资源开发从业者的胜任力发展具有一定的现实意义。

Kristopher Thomas 就社会媒介背景下进行的非正式学习和运用知识管理来捕获组织知识与大家分享了主题《社会化媒体作为促进组织学习的手段》，他认为社会化媒体正在被用为组织的学习工具，在新技术被完全运用前，应该更多地应用社会化媒体，尤其是与 HRD 相关的社会化媒体。Nam Jung-soo 通过展示他在 2005 年和 2007 年对韩国 14000 名调查对象的数据收集及分析，分享了他的《探析在缺乏信任和沟通的组织中实施诚信和沟通培训项目的负面效果》论文。K. Iaya Lakshmamma 通过对班加罗尔市的服务业和制造业公司的人力资源干预的调查，分析了人力资源干预对于组织效能的作用。研究结果认为与组织开发干预结合的人力资源干预能带来财务绩效的改善。班加罗尔与博士 Kamatchi 分享了《员工契约的概念性研究》，文章通过列举数据和观点，指出在今天的组织中，敬业员工意味着成功而自由的员工很可能意味着失败。Chen Yin-che 向参会者从初始级、管理级、定义级、可预测级、优化级几方面介绍了人力资源能力成熟度模型（P-CMM），通过对工业控制产业的实地研究，应用已调整的模型，希望能够将此模型达到一个令人满意的水平。

Prof. Leena James 和 Dr. M. Uma Selvi 以《印度 IT 产业中企业社会责任实践和组织文化的联系》为题，介绍了企业社会责任和文化这两者与组织绩效之间呈现出的经验性证据，并表明企业社会责任实践与组织文化的关系是受到组织绩效影响的。Bryan Wang 在分享《制度化的组织变革规划文献综述》时介绍了影响制度化的因素和进程以及其中对 HRD 学者们的一些启示。Patricia Lau 和 Gary N.Mclean 以《探索马来西亚组织契约和组织文化在组织公民行为中的作用》为题做了分享，研究主要调查了一组来自马来西亚 36 所大型银行的员工，来说明组织认同感、组织文化以及员工行为之间的关系，主要通过自评和同事评分两种方式来获得资料。调查结果显示组织文化与组织员工行为的个人评分是有关联的，而组织文化与组织认同感之间的关系并不显著。Sukserm Thumwimon 主讲了《人力资源开发中反应层和学习层评估在企业社会责任行为中的应用》。他的研究表明，三个小组的参与者在知识、技能等方面并无显著差异，但在七个维度中知识、技能和态度都发生了显著的提高。Mina Dadehbeigi 主讲了《面向伊朗经理人有效的语言培训项目》，通过对 11 个高层经理的半开放式访谈，提出了一个初步的模型，并通过分析为伊朗的经理提供了设计本土化语言培训的建议。

Ashwini Joshua 做了《感受到的组织支持：管理部门中技术和生产率投入的调剂作用》的演讲，他基于社会交换理论，利用回归分析和引导指令以及描述性统计和方差分析检验了有关 CET 管理者科技与生产力的投资的效果，研究结果表明，主观组织支持感被看做间接变量。Bridgid Backus 和 Darlene Russ-Eft 作了《文献综述：基于化学学科基础的两年技术培训项目的可持续性》的发言，他通过文献综述找出了与 CBTT 项目中经济可持续性的相关的因素，开发了一个可持续性四因素模型，并阐述了对未来人力资源开发研究的建议。Chen Ping Shin 等人做了《评估国际人力资本对科技创新能力的影响：以微软（台湾）为例》的发言，该研究试图去检验一种模型，该模型由 IPOT 研究模型改良而成，并与 2009 年由 Shih & Tseng 在 Panne et al.于 2003 年提出的创新成功框架的基础上发展而来的。在该框架中，除分析了组织因素、项目相关因素、人力相关因素和市场相关因素外，还加入人口统计因素。研究表明这个框架中的五个因素，对一个公司的技术创新有积极的影响力，可以给公司带来高利润，增加销售额以及更好的销售表现。

Chanida Jittaruttha 主讲了《昂贵的文化组织中文化适应管理：对专业广告代理的探索

性案例研究》，以泰国的 Leo Burnett 组织文化进行了深入的个案研究，研究了文化组织适应管理的动机因素，包括成功、金钱、名誉和权力。于文浩主讲了《组织中的学习与绩效：从对立走向统一》，文章从个体和组织两个层面分别对个体学习、组织学习、个体绩效和组织绩效的内涵进行了阐述，论述了组织中学习与绩效的辩证关系，得出了学习和绩效正从对立走向统一的结论，建构了组织中学习与绩效的螺旋桨模型，并提出人的发展和组织的发展才是专业发展的根本目的。Louis N. Quast 以什么是管理脱轨引入，跟与会者一起分享了《美国和若干亚洲国家存在的管理行为与管理中的脱轨之间的相关性》，通过以韩国、泰国、印度、日本、中国和美国等国家为案例，应用多重评价反馈工具来探索这种管理行为，经发现，在所研究的每个国家管理职业生涯事故的高危险性预报，只与一些列出的行为相关。

Shaji K. Urian 和 Ross E. Azevedo 分别就《企业部门中非常规选择工具相关性研究》、《培训与开发中政府行为对国际化组织的启示》主题进行了发言。李玲从定量研究方面分享了《行动学习的发展研究（2000~2009 年）》，通过对比前后十年的行动学习研究，分析近十年行动学习呈现的特点，并谈了自己在研究中的体会。闫丽云通过三个未婚女性的案例，剖析了影响工作与生活平衡的因素，探讨了中国女性员工工作与生活平衡的问题。王微、廖红红、张书娟分别分享了《工作场所学习模型的演绎与思考》、《知识经济下的人力资源管理》、《社区教育教师的角色、岗位职责以及能力要求》等主题。留日学者刘寅在论文《学习型组织与日本企业模式》中结合日本学习型企业的培训模式阐述了隐性知识和显性知识的转化关系，给与会者很多启发。宋军发表了论文《从企业生命周期探讨上海航空培训成长模式》，她用企业生命周期理论分析了上海航空培训成长历程、影响成长因素和未来发展趋势。中国管理科学研究院研究员王平荣博士和姜天剑也分别分享了论文《致力于竞争的学习力：工作嵌入的最佳路径》、《组织的人才开发与管理组织的领导力开发》。

8. 会议名称：第 30 届香港人力资源管理学会周年会议

会议时间：2010 年 12 月 9~10 日

会议地点：中国香港

英文名称：30th Hong Kong Human Resource Management Annual Conference

会议纪要：本届会议以“优化人才　成就未来”为主题，检视企业当前所面临的挑战和机会，从而探索制胜策略及最佳人力资源管理实务，以强化未来十年的企业适应力，使业务持续增长，稳中求胜。大会邀请到约 50 位专业人士担任演讲嘉宾，分享他们的经验，并探讨多个与人力资源管理、策略及实务相关的课题。

第五章　人力资源管理学科 2010 年文献索引

第一节　中文期刊索引

1. 基于技术创新的人力资源科学化管理研究/刘玉，武振业，陈叶梅//科学管理研究（呼和浩特），2010（3）：109–112

2. 战略人力资源实证研究的特征分析和模式比较：一个解释型框架/丁宁宁//华东经济管理（合肥），2010（8）：111–114

3. 人力资源与竞争优势：一个改进的 VRIO 框架/楼润平，薛声家//科技进步与对策（武汉），2010（9）：146–149

4. 人力资源管理的新视角：工作—生活平衡/马丽，徐枞巍//企业经济（南昌），2010（6）：66–68

5. 国有垄断企业人力资源报偿的价值偏差及因应策略/徐刚//经济与管理研究（北京），2010（7）：53–59

6. 知识型企业人力资源价值评价体系研究/张振//科技进步与对策（武汉），2010（8）：141–144

7. 企业管理学视野下的“体面劳动”阐释及存在问题与对策研究/任雪萍，李月跃//合肥工业大学学报：社会科学版（合肥），2010（3）：10–15

8. 企业员工边缘化的影响研究/李宁琪，李树//中国人力资源开发（北京），2010（7）：5–8

9. 知识型员工复杂性研究/杨凤玲，张向前//科技进步与对策（武汉），2010（12）：136–140

10. 员工认知方式与创新行为关系研究：以员工心理创新氛围为中介变量/罗瑾琏，王亚斌，钟竞//研究与发展管理（上海），2010（2）：1–8

11. 企业员工职业压力源分析及干预对策研究/林莉，熊村，曹语桐//安徽农业大学学报：社会科学版（合肥），2010（4）：47–50

12. 什么赶走了高潜质人才/琼·马丁，康拉德·施密特著；石小竹译//商业评论（北

京），2010（7）：140-149

13. 建立战略性绩效管理体系，提升企业竞争力/沈遥//百色学院学报（百色），2010（2）：64-67

14. 绩效管理中容易被忽略的“软因素”/戚海峰，赵晓民，杨阳//科技管理研究（广州），2010（7）：214-215

15. 不同类型绩效考核对员工考核反应的差异性影响：考核目的视角下的研究/文鹏，廖建桥//南开管理评论（天津），2010（2）：142-150

16. 可拓方法在企业员工绩教学核中的应用/李玉珠，张霞//成都理工大学学报：社会科学版（成都），2010（2）：103-107

17. 浅论现代企业员工福利管理的主要方法/崔柳//焦作大学学报（焦作），2010（2）：86-88

18. 薪酬差距与企业绩效：来自国企上市公司的经验证据/刘春，孙亮//南开管理评论（天津），2010（2）：30-39

19. 企业高层管理人员更替问题国外研究综述与动态分析/吴士键，刘新民，王垒//青岛科技大学学报：社会科学版（青岛），2010（2）：71-75

20. 世界知名企业这样“用人”/宫惠珉//中国电力教育（北京），2010（6）：66-69

21. 企业人力资源管理体系构建的实现路径/田力军//广西社会科学（南宁），2010（5）：45-48

22. 试论学习战略、组织结构与人力资源管理系统的选择/程德俊//外国经济与管理（上海），2010（5）：40-47

23. 人力资源管理系统和组织学习：知识吸收能力影响的实证研究/张小兵//科技进步与对策（武汉），2010（6）：125-129

24. 后危机时代人力资源风险管理：基于 ERM 理念的人力资源风险整合管理框架/乐章//中国人力资源开发（北京），2010（6）：15-19

25. 企业专用性人力资本与员工流动性/胡浩志，卢现祥//财经问题研究（大连），2010（6）：86-92

26. 智力资本价值创造理论研究评述及未来研究/刘晓民，于君//工业技术经济（长春），2010（5）：129-132

27. 智力资本、企业能力及财务绩效关系研究：以电力、蒸汽、热水的生产和供应产业为例/许红胜，王晓曼//东南大学学报：哲学社会科学版（南京），2010（3）：67-73

28. 企业不同生命周期阶段智力资本价值贡献分析/曹裕，陈晓红，李喜华//管理科学学报（天津），2010（5）：21-32

29. 基于二元语义层次分析法的智力资本价值测评/杨帆//软科学（成都），2010（5）：42-45

30. 基于知识管理的企业培训方式变革/李丽莉//人才开发（上海），2010（6）：50-52

31. 论企业战略性培训的内涵与实施/万希//技术经济与管理研究（太原），2010（4）：

66–69

32. 企业员工自我职业生涯管理与组织职业生涯管理初/探凌文辁，欧明臣∥广州大学学报：社会科学版（广州），2010（4）：38–45

33. 职业成长与离职倾向：职业承诺与感知机会的调节作用/翁清雄，席酉民∥南开管理评论（天津），2010（2）：119–131

34. 利益相关者、合作伙伴与企业劳动关系治理/罗明忠∥中国人力资源开发（北京），2010（5）：85–88

35. 员工组织支持感与工作满意度、离职倾向关系研究：行业重组视角/孟祥菊∥工业技术经济（长春），2010（5）：98–101

36. 企业知识员工忠诚价值新论/周丽∥经济纵横（长春），2010（5）：102–105

37. 浅议对企业员工忠诚度管理/金璐，李云鹏∥管理观察（北京），2010（5）：77–78

38. 敬业度研究的进展及展望/叶安丽∥学理论（哈尔滨），2010（13）：87–89

39. 工作压力与工作倦怠关系研究：以服装企业知识型员工为例/白玉苓∥北京工商大学学报：社会科学版（北京），2010（3）：79–85

40. 针对企业员工工作压力的 EAP 方案探讨/王艳峰∥沈阳工程学院学报：社会科学版（沈阳），2010（2）：185–187

41. 员工妒忌问题研究/张春雨，张进辅∥中国人力资源开发（北京），2010（6）：5–9

42. 用供应链思路管理人才/彼得·卡佩利著；王胤九译∥商业评论（北京），2010（5）：55–65

43. 论企业知识员工的个人学习成长/李骏，段鸿∥华北电力大学学报：社会科学版（京），2010（1）：36–40

44. 浅议需求特征与知识型员工激励模式/刘敏慧∥河南商业高等专科学校学报（郑州），2010（2）：71–74

45. 激励的偏差分析及其方式创新的探索/靳良成，罗爱民∥长江大学学报：社会科学版（荆州），2010（1）：29–31

46. 绩效评价公正性与个体情绪智力关系的实证研究/孟凡蓉，吴建南，章磊∥科技进步与对策（武汉），2010（10）：92–95

47. 企业员工价值动态评估系统研究：构建“岗位、能力与绩效”三位一体的评估体系/黄勋敬∥中国人力资源开发（北京），2010（5）：24–28

48. 企业的人力资源管理刍议/许强∥宁波工程学院学报，2010（2）：33–36

49. SA8000 背景下企业的人力资源管理策略/刘芳∥东莞理工学院学报，2010（4）：54–56

50. 基于绩效提升的人力资本投资策略探析/郑少芳∥企业活力（郑州），2010（3）：43–46

51. 人力资本要素的二次定价与企业剩余的分割/叶德磊∥社会科学（上海），2010（5）：40–44

52. 扎根理论视角下企业海外并购的人力资源整合研究/何燕珍，武倩倩//中国人力资源开发（北京），2010（5）：13-18

53. 企业工作设计理论的比较分析/胡宁//湖南社会科学（长沙），2010（2）：106-110

54. 企业战略性职位分析方法的创新研究/王小明，罗莉//中国行政管理（北京），2010

55. 员工培训的成本——收益模型改进与应用研究/董玉杰//泰山学院学报（泰安），2010（2）：101-104

56. 个人特征、学习动机与职业生涯成功研究：以 MBA 学员为例/刘川，孟繁强，李新建//未来与发展（北京），2010（5）：72-77

57. 现代企业中的合同管理/张蜀云//昆明冶金高等专科学校学报，2010（1B）：50-51

58. 企业心理资本发展的理论基础及前瞻价值/魏荣//社会科学研究（成都），2010（3）：44-47

59. 企业并购中的员工心理契约重建/文先明，黄玉飞//工业技术经济（长春），2010（4）：21-24

60. 企业中有效激励的研究/马武立，付凤英，杜思璇//广西大学学报：哲学社会科学版（南宁），2010（增刊）：150-152

61. 激励手段要超越物质刺激/马丁·杜赫斯特，B. 修·古斯里奇（等）著；苏智译//国外社会科学文摘（上海），2010（5）：11-12

62. 论我国民营企业管理中的员工激励问题/李全胜，蔡玉洁//新疆社科论坛（乌鲁木齐），2010（2）：53-56，88

63. 企业员工的伦理决策意向研究：以道德成熟度、道德强度与伦理气候的影响为依据/王进//华东经济管理（合肥），2010（5）：102-104，148

64. 公平偏好对员工努力水平的影响：基于行为经济学观点的实证分析/丁超群，蒲勇健，郭心毅//技术经济（北京），2010（4）：125-128

65. 企业员工组织信任对工作态度影响的实证研究/曾贱吉，胡培，蒋玉石//技术经济与管理研究（太原），2010（ux 3）：67-70

66. 我国知识型员工流失研究综述/孔梅英//企业活力（郑州），2010（3）：52-55

67. 基于职业成长的知识型员工离职研究/袁庆宏，王双龙//未来与发展（北京），2010（4）：57-60

68. 离职员工再雇用：一个探索性研究/李桦//企业活力（郑州），2010（3）：39-42

69. 国外工作分享制理念在我国企业绩效管理中的运用/陈园//企业经济（南昌），2010（3）：49-51

70. 对绩效考核错误观念的剖析/石婕//胜利油田党校学报（东营），2010（3）：94-95

71. 基于粗糙集属性重要度的岗位评价方法及其应用/殷焕武//管理学报（武汉），2010（5）：683-685

72. 基于内部营销的现代组织人力绩效管理系统研究/王明荣，宋哲，王树恩//科学管

理研究（呼和浩特），2010（2）：93–96

73. 薪酬的公平性原理浅析/黄艳，陆智群//广西大学学报：哲学社会科学版（南宁），2010（增刊）：115–117

74. 薪酬社会比较对薪酬满意度影响的实验研究/周浩，龙立荣//华东经济管理（合肥），2010（4）：156–160

75. 基于需求层次理论的薪酬分类与员工偏好研究/贺伟，龙立荣//商业经济与管理（杭州），2010（5）：40–48

76. 中国企业的工资变化趋势与决策机制研究/张杰，黄泰岩//中国工业经济（北京），2010（3）：42–53

77. 委托人代理人竞争力与合约报酬分配均衡/江海潮//管理学报（武汉），2010（4）：529–536，576

78. 劳动合同法下企业制度差异对员工的分流机理及企业签订合同的临界值研究/崔晓丽，孙绍荣//管理评论（北京），2010（4）：82–86

79. 战略绩效管理的一种创新实践：以石家庄新奥燃气有限公司个人平衡计分卡的开发与应用为例/韩利红//企业经济（南昌），2010（4）：28–30

80. 基于人力资源管理视角的互惠性偏好经济效应研究：基于江苏、浙江中小型民营企业的数据检验/张同健，李迅，孔胜等//郑州轻工业学院学报：社会科学版（郑州），2010（1）：89–92

81. 基于扩展沙堆模型的企业家核心能力培植研究：以温州制造业为例/程博//情报杂志（西安），2010（21）：197–201

82. 家族企业管理人员薪酬机制与关系原则：以浙江家族企业为例/陈凌，夏妍艳，吴炳德//福建论坛：人文社会科学版（福州），2010（4）：18–23

83. 国际人力资源管理研究热点和前沿的可视化分析/房宏君，刘凤霞//科技管理研究（广州 I），2010（10）：113–115

84. 基于彭罗斯内生成长论的现代人力资源管理创新/陈峥//中央财经大学学报（北京），2010（4）：76–81

85. 后危机时代中小企业人力资源管理/刘宏鹏，赵芬//中国人力资源开发（北京），2010（3）：16–19

86. “三位一体”的人力资源开发管理体系研究/李志刚//科技管理研究（广州），2010（5）：118–120

87. 战略性人力资源动态能力培育研究/林井奎，谢鹏鑫//企业活力（郑州），2010（4）：60–62

88. 员工创造力的理论模型、影响因素及其测量/刘博逸，孙利平//学术论坛（南宁），2010（3）：130–136

89. 学科、制度与价值观：对我国劳资关系领域发展过程的简要分析/李琪//中国人力资源开发（北京），2010（3）：81–84

90. 我国中小型民营企业员工激励机制的构建及运行/袁雪峰，梁苏丽//四川理工学院学报：社会科学版（自贡），2010（2）：62–65

91. 企业员工时间管理倾向的实证述评/江燕//福建商业高等专科学校学报（福州），2010（2）：35–37

92. 我国家族企业核心员工流失的对策建议/陈亚敏//经济与社会发展（南宁），2010（2）：79–81

93. 员工对工作满意度、离职倾向影响的实证研究：基于组织政治知觉的角度/曾贱吉，胡培，蒋玉石//山西财经大学学报（太原），2010（2）：104–109

94. 工作任务单考核法的应用/徐莉莉//中国人力资源开发（北京），2010（3）：41–44

95. 企业持续改进式创新战略下的绩效管理研究/张涛，于志凌//中国人力资源开发（北京），2010（4）：10–13

96. 市场导向创新影响组织绩效的基本逻辑/胡杨成//商业研究（哈尔滨），2010（4）：47–51

97. 人力资本投资与组织绩效关系的实证研究：基于权变的研究视角/王端旭，陈帅//科学管理研究（呼和浩特），2010（2）：84–87

98. 雇佣保障与员工绩效的关系研究/张弘，赵曙明//南京社会科学，2010（4）：35–40

99. 美国人力资源管理及其启示/方洪波//现代管理科学（南京），2010（3）：98–100

100. 国企人力资源开发与管理的若干思考/牛卫东//山东省经济管理干部学院学报（济南），2010（1）：68–70

101. 组织学习、社会资本与战略人力资源管理模式选择/宋典，袁勇志//江海学刊（南京），2010（2）：99–103

102. 知识密集型企业人力资源管理模式探究/孙妍，曹圣伟//企业活力（郑州），2010（2）：53–57

103. 专用性人力资本的治理机制与组织租金的分配/熊德章，孟卫东//预测（合肥），2010（2）：27–31

104. 人力资本、权力配置与治理效率/龙丽群//学术论坛（南宁），2010（2）：117–120

105. 人力资本权力配置与企业有效激励/龙丽群//经济问题（太原），2010（2）：85–88

106. 基于SECI模型的企业人力资本转化模型研究/陈树文，李晓尘//中国人力资源开发（北京），2010（2）：14–18

107. 企业生态化建设中人力资本投资研究/王丽平，李乃秋，李春发//中国人力资源开发（北京），2010（2）：10–13

108. 人力资本投资风险理论研究新进展/刘文，罗润东//经济学动态（北京），2010（1）：91–96

109. 现代企业员工培训的柔性化研究：学习理论在企业员工培训中的应用/于叶青，李丽君//未来与发展（北京），2010（2）：31–34

110. 绩效技术及其在企业培训中的应用/胡乡峰//通化师范学院学报（通化），2010

(2)：77-79

111. 中国企业劳资关系内在属性与冲突处理研究/袁凌，李健//华东经济管理（合肥），2010（2）：55-58

112. 从价值链视角分析企业高绩效人才队伍的建设/许丹，葛玉辉，饶启聪//科技管理研究（广州），2010（2）：139-142

113. 企业管理激励机制解析/阿布力米提—卡依木//新疆职业大学学报（乌鲁木齐），2010（1）：25-27

114. 国有企业激励机制及其改进方案探索/罗湘衡//陕西行政学院学报（西安），2010（1）：114-119

115. 赞赏激励的应用研究/邵建平，朱云霞//理论与改革（成都），2010（2）：99-101

116. 论知识型员工的精神薪酬激励/宋良荣，苏少华//现代管理科学（南京），2010（2）：17-19

117. 论企业人力资源管理个体工作压力形成机制与应对研究：以矩阵制组织结构角色冲突为例/王献东//企业经济（南昌），2010（2）：79-81

118. 和谐企业文化缓解员工工作压力探析/金恩莲，宋联可，杨东涛//技术经济与管理研究（太原），2010（2）：86-89

119. 企业员工压力管理系统的构建：基于人力资源管理的转移视角/任乐//企业活力（郑州），2010（3）：83-87

120. 企业员工文化匹配、组织承诺和工作绩效的关系研究/常亚平，郑宇，朱东红等//管理学报（武汉），2010（3）：373-378

121. 企业新员工工作倦怠成因及干预对策/曾国平，杨奇鑫//重庆工学院学报（重庆），2010（2）：39-43

122. 企业女性员工职业倦怠成因探析：基于上海企业女性员工的调查/焦晓波，张小兵//吉林工商学院学报（长春），2010（1）：38-43

123. 员工敬业度研究：内外因整合的视角/伍酷//西安电子科技大学学报：社会科学版（西安），2010（1）：86-91

124. 管理控制和绩效管理关系的文献综述/岳玲//改革与战略（南宁），2010（3）：183-186

125. 基于三维结构模型的企业员工绩效评价研究/熊正德，张健//财经理论与实践（长沙），2010（2）：107-110

126. 薪酬公平感对企业员工责任心的影响：基于国有大中型企业的实证研究/杨付，王飞，曹兴敏//科学学与科学技术管理（天津），2010（3）：173-178

127. 报酬方案、棘轮效应和预算责任人业绩关系研究/郑石桥，王建军//经济前沿（广州），2010（2）：126-134

128. 产品生命周期不同阶段研发团队薪酬结构研究：基于任务两维度的视角/杨伟，刘益，杨倩//科技管理研究（广州），2010（2）：143-144

129. 安全投入与企业安全生产最优决策/程启智，向宏桥//中南财经政法大学学报（武汉），2010（2）：110–116
130. 基于企业战略的人力资源配置研究/易斌，冯涛//湖南工业大学学报：社会科学版（株洲），2010（1）：17–20
131. 战略人力资源管理对员工留职意愿的影响：基于151家企业问卷调查的实证研究/李鑫，孙清华//科学学与科学技术管理（天津），2010（3）：185–189
132. 环境、战略、人力资源管理的相互作用及对绩效的影响/毛娜，宋合义，谭乐//科学学与科学技术管理（天津），2010（1）：162–167
133. 企业人力资源管理外包问题研究/郑彤彤，唐文伟，王谦//湖北社会科学（武汉），2010（2）：85–87
134. 基于风险控制的组织人力资源管理外包策略研究/孙锐//山东经济（济南），2010（1）：67–71
135. 重新认识人力资本的科学内涵/刘福担//中国人力资源开发（北京），2010（1）：5–8
136. 企业人力资本专用性投资研究：基于博弈论视角/左双喜//西安财经学院学报（西安），2010（1）：55–60
137. 智力资本与不同类型创新的关系研究/王朝晖，罗新星//华东经济管理（合肥），2010（1）：109–114
138. 基于利益相关者理论的企业E–learning管理研究/孔羽尤，周文娟//企业活力（郑州），2010（2）：88–91
139. 模块化的员工培训系统设计/赵筠，霍联宏，郁华//中国人力资源开发（北京），2010（1）：47–49
140. 人性的结构与激励机制设计：基于管理的视角/吴秀莲//安徽师范大学学报：人文社会科学版（芜湖），2010（1）：58–63
141. 知识型员工的工作激励框架探讨/寸晓刚//科学学与科学技术管理（天津），2010（1）：190–194
142. 管理类、技术类人才留职倾向与激励效应的比较研究：基于SHGK公司的实证分析/杨明海，张体勤//山东社会科学（济南），2010（2）：83–86
143. 员工忠诚度研究的新视角/刘敏，李小平，庄伟//山东工商学院学报（烟台），2010（1）：51–54
144. 组织氛围对员工敬业度的影响分析/黄盼盼//中国人力资源开发（北京），2010（1）：18–21
145. 社会网络视角下员工敬业度的培育与提升/吴冰//中国人力资源开发（北京），2010（1）：22–25
146. 组织提高员工敬业度的方法/万希//中国人力资源开发（北京），2010（1）：37–39
147. 情感、工作满意度及幸福感的关系研究/杨玉文，李慧明，翟庆国//软科学（成

都)，2010（2）：140-144

148. 绩效管理中的“软因素”/戚海峰，赵晓民//企业管理（北京），2010（1）：30-31

149. 组织绩效管理水平的测量、评分与分析：A电信公司绩效管理评估模型/吴能全，邹东海//中国人力资源开发（北京），2010（1）：67-71

150. 企业内部组织单元绩效评价体系及其分/曹建安，李爽，王春丽//商业研究（哈尔滨），2010（2）：23-26

151. 再析薪酬涵义/刘爱军，王锐//中国人力资源开发（北京），2010（1）：99-103

152. 企业薪酬体系与员工心理契约匹配关系研究/李金星，蔡维菊//石家庄经济学院学报（石家庄），2010（1）：66-70

153. 薪酬差距：对公司盈余管理与经营绩效的影响/俞震，冯巧根//学海（南京），2010（1）：118-123

154. 基于行为价值的薪酬标准与动态调节/彭学明//当代经济管理（石家庄），2010（2）：73-76

155. 过度自信对雇员工资契约选择影响的实验研究/黄健柏，伍如昕//管理科学（哈尔滨），2010（1）：65-74

156. 人力资源管理的伦理道德、实践框架与伦理实现/侯亚丁//华东经济管理（合肥），2010（11）：120-123

157. 效能与效果：人力资源管理有效性的内涵/傅志明//中国人力资源开发（北京），2010（10）：15-18

158. 促进组织变革的人力资源管理策略研究/蔡翔，冯美珊//技术经济与管理研究（太原），2010（6）：38-60

159. 国有企业改制后人力资源管理创新研究/邱桦，李仕龙//人力资源管理（呼和浩特），20101（1）：63-64

160. 人力资源管理实践、智力资本与利用式创新关系研究/王朝晖，罗新星//科技与经济（南京），2010（5）：79-82

161. 基于内部营销的战略性人力资源管理运行模式研究/蒋婷，胡正明//商业研究（哈尔滨），2010（10）：46-50

162. 跨国经营人力资源管理模式的选择/朱晋伟//商业经济与管理（杭州），2010（9）：27-32

163. 基于人力资源计分卡的人力资源管理效能评价指标体系研究/曹晓丽，林枚//中国人力资源开发（北京），2010（11）：35-38

164. 人力资本价值计量方法研究综述/张同全，袁伦渠//现代管理科学（南京），2010（10）：28-30

165. 工作系统模式设计——对传统工作分析的创新/陈进，张国民//中国人力资源开发（北京），2010（10）：45-48

166. 企业人力资源管理中的战略性岗位分析方法研究/林均伟//企业家天地：下旬刊

（长沙），2010（9下）：44–45

167. 雇佣保障对工作满意度的影响：员工可雇佣性的调节作用/张弘，曹大友//经济问题探索（昆明），2010（11）：115–118

168. 关于新入职员工心理契约的结构探索与验证/严进，胡敏，潘慧珍//管理学报（武汉），2010（10）：1472–1476

169. 知识型员工心理契约失衡与 EVLN 行为关系实证研究：归因的调节效应/李成江//常熟理工学院学报，2010（7）：23–28

170. 知识员工激励研究：基于公平与互惠理论的视角/钱峻峰，蒲勇健//技术经济（北京），2010（10）：91–93

171. 基于情感激励网的蓝海激励模式：T 公司与 K 公司的对比案例研究/穆胜，周浩//中国人力资源开发（北京），2010（10）：57–60，97

172. 绩效考核中定性指标主观偏误的管理对策/曹嘉晖，周圆圆//企业经济（南昌），2010（9）：39–41

173. 国有企业绩效考核过程中常见问题探析/文举//经济研究导刊（哈尔滨），2010（2）：6–7

174. 周边绩救模型研究：基于高科技企业中层管理人员的实证研究/陈胜军//软科学（成都），2010（9）：110–114

175. 企业员工绩效考核工作初探/樊斌//人力资源管理（呼和浩特），2010（11）：42

176. 传统文化视角下的员工敬业与绩效关系概念模型探析/芦慧，陈红，柯江林//软科学（成都），2010（10）：106–109

177. 心理契约对家族企业员工绩效影响的实证研究/张剑苗，伍争荣//安徽广播电视大学学报（合肥），2010（3）：47–52

178. 薪酬水平的设计方法/孙建坤，李元卿//中国人力资源开发（北京），2010（11）：39–42

179. 序数效用理论在薪酬配比方式决策中的应用/李光//中国软科学（北京），2010（10）：186–192

180. 建立科学合理的企业激励性薪酬体系/张静//中共山西省委党校学报（太原），2010（5）：108–109

181. 国企薪酬改革：须考量利益平衡之外/程建岗//人力资源（沈阳），2010（10）：28–32

182. 战略人力资源管理研究：一个整合的视角/邢会，高素英，张金等//科技管理研究（广州），2010（24）：157–161

183. 战略人力资源管理对组织创新的作用机理研究/蒋建武，赵曙明，戴万稳//管理学报（武汉），2010（12）：1779–1784

184. 人力资源管理实践、组织支持感与员工知识分享行为关系研究/曹科岩，戴健林//科技管理研究（广州），2010（24）：120–124

185. 人力资本、社会资本与心理资本对工作绩效的影响：总效应、效应差异及调节因素/柯江林，孙健敏，石金涛等//管理工程学报（杭州），2010（4）：29–35，47

186. 基于协同机理的智力资本转化路径研究/张宗益，韩海东//商业研究（哈尔滨），2010（12）：72–77

187. 如何提升人员选拔、安置与培训的质量：卡特尔 15PF 人格测评在人力资源管理中应用/蔡圣刚//科技管理研究（广州），2010（24）：125–128

188. 企业招聘面试中的问题及解决途径/黄湘礼//湖南工程学院学报：社会科学版（湘潭），2010（4）：10–13

189. 员工职业生涯管理体系的设计与实施/郑耀洲，温华//中国人力资源开发（北京），2010（12）：40–43

190. 海外子公司职业规划对管理层激励机制的分析：基于不完全信息动态博弈模型/陶风鸣，杨涛//重庆大学学报：社会科学版（重庆），2010（6）：62–67

191. 个性化契约研究述评与展望/杨柳，贾自欣//外国经济与管理（上海），2010（8）：58

192. 基于危机管理的员工援助计划研究述评/伍晓奕//外国经济与管理（上海），2010（10）：51–57

193. 员工情绪心理疏导的途径及方法/陈宝君//中外企业文化（北京），2010（12）：52–54

194. 心理所有权、组织信任与组织公民行为关系研究：以外企员工为例/陈燕，孙若青//当代财经（南昌），2010（12）：76–83

195. 基于二元语义的企业员工满意度评价研究/田胜思//河南科技学院学报（新乡），2010（9）：12–16

196. 企业绩效考核，摆设、阻力抑或动力/朱青//管理学刊（新乡），2010（6）：42–44

197. 后金融危机时代国企薪酬管理改革探析/张云华//南昌高专学报（南昌），2010（6）：10–11，27

198. 民营企业人才资本投资不足研究，基于行为经济学视角/潘双庆//武夷学院学报（武夷山），2010（6）：29–33

199. 智力资本的战略地位分析/董必荣，熊程//科技与经济（南京），2010（6）：87–90

200. 我国中小民营企业培训中存在的问题及对策/闫静//运城学院学报（运城），2010（6）：71–73

201. 企业组织变革中的职业生涯管理/薛俊义//青海社会科学（西宁），2010（6）：27–31

202. 心理资本理论及应用研究动态/焦晓波，关璞，董刚//吉林工商学院学报（长春），2010（6）：24–28

203. 心理所有权作用机理与绩效的相关性：对本土企业的解析/马丽波，董广振//改革（重庆），2010（12）：50–56

204. 刍议心理契约的构成条件/石若坤//广州大学学报：社会科学版（广州），2010（11）：34–37

205. 基于人本原理的企业激励机制研究/刘刚//山西广播电视大学学报（太原），2011（1）：80–82

206. 企业知识型员工的激励问题探析/张婷//中南林业科技大学学报：社会科学版（长沙），2010（6）：63–65

207. 基于隐性知识的岗位全痕迹信息管理机制研究/张卫兵，秦现生//宁夏大学学报：人文社会科学版（银川），2010（6）：150–153，165

208. 企业员工工作压力源分析及压力管理应对策略/黄跃辉//佛山科学技术学院学报：社会科学版（佛山），2010（3）：77–81

209. 企业营销团队成员绩效的多级模糊综合评价/秦社华//徐州工程学院学报：社会科学版，2010（6）：18–21

210. 构建企业高管人员绩效评估指标体系探析/杨眉//四川理工学院学报：社会科学版（自贡）：2010（6）：45–48

211. 薪酬差距与企业绩效的倒 U 型关系研究：理论模型与实证探索/陈丁，张顺//南开经济研究（天津），2010（5）：35–45

212. 企业年金制度的经济效应：基于一般均衡模型的研究/王晓芳，翟永会，闫海峰//南开经济研究（天津），2010（5）：46–55

213. 转型经济下中国企业人力资源管理角色转变与组织有效性的关联研究/孔锦，刘洪，王艳等//软科学（成都），2010（11）：72–77

214. 知识资本与企业绩效关系的实证研究/林园春//企业经济（南昌），2010（11）：10–14

215. 智力资本与企业超额价值创造/于君//吉林工商学院学报（长春），2010（1）：21–25，40

216. 智力资本、冗余资源与企业价值：基于一个调节效应模型的实证分析/李冬伟，李建良//科学学与科学技术管理（天津），2010（11）：119–128

217. “学习型企业”培训管理的理论与实践释析/许宁//中共福建省委党校学报（福州），2010（11）：53–60

218. 心理契约研究：现状及展望/张建民，王霞//求实（南昌），2010（1）：94–97

219. 基于知识互补性的激励机制研究/贾宪洲，刘万利，叶子荣//软科学（成都），2010（11）：1–5

220. EAP 在中国的发展探析/易旭灿，王卫红//重庆交通大学学报：社会科学版（重庆），2010（5）：55–59

221. 企业员工工作自主性量表编制/罗渝川，邓雪梅//沈阳工程学院学报：社会科学版（沈阳），2010（4）：500–502

222. 员工敬业度研究综述与展望/赵欣艳，孙洁//北京邮电大学学报：社会科学版

（北京），2010（5）：92–98

223. 中国企业人力资源专业人员胜任力的结构与测量/郑晓明，于海波，王明娇∥中国软科学（北京），2010（11）：168–181

224. 企业不同用工模式存在的法律风险及防范/郭常春∥山西经济管理干部学院学报（太原），2010（3）：108–111

225. 低碳经济时代企业绩效管理模式的变革研究/王明杰，郑烨∥经济纵横（长春），2010（11）：94–97

226. 冲突管理方式对团队绩效的影响研究/万涛∥技术经济与管理研究（太原），2010（6）：61–66

227. 立足现代薪酬管理模式的企业年金计划设计/邓汉慧∥中国人力资源开发（北京），2010（11）：14–18

228. 我国企业年金信托管理模式下的风险链分析/杨小琴∥山西财经大学学报：高等教育版（太原），2010（4）：91–94

229. 中国传统文化对现代企业人力资源管理的影响及其借鉴/王瑞永∥科学与管理（济南），2010（6）：14–18

230. 企业战略对人力资源外包决策的影响/马妍，郝金锦，曹梓络∥企业活力（郑州），2010（7）：91–93

231. 企业知识资本的内部运营与外部扩张模式研究/王哲，黄晴∥皖西学院学报（六安），2010（6）：70–73

232. 国内员工帮助计划（EAP）研究综述/季庆华，尹红峰，吕洁等∥企业活力（郑州），2010（7）：62–64

233. 基于沟通视角的组织周边绩效管理研究/谢小明∥湖南商学院学报（长沙），2010（6）：47–53

234. 心理资本理论及其研究新进展/杨健，蓝海林∥科技管理研究（广州），2010（2）：132–134，142

235. 智力资本与财务资本对企业价值影响程度/唐现杰，刘莹//科技与管理（哈尔滨），2010（1）：101–105

236. 企业战略性培训及其构建方式/万希//上海市经济管理干部学院学报（上海），2010（1）：28–32

237. 关于影响民营企业教育培训效果诸要素的实证研究/金雄//东疆学刊（延吉），2010（1）：93–99

238. 员工满意度与顾客满意度传导机制的实证研究/易牧农，张初兵，韩德昌//预测（合肥），2010（1）：21–26

239. 知识型员工领导—成员交换与周边绩效的关系研究/孙泽厚，郭颖//科学学与科学技术管理（天津），2010（1）：153–156

240. 最大化绩效和典型绩效研究/冯明，崔文文∥科技管理研究（广州），2010（2）：

135–138

241. 360 度绩效评估在我国企业中的实施障碍/李桂英//长沙大学学报：哲社版（长沙），2010(1)：14–16

242. 招聘偏好，人与组织匹配与绩效关系理论研究：以创业企业为例/周劲波，杜丽婷//北京工业大学学报，社会科学版（北京），2010（1）：17–21

243. 组织学习与人力资源的技术属性/李平，刘湘丽//中国社会科学报（北京），2010（3）：4

244. 彼得·德鲁克的知识工作者自我重塑思想评述/李丽莉，张富国//东北师大学报：哲学社会科学版（长春），2010（1）：54–58

245. 企业管理者与普通员工对人本管理内容评价的比较研究/邓碧会，李志，罗章利，重庆大学学报：社会科学版（重庆），2010（3）：65–69

246. 雇员离职引发的组织知识流失探析：基于群体离职视角/雷宏振，贾昱//软科学（成都），2010（9）：115–119

247. 网络结构、关系治理与家族企业网络组织学习：基于东西部地区的实证/周立新//软科学（成都），2010（9）：87–91

248. 改进组织学习，构建常态化学习型组织/牛雄鹰，周游//中国人力资源开发（北京），2010（8）：15–18

249. 基于知识管理的知识型企业绩效评价方法研究/路文杰，王亚楠，俞会新等//经济问题探索（昆明），2010（9）：94–98

250. 企业家成长的“三环模式”研究/杜靖//商业研究（哈尔滨），2010（8）：75–78

251. 企业家生成的制度分析/李继先//管理世界（北京），2010（8）：177–178

252. 企业家、创新精神与现代经济增长/张佑林//民营经济（杭州），2010（2）：15–18

253. 企业家创新行为现状的调查研究/李苑凌，李志，张庆林//重庆大学学报：社会科学版（重庆），2010（4）：61–66

254. 家族企业何必回避血脉传承/郭凡生//中外管理（北京），2010（9）：65

255. 领导理论的演化和前沿进展/李焱，魏峰//管理学报（武汉），2010（4）：517–524

256. 变革型领导、情商对团队效能的影响研究/李神，段万春，郑晓明//经济问题探索（昆明），2010（9）：87–93

257. 交易型领导与组织学习过程/戴万稳，蒋建武//管理学报（武汉），2010（9）：1291–1296

258. 领导者胜任力理论综述研究/张东红，石金涛//现代管理科学（南京），2010（9）：17–20

259. 领导情绪智力对员工组织认同、组织公民行为影响的跨层分析/唐春勇，潘妍//南开管理评论（天津），2019（4）：115–124

260. 组织中领导者价值观与员工信任关系的实证研究/韩平，菅东元，甘立林//华东经济管理（合肥），2010（9）：122–124

261. 领导力360度评估反馈差异研究：来自中国的实证检验/汪金爱//经济管理（北京），2010（7）：77-82

262. 管理人员胜任力研究述评/孔春梅，郝二亮//内蒙古财经学院学报：综合版（呼和浩特），2010（3）：111-116

263. 基于结构化理论的中层管理人员战略行为分析/麻兴斌，栾驭，赵西萍//山东大学学报：哲学社会科学版（济南），2010（5）：108-114

264. 企业并购决策中管理者过度自信的实证研究/李善民，陈文婷//中山大学学报：社会科学版（广州），2010（5）：192-201

265. 企业高管更替研究：脉络、分析与启示/刘冰//经济与管理研究（北京），2010（9）：101-108

266. CEO权力强度、信息披露质量与公司业绩的波动性：基于深交所上市公司的实证研究/权小锋，吴世农//南开管理评论（天津），2010（4）：142-153

267. 组织心理所有权与工作态度、行为和结果的关系研究/刘芳，王浩//软科学（成都），2010（9）：124-128

268. 心理所有权的非均衡发展及其影响效应研究/姚凯，崔晓明//经济理论与经济管理（北京），2010（8）：25-31

269. 胜任力模型在中国实践中的异化/熊彤，熊国钺//企业经济（南昌），2010（8）：69-71

270. 对中国家族企业员工组织认同内容结构的实证研究/奚菁，惠青山//科学学与科学技术管理（天津），2010（9）：194-199

271. 组织沉默的研究综述及研究展望/何丽红，杜军丽//企业活力（郑州），2010（8）：63-67

272. 组织中的上谏行为/高晶晶，应飚//科技管理研究（广州），2010（19）：113-116，123

273. 强制性公民行为研究述评/彭正龙，赵红丹//外国经济与管理（上海），2010（6）：46-51

274. 员工组织公民行为的动机研究/张永军，廖建桥，赵君//中国人力资源开发（北京），2010（9）：5-8

275. 基于目标管理的民营企业公民行为评价指标体系设计/吴贵明，钟洪亮//东南学术（福州），2010（5）：58-66

276. 组织身份同一性对员工行为有效性影响的实证研究/王成城，刘洪，李晋//科学学与科学技术管理（天津），2010（7）：184-191

277. 工作场所越轨行为的形态、员工反应与组织对策/杨杰，卢福财//经济管理（北京），2010（9）：92-98

278. 员工寻求反馈行为研究述评/邢小明//当代财经（南昌），2010（9）：123

279. 虚拟团队信任影响因素实证研究/宋源//技术经济与管理研究（太原），2010

(5)：81–85

280. 企业间信任机制变迁：一个集群的观点/郑春颖，郭舒//渤海大学学报：哲学社会科学版（锦州），2010（5）：121–126

281. 知识异质性对团队创新的作用机制研究/倪旭东//企业经济（南昌），2010（8）：57–63

282. 团队创新气氛研究述评/耿昕，石金涛//软科学（成都），2010（8）：88–90，94

283. 组织承诺中介作用下变革型领导与关联绩效关系研究：基于IT业样本的实证分析/王光玲//湖南科技大学学报：社会科学版（湘潭），2010（4）：89–91

284. 组织中的破坏性领导理论与启示/孙利平，凌文辁//经济管理（北京），2010（6）：178–186

285. 苛责式领导与员工组织公民行为：领导—部属交换的中介作用/储小平，周妮娜//软科学（成都），2010（7）：84–88

286. 国内企业高层管理人员更替问题研究综述/吴士健，刘新民，王垒//山东科技大学学报：社会科学版（青岛），2010（3）：77–82

287. 企业人力资源管理者胜任力研究综述/张德桂//中国管理信息化（长春），2010（15）：101–102

288. 管理人员的公仆型领导风格对员工工作绩效的持久影响/凌茜，汪纯孝//旅游科学（上海），2010（3）：39–48

289. 现代企业基层管理者执行力的创新分析/刘军峰//产业与科技论坛（石家庄），2010（5）：179–181

290. 管理者工作生活融合态度及其效应研究/李贵卿，井润田//预测（合肥），2010（4）：24–30

291. 管理者过度自信对上市公司并购投资的影响/唐蓓//审计与经济研究（南京），2010（5）：77–83

292. 我国上市公司高管背景特征与财务重述行为研究/何威风，刘启亮//管理世界（北京），2010（7）：144–155

293. 高管支持行为细分：企业IT应用中信任作用的实证检验/李礼，张延林，张梦华//管理科学（哈尔滨），2010（4）：68–76

294. 高管团队的政治联结能改善企业绩效吗：基于战略视角的分析/倪昌红，邹国庆//财经科学（成都），2010（7）：79–86

295. 高管人员薪酬、自由现金流量对公司风险承担之影响/黄建仁，苏欣玫，黄健铭//科学决策（北京），2010（7）：10–17，173

296. 上市公司高管股票期权激励研究：国外文献述评与启示/赵青华//经济与管理研究（北京），2010（8）：34–42

297. 上市公司股权激励应研究脉络梳理与不同视角比较/徐宁，徐向艺//外国经济与管理（上海），2010（7）：57–65

298. 国有垄断企业经营者业绩考核研究/钱岩松//财富研究（蚌埠），2010（4）：137-141

299. 基于组织管理视角的社会文化理论分析架构与研究范式述评/戴万稳//外国经济与管理（上海），2010（7）：17-23

300. 基于权力动机的组织文化对员工组织情感承诺的影响/樊耘，阎亮，季峰//西安交通大学学报：社会科学版，2010（4）：37-43

301. 创业环境动态性、创业者特质与创业资源识别关系的实证研究，以产业集群为视角/赵观兵，梅强，万武//科学学与科学技术管理（天津），2010

302. 创业团队异质性研究综述/黄昱方，秦明青//科技管理研究（广州），2010（16）：142-145

303. 公司创业战略、人力资源结构与人力资源策略研究/戚振江，王重鸣//科研管理（北京），2010（4）：146-155

304. 组织变革情境下的员工应对策略研究：内涵、维度、前因与结果/唐杰//华东经济管理（合肥），2010（7）：111-114

305. 企业家认知、组织知识结构与企业战略变革的关系/杨林//科技进步与对策（武汉）：2010（16）：67-71

306. 企业家导向、组织学习与技术创新的关系研究/弋亚群，邹明，谭国华//软科学（成都），2010（8）：17-20

307. 企业家社会网络对企业绩效的影响机制/刘苹，蔡鹏，蒋斌//财经科学（成都），2010（9）：56-62

308. 企业家社会资本市场动态能力的作用与影响/张洪兴，耿新//中共南京市委党校学报（南京），2010（4）：25-32

309. 企业家社会资本对中小企业知识吸收过程的影响/吴文华，张媛媛，禹献云//情报杂志（西安），2010（8）：69-73，64

310. 基于权力和收益双重偏好的企业家合作原理/李永刚//学术月刊（上海），2010（8）：83-91

311. 民营企业家的社会责任/陶文昭//中国特色社会主义研究（北京），2010（3）：51-54

312. 家族企业赢在接班人的TOPK圆盘/黄德华//人力资源（沈阳），2010（7）：23-25

313. 私营企业家族成员介入与企业经营绩效关系研究：从个性特征角度分析/王海光，姜华//当代财经（南昌），2010（7）：79-84

314. 从劳动分工到知识分工的组织间合作关系演进/冯涛，邓俊荣//学术月刊（上海），2010（8）：92-98

315. 组织公民行为的形成机理和员工管理对策/吴玺玫//经济经纬（河南财经学院学报）(郑州)，2010（5）：72-76

316. 企业社会责任形象与员工工作满意度及组织公民行为的关系/张爱卿，吕昆鹏，

钱振波//经济管理（北京），2010（8）：86-92

317. 组织抗逆力问题研究/罗东霞，时勘，彭浩涛//中国人力资源开发（北京），2010（8）：9-13

318. 心理授权与组织认同的关系研究/陈浩//经济纵横（长春），2010（7）：119-122

319. 工作—家庭文化、组织承诺与离职意向的关系研究/朱农飞，周路路//南京社会科学（南京），2010（6）：44-50

320. 情绪智力与工作绩效关系的研究综述/王益明，孙晓龙//华东经济管理（合肥），2010（8）：139-142

321. 团队协调的双重机制：外显协调和内隐协调/薛会娟//科技管理研究（广州），2010（14）：172-174

322. 高层管理团队权力配置研究/孙立秀，陈进//科技进步与对策（武汉），2010（15）：115-118

323. 基于企业生命周期的企业家胜任力模型研究/柴梅，阿依努尔·艾孜木，韩芳//经济研究导刊（哈尔滨），2010（16）：23-24

324. 企业家人力资本与民营中小企业绩效关系实证研究/张瑾，吕冠珠//山东大学学报：哲学社会科学版（济南），2010（4）：113-117

325. 经理报酬、棘轮效应与相对业绩评价模型的选择/肖继辉，彭文平//管理学报（武汉），2010（7）：993-999

326. 家庭企业与职业经理的融合/沈萍//科学·经济·社会（兰州），2010（2）：112-115

327. 中层经理冲突管理艺术的探讨/孔维新//枣庄学院学报，2012（3）：121-124

328. 变革型领导国内研究综述/叶笛//技术经济与管理研究（太原），2010（4）：97-100

329. 领导者中庸思维和组织绩效、作用机制与情境条件研究/陈建勋，凌媛媛，刘松博//南开管理评论（天津），2012（2）：132-141

330. 权力距离对中国领导行为的影响研究/廖建桥，赵君，张永军//管理学报（武汉），2010（7）：988-992

331. 领导者行为与团队绩效的实证关系研究/吴志平，林志杨//华东经济管理（合肥），2010（7）：119-122

332. 管理者执行力的构成要素分析/柳士顺，凌文辁//软科学（成都），2010（6）：85-88

333. 网络时代企业危机中领导者的管理策略误区：以三鹿事件为例/陈仁芳//长江师范学院学报（重庆），2010（3）：87-91

334. 管理层适度矛盾的化解要则/暴元//领导科学（郑州），2010（5）：44-45

335. 企业情景因素对管理者胜任特质的影响研究/欧阳轶翔//科学学与科学技术管理（天津），2010（7）：179-183

336. 基于控制权的管理者晋升机制研究/曹慧//华东经济管理（合肥），2010（8）：119-121

337. 核心高管特征与公司成长性关系研究：基于中国沪深两市上市公司数据的经验研究/徐经长，王胜海//经济理论与经济管理（北京），2010（6）：58–65

338. 中国企业高管团队关系一致性对企业绩效的影响研究：以上市公司为例/陈同扬，刘玲，曹国年//现代管理科学（南京），2010（7）：104–106

339. 高管团队隐性人力资本与团队绩效关系研究展望/赵志军，葛玉辉，于林//企业经济（南昌），2010（6）：63–65

340. 高管薪酬公平性问题研究：基于综合理论分析的量化方法思考/步丹璐，蔡春，叶建明//会计研究（北京），2010（5）：39–46

341. 高管层内薪酬差距、CEO 内部继任机会与公司业绩研究：基于锦标赛理论的实证分析/鲁海帆//南方经济（广州），2015（5）：23–32，10

342. 上市公司高管团队长期薪酬差距与公司绩效关系研究/王浩，黄小玲//科技进步与对策（武汉），2010（13）：146–149

343. 高管人员薪酬结构对企业绩效的影响研究/姚艳虹，龚一云//湖南大学学报：社会科学版（长沙），2010（3）：53–57

344. 组织文化、高管价值观和社会性管制对企业社会绩效的影响：一个实验研究/贾晓慧，符正平//南方经济（广州），2010（5）：46–59

345. 基于动态心理契约管理的组织承诺的重建/刘洪涛//邵阳学院学报：社会科学版（邵阳），2010（3）：72–74

346. 社会型工作价值观、关系绩效与组织政治知觉：国有企业员工团结、奉献与利益的博弈/秦晓蕾，杨东涛//中国软科学（北京），2010（6）：151–159，176

347. 创业企业组织变革与人力资源管理实践：基于中国企业管理经验的实证分析/刘钢，葛宝山，何丹薇//东北师大学报：哲学社会科学版（长春），2010（4）：30–33

348. 基于平衡计分卡的知识管理研究/陈红梅，苗雨君//科技管理研究（广州），2010（10）：135–136，142

349. 面子需要对个体知识共享意愿的影响/赵卓嘉，宝贡敏//软科学（成都），2010（6）：89–93

350. 组织的学习型文化对个体创新行为的影响：动机的中介作用分析/张国梁，卢小君//研究与发展管理（上海），2010（2）：16–23

351. 企业家合作机理研究/李永刚//经济学家（成都），2010（6）：31–37

352. 基于外部性的企业家创新激励/李霞//科技进步与对策（武汉），2010（10）：69–72

353. 家族企业权力传承的时机选择/吴士健，刘新民，王垒//理论视野（北京），2010（5）：57–59

354. 与高层领导的关系对经理人“谏言”的影响机制：来自本土家族企业的经验证据/汪林，储小平，黄嘉欣等//管理世界（北京），2010（5）：108–117，140

355. 管理者的社会关系与企业绩效：组织学习的中介作用/邹国庆，倪昌红//山西财

经大学学报（太原），2010（5）：66–73

356. 管理者关系对企业资源获取的影响：一种结构性观点/郭海//中国人民大学学报（北京），2010（3）：134–143

357. 高管政治背景与民营企业盈利能力的实证研究/陈任如，赖煜//南方经济（广州），2010（5）：60–68，45

358. 管理胜任特征的研究综述、评析与展望/贾建锋，赵希//预测（合肥），2010（3）：74–80

359. 组织伦理对工作满意度影响研究/张秋惠，孙鑫//中国人力资源开发（北京），2010（5）：97–100

360. 国有大企业矩阵型组织结构与组织冲突问题研究/范海庆//产经评论（广州），2010（3）：69–76

361. 组织间关系构建理论综述及发展趋势展望/马永斌//科学学与科学技术管理（天津），2010（6）：49–52

362. 组织间信任、渠道伙伴关系与企业绩效的实证研究吴中伦/陈万明，沈春光//工业技术经济（长春），2010（5）：60–66

363. 组织承诺组合与员工建言行为关系的实证研究/钱源源，宝贡敏//经济管理（北京），2010（5）：64–68

364. 时间要求与工作—家庭增益的关系研究/周路路，赵曙明//上海管理科学（上海），2010（3）：7–12

365. 家庭友好实践、人格特质对工作家庭冲突的影响/刘玉新，张建卫//中国工业经济（北京），2010（5）：99–109

366. 知识链组织之间冲突的模糊综合评价/全力，顾新//软科学（成都），2010（5）：26–30

367. 团队两种多样性、互动行为与学习能力关系的研究/赵慧群，陈国权//中国管理科学（北京），2010（2）：181–192

368. 企业团队领导、情商与绩效关系实证研究/李祥，郑晓明，段万春//煤炭经济研究（北京），2010（4）：37–42

369. 调整团队成员心态是实现共赢的有效方法/幸辉//特区实践与理论（深圳），2010（3）：55–56

370. 组织员工隐性知识共享的博弈分析/李志宏，王海燕//利技进步与对策（武汉），2010（6）：135–138

371. 企业家精神形成的博弈机制研究/欧雪银，刘琼娥//求索（长沙），2010（4）：36–39

372. 论企业家的九大管理智慧/常留贤//企业活力（郑州），2010（6）：75–79

373. 创业投资家——创业企业家之间信任影响因素不对称性的跨案例研究/陈闯，叶瑛//中国工业经济（北京），2010（3）：105–107

374. 民营企业家的宗教信仰与企业文化建设/林立强//经济管理（北京），2010（3）：86-91

375. 变革型领导理论的科研团队绩效影响机制模型/褚超孚//浙江大学学报：人文社会科学版（杭州），2010（3）：174-179

376. 公仆领导：概念的界定与量表的修订/孙健敏，王碧英//商业经济与管理（杭州），2010（5）：24-30

377. 企业领导者综合能力测度模型构建及提升路径分析/许凤清，尹凡//贵州财经学院学报（贵阳），2010（3）：70-73

378. 自恋型管理者特质对企业战略和绩效的影响浅探/刘向东//现代财经（天津财经大学学报），2010（3）：47-50

379. 管理者与一般员工的消极情绪对比研究/温馨，肖剑科//管理工程学报（杭州），2010（2）：40-47

380. 企业文化外部导向对关系纽带、信任的影响研究/刘国华，苏勇//上海管理科学，2010（2）：19-23

381. 组织文化和领导风格对知识管理的影响/朱春燕，孙林岩，汪应洛//管理学报（武汉），2010（1）：11-16

382. 家族文化对家族企业发展的影响分析及实施对策/谢志辉//学术交流（哈尔滨），2010（3）：109-113

383. 人力资源管理伦理与个体伦理行为实现/侯亚丁//科学管理研究（呼和浩特），2010（2）：88-92

384. 企业家精神对外部知识能力及网络能力的作用/李伟，聂鸣，李顺材//科学学研究（北京），2010（5）：763-768

385. 经理才能、公司治理与契约参照点：中国上市公司向首薪酬决定因素的理论与实证分析/李维安，刘绪光，陈靖涵//南开管理评论（天津），2010（2）：4-15

386. 产业集群与非产业集群企业员工组织行为比较研究/翁清雄，席酉民//科学学与科学技术管理（天津），2010（4）：193-199

387. 上司支持感对员工工作态度和沉默行为的影响/李锐，凌文辁//商业经济与管理（杭州），2010（5）：31-39

388. 中国企业员工人际和谐观与组织承诺及其维度关系的实证研究：基于中小型企业的研究/杨付，唐春勇//软科学（成都），2010（3）：87-95

389. 组织层面执行力的制约因素分析/柳士顺，凌文辁//中国软科学（北京），2010（3）：180-185

390. 基于社会系统视角的团队成员创新行为研究/王双龙，袁庆宏//科学管理研究（呼和浩特），2010（2）：20-24

391. 影响高管团队行为集成的关键认知特征/成瑾，白海青//经济管理（北京），2010（4）：78-83

392. 创业理论的演进脉络：创业研究的创业者异质型人力资本实现视角提炼/邓强//研究与发展管理（上海），2010（1）：60–67

393. 上市公司业绩变化与 CFO 继任特征关系研究/王进朝，陈丽，林宇//山西财经大学学报（太原），2010（3）：95–104

394. 工作—生活多角色责任感的测量及影响研究/李贵卿，井润田，吴继红//中国工业经济（北京），2010（4）：130–140

395. 高管变更、继任来源与盈余管理/杜兴强，周泽将//当代经济科学（西安），2010（1）：23–33

396. 对规范我国国企高管薪酬的几点思考/郭婧//中国软科学（北京），2010（1）：189–192

397. 国有控股上市公司高级管理人员薪酬影响因素的实证研究/何丽红，刘丽刚，屈丽蓉//兰州大学学报：社会科学版，2010（1）：13–19

398. 家庭企业高管薪酬机制对代理成本影响的实证分析/陈建林//经济管理（北京），2010（4）：72–77

399. 公司所有权、管理控制权与高管报酬：基于中国上市公司的经验证据/向锐，李琪琦/山西财经大学学报（太原），2010（4）：68–75

400. 会计信息质量对管理层薪酬激励的影响研究/洪峰//山西财经大学学报（太原），2010（2）：80–87

401. 高级管理层薪酬与公司绩效的实证研究：基于中小企业板公司 2006~2008 年面板数据分析/李江波，赵俐佳//云南财经大学学报（昆明），2010（2）：80–86

402. 股票期权激励契约合理性及其约束性因素：基于中国上市公司的实证分析/徐宁，徐向艺//中国工业经济（北京），2010（2）：100–109

403. 基于企业文化的胜任力模型研究/钟苏，杜丙治//现代管理科学（南京），2010（4）：112–114

404. 个人—组织匹配、工作满意度与员工离职意向关系的实证研究/王忠，张琳//管理学报（武汉），2010（3）：379–385

405. 快速启动完美团队/陆建熙，谭伟祺//21 世纪商业评论（广州），2010（3）：81–84

406. 结构洞理论在职高管团队社会资本中应用研究展望/梁丹，葛玉辉，陈悦明//华东经济管理（合肥），2010（4）：97–99

407. 创业团队中的信任管理研究/邓靖松，刘小平//科技管理研究（广州），2010（4）：196–198

408. 团队凝聚力的研究述评/林美珍//科学与管理（济南），2010（1）：20–23

409. 团队内冲突的过程研究述评/朱晓婧，王端旭//科技管理研究（广州），2010（3）：200–201，213

410. 跨文化团队内部冲突及其管理策略研究/乔明哲，陈德棉//科技管理研究（广州），2010（4）：191–193

411. 临时团队的知识共享问题研究：以快速信任为研究视角/王艳，朱洲//中国管理住处化（长春），2010（6）：109–111

412. 企业内员工知识共享的实证研究/宋志红，范黎波//管理学报（武汉），2010（3）：400–405

413. 论国有企业领导者的权力、能力与魅力/王伟//南方论刊（茂名），2010（3）：60–61

414. 组织内社会交换关系对心理契约违背影响的实证研究/袁勇志，何会涛//中国软科学（北京），2010（2）：122–131

415. 领导—成员关系对组织与员工间社会交换的调节作用研究/吴继红，陈维政//管理学报（武汉），2010（3）：363–372

416. 职责变化对组织非正式群体的影响/曹评，张钢，陈斯燕//山东社会科学（济南），2010（4）：125–129

417. 组织气氛对组织知识共享行为的影响机制研究/李志宏，朱桃，赖文娣//科技管理研究（广州），2010（3）：188–190

418. 群体公民行为研究述评/吕政宝，凌文辁，马超//华东经济管理（合肥），2010（2）：145–148

419. 员工社会化、组织认同与组织公民行为：基于中国科技制造企业的实证研究/葛建华，苏雪梅//南开管理评论（天津），2010（1）：42–49

420. 民营企业员工个人价值观、组织环境及员工创新行为禹/刘松博//外国经济与管理（上海），2010（3）：46–51

421. 变革型领导对企业员工组织信任影响的实证研究/曾贱吉，胡培，蒋玉石//商业经济与管理（杭州），2010（2）：24–29

422. 企业价值观构建中领导者的素质准备/莫勃//经济与社会发展（南宁），2010（1）：21–23

423. 企业领导者综合素质进步效度动态测评及会计核算/张忠华//哈尔滨商业大学学报：社会科学版（哈尔滨），2010（2）：81–84

424. 企业领导者隐性知识结构的模糊综合评判/辛枫冬，赵国杰//统计与决策（武汉），2010（2）：174–176

425. 管理者背景与企业绩效：基于中国经验的实证研究/ 何韧，王维诚，王军//财贸研究（蚌埠），2010（1）：109–118

426. 管理者过度自信、融资偏好与公司投资/江伟//财贸研究（蚌埠），2010（1）：130–138

427. 期望和竞争对管理人员满意和忠诚的影响研究/高充彦，郝辽钢//管理学报（武汉），2010（1）：103–110

428. 国有企业高管人员薪酬决定的理论与反思/王金胜//经济论坛（石家庄），2010（1）：140–143

429. 内生性视角下高管层薪酬差距与公司业绩研究/鲁海帆//软科学（成都），2009（12）：22-29

430. 促进组织健康：合作还是冲突？基于团队特征实证研究的启示/陈维政，王兴琼//中国地质大学学报：社会科学版（武汉），2010（2）：118-123

431. 组织中的契合与认同：员工社会化模型/葛建华//经济管理（北京），2009（12）：77-82

432. 组织创新气氛与激励偏好对员工创新行为的交互效应研究/刘云，石金涛//管理世界（北京），2009（10）：88-101，114

433. 企业员工信任力特征的探索性研究/李志，金莹，陈永进//重庆大学学报：社会科学版，2010（1）：105-109

434. 授权理论的研究逻辑：心理授权的的概念发展/刘云，石金涛//上海交通大学学报：哲学社会科学版，2010（1）：54-59

435. 高管团队知识结构特征与企业成长性关系：基于中小企业板块上市公司的实证研究/黄昕，李常洪，薛艳梅//经济问题（太原），2010（2）：89-94

436. 高层管理团队内部社会资本、团队冲突和决策效果的关系：研究综述与理论分析框架/陈璐，杨百寅，井润田等//南开管理评论（天津），2009（6）：42-50

437. 团队创新氛围：以团队水平促进个人创新/杜旌，徐珏//科技进步与对策（武汉），2010（2）：150-152

438. 基于时间框架效应下的企业知识团队冲突与管理/朱长丰//企业活力（郑州），2010（2）：48-52

439. 高管团队行为整合的构念和测量：基于行为的视角/姚振华，孙海法//商业经济与管理（杭州），2009（12）：28-36

440. 企业家人力资本价值评价指标体系研究/李晨//中国人力资源开发（北京），2010（2）：95-64

441. 转型经济中的企业家制度能力：中国企业家的实证研究及其中启示/项国鹏，李武杰，肖建忠//管理世界（北京），2001（11）：103-114，129

442. 组织中的公权与私权领导研究思路探讨/刘军，刘小燕//未来与发展（北京），2010（1）：10-15

443. 中国传统家文化对企业家行为的影响/张新芝//华东经济管理（合肥），2010（1）：98-100

444. 领导风格对群体决策过程及结果的影响/毕鹏程//经济管理（北京），2010（2）：80-84

445. 组织日常创新、高层次创新与领导行为的研究/刘文辉/科学管理研究（呼和浩特），2010（1）：22-25，33

446. 不同维度下高层变革型领导行为影响效果的实证研究/陈建勋//经济科学（北京），2010（1）：52-61

447. 实现价值领导的八个步骤/徐莉//理论与改革（成都），2010（1）：88–91

448. 管理者胜任特征的构成及影响因素分析/杜娟//上海管理科学，2010（1）：27–31

449. 管理者激励机制、内部竞争与兼并效应分析/王连，张玉//上海管理科学，2010（1）：80–83

450. 国有企业管理者激励补偿效应：政府的角色/赵宇恒//经济管理（北京），2010（1）：103–110

451. 高管持股的风险偏爱与R&D投入动机/唐清泉，易翠//当代经济管理（石家庄），2010（2）：20–25

452. 高管薪酬激励过度了吗：基于边际递减效应与中国民营上市公司的研究/左晶晶，唐跃军//商业经济与管理（杭州），2010（1）：61–68

453. 高管薪酬诱发盈余管理的实证研究/戴云，刘益平//工业技术经济（长春），2010（1）：146–150

454. 高管薪酬、激励与公司业绩关系研究述评/赵青华//重庆工商大学学报（西部论坛），2010（1）：101–108

455. 组织沉默现象：概念、形成机制及影响/段锦云，孙维维，田晓明//华东经济管理（合肥），2010（2）：154–156

456. 管理员工健康，控制工作场所偏离行为/张燕，陈维政//中国人力资源开发（北京），2010（1）：50–52

457. 企业员工越轨行为及其组织控制研究综述与展望/毛军权//管理现代化（北京），2010（1）：21–23

458. 高层管理团队理论研究综述/芦慧，柯江林//科技进步与对策（武汉），2010（1）：155–160

459. 高层管理团队研究综述/陈进，王瑞旭//中国管理信息化（长春），2010（1）：78–81

460. 团队中的共享领导：领导研究的新视角/孙利平，凌文辁，方俐洛//软科学（成都），2009（11）：83–86

461. 中国虚拟团队研究元分析：2000~2008/闵庆飞，国书珊，谢波//科技与管理（哈尔滨），2010（1）：76–80

462. 基于知识共享视角的创新团队研究/甄珍//科技进步与对策（武汉），2010（4）：127–130

463. 如何提高团队情商/瓦妮莎·乌尔奇·德鲁斯卡特，史蒂芬·沃尔夫著；白明译//商业评论（北京），2010（1）：111–125

464. 团队信任影响因素实证研究：传统团队与虚拟团队的差异分析/宋源//河南社会科学（郑州），2010（1）：143–148

465. 团队心理授权、组织公民行为与团队主动性关系的实证研究/王国猛，郑全全，黎建新等//科学学与科学技术管理（天津），2010（1）：157–161

466. 中国背景下变革型领导、组织承诺与离职意向关系研究/陈致中，张德//当代经济科学（西安），2010（1）：9–15

467. 中国情境下职业成功观的内容与结构/周文霞，孙健敏//中国人民大学学报（北京），2010（3）：124–133

468. 沃尔玛的合伙人政策/彭剑锋，孟泽元//中国机电工业（北京），2010（7）：86–89

469. 教师促进事业的本土创新：中国首都经济贸易大学 OTA 的发展/柯文进，吴冬梅//首都经济贸易大学学报（北京），2010（3）：10–13，18

470. 福建省人力资源管理学科发展研究报告/福建省人力资源管理学科发展研究课题组；廖泉文，吴贵明，何燕珍，黄玉清，雷妮//海峡科学（福州），2010（1）：116–123

471. 企业家社会资本传承有效性研究——基于网络结构的视角/李健，陈传明//经济管理（北京），2010（9）：85–91

472. 基于情景分析的未来人力资源经理胜任力研究/肖剑科，赵曙明//南开管理评论（天津），2010（1）：50–58

473. 人力资源管理促进创新的十大作为/曾湘泉//人力资源管理（北京），2010（7）：9–10

474. 国际人才管理的战略新思维及其启示/刘昕//江海学刊（南京），2010（3）：91–97

475. 薪酬差距与企业绩效：来自国企上市公司的经验证据/刘春，孙亮//南开管理评论（天津），2010（2）：30–39

476. 为何员工知而不言——员工沉默行为的本土化实证研究/何轩//南开管理评论（天津），2010（3）：45–52

477. 转型期中国企业的高绩效人力资源管理系统：一个本土化的实证研究/苏中兴//南开管理评论（天津），2010（4）：99–108

478. 中国高校领导者胜任特征模型研究/魏士强，洪银兴，彭实，吕杰，胡炜，徐泽华，杨忠，朱庆葆，龚放，冒荣，杨东，程德俊，龚跃，王靖华，朱樱，刘志兰，印兴波//管理世界（北京），2010（6）：74–82

479. 由案例构建理论的机会与挑战/凯瑟琳·M.埃森哈特，梅丽莎·E.格瑞布纳，张丽华，何威//管理世界（北京），2010（4）：125–130

第二节 英文期刊索引

1. Elaine Farndale, Jaap Paauwe, Shad S. Morris, Günter K. Stahl, Philip Stiles, Jonathan Trevor, Patrick M. Wright. Context-bound Configurations of Corporate HR Functions in Multinational Corporations [J]. Human Resource Management, 2010 (1): 45–66.

2. Claretha Hughes. "People as Technology" Conceptual Model: Toward a New Value

Creation Paradigm for Strategic Human Resource Development [J]. Human Resource Development, 2010 (1): 48-71.

3. Nancy Franz. Catalyzing Employee Change with Transformative Learning [J]. Human Resource Development, 2010 (1): 113-118.

4. Mo Wang, Kenneth S. Shultz. Employee Retirement: A Review and Recommendations for Future Investigation [J]. Journal of Management, 2010, 36 (1): 172-206.

5. Deepak K. Datta, James P. Guthrie, Dynah Basuil and Alankrita Pandey. Causes and Effects of Employee Downsizing: A Review and Synthesis [J]. Journal of Management, 2010, 36 (1): 281-348.

6. Greg R. Oldham and J. Richard Hackman. Not What It Was and Not What It Will be: The Future of Job Design Research [J]. Journal of Organizational Behavior, 2010, 36 (1): 463-479.

7. Xu Huang, Joyce Iun, Aili Liu and Yaping Gong. Does Participative Leadership Enhance Work Performance by Inducing Empowerment or Trust? The Differential Effects on Managerial and Non-managerial Subordinates [J]. Journal of Organizational Behavior, 2010, 36 (1): 122-143.

8. Steven G. Rogelberg, Joseph A. Allen, Linda Shanock, Cliff Scott, Marissa Shuffler. Employee Satisfaction with Meetings: A Contemporary Facet of Job Satisfaction [J]. Human Resource Management, 2010 (2): 149-172.

9. Gary J. Castrogiovanni, Roland E. Kidwell. Human Resource Management Practices Affecting Unit Managers in Franchise Networks [J]. Human Resource Management, 2010 (2): 225-239.

10. David J. Storey, George Saridakis, Sukanya Sen-Gupta, Paul K. Edwards, Robert A. Blackburn. Linking HR Formality with Employee Job Quality: The Role of Firm and Workplace Size [J]. Human Resource Management, 2010 (2): 305-329.

11. Pankaj C. Patel, Melissa S. Cardon. Adopting HRM Practices and Their Effectiveness in Small Firms Facing Product-market Competition [J]. Human Resource Management, 2010 (2): 256-290.

12. David Giauque, Fabien Resenterra & Michaël Siggen. The Relationship Between HRM Practices and Organizational Commitment of Knowledge Workers. Facts Obtained from Swiss SMEs [J]. Human Resource Development, 2010 (2): 185-205.

13. Ibrahim, Endah Dickie, Carolyn. A Conceptual Model of the Human Resource Climate Dimensions That Influence the Development of Workplace Relationships [J]. Human Resource Management, 2010 (2).

14. Severin Hornung, Denise M. Rousseau, Jürgen Glaser, Peter Angerer and Matthias Weigl. Beyond Top-down and Bottom-up Work Redesign: Customizing Job Content through

Idiosyncratic Deals [J]. Journal of Organizational Behavior, 2010, 31 (2): 187-215.

15. David J. Holman, Carolyn M. Axtell, Christine A. Sprigg, Peter Totterdell and Toby D. Wall. The Mediating Role of Job Characteristics in Job Redesign Interventions: A Serendipitous Quasi-experiment [J]. Journal of Organizational Behavior , 2010, 31 (2): 84-105.

16. Jed DeVaro. A Theoretical Analysis of Relational Job Design and Compensation [J]. Journal of Organizational Behavior, 2010, 31 (2): 279-301.

17. Frederick P. Morgeson, Erich C. Dierdorff and Jillian L. Hmurovic. Work Design in Situ: Understanding the Role of Occupational and Organizational Context [J]. Journal of Organizational Behavior , 2010, 31 (2): 351-360.

18. Gary Johns. Some Unintended Consequences of Job Design [J]. Journal of Organizational Behavior, 2010, 31 (2): 361-369.

19. James D. Westphal. An Impression Management Perspective on Job Design: The Case of Corporate Directors [J]. Journal of Organizational Behavior , 2010, 31 (2): 319-327.

20. Douglas T. (Tim) Hall and Mireia Las Heras. Reintegrating Job Design and Career Theory: Creating Not Just Good Jobs But Smart Jobs [J]. Journal of Organizational Behavior, 2010, 31 (2): 448-462.

21. Stephen A. Stumpf, Jonathan P. Doh, Walter G. Tymon, Jr. The Strength of HR Practices in India and Their Effects on Employee Career Success, Performance, and Potential [J]. Human Resource Management, 2010 (3): 353-375.

22. Amos Drory, Eran Vigoda -Gadot. Organizational Politics and Human Resource Management: A Typology and the Israeli Experience [J]. Human Resource Management, 2010 (3): 194-202.

23. Fang Lee Cooke, Debi S. Saini. (How) Does the HR Strategy Support An Innovation Oriented Business Strategy? An Investigation of Institutional Context and Organizational Practices in Indian Firms [J]. Human Resource Management, 2010 (3): 377-400.

24. Dirk Holtbrügge, Carina B. Friedmann, Jonas F. Puck. Recruitment and Retention in Foreign Firms in India: A Resource-based View [J]. Human Resource Management, 2010 (3): 439-455.

25. Ashok Som. Emerging Human Resource Practices at Aditya Birla Group [J]. Human Resource Management, 2010 (3): 549-566.

26. James Werbel, David B. Balkin. Are Human Resource Practices Linked to Employee Misconduct: A Rational Choice Perspective [J]. Human Resource Management, 2010 (4): 317-326.

27. Richard Fabling & Arthur Grimes. HR Practices and New Zealand Firm Performance: What Matters and Who Does It? [J]. Human Resource Management, 2010 (4): 488-508.

28. David C. Strubler, Benjamin W. Redekop. Entrepreneurial Human Resource Leadership: A Conversation with Dwight Carlson [J]. Human Resource Management, 2010 (4): 793-804.

29. Susanna Khavul, George S. Benson, Deepak K. Datta. Is Internationalization Associated with Investments in HRM? A Study of Entrepreneurial Firms in Emerging Markets [J]. Human Resource Management, 2010 (4): 693-713.

30. Angela Martin. Individual and Contextual Correlates of Managers' Attitudes toward Depressed Employees [J]. Human Resource Management, 2010 (4): 647-668.

31. Ralf Schmelter, René Mauer, Christiane Börsch, Malte Brettel. Boosting Corporate Entrepreneurship through HRM Practices: Evidence from German SMEs [J]. Human Resource Management, 2010 (4): 715-741.

32. Moshe Sharabi & Itzhak Harpaz. Improving Employees' Work Centrality Improves Organizational Performance: Work Events and Work Centrality Relationships [J]. Human Resource Development, 2010 (4): 379-392.

33. Baek, P.G., Seoul, Lee, H.S. Justice in HRD Using Concept Map and Implications for the Philosophical Foundation of HRD [J]. Human Resource Development, 2010 (4): 297-321.

34. Hahn, J.H., Seoul, Yoon, P.H. A Study on the Development Curriculum of Community College Based on The Strategic Human Resources Development [J]. Human Resource Development, 2010 (4): 99-123.

35. Russell E. Johnson, Chu-Hsiang (Daisy) Chang and Liu-Qin Yang. Commitment and Motivation at Work: the Relevance of Employee Identity and Regulatory Focus[J]. Academy of Management Review, 2010, 35 (4): 226-245.

36. Dutton, Jane E. Roberts, Laura Morgan Bednar and Jefrey. Pathways for Positive Identity Construction at Works: Four Types of Positive Identity and the Building of Social Resources [J]. Academy of Management Review, 2010, 35 (4): 265-293.

37. Elaine Farndale, Jaap Paauwe, Paul Boselie. An Exploratory Study of Governance in the Intra-Firm Human Resources Supply Chain [J]. Human Resource Management, 2010 (5): 849-868.

38. Marie Koulikoff-Souviron, Alan Harrison. Evolving HR Practices in A Strategic Intra-Firm Supply Chain [J]. Human Resource Management, 2010 (5): 913-938.

39. Jeffrey R. Spence and Lisa M. Keeping. The Impact of Non-performance Information on Ratings of Job Performance: A Policy-capturing Approach [J]. Journal of Organizational Behavior, 2010, 31 (5): 587-608.

40. Brian D. Blume, J. Kevin Ford, Timothy T. Baldwin and Jason L. Huang.Transfer of Training: A Meta-Analytic Review [J]. Journal of Management, 2010, 36 (6): 1065-1105.

41. Clint Chadwick. Theoretic Insights on the Nature of Performance Synergies in Human Resource Systems: Toward Greater Precision [J]. Human Resource Management, 2010 (6): 85-101.

42. Galy Binyamin, Abraham Carmeli. Does Structuring of Human Resource Management Processes Enhance Employee Creativity? The Mediating Role of Psychological Availability [J]. Human Resource Management, 2010 (6): 999-1024.

43. Jennifer A. Marrone. Team Boundary Spanning: A Multilevel Review of Past Research and Proposals for the Future [J]. Journal of Management, 2010, 36 (7): 911-940.

44. Svenja Tams and Michael B. Arthur. New Directions for Boundaryless Careers: Agency and Interdependence in a Changing World [J]. Journal of Organizational Behavior , 2010, 31 (7): 629-646.

45. Eleni T. Stavrou, Chris Brewster & Chris Charalambous. Human Resource Management and Firm Performance in Europe through the Lens of Business Systems: Best Fit, Best Practice or Both? [J]. Human Resource Management, 2010 (7): 933-962.

46. Feng-Hui Leea, Tzai-Zang Leeb & Wann-Yih Wua. The Relationship between Human Resource Management Practices, Business Strategy and Firm Performance: Evidence from Steel Industry in Taiwan [J]. Human Resource Management, 2010 (9): 1351-1372.

47. Thomas W. H. Ng. and Daniel C. Feldman. Organizational Tenure and Job Performance [J]. Journal of Mangement , 2010, 36 (9): 1220-1250.

48. Vathsala Wickramasinghe. Employee Perceptions towards Web-Based Human Resource Management Systems in Sri Lanka [J]. Human Resource Management, 2010 (10): 1617-1630.

49. Petra De Saá-Pérez & Nieves Lidia Díaz-Díaz. Human Resource Management and Innovation in the Canary Islands: An Ultra-Peripheral Region of the European Union [J]. Human Resource Management, 2010 (10): 1649-1666.

50. Isabel Mª Prieto Pastor, Mª Pilar Pérez Santana & Celia Martín Sierra. Managing Knowledge through Human Resource Practices: Empirical Examination on the Spanish Automotive Industry [J]. Human Resource Management, 2010 (13): 2452-2467.

51. David G. Collings, Mehmet Demirbag, Kamel Mellahi & Ekrem Tatoglu. Strategic Orientation, Human Resource Management Practices and Organizational Outcomes: Evidence from Turkey [J].Human Resource Management, 2010 (14): 2589-2613.

52. Beth A. Linderbaum and Paul E. Levy. The Development and Validation of the Feedback Orientation Scale (FOS) [J]. Journal of Management, 2010, 36 (11): 1372-1405.

53. Timothy P. Munyon, Wayne A. Hochwarter, Pamela L. Perrewé and Gerald R. Ferris. Optimism and the Nonlinear Citizenship Behavior—Job Satisfaction Relationship in Three Studies [J]. Journal of Management, 2010, 36 (11): 1505-1528.

54. Yongmei Liu, Jun Liu and Longzeng Wu. Are You Willing and Able? Roles of Motivation, Power, and Politics in Career Growth [J]. Journal of Management, 2010, 36 (11): 1432-1460.

55. Christopher D. Nye, Christopher D. Nye and Fritz Drasgow. Too Good to Be True? Understanding Change in Organizational Outcomes [J]. Journal of Management, 2010, 36 (11): 1555-1577.

56. Dorien T. A. M. Kooij, Paul G. W. Jansen, Josje S. E. Dikkers and Annet H. De Lange. The Influence of Age on the Associations between HR Bractices and Both Affective Commitment and Job Satisfaction: A Meta-analysis [J]. Journal of Organizational Behavior, 2010, 31 (11): 1111-1136.

后　记

一部著作的完成需要许多人的默默贡献，闪耀着的是集体的智慧，其中铭刻着许多艰辛的付出，凝结着许多辛勤的劳动和汗水。

本书在编写过程中，借鉴和参考了大量的文献和作品，从中得到了不少启悟，也汲取了其中的智慧菁华，谨向各位专家、学者表示崇高的敬意——因为有了大家的努力，才有了本书的诞生。凡被本书选用的材料，我们都将按相关规定向原作者支付稿费，但因为有的作者通信地址不详或者变更，尚未取得联系。敬请您见到本书后及时函告您的详细信息，我们会尽快办理相关事宜。

由于编写时间仓促以及编者水平有限，书中不足之处在所难免，诚请广大读者指正，特驰惠意。

图书在版编目（CIP）数据

人力资源管理学学科前沿研究报告/吴冬梅，王默凡主编. —北京：经济管理出版社，2013.1
ISBN 978-7-5096-2286-5

Ⅰ. ①人… Ⅱ. ①吴… ②王… Ⅲ. ①人力资源管理—研究报告 Ⅳ. ①D035.2

中国版本图书馆 CIP 数据核字（2012）第 313615 号

组稿编辑：张 艳
责任编辑：张 艳 杨 雪
责任印制：杨国强
责任校对：李玉敏

出版发行：经济管理出版社
（北京市海淀区北蜂窝 8 号中雅大厦 A 座 11 层 100038）
网 址：www. E-mp. com. cn
电 话：（010）51915602
印 刷：三河市延风印装厂
经 销：新华书店
开 本：787mm×1092mm/16
印 张：23
字 数：517 千字
版 次：2013 年 7 月第 1 版 2013 年 7 月第 1 次印刷
书 号：ISBN 978-7-5096-2286-5
定 价：69.00 元